山东省重点马克思主义学院建设经费资助

2014年全省高校思想政治理论课改革项目"优秀传统文化与思想政治理论课有机融合的教学组织创新"成果

2015年山东省弘扬中华优秀传统文化重点研究项目"中华优秀传统文化与中国特色社会主义道路选择及实践研究"(15BZBI07)成果

教育部2016年度高校示范马克思主义学院和优秀教学科研团队建设项目"'四个全面'战略布局融入本科思想政治理论课教学研究"(16JDSZK067)成果

乡土记忆与文化传承

——思想政治理论课主题教学成果文集

张慎霞　刘　芹　李建民　主编

中国海洋大学出版社

·青岛·

图书在版编目(CIP)数据

乡土记忆与文化传承 / 张慎霞,刘芹,李建民主编.
—青岛:中国海洋大学出版社,2018.1
ISBN 978-7-5670-1674-3

Ⅰ.①乡… Ⅱ.①张…②刘…③李… Ⅲ.①思想政
治教育—教学研究—高等学校 Ⅳ.①G641

中国版本图书馆 CIP 数据核字(2017)第 327160 号

出版发行	中国海洋大学出版社				
社　　址	青岛市香港东路 23 号		邮政编码	266071	
出 版 人	杨立敏				
网　　址	http://www.ouc-press.com				
电子信箱	cbsebs@ouc.edu.cn				
订购电话	0532—82032573(传真)				
责任编辑	郭周荣		电　　话	0532—85902469	
印　　制	淄博新海教育印务有限公司				
版　　次	2018 年 1 月第 1 版				
印　　次	2018 年 1 月第 1 次印刷				
成品尺寸	185 mm×260 mm				
印　　张	18.5				
字　　数	430 千				
印　　数	1～1000				
定　　价	69.00 元				

发现印装质量问题,请致电 0533—8354045,由印刷厂负责调换。

乡土记忆与文化传承

——思想政治理论课主题教学方案设计

《山东理工大学马克思主义学院"十三五"发展规划》提出要积极推进研究型教学,注重发挥实践环节的育人功能,通过实践教学活跃理论教育。特别强调要以价值引领为目标,深化思政课教学改革,开展主题式教学与互动式教学,大力弘扬社会主义核心价值观,用发展着的马克思主义理论武装青年学生的头脑。为了实现上述目标,学院尝试以"乡土记忆与文化传承"为主题,组织富有特色的教学实践项目,开展主题式教学实践。

一、教学目的

探索思想政治理论课的新样态、新形式,打造教学与社会互动的平台,形成"理论、认知、情感、行为"四位一体的思想政治理论课教学模式,实现思想政治理论课课堂教学与实践教学的有机统一,增强学生对中华优秀传统文化与马克思主义理论的认同。通过 2 年的试点,总结提炼出特色鲜明的、可复制、可推广的教学改革经验,为冲击高水平教学与科学研究课题、教学与科研成果奖励奠定基础,培养 5 人左右的教学改革团队。

二、理论依据

运用社会心理学的基本原理,提升思想政治理论课教学质量。理论必须作用于实践并通过实践来检验。思想政治理论课的功能在于价值引领,价值引领目标的实现最终体现在学生社会态度的转变上。在社会心理学领域,按照心理学家费里德曼的观点,社会态度包含认知、情感和行为倾向 3 个成分。价值引领目标的实现表现为学生通过接受理论教育,在认知、情感、行为倾向 3 个环节产生积极变化,最终实现外显行为的改变。其基本过程如下:

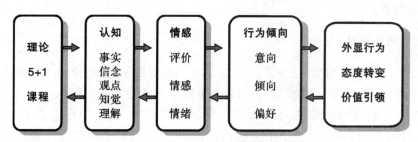

三、现实依据

在 2013 年全国城镇化工作会议上,习近平总书记专门对新时期的新型城镇化建设提出了重要指示,希望新型城镇化建设要让居民"望得见山、看得见水、留得住乡愁"。为了贯彻落实总书记的重要指示,2014 年山东省"两会"政府工作报告中,郭树清省长提出,要

"加强文化遗产保护,实施'乡村记忆'工程"。在其后的山东省历年"两会"政府工作报告中,都谈及这个问题。在2017年"两会"政府工作报告中,更是明确了"乡村记忆"工程的总体实施规划。"乡村记忆"形式上是提升乡村传统文化、保护传统建筑和提高传承水平,但其本质则是城镇化建设中保护齐鲁传统文化遗产的新模式。这个工程的目标是到2020年,山东保护、恢复、设立100个左右"乡村记忆"博物馆,1000个左右"乡村记忆村落"(街区),10000个左右"乡村记忆"民居。马克思主义与中华优秀传统文化具有高度契合性,中国哲学社会科学的发展,需要融通马克思主义与中华优秀传统文化资源。"乡村记忆工程"是"记得住乡愁""留得住乡情"的载体工程,用"乡土"概念代替"乡村"概念,更能体现文化的多样性。山东省是文化资源大省,在思想政治理论课中,开展以"乡土记忆"为主要内容的主题教学,是对马克思主义中国化的一种有益探索,也是对思想政治理论课的价值功能和实现形式创新的一种尝试,有助于思想政治理论课理论教学与实践教学的有机统一,也有助于中华优秀传统文化的传承与发展。

四、试点方案

(1)每年上半年,选择2门思想政治理论课,每门课程800人左右,每门课程2位任课教师,进行"乡土记忆与文化传承"主题教学。

(2)主题教学贯穿课堂教学的始终,但并不独立组织,而是鼓励学生在日常生活中,尤其是节假日返家或旅游及探亲访友过程中,通过对首批列入山东省"乡村记忆"工程文化遗产名单的村镇的观察,或者对自己认为有启迪意义的人和事进行文字或者影像记录,来阐明一个道理,传递一种情感,改变某种行为。

(3)将主题教学与思想政治理论课的考试方式改革结合起来。学生以调研报告、论文、散文、随笔、诗歌、摄影照片作为教学成果。

(4)将主题教学与实践教学结合起来。主题教学结束后,每门课程评选出45件左右的优秀成果,结集出版。组织获得优秀的同学参加"乡村记忆工程"现场教学。

(5)将主题教学与教学研究、科学研究结合起来,加大主题教学经验的总结、凝练,适时宣传、推广试点成果,并加强"乡土记忆与文化传承"的理论研究,做好申报各级各类课题与奖项的准备。

五、主要预期成果

(1)出版《乡土记忆与文化传承》文集;发表相关教研成果;发表相关新闻稿件;建立主题教学电子资源库;申请本主题范围内的教学研究课题与科学研究课题。

(2)构建"理论、认知、情感、行为"四位一体的授课模式。将学生理论学习与实践体验有机集合,通过影响学生的认知、情感、行为倾向,达成学生社会态度与外显行为的转变,实现价值引领的目的,实现情感认同、价值认同、理论认同、实践行为的统一。

(3)构建"理论、认知、情感、行为"四位一体的考核模式。特别注意通过对学生主题教学成果(即"行为")的考评,引导学生由"知行分离"变为"知行合一"。时机成熟时,探讨"理论""认知""情感""行为"各环节有机统一的思想政治理论课考试模式。

(4)形成思想政治理论课与大学生心理健康教育能够有机结合的理念,为提升思想政治教育质量与水平开启新的思路和知识储备。

六、主题教学学生成绩评定

（1）学生提交的主题教学成果题材不限，要求一事一议、一事一策、一事一情，观点明确，论述简练，要具有一定的思想性、创新性、可借鉴性。

（2）在课程考试时，试点学生参与主题教学的成果作为平时成绩（不低于 40%），与理论课程合并计算期末成绩。

（3）主题教学成果被评为优秀的同学，视期末考试该门课程成绩达到优秀等次的实际确定平时成绩所占比例；被评为良好的同学，平时成绩不低于 60%。

"乡土记忆与文化传承"思想政治理论课主题教学课题组
2017 年 3 月 6 日

目 录

下篇 教师主题教学研究论文

上篇

学生主题教学成果

考察主题：乡土文化之游朱家峪民俗村落忆童年有感
考察地点：山东省济南市章丘区朱家峪村
考察时间：2017 年 4 月 30 日至 2017 年 5 月 1 日

那年年少，时光正好

中教 1601 班　官秋雨

20 岁的年纪，都说是花样年华。似骄阳的热情，如鲜花的美艳。看似青春年少，无忧无虑，而生活中的我们，却有着自己的小心思。正如高晓松所说："生活不只是眼前的苟且，还有诗和远方。"我也喜欢远游，于是我和同伴游览了济南章丘那个似曾相识的古村落。它便是朱家峪。

说它似曾相识，是因为它酷似我儿时的老家。古朴的村落，淳朴的风土人情。还记得曾经很触动我心弦的一段文字："每一个传统的古村落，都有一部独具特色的老电影，每一个院子，每一条街道，都在上演着精彩的故事，而你和我，就是故事里的那一个；每一个传统的古村落，都是一位历经沧桑的老人，那屋檐上的一砖一瓦，田地里丰收的喜悦，都见证着历史的变迁。"[①]本就是农村的孩子，在黄土地上赤着脚丫长大。正如朱家峪一样，年幼时村子里都是土坯的房子，简陋的木门，但却平静宁和。尤记得夏日午后，听着蝉声午休入睡；到傍晚吃过晚饭，大人们一手拿蒲扇一手拿马扎，聚在一起享受着夏日傍晚少有的清凉，聊着近期发生的趣事，还是孩童的我们也顾不上夏季的炎热四处撒欢。即使现在身在城市，还是对于老家的黄土地和那破旧的小屋以及那段时光倍感怀念。

朱家峪，是中国北方地区典型的山村型古村落，祠庙、楼阁、古桥等古文化遗址，星罗棋布，让人眼花缭乱。无疑每一处文化遗址都是在证明着朱家峪的历史文化底蕴有多么的丰厚。每一处古香古色的建筑都是古代人民的智慧凝结而成，"最平凡的人最伟大"大概就是这个意思。人总是能在不经意之间创造美，也能在不经意之间发现美。

古文化及其遗址总有着一种震撼人心的美，尽管它们看起来平淡无奇，但是古人的智慧与人情却全都贯穿其中。中国自古就注重宗祠制度和人情世故，这里的每一间祠庙都充满了朱家峪居民对先人的敬畏，每一间祠庙都有着祖上先人的英勇事迹，它们真的很神奇，先人的事迹大都记述其中，会一代一代传承下去，让后人永远不能忘祖，始终追求落叶归根。这不禁让我想起小时候每到逢年过节，爷爷总会去请家堂，做熟的饭菜也要先供奉祖。小时候不懂事总是先抢着吃第一口，也因为这个挨过不少打。现在想想，挨打也是情有可原，毕竟对于祖先我们人人都该保持一颗尊重和敬畏之心。

朱家峪有着广阔的耕田和山滩。一眼望去绿油油一片，让人赏心悦目。我的老家在平原地区，没有广阔的山滩但有着面积较大的耕地。从记事起，爷爷奶奶带我"上田"，他们在田地里忙碌，就让我在田边玩耍。那时还不懂爷爷奶奶下地的辛劳，只记得和几个小

---

① 济南市旅游发展委员会《醉美不过济南秋——平阴玫瑰风景之南台秋景》，http://www.sohu.com/a/198688843_566038

伙伴在田头看着一望无尽的田野玩耍时的喜悦。直到长大才明白这就是中国自古以来，农民们所经历的"面朝黄土背朝天"的生活。现在家人都搬到城里，想让爷爷奶奶来享福，他们怎么也不愿搬离那里。这是一种情怀，正如现在，每当我孤独寂寞时都会想起那片土地、那段时光。正如曾经生活在朱家峪而现在已经离开的人们，他们对于朱家峪肯定也有着类似我和爷爷奶奶一样的情怀，他们无法用言语来表达，只是在自己心中默默感受。走在朱家峪那曲折狭窄的小路上，有的地方不平整、有的石头路还硌脚，但是比起城市的柏油路，这样曲折的小路却有着满满的历史气息。路边的杂草，十分顽强地生长着，让人不得不敬佩生命的顽强。周边是破旧的小屋，不禁让人想起《陋室铭》中的："苔痕上阶绿，草色入帘青。"曲径通幽，路边的小溪流从不断流，潺潺流水就这样持续浇灌着路边的野草。生机勃勃，淡泊宁静。或许只有乡村这种幽静的环境，才能让我们真正静下心来，好好欣赏随处可见的美景。乡村就是有这种独特的魅力。

自然环境幽雅，文化底蕴丰富，这便是朱家峪。自古以来，朱家峪就重视文化教育，故而人才辈出。清末的兴学运动虽然在一定程度上为教育界注入了新的活力，使山东及其他地区的近代教育事业有了较快的发展，但私塾在一定时期内仍扮演着传播知识和开化民风的重要角色。[①] 清末至民国年间，朱家峪村私塾很多。率先提倡女子教育，难能可贵，反响巨大。教育本就是大事，少年兴则国兴，少年强则国强。章丘教育先师朱连厚，一向十分重视文化教育，他常向学生讲"要达强国富民之目的，若忽视教育则将一事无成"，就在这种正确思想的指导下，他积极敦促颇有社会能力的朱连勋等人，大力发展募捐活动，不断筹措建校资金，于1941年兴工创建朱家峪山阴小学。在古代那个严重重男轻女的时代，能提出女子教育实在是让人敬佩。学校的建筑结构是青石根基，砖镶玻璃门窗，小瓦屋面，白灰墙。看着朱家峪古香古色的私塾大门，脑海中仿佛有一群穿着古装背着小书包的孩童蹦跳着经过，以及那严肃的教书先生，他的脑海里肯定有着无穷的智慧，让孩子们满腔崇拜，也有着令孩子们害怕的戒尺。他们的童年一定非常精彩。

在我年幼时期，似乎每个村庄都有自己的学校，我也曾在我们村的小学学习过。它就是由古代的私塾演变而来的。它也是如同朱家峪一样的古朴建筑，房间里只有几套桌椅板凳，只有一名教书老师。先生并没有教给我们过多的知识，反而更注重我们的礼仪修养，教给我们最基本的做人道理。我也只是在那小学待了两年便转到镇上读书，那座小学也荒废已久，想再回老家探望它时，却早已被谁买下翻新作为新居了。还记得那时下课后就和同村的小伙伴一起玩耍，放学也没有大人来接，而是玩够了一起回家。没有玩具的我们，从不羡慕城市的繁华，只需要一个土堆、一堆石子就可以玩得非常开心。那时的单纯快乐，直到如今回想起来还是那么美好。现如今我们都生活在城镇，却再也找不到那么纯粹开心的时光。年幼时的发小都已经各奔东西，奔着自己的梦想前行，已经少有联系。你们呢？还记得你的第一所学校吗？还记得你从小长大的村子吗？它还是你记忆中的样子吗？和你一起长大的小伙伴又去了哪里呢？

青峰隐隐，溪中碧水悠悠。小庭幽院，好不惬意。中国的古代建筑就是这样，屋子带着庭院，有足够的空间让主人任意安排。一进门就感觉到庭院的宽敞，让人豁然开朗，眼

---

① 张钟月《清代以来鸭绿江流域移民研究(1644—1931)》，济南：山东人民出版社，2017年版，第138页。

前一亮。庭院中种着竹子等植物,让庭院不显得空旷,充满绿色,春意盎然。庭院中还有几口缸,里面盛的是雨水,应该是古代取水不便的年代,人民用这几口缸来接水,解决生活用水。古朴的门窗、古朴的砖面和古朴的雕塑,每一处都充斥着文化的气息。

归真、访古、探幽。每到一个地方游览,看到那个地方的情景,我都会联想起自己小时候生活过的地方。对丰富的民俗文化进行探索,总会回味无穷,就如朱家峪这个神奇的村落,让我又体会到自己的童年时光一样。尽管再也回不去那段时光,我的内心却依然保持着那份记忆的美好,但愿我能一直心存这份美好。

考察主题：乡村记忆
考察地点：安徽省黄山市歙县西递、宏村
考察时间：2017年2月10日至2017年2月12日

西递宏村古村落文化的调研

交运1502班　吴　瑞

　　安徽是一个自然景观与人文景观交相辉映、文化底蕴深厚的温婉之省，既有"小桥流水人家"般的水乡古镇，又有延绵巍峨的层峦叠翠，水的纤巧清秀与山的粗犷雄浑在此完美融合。韵味独特的安徽也孕育了独特的徽州文化，它和淮河文化、皖江文化形成了安徽三大文化。这不仅是中华文明的重要组成部分，还是中华文明的源头之一。尽管千百年来，朝代不断更替，名称不断变化，但徽州的地域相对稳定，这就为徽州文化体系的形成和发展创造了良好的条件。这次走访调研的是两座古村落：西递和宏村，它们位于安徽省黄山市黟县，是安徽南部古民居中最具有代表性的、保存最完好的古村落，以其恍若仙境般的自然风貌、保存最完备的古建筑群、巧夺天工的建筑手法和一步一景一文化如经书般厚重的文化积淀而闻名天下，被誉为"桃花源里人家""画中的村庄"。

　　通过走访，我发现这里不仅宁静而富有韵味，脚下的青石板路间发出隐隐的水声，好像一个女人正细细诉说着这几百年来在她身上发生的繁荣与没落。村中民风淳朴，一路上遇到的无论是住户还是商贩，个个都是古道热肠，村里的村民也是保留了最原始自然的生活方式。

一、西递宏村古村落的发展

　　因位于温婉的江南水系之中，以西递宏村为首的古村落自东晋便初有人烟。自东晋至南宋，古人播迁所至，荆棘初开，发现此地山灵水美，便开始群聚而居，古村落的雏形开始形成；从南宋到明中叶时期，徽商开始活跃，耕读文化也开始盛行，民风淳朴。在过去，西递宏村的村舍，家家户户的门都敞开着。据村民说，过去很长一个时期，几乎都可以夜不闭户。耕田与读书，是村民们世世代代的安身立命之本。有一家村民厅堂中挂着这样一副楹联："二字箴言惟勤惟俭，两条正路日读日耕。"由此逐步形成田园村落，古村落开始走向稳定发展期；到了明中叶至清中叶，古村落发展到蓬勃鼎盛的时期，一大批宅院和牌坊都是那个时期建造的。同时达到发展巅峰的还有徽商，和中国其他商帮如晋商、潮商、苏商一样繁荣。古人讲究落叶归根，这一思想也融入建筑中，寓意深厚，一步一景，别有韵味。

在一个青石拱门上，门罩上方有一扇形漏窗。由于谐音"扇者"，即善也，寓意为"抬头行善，落叶归根"，儒家文化色彩浓重而鲜明。这两个村镇，共 600 来户人家，几乎家家的房屋都是古民居的代表作。砖木结构的古建筑，虽历经风雨，但风韵犹存。门、窗、廊、檐、天井等多处精美绝伦的雕刻艺术，让人惊呼赞叹。那些几乎凡厅必挂、凡柱必贴的楹联，更是寓意深刻，哲理丰富，而且书法精到，刻作工艺不俗。

顾炎武说，徽州"中家以下皆无田可业。徽人多商贾，盖势其然也"。在清朝末年，由于时局动荡，加上太平天国运动的打击，徽商没落，古村落也遭到严重破坏，徽州十村九毁，生灵涂炭。但这些流露于一砖一瓦的文化传承，却一字不落地保留了下来。

二、新中国成立后至改革开放前期古村落的情况

的确，自明清以来，以西递宏村为首的古村落曾盛极一时，但直到改革开放前期，西递宏村都是出了名的穷村子。由于新中国成立后，每个村子都要开批斗大会，而西递宏村的村民自祖上好几代，就是当时标准的"土豪"，加上他们所住的"豪宅"，更是每次都被当作主要的批斗对象，有的时候，还会出现其他村子要跑去这些古村落来"借"批斗对象的情况。

尽管如此，由于深处大山，人均耕地不足一亩，茶叶和蚕桑的收成也不好，加上当时的政治打压，西递、宏村里凡是有劳动能力的青壮年，无论男女，几乎都外出逃荒，一时之间，西递、宏村变成沉寂的村落。西递旅游总公司总经理唐国强曾当过 32 年生产队队长，他

将改革开放前的西递形容为"青石板上滚乌龟——穷得叮当响!"

三、改革开放后古村落的别样繁荣

在走访西递的过程中,我们遇到了一位年逾古稀的大叔:胡子拉碴,穿着颜色已不那么鲜艳的衣服。通过聊天,才发现他是一位退隐江湖的商人,当年在改革开放初期无畏闲言碎语,做了第一批"下海"的人。90年代初期,由于对古村落文化极度的热爱,便在这里买了一栋古房。可以说,他是这个村子里最了解西递宏村文化的人了。

那位大叔十分热情地邀请我们去他家参观,他说自己可以算是用尽他所有的办法、尽了自己最大的努力,去保护那些"老东西",比如那些深山里的人家祖上留下来的老物件,像是八仙桌、老椅子,明清时期留下来的老床——由于很多农民没有文物保护意识,使得那些老物件一件件被侵蚀腐烂,褪去了昔日的光泽与魅力,被当作烂木头般的扔掉。他呢,就主动去深山里收这些"垃圾",收回来涂上上好的木头清漆,既不画蛇添足地上色以致破坏它原有的美感,也不任之腐败以致白白可惜了一件艺术佳作。

就这样,他的家里堆满了这样的"垃圾",但都由于摆放恰当,保护良好,竟十分赏心悦目。他不断给我们介绍:以前小姐是只能待在楼上的小阁楼里的,它的布局虽小,但日常洗漱打扮和读书休息的地方确也分明,而隔壁那狭小的空间呢,就是服侍小姐的丫鬟和老妈子住的地方;这是以前员外家的小姐未出阁时用的床,它与已婚妇女睡的床的不同,在于它上面是不可以涂彩漆的,只能涂上一层当时的清漆,而这床头呢,也有很多讲究。从雕龙画凤的床栏,到嵌在门楣窗棂上的雕刻,这个家,折射出这个主人对它的用心,也洋溢着这位大叔对古村落文化的痴迷之情。就是这样的一位大叔,亲眼见证了古村落这近20年来的每一点变化和发展。"正如福克纳的约克纳帕卡法世系,马尔克斯的马孔多小镇,莫言的高密东北乡,或者鲁镇之于鲁迅,枫杨树故乡之于苏童,孙惠芬写歇马山庄,阎连科写耙耧山,王方晨的塔镇"[1],西递之于这位大叔,大概也是一样的存在吧。

参观完他家的屋子,我们来到了他门口的庭院,他开始细细地跟我们讲这些年发生的事情,以及他听村里老人讲的一些事。20世纪70年代末,"文革"刚刚结束,由于之前的破四旧和批斗,村里已然一片荒芜的景象,村里的很多人都外出了。剩下的人便开始考虑

---

[1]　张艳梅《文化伦理视阈下的中国现当代小说研究》,北京:中国社会科学出版社,2012年版,第172页。

如何维持生计,这时候有个男人站出来说:要不我们来搞旅游业吧。就这样,他拉了同村的十几个人,跑到外地去宣传,村民的积极性都被调动起来,联系报社,整改村子里的环境,清理保护那些古房。要知道,这在当时,他们顶着巨大的压力。就这样,西递旅游越做越大,不出所料,后来还是传出去了,当时的村民都吓坏了,"文革"的阴影还未散去,他们以为又要倒霉了,结果当时已经改革开放,没想到政府不但没有批评,还大力支持!不仅下拨经费对西递、宏村整体规范整改,还对这个大山里不起眼的古村落尤为支持,对全国、对世界都进行宣传。

　　从1986年开始,西递和宏村开始利用保存下来的老宅子、老牌坊搞旅游,当年西递的门票收入达到了137万元,后来逐年上升。终于,西递、宏村让安徽人民看到了它们,让中国人民看到了它们,让世界人民看到了它们!2000年11月,西递、宏村两处古民居以其保存良好的传统风貌被列入"世界文化遗产"名录,这也同时是世界上第一次把民居列入世界遗产名录。自此之后,西递宏村进入了加速发展阶段。到2007年,西递景区年接待游客54.99万人次,实现旅游直接收入2124.54万元;宏村景区2007年实现门票收入3813万元,同比增长了34%,连续两年净增值突破1000万元。

　　对待有历史底蕴的建筑,就应该完整地、最大限度地保存下来,因为它们就是最好的教科书,它们身上记录着那数百年来经历的所有沧桑,它们身上折射出当时文化的形态,把其从抽象的想法、模糊的画卷,变成完完整整的一座座实体建筑。对于这些文化文物,我们应要好好对待,像那位大叔一样,保留它最初的样子;像国家对它的态度一样,给予最大的支持,让更多的人看到,让世界看到。

考察主题:乡土记忆之泰山景区大津口村
考察地点:山东省泰安市泰山区大津口乡
考察时间:2017 年 5 月 28 日至 2017 年 5 月 30 日

乡土记忆之泰山景区大津口乡

化工 1601 班 李正旭

一、乡村特色

泰山景区大津口乡地处泰山东麓的泰山风景名胜区腹地,有"长寿之乡"的美誉。大津口乡区位交通优势明显,是泰安城区和济南城区的重要交通连接路段之一,村级公路四通八达。大津口乡主要的文化遗产有:

帝王遗迹玉泉禅寺。玉泉寺最初建筑于北魏,现在里面有"大雄宝殿"、碑刻及银杏、"一亩松"等古树名木。

齐长城泰山段。被列入世界遗产名录清单,在大津口境内尚有保存,"长城岭"还是当地的著名旅游景区。

特色民居。大津口乡有近百个村子,每个村子都依山而建,用山上的石头建成,即使过了几百年,房屋的样貌也没有发生太大变化,因此保存了大津口乡的文化记忆。

各类老物件甚多。村史、家族史,居民生活、生产等活动遗存都有保留,现已登记 3000 余件。

非物质文化遗产。玉泉寺老佛爷庙会、泰山挑夫记忆、泰山民间故事、泰山野菜宴、居民信仰、居民生产生活习俗等。

二、调研目的

通过对泰安市文化遗产现状的调查和研究,了解泰安市泰山景区大津口乡文化遗产的传承和保护情况,了解当地居民是否积极主动保护家乡的文化,呼吁居民提高保护文化的意识,并积极参加到保护文化遗产的活动中去。根据调研结果进行分析,得出当地文化遗产的主要现状,找到原因,并向居民提出保护和传承当地文化遗产的建议。

三、调研方法

我们主要采用发放调查问卷和采访当地居民的形式。对于采访,提前准备好问题,用录音笔记录人们所说的话,等采访结束后统一进行整理。对于调查问卷,绘制图表,然后进行结果分析。分析好结果后,再向居民提出改进措施和建议,向居民宣传保护文化遗产的重要性,提高居民的保护意识。

四、调研过程

首先联系了泰安市管理文化遗产的机构——泰安文化广电新闻出版局,向工作人员说明前来的目的,并了解泰山景区大津口乡文化遗产目前的状况,向他们提出申请,从而寻求到相关配合措施,能更好地进入乡镇展开调研活动。

在泰安市博物馆参观了大津口乡的有关文化遗产,大体了解大津口乡的文化特点,知道有哪些文化遗址和非物质文化遗产,便于在乡镇有目的地进行调研活动。之后进入大津口乡开始调研活动,首先参观文化遗址,包括玉泉禅寺、齐长城泰安段,还有著名景区沙岭村。其次,选择在藕池村、沙岭村、云海度假村等村子进行调研,将提前准备好的调查问卷分别发放给不同年龄段的居民,在旅游度假村也要进行问卷调查,了解当地居民对自己家乡文化的了解和外来人员对这个地方文化的认识,向老人询问当地的风俗和他们是如何看待家乡文化遗产的,认为如何才能将它们传承下去,并询问某些非物质文化遗产的历史和故事,像挑山工等。

五、调查结果分析

1.居民如何看待当地文化遗产

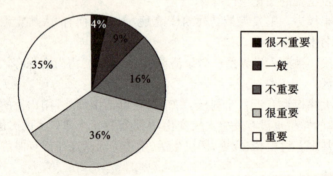

2.居民有没有主动去保护文化遗产

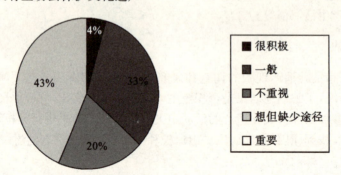

（一）文化遗产传承与保护存在的问题分析

根据调研分析,泰安市大津口乡文化遗产传承与保护存在以下问题:

（1）人们缺少对文化遗产价值的认识。即使村民一生都生活在自己的家乡里,也不一定能够了解家乡有哪些事物已经列入文化遗产保护名录,不能够积极主动去保护这些遗产。

（2）人们对自己家乡文化遗产的传承做得也不是很好。大津口乡的一些非物质文化遗产,像泰山野菜宴,由于传统工艺费时费力,人们忙于自己的事业,没有积极主动参与进来,年轻人更是对此关心极少,认为这些没有什么实际意义。使得懂得手艺的人都集中于老年阶层,老年人对此比较关心,但传承问题得不到很好的解决,对新生力量的培养难度很大,因此,大津口乡的一些非物质文化遗产的传承成为一个大问题。

(3)政府对大津口乡的保护和传承工作重视程度也有待提高。虽然政府比较重视大津口乡的旅游和药材茶叶等产业,但忽视了对大津口乡的文化遗产的保护和传承工作。政府对各地的保护工作分配不够均衡,很多地方工作开展得不是很顺利,难以取得实质性进展。

(4)文化遗产保护传承和大津口乡的城镇化建设存在着一定的冲突。随着城市的发展,各个村落也不断向着城镇化发展,大津口乡也是如此,对城镇化建设比较重视,从而忽视了对文化遗产的保护和传承工作,在这个过程中,随着高楼的兴起,有一些古建筑会遭到破坏。自然灾害对其造成的影响也很大,一些老房子经受不住风雨的侵蚀而变得面目全非。

(5)居民和政府对大津口乡文化遗产的宣传工作缺少。政府很少将自己村的文化遗产状况向居民们宣传,居民们缺少保护文化遗产的意识。

(6)缺乏遗产保护专项经费。政府对遗产保护和传承投入的经费不足,无法满足保护工作的需要。

(二)提出文化遗产传承与保护的建议

(1)首先要加大宣传力度,强化居民对文化遗产的保护和传承意识。将村子的文化融入生活中,使保护和传承变成生活中的一部分。政府和有关人员要积极主动采取多种形式向居民宣传有关保护文物的法律,可以通过新闻媒体来向广大人民宣传保护文化遗产的重要性,并且普及相关法律法规和科学知识,提高居民对文化遗产的认识。

(2)政府应加强管理文化遗产的人才队伍建设和资金支持,加强相关部门对文化遗产的管理。政府应对资金有合适的预算,可以设立专项资金,向企业等社会机构宣传,使其加入文化遗产保护的工作中来。可以在乡镇建立小型博物馆,增加居民了解本村文化遗产的途径。

(3)做好对文化遗产的利用。可以开发旅游产业,向外界宣传村子的文化遗产,举办各种各样的活动,吸引人们加入保护文化遗产的队伍中来。做好奖惩机制,对于保护文化遗产做出贡献的人可以给予奖励,而破坏和阻止文化遗产保护的人要受到惩罚。

结语:

此次调研活动,很有启发,最令人印象深刻的是泰山挑山工的故事。挑山工这个职业已经存在几十年,他们不辞辛劳,无论天气多热或者多冷,每天都要往山上挑货物。据一个老农民讲,现在山上用的索道,都是他们当年"挑"上去的,由于东西很大,直升机都不敢接,所以挑山工要自己挑上去。即使每次挪动一小步,也要把它弄到山上去,最终用了整整四天才干完。但他们从没怨言,因为,他们给后人构建了美好的桥梁,使得泰山变得更加美丽。所以保护文化遗产的工作,是非常有意义的,它为后代积累了精神食粮,让人们为之骄傲。

附:调查问卷

泰安市大津口乡文化遗产的传承与保护调查问卷

您好,我们是山东理工大学的学生,我们打算调研一下咱们泰安市大津口乡的文化遗产的传承与保护,为此我们准备了以下问卷,感谢您的配合与参与。

本问卷完全保密,仅用于我们的调查研究。衷心感谢您的支持合作,祝您生活愉快!

基本资料:

1. 您在大津口乡居住的时间:(　　)
   A. 1~5 年　　　　　　　B. 5~10 年　　　　　　　C. 10 年以上

2. 您的性别是:(　　)
   A. 男　　　　　　　　　B. 女

3. 您对泰安市大津口乡文化遗产了解有多少?(　　)
   A. 很了解　　　　　　　B. 了解一点　　　　　　　C. 不太了解

4. 您认为当地文化遗产有着怎样的地位?(　　)
   A. 地位举足轻重,是泰安市的文化结晶
   B. 地位一般,不能完全代表文化的传承
   C. 对此并没有特别重视,因为全国各地的非物质文化遗产很多

5. 您认为文化遗产保护的前景如何?(　　)
   A. 非常乐观　　　　　B. 不太乐观　　　　　　C. 完全不看好

6. 宣传方面,您赞成怎样的方式去宣传文化遗产保护?(　　)
   A. 拍成纪录片,在电视台播放
   B. 举办各种活动
   C. 发放各种资料,比如宣传册、海报等

7. 据您所知,当地政府对你们乡镇文化遗产的保护有哪些?(　　)
   A. 宣传动员广大民众了解它们,并鼓励民众继承等
   B. 政府没有什么特殊举措
   C. 不太清楚政府的保护方法

8. 当地文化遗产的遗失现象突出吗?(　　)
   A. 很突出,很多年前的一些小手艺现在已经完全看不到了
   B. 一般,有遗失现象,但不是很多
   C. 在政府的保护下,基本没有遗失现象

9. 如果政府拟开展关于非物质文化遗产的宣传和保护活动,你是否愿意积极参与其中?
   (　　)
   A. 愿意　　　　　　　B. 不愿意

浅谈乡土文化的价值、困境及其传承

电科 1501 班　张　乾

乡土文化是特定区域内长期形成的积淀,有着丰厚的底蕴与价值,也是中华文明的重要组成部分。随着城市化程度的不断加深,乡土文化在城市文明的冲击下逐渐淡出人们的视野。科学技术不断发展,人们的生活方式也在改变,以及城市化过程中的农村人口空心化使乡土文化的传承缺乏有效的载体,这些都使乡土文化面临着前所未有的危机。因此,在国家高速发展的同时做好对乡土文化的传承与保护具有十分深远的意义。

一、乡土文化的价值与内涵

乡土文化历经不知多少载的沉淀,建立在农业基础之上,是中国传统文化的重要组成部分。乡土文化是在一段时期积累下,在该特定区域影响下形成的文化积淀,带有十分浓厚的地方性色彩,具有物质性和精神性双重性。所以同时,在不同地域的乡土文化中拥有一些相同特点的情况下,不同地域内也具有不同的文化特征,也是地域差异的文化标志。其中包括语言、习俗、价值观等等。

1. 归属感和认同价值

不同于大城市,乡村社会具有小而亲密的特点,是一个"熟人社会",人们熟而亲,且大家极易产生文化认同。人们对乡土就如同对家一般有着强烈的归属感,同时也拥有着荣誉感,这也成就了强大的乡愁以及同乡之间异地相遇时的那种亲近温暖感。其产生的强大凝聚认同感是其他东西无法做到的,也是没有什么能够代替的。人们无论何时,无论身处何处,无论面临什么境地,这都是无可抹去的,都可以凭借融于血肉的乡土文化产生凝聚归属感,也成了身处异乡的游子的精神寄托。

2. 美学及商业价值

在长期的文化积累下,不同地域的乡村产生了独具自己特色的乡土文化,民间工艺、竞技游艺、历史人物、神话故事、民俗风情、建筑艺术、风味餐饮等等,都显示出极具中国传统文化特色的文化价值和文化魅力,是乡村的乡土意识和乡土文化核心的外在体现。起源于农业社会的乡土文化,展现的是人与自然的和谐与统一。在这之下产生的种种艺术都潜藏着富有民族特质和地方特色的文化底蕴,文化创造了艺术,艺术又反过来展现文化,两者密不可分,不同地域的文化也形成了独具自己魅力的艺术。这些各具魅力的乡土文化艺术也吸引着许多的人们去游赏、去了解、去感受。人们通过去乡村旅游,感受乡村文化的意境,体验其中的文化底蕴与内涵,从而能够放松心灵,平衡生活,这也体现出了乡土文化的商业旅游价值。"乡土文化蕴含有无穷的文化生长空间与市场拓展空间。乡土文化衍生出的商业价值,进一步拓展了乡土文化发展的空间。"①合理的商业开发能够进一

---

① 王华斌《乡土文化传承:价值、约束因素及提升思路》,《理论探索》,2013 年第 2 期。

步促进乡土文化的发展,也能够有力地带动当地的经济发展,现在国内已经有了成功的代表,诸如古镇黄龙溪的舞火龙表演、安徽五千文博园文化旅游等。

二、乡土文化的现状及困境分析

社会总是在不断地发展之中,中国也不例外。"自 20 世纪 90 年代以来,中国社会发生了深刻的变革。社会结构、生活方式、价值观念和文化艺术领域都在转型。在经济获得高速发展的同时,社会问题越来越突出,社会矛盾越来越尖锐。贫富差距拉大,城乡差距扩大,'三农'问题日益严重,下岗职工生活困难,生活的人文环境和自然环境都遭到了严重的破坏。"①不容乐观的社会现状使我们不得不重新思考行之有效的发展途径。其实,乡村的发展与城市的发展一样,在中国社会的整体发展之中,占有着十分重要的地位。而乡村的发展,首先要关注的则是乡村环境和文化的保护和开发,一方面保留乡村的原汁原味;另一方面促进乡村的现代化转型,在使乡村保留下来的同时保留乡村的活力。"中国民间文化一部分保留在市井,一部分保留在乡村,相比较而言,乡土中国的古老历史和自身传统更完备、丰富而深远。"②近些年已有一些人们将目光转向对乡土文化的保护与发展,但中国乡土文化丰富广泛,大趋势下仍摆脱不了正逐渐被破坏这一事实。"随着我国城镇化进程的不断加快,乡土文化和民俗文化被逐渐忽视,在追求城镇化和现代化的过程中,乡土文化出现了退化和断层的严重危机,如何对其进行有效保护与传承面临着严峻的困境。"③现分析一下当前乡土文化所面临的困境:

1. 人们认知的改变

随着改革开放和城市化的深入,乡村文化受到了以城市文明为中心的外来文化的冲击,人们的认知观念和价值观发生改变,除去文化基底十分深厚的乡村,大部分乡村已经发生了新的巨大的改变,原来的乡村习俗和交际规则与新的变化滋生矛盾且不断碰撞,最终处于弱势并逐渐淡去,新的价值观,新的文化站立起来。随着生活水平和方式的不断变化,人们发现原来的乡土文化再也派不上什么用场,变得无用且不必要,脱离了未来的整体。一些拥有新观念的人们给乡土文化套上了"粗鄙""庸俗"的标签,造成一些优秀的乡土文化在社会改良的过程中,被摧毁、破灭而渐渐消失;也有一些不断说着一年比一年没有"年味"却又对此无可奈何的人们。人们认知上的局限性是乡土文化传承的第一障碍,是根本上的问题。

2. 城镇化中乡土文化的困境分析

在城镇化过程中,乡村和城市必然存在着一些对立和矛盾。当然在现实中,城市拥有更多的优势和资源,为了加快城镇化的进程,实现政策要求,产生了许多对乡村资源不合理的掠夺,同时缺乏对乡土文化保护的意识,从而对乡土文化造成了严重的破坏和丢失,打破了乡村社会原有的结构和根基。在整个文化整合过程中,需要大量的资金,当前主要的资金集中于城市化的基础建设中,转向乡村的资金支持不足,资源分配不均,从而使一

---

① 张艳梅《文化伦理视阈下的中国现当代小说研究》,北京:中国社会科学出版社,2012 年版,第 98 页。
② 张艳梅《文化伦理视阈下的中国现当代小说研究》,北京:中国社会科学出版社,2012 年版,第 100 页。
③ 曹云、周冠辰《城镇化进程中乡土文化的保护困境与有效传承策略》,《现代城市研究》,2013 年第 6 期。

些乡土文化遗存虽然能够吸引游客参观,但缺乏有效的保护与修复,工作不能进一步开展,一定程度上抑制了乡土文化的发展。在当前一些功利心态的风靡下,乡土文化建设和传承也变得愈来愈功利,过多地注重物质而忽略精神层面的表达,在浓郁的商业氛围下失去了乡土文化的精神内涵与价值。

3. 教育的缺失及农村空心化

农村空心化即是指农村中的有文化的青壮年劳动力流向城市工作,从而使乡村的居民大多是留守的老人、妇女和儿童,造成乡村人口分布空心化,人口结构变得极不合理,并逐渐从人口空心化变为土地、产业、服务、文化和公共设施整体空心化。这在一定程度上显示着乡土文化人才的流失以及乡土文化传承缺乏有效载体。外出的农民工进入城市的收益高于农村好多倍,在城市受到现代城市文明的熏陶后,会不自觉地向城市文明靠拢,弱视甚至摈弃掉原有的乡土文化。并且在信息时代下,城市文明冲击和渗透更加有力,乡土文化逐渐被边缘化。新一代的青少年也是文化传承的主要载体,然而在现有的乡土教育下,青少年对乡土的归属认同感也在下降,更向往新鲜的城市生活,对于传统的文化习俗知之甚少,并且不愿传承无法带来显著物质财富的传统技艺,形成了乡土文化传承上的一大片空白,造成了乡土文化的流失。在"物质至上"价值观念的横行下,乡土文化显得越来越"不值钱"。在现代文化的冲击下,乡土文化已经显得有些"支离破碎",在现今信息发达的时代,很可惜的是也没有形成很好的对乡土文化保护与传承的氛围,人们对乡土文化的严重忽视只会慢慢加剧乡土文化的消亡。

三、加强乡土文化保护与传承的策略

加强乡土文化的传承与保护,首先从根本上提升人们对乡土文化的自信,搭配合理的措施,挖掘乡土文化资源,在现代化文明成为主流的趋势下,实现乡土文化的适当转型,创造乡土文化的经济价值,发展出乡土文化新的产业姿态。

1. 加强教育,改善人们对于乡土文化的认知

通过发挥教育的文化创新功能,协调文化变迁,给新的青少年一代树立对乡土文化正确的认知,正确看待当前文化的变革。更重要的是普及乡土文化教育,提升全民素质和认知。教育机构和政府应结合相关法律深入开展宣传,使民众意识到乡土文化的重要性,在社会上形成良好的氛围,提高人们的责任意识。"在文化不断更生交替之际,教育的角色应该定位在准确掌握新旧文化的变化上。现代教育要担负起传递文化核心的价值和迎接文化变迁,甚至带动文化变迁的双重任务。"[①]

2. 政府充分发挥其主动性

政府要发挥其具有主动权的优越性,加强对现有人才的利用,合理分配人才资源,挖掘拥有民间技艺的各种人才,给予优待;创办一系列的文化单位,培养选拔乡村文化骨干,使人们正视乡土文化的经济价值性,从而鼓励人们都积极参与到乡土文化的建设当中去,形成良好的人才储备。同时借助举办一系列的活动,提高文化和文化人才的知名度,从而进一步提高影响力。

---

① 邓昭华《城市化背景下乡土文化传承的教育策略研究》,西南大学硕士学位论文,2011年。

　　政府对文化资源应进行整合、挖掘,从而做到综合合理利用。可以打造本地的特色品牌,通过特色乡村旅游推出自己的文化产品;也可提供一系列的乡村生活体验,诸如养牲畜、下农田等等;也可开展一些乡村文化展览,让游客充分了解本地的文化特色。同时政府要加大对乡村文化建设资源的投入,加大资金扶持力度,加强文化基础设施的建设,推进文化单位基础设施条件和服务水准,满足农村居民日益增长的文化需求。鼓励民间社会投资发展文化产业,吸引企业投资创建文化企业,逐步建成多渠道投资体系,加快乡村文化建设。

考察主题：淄川区上端士村传统村落文化、习俗与发展研究
考察地点：山东省淄博市淄川区太河镇上端士村
考察时间：2017 年 4 月 30 日至 2017 年 5 月 1 日

淄川区上端士村传统文化调研

中教 1601 班　范萍萍

一、上端士村的地理位置和环境

上端士村位于淄博市淄川区峨庄乡，与临朐、博山、沂源、青州等地区接壤，淄博市最大的水源保护地——太河水库便坐落于此。太河镇也是淄博自然风光最优美、环境最好的乡镇之一。上端士村被称为"端坐"青山间的古村落。"上端士村地处鲁中山区，其地势西高东低，处云明山和凤凰山夹谷之间，两翼为此起彼伏的环山，中间低凹向北敞开。老辈人说，云明山就像一把太师椅，峻屹的山峰是靠背，两侧的山岭是扶手，上端士村'端坐'在靠背扶手中央。"[①]村落被南北两侧群山环绕，房屋坐落于两山凹地处，依山而建，风景秀丽，有着源远流长的民族文化，蕴藏着丰厚的人文景观。上端士村的历史在 300 年以上，历史悠久，是典型的北方民居，尤其是用青石建造的房屋风格独特，拥有"石头城"的美誉。

二、文化、传统文化和村落文化的含义

文化的范围是十分广泛的，它应该包括一个国家、一个民族的历史、地理、文化习俗、价值观念和文学艺术等。根据英国人类学家爱德华·泰勒的定义，文化是"包括知识、信仰、艺术、法律、道德、风俗以及作为一个社会成员所获得的能力与习惯的复杂整体"。其核心是作为精神产品的各种知识，其本质是传播。文化是人类社会特有的现象。文化是由人所创造，为人所特有的。有了人类社会才有文化，文化是人类社会实践的产物。不同的国家和民族有不同文化，文化更是一个国家、一个民族的重要标志。"村落文化是相对于都市文化而言的，它指的是以信息共有为其主要特征的一小群人所拥有的文化（包括伦理观念和行为规范）。这个小群体既可以是一个二三百人的自然村也可以是规模更大的自然村落（母群体）里的一个小群体（子群体）。在这个小群体中，每个人对群体内其他成员的情况都谙熟于胸；发生于这群人之间的一切事件都不会逃过每个成员的视野；一言以蔽之，小群体中的一切信息都是共享的。"[②]

三、上端士村的建筑及历史故事

上端士村有错落别致的石砌建筑、古朴的民风民俗，有李半仙、李举人、铁笔李滋华等故事和美丽的传说，也有正义祠、云峰观、孔子精华苑、武举楼等人文景观。古林古街古村

---

① 黄永健《寻访山东传统村落上端士村——听"石头"吟一首古老歌谣》，今晚网渤海早报，2015-10-27。
② 李银河《论村落文化》，《中国社会科学》，1993 年第 5 期。

落更是一幅唯美画卷，是赏古风的好去处。"茅檐午影转悠悠，门闭青苔水乱流。百转黄鹂看不见，海棠无数出墙头。"这是北宋政治家王安石游历上端士村，欣赏山林美景时写的一首古街赋。

（一）村名的来源

上端士村村名的来源解释有多种说法，每一种都不无道理。第一种：据村民介绍，上端士村始于明朝，距今已经有 600 多年的历史。"石头房在明朝时期就有，最开始叫作椴树村，因为村子周边的山上有很多巨大的椴树，几乎遮住整个村子，后来取谐音叫上端士村，邻村叫作下端士村。"①第二种："云明山上有一块奇石形似骏马，古时称之为'圣马石'，传说此'马'须村里'端正'之士来驾驭，即为'上端士'。"②关于村名还有另外一种解释："据说早期先民们聚族而居，冀盼日后人人一心向上；家族后辈们品行端正，励志成为名士，因而取名为'上端士'。"③这也是民间寄予村落生活顺风顺水，幸福美满的象征语言，表达了村民对村落的美好祝愿。

（二）李武举与武举楼

在村子中央你会看到一棵沧桑却依旧挺拔粗壮的古槐，古槐旁有一座十几米高的明清风格的石楼，虽然青砖构成的门楼框架已经被风雨剥蚀得遍体鳞伤了，但墙壁上的六棱墙砖依然清晰可辨。这里就是吕剧《王定保借当》中李武举的居所。《王定保借当》讲的是王定保因为赌博输钱而引起的一系列故事。学生王定保在老师外出踏青的时候和同学赌博，结果输了钱，因为害怕父母责骂而不敢回家要钱还债。王定保的未婚妻张春兰知道之后，便背着父母把嫁妆衣裳给了王定保让他当钱还债。李武举贪图张春兰的美貌，乘机诬赖王定保偷盗他家之物，并把他打入南监。张春兰星夜赶到县公堂喊冤才把王定保救了出来。

"关于李武举的故事，有两个不同的版本，一个说李武举曾为百姓办过不少好事，为官公正清明、断案如神，只因《王定保借当》剧情的需要，将其描绘成反面人物。另一个则说李武举排行老五，外号'李五局'，此人专干些坑蒙拐骗、欺男霸女的勾当，符合《王定保借当》中李武举的作为。"④前一个版本中的李武举的良好品行可以算是上端士村优秀传统文化中的一部分，值得我们学习和传承。

（三）李吉清与纪念祠云峰观

在上端士的那些古老传说中，李半仙的传说总是让当地人津津乐道。李半仙真名李吉清，是一名游医，在附近山村行医，并且经常帮村民看风水，预防警示各种自然灾害，改良农作物，为人民排忧解难、无私奉献，受到人民的爱戴与推崇。人们为了纪念他，修建了李吉清纪念祠——云峰观。如今的太河镇峨庄片区不少村里都流传着他的故事。无论李武举还是李半仙，他们的故事真假难辨，但都成为非物质文化遗产，成为当地宝贵的人文资源。

① 李超《淄博市上端士：围山转的"石头村"》，齐鲁晚报（数字报刊），2015-1-15。
② 李超《淄博市上端士：围山转的"石头村"》，齐鲁晚报（数字报刊），2015-1-15。
③ 黄永健《寻访山东传统村落上端士村——听"石头"吟一首古老歌谣》，今晚网渤海早报，2015-10-27。
④ 闫盛霆《探访中国传统村落上端士村——藏在深山里的"石头村"》，中国新闻网山东新闻，2016-02-01。

（四）孔子精华苑

孔子是我国著名的大思想家、大教育家。其儒家思想对中国和世界都有深远的影响，孔子被列为"世界十大文化名人"之首。为了发扬以德治村、以德育人的优良传统，纪念孔子留给世人的德行，占地2000多平方米的孔子精华苑最终在云明山风景区建成，它展示了孔子一生丰富的经历，勤奋好学的品质，为官做人的历史背景，让世人在游玩参观的同时，学习瞻仰孔子，吸收孔子的思想精华，弘扬中华民族的优秀文化。

四、文化的价值和功能

文化的价值分为社会价值和文化价值两方面。社会价值主要表现为，文化作为一种精神力量，能够在人们认识世界和改造世界的过程中转化为物质力量，并对社会发展产生深刻的影响。文化价值主要是对优秀传统文化的继承、发展、颂扬和创新。总之，先进的、健康的文化对社会的发展会产生巨大的促进作用；反动的、腐朽没落的文化则对社会的发展起着重大的阻碍作用。优秀文化能丰富人的精神世界，增强人的精神力量，促进人的全面发展，并且"乡村传统文化氛围对道德意识、风俗习惯、社会责任感的形成具有重要作用，这是在我国构建和谐社会的基础"[1]。上端士村有很多以前流传下来的优秀品德和良好的风俗习惯，这些优良传统更是激励着一代又一代的村民向好的方向发展。

五、上端士村的传统文化与习俗

（一）村名"上端士"的文化内涵

据村名来源解释，村中先辈期盼后人能一心向上、品行端正，成为名士，所以取为"上端士"。从村名中就可以感受出上端士村的优良文化传统，也可以读出先辈们的美好期望，也正是这种期盼，激励着村民努力向善，养成良好品行。

（二）人与自然和谐相处

上端士村村民敬畏自然，注重与自然的和谐相处，保护山林的自然生态。云峰观是作为宗教圣地的文物保护单位，每逢李吉清诞辰农历五月初五和九月初十有重大庙会，村民都赶来祭拜。此外，还有关帝庙、三官庙、白衣庙等。众多庙宇的背后都反映出村民对大自然的敬畏与谦恭，与天地自然的和谐相处。现在，为了保护山林的自然生态，村子实施封山禁牧，减少畜牧业的数量。另外，上端士的村民爱树如命，他们管砍树叫"杀树"，由此可见树在人们心中的分量，并且在村民的心目中，那些古树都是有灵气的。砍树就是残害生命，树和人一样也是有血有肉的。人与自然和谐相处已是上端士村文化中必不可少的一部分。

（三）村民品性善良，有爱心

在上端士村，你只要仔细观察就会发现每家石屋大门的左下角都有一个不易让人察觉的洞，仔细打听，就会知道原来是为小猫小狗儿准备的小门，名曰猫洞，从这种细微的细节中可见上端士村人们善良、富有爱心的品性。

---

① 郑文堂、邓蓉、华玉武、高建伟《美丽乡村建设背景下乡村传统文化保护与传承》，《现代化农业》，2015第2期。

（四）良好的作息习惯与和谐、友好的邻里关系

随着手机的普及和其他科技产品、娱乐活动的出现，人们的业余生活越来越丰富。晚睡晚起已逐步代替早起早睡，并且成为一种常态，尤其对于年轻人来说。而上端士村村民却仍然继承着健康的作息习惯。他们早上很早就起床，晚上娱乐项目少，很早就睡觉。在农忙时节，村民早早就起床去山上干点农活再回家吃早饭。并且上端士村还是有名的长寿村，村民喝的是山泉水，吃的是自己家种的菜，所以身体非常健康。

另外，村民之间还保留着良好纯洁的邻里关系，一家有事，全村都去帮忙，盖房子根本不用花钱请人。当地"送小饭"的特有习俗也一直保留着，一家有婚嫁的，其他村民都会做些面条或者水饺送去，以表示庆祝。如此好的邻里关系给人一种温馨的感觉，禁不住想起"远亲不如近邻"这句话。

除了以上文化习俗、文化思想外，上端士村还有祈福的习惯，每到逢年过节或庙会，村里人都喜欢到庙宇、祠堂祭拜祈福，这是村民从古至今传下来的信仰。这些习俗、思想在无形中、在潜移默化中推动着村民养成良好的行为习惯和品行，也促进村子向更好的方向发展。

六、传统村落的保护、传承与发展

（一）房屋的结构及特点

上端士村的周围大都是高山，由于地形的缘故，村子内的小道都是曲折幽深、上下起伏的，石头屋自然也是依地形而建。房屋虽构造简单，墙壁都是由石头垒起，但它有一个令人羡慕向往的特点——冬暖夏凉。墙壁半米多的厚度使其冬天保暖，夏天晒不透，当地的居民都深有体会。并且村中的小路基本上是用石板铺成的，所以有人就说："走在石板路上，脚踩的是石头，更是历史。"

（二）村落的保护和经济发展

"现今的上端士村早已整体搬迁，留下来的老房还是那些老房，旧巷还是那些旧巷，草屋、石檐、石碾、石磨依然原汁原味地漫溢着岁月固有的旋律和特有的风韵，它们没有被山外的喧嚣所惊掠，它们远离了城市的繁华，拥有了一份特殊的宁静。"[1]

上端士村对于村落的保护采取的方法是旧址上修缮传统房屋，选取新址建新屋。古房屋的修建采用的仍是古代明清的建筑做法，木梁，高粱秸，一层麦秸，一层黄泥。300多座石房保持了小山村的原址、原状和原貌，原汁原味更能体现它的独特韵味和价值。"村子最值钱的就是这些老房子，一旦老房子没有了，村子也就失去了原有的价值和灵魂。搞开发旅游，前提就是保护好古村子。"李春敬解释说。他们希望通过旅游开发过上更好的日子，但绝不愿意以牺牲村庄的原生态为代价。可见上端士村对于传统房屋的重视和珍惜。

为了促进村子经济发展，改变村子落后的面貌，村子里的一些村民都办起了农家乐，土特产、采摘、写生，每年都会吸引不少游客，村民也因此增加了不少收入。另外，村子里

---

[1]　王媛《山东最美古村落——淄博上端士村》，淄博新闻网，2017-4-14。

还发展起了核桃、樱桃等特色产业，保护性开发云明山风景区，促进旅游业的发展。在这里游客春天可踏青赏花，夏天可感受休闲采摘的乐趣，秋天亦可欣赏满山红叶的壮观，在青石街上推推石碾体会乡间趣味。既满足了游客的需求，又推动了该村经济的发展。"乡村旅游的出现，将传统文化的传承、维护与经济的发展有机结合起来，使人们意识到传统文化现实的经济价值和长远的发展价值，有力地促进了传统文化的复兴。"①总之，上端士村发展旅游业既能带动经济，改善村民生活水平，又能保护、传承传统文化，一举两得。

综上所述，首先，上端士村历史悠久，为典型的北方民居，房屋多是由青石建成。其次，上端士村人文景观、历史故事和传说等文化资源十分丰富，对于村中良好习俗和村民优秀品质的形成发挥了重要作用。最后，为了更好地保护村中的资源，上端士村采取了整体搬迁的方法，并且保护性开发云明山风景区，发展旅游业。此外，一些村民办起了农家乐，卖土特产，发展特色产业，既保护了传统文化村落，又带动了村子经济的发展。

---

① 王家洪《传统文化与乡村旅游的互动研究》，《江西科技师范学院学报》，2009 年第 4 期。

最美是家乡，最亲是乡情

中教 1602 班　王凯旋

一、城镇化建设下乡愁何存

1. 保护传承乡土文化，留住最原始的风貌

我国正处在一个快速城镇化的过程中，随着城市的极速扩张，众多郊区的传统村落竟也都被纳入城市规划建设范围，最终使得众多城乡传统风貌不断消失，我们童年记忆中的乡村也不复存在，这是城镇化带来的结果，有时我甚至认为这结果是对我们更大的惩罚。社会主义新农村建设使得乡村发展成为各方关注的焦点，也正由于这一点，使得中国城市构成了农村发展的强大背景。正是中国的城镇化建设改变了乡村发展的面貌，但是城镇化带来的社会转型对传统村落构成了难以言说的损坏。在我国城镇化过程中出现了一味追求现代忽略乡村历史文化遗产的保护与传承现象，使大量乡村文化遭受到破坏，传统村落的城镇化不仅仅是现代意义上的城镇化，还要通过乡土教育实现乡村文化的理性回归。

2. 保护和传承乡土文化是我们发展城镇化过程中不可缺失的一步

文化是民族的血脉，是人类的精神家园。尤其是现代社会中，文化对政治经济的反作用越来越明显，越来越成为民族凝聚力和创造力的重要源泉，综合国力发展的重要因素。因而乡愁不是消极的情感诉求，也不是城镇化过程中的毒草，更不是阻碍城镇化发展的因素，而是凸显中华民族文化之独特魅力的动力所在，使人们在城镇化建设的过程中对自己家园的关注度更高一些，更加关注精神家园的建设，包括对现实中的精神家园和生命的象征层面上。但是目前的城镇化建设虽说一直强调"留住乡愁"，可是在真正的实践过程中却依旧没有将二者紧密结合，往往在建设的过程中总是乡愁让位于城镇化的建设之后。我们要知道，乡愁是城镇化建设的根源所在，也正是乡愁的文化内涵才让我们拥有了众多独具特色的城镇，我们真正的城镇化只有在维护有价值的乡愁的基础上才能够真正得到发展。都说做人不能忘本，那城镇化建设怎能将乡愁之本忘掉呢。在人们物质条件相对充足但是精神条件相对匮乏之际，乡愁应该被摆在重中之重的位置，但是由于城镇的极速扩张，所剩无几的乡愁几乎被全部消耗殆尽了。乡愁可以将城市和农村更好地结合起来，打造具有中国特色的城镇化之路。乡愁的主体是广大人民群众身边的人、事、物，只有广大人民群众对其拥有了足够的重视，我们留住乡愁之路才会有真正的进展，我们保护乡土文化的心才不会慢慢衰亡，我们优秀的文化才不会最终消失。

二、西崔家滩村传统民居的乡土记忆和传承

我们都知道，城镇化进程和村落文化保护是一组难以破解的矛盾，有时候二者发生了冲突，是必将舍弃一个的，但是大多数时候我们舍弃的往往是村落文化，也就是我们今天强调的乡愁。

西崔家滩村隶属于山东省胶南市张家楼镇，位于古镇口湾西侧，地处平原地区，地形

平坦,是重要的农耕文化区,存在着大量的独具特色的传统民居。该地区遗留了大量的古村落文化遗产,也传承着众多优秀的传统文化,因此此地有着重要的历史价值和文化价值,但是近年来由于文化旅游的开展,让大量的外来游客进入,影响了这里天然纯朴的民风和独具特色的文化面貌,使得古村落受到了一定程度的破坏。因此我们就要着重地强调对该地区古村落文化遗产的研究,利用这个文化古镇找出保护传统村落的秘诀所在,有助于其更加认真地保护古村落文化遗产。对于其保护性设计具有重要的现实意义,同时对乡土景观的营造与保护也具有重要的历史意义。虽然我国对古村落的保护意识觉醒较晚,但是在近年来大力度保护下也取得了较好的成绩。该地区的民俗自古都是勤俭尚礼,好事农桑。这些条件均为古村落的文化保护打下了坚实的基础。山东传统村落名录中的村落很多,但是该地区普通居民的建筑别具一格,而普通居民的建筑正是当地古村落遗产的最纯正的代表,有着多样的建筑式样,独特的建筑特色和丰富的文化内涵,理应作为当地古村落文化遗产保护的重点。以此作为各地区甚至各省市的优秀样本,帮助其他地区找到符合自己的保护村落的方法。当地的古村落文化遗产主要为非物质文化遗产,例如乡土技艺、农桑等,别具一格的语言风格等都是其中的一部分。经研究发现,在保护设计的过程中应整合当地的农业、生态、旅游等资源,促使村落政治、经济、文化等因素协调发展,做到尽量不破坏传统村落的文化遗产的同时还能够带动乡村经济的发展,这就需要村民和游客们共同努力。尽量保持传统村落的真实性、乡土性,注重当地历史文化和人脉的传承,为新农村建设中的传统文化的保护设计提出更加切实可行的方案,让其保护与发展并行。研究传统的民间技艺,民间的古建筑以致让更多的人去关注,是一个很大的工程,但是我相信,在我们的努力下一定会有所进步。而且在后来的发展中必将取得长足的进步。

三、城市与乡村的矛盾统一性

1. 新型城镇化与乡村的矛盾性

新型城镇化背景下,两者存在着许多矛盾,城镇发展与农村发展的矛盾,物质文化保护的长期性与地方想要急切改变现状的矛盾等等。实践证明,最好的保护并不是原封不动的保护、原原本本地保存,那中国便没有东西依靠和发展,而是在保护中开发。我国正处于城镇化发展的快速阶段,农村人口不断向城镇涌入,同时资源要素也在不断地向城镇聚集,这些城镇化进程一定程度上破坏了乡村环境,给传统乡村的保护增大了压力。

2. 新型城镇化与传统村落的统一性

想要实现现代化就必须要进行城镇化建设,而城镇化建设是一个长久的历程,传统乡村是中华民族文化多样性的体现,在传统乡村新型城镇化的推行过程中必须要加以保护,而不是瓦解农村文明,消灭文化遗产。

四、留住乡愁、发展城镇化的具体方法

在城镇化发展的过程中,很多古村落被迫拆除,目的是让不同的村落形成统一的局面,但是正是这一点,狠狠地切断了乡土文化的传承和发展。尤其是乡土文化气息浓厚的地方,这种破坏就尤为让人痛心。我们都知道,城镇化的发展固然不错,但是以牺牲古村落为代价的虚假城镇化就让人难以接受了。总之,在进行城镇化的过程中要着重保护乡

土记忆,留住乡愁。

传统村落承载着中华民族传统文化的精华,是农耕文明不可再生的文化遗产,它凝聚着民族精神,保留着民族文化的多样性,是维系华夏子孙繁荣发展的文化根基,也是体现中华民族精神的重要载体,旧式村庄的建造过程基本上是按照自主营建的方式进行的,家庭人口单一,经济实力相近,布局相同,因此产生"同化"现象。在我国新型城镇化加速发展的背景下,进一步加强传统村落建筑和自然生态环境保护及非物质文化遗产抢救,对于建设社会主义文化强国,增强国家文化软实力,都具有重要的历史意义和现实价值。

1. 第三产业的带动作用

新型城镇化为乡村旅游发展带来重大历史机遇的同时,也带来了新的要求和挑战。所以在新型城镇化过程中,我们一定要坚持走发展第三产业的道路。其一是在城镇化建设的过程中着重发展第三产业,只有由第三产业进行带动,才能最大限度地保护古村落的完整性。例如发展旅游业,农民足不出户就可以发家致富,而且旅游最重要的就是古村落的保护,只有我们最大限度地保护了古村落的完整性,旅游业才有可能会发展,我们才有可能进行真正的城镇化。无可厚非,第三产业的重点之一就是旅游业,新型城镇化快速发展,旅游消费需求日益旺盛,乡村旅游是乡村经济发展的增长点,也是推动乡村城镇化的重要动力,大力发展乡村旅游,推进乡村城镇化,能够促进乡村的转型发展。因此,大力发展乡村旅游,伴随着乡村旅游的发展,产品供给日益丰富,服务设施不断改善,经济规模大幅度增长,乡村中农民收入增加,但也伴随着身边环境的日益变差,乡村文化受损,同时也限制了乡村的发展。

2. 村民自发进行保护

其二是村民自发组织"护村小分队",在这之前需要政府组织讲解保护村落的重要性,以增强村民的意识,才能使他们自发地组织起来,将保护古村落列为己任,才能使村民在生活中、思想中彻底改变,从而让古村落真正得到保护。

3. 创新性建设

其三是鼓励村民建造传统民居,在古村落的基础上进行加工再创造,融合古代和现代二者元素,使村民打心底里接受古村落文化遗产,并且热爱上这种建筑。关于非物质文化一词,笔者也有一些自己的看法。非物质文化遗产最重要的是传承,一种手艺只有世世代代有人传承才会经久不衰,面对日新月异的现代社会,很难再找出能够专心手艺的手艺人了,所以在寻找传承人的基础上,我们应该鼓励倡导人们真正地热爱一门手艺,感受其中的工匠精神,只有从心底喜爱,他们才能静下心去,在灯红酒绿的现代社会中安守一方净土。

综上所述,本文讨论的主要是城镇化建设和乡土记忆,一开始也仅仅想谈乡村古老的建筑和非物质文化遗产等对于我们的影响,但是后来发现,上述问题似乎更突出,更加亟待解决。面对城镇化建设和乡土记忆,我看到了传承乡愁的"难堪"之处,并由此提出了解决办法,主要是希望乡土记忆能够在社会发展的浪潮中继续前行,和城市的发展并驾齐驱,最终充实人们的精神家园,带动具有中国特色的城镇继续向前发展。

考察主题:黄昏日落景,浓浓乡村情
考察地点:山东省荣成市俚岛镇小耩村
考察时间:2016 年 8 月 15 日至 2016 年 9 月 1 日

黄昏日落景,浓浓乡村情

化工 1602 班　张祖星

我父母是农民,然而随着兄长和我逐渐步入高中、大学,依赖仅有的几亩田地的经济收入已无法支付昂贵的学费以及生活开销,外出务工是他们的不二之选。虽说务工,但父母在外租住的仍然是农家小院,小院散发的纯朴与厚重让外出务工的人减少了些许思念,而我是那么幸运能走近这所庭院,去感受这所庭院所散发的温馨,去感受这个家的温暖,去感受这个地域的文化。

小耩村位于山东省荣成市俚岛镇,濒临省道 301,更有公交站点,交通便利,穿过省道 301,便可到达黄海岸边。也正因为濒临黄海,这里气候温润适宜,是避暑的胜地,但寒冬腊月则异常寒冷,而且持续时间较久。附近有关家、卧龙山庄等农家小院以及中我岛社区、南我岛社区等社区相互依存。这里风景优美,可以有游船于海上的惬意,也可以有沙滩漫步的闲适,更有田间劳动丰收的喜悦。这里拥有企业出资打造的优美海岸线,更有国家 5A 级旅游项目景点——爱莲湾。即使还在建设中的时候也会有情侣们前来拍照留念,因为这里的海景实在是太美了。这种环境包围下的村落怎会让人不喜爱呢?

清晨,第一缕阳光以及伴随着海洋特殊气味的空气透过纱窗,闯入屋内,父母早已经出去务工,只有我一人在自己的屋内懒洋洋地睁开眼睛,见阳光充满房间,才起床洗漱。简单的早餐后,我便开始准备在这所村落里穿梭遨游,但太阳在天际散发的柔和光晕深深吸引着我,这就是日出的太阳吗?内心的好奇促使我奔向海边。海边的景象令我惊讶:涨潮已经使海浪逼近海岸线,成群的海鸥飞来飞去,有的在沙滩上东啄啄西啄啄,从沙石中翻出自己的美食;也有穿着雨裤的渔民在海岸线附近东看看西看看,时不时顺手捡起海浪冲刷到岸边的龙须菜;伴随着海浪的升起,鱼儿纵身一跃,一道道优美的弧线划过天际,在我眼中转瞬即逝。海岸线附近的装饰也很醒目,渔亭以及用海草搭建的凉亭,让人流连忘返，又有一点孤寂的感觉。这只是早上的海景，那么渔民回来的时候，场景一定会更加热闹。冲刷到岸边的海藻散落在海岸线附近，海鸥肆意漫步在沙滩上，码头上或许有工人忙碌的身影，停留在海上的船只在波浪下轻微浮动，天空与海洋在天际相接壤。想到这里，我内心不免一阵窃喜，便顺手捡起脚边的石头块，用力一甩，落入海浪中，消失了。

回到村庄时，太阳的红晕早已消失不见，取而代之的是可怕的黄光，火一般炙烤着大地，伴随着海风的轻抚，却别有一番滋味萦绕在心头。石子和水泥铺成的道路在村庄的胡同口错综交叉，绵延不绝。村落的房屋构造简单，围墙仅有 1.5 米高，材料就是用从海岸线冲刷下来的石头经过简单的切割堆砌而成。当然，也有一些房屋是用钢筋水泥建造，这种房屋大多都是近几年维修或翻新的。每家房屋都是一层，更显示出小耩村的独特。因地势的原因，每家屋后都有一条水沟，用于疏通雨水，水沟内偶尔会出现青蛙、淡水龙虾等。当你蹲下去，挑逗它时，它便会竖起大钳，时刻准备防御、攻击。但这些对于强大的人类而言，都是脆弱的、不堪一击的，而它们最终也将成为人类餐桌上一道美味的菜肴。庭院门前有空地的地方，也都已经被种上蔬菜、花卉。酷暑八月，蔬菜嫩绿的叶子奋拉在枝干上，可花卉的花朵却依然傲世独立，随风摇摆。这小村落的一切装饰，仿佛浑然天成，巧夺天工，让人觉得一切是那么自然。或许这就是小耩村独特的魅力吧。

村落地势由南向北逐渐升高，继续往村庄里走，就有些费力了。走到村落中心，便会看到在屋檐阴凉处，有几位老人拿着蒲扇，坐在马扎上，有说有笑，由远及近，声音愈大，笑声也更加爽朗，但他们的交谈内容，我一点也听不懂，或许方言的存在也是一种魅力吧！当他们看到村庄里行走着陌生人时，都会报以微笑，有的也会打招呼说话。由于听不懂，我只能报以微笑，然后逃之夭夭，笑声也逐渐弥漫在空气中。

从南北路拐进东西路，就可以看见一个大喇叭立在屋顶，这里就是村委会了。这个村落的幽静并不会给村委会们带来什么麻烦，一切都正常运转着，村委会的大门开着，里面端坐着一人，正在奋笔疾书。紧挨着村委会的是村委活动室，活动室外，墙壁上挂着村委职务的牌子，然而活动室并没有开门，窗帘都紧闭着，根本看不到里面的内容，一把充满铁锈的大锁，把屋内的世界与外部相隔绝。继续往前走，就是广场了，这里有篮球架以及各种体育活动器械，但由于酷暑，这里仅有我一人，空荡荡的，在广场北面，是村庄唯一一家杂货店。夏日炎炎，一杯冷饮，足以解酷暑啊！我一进门，老板来了一句"要嘛？"不知所措的我，看着冰柜，才慢吞吞走过去，拿出一杯冷饮，用不太标准的普通话问了价格，付完钱，便匆匆离去。

独自一人在村庄里闲逛了四五个小时，除了有狗镇守的路口没有进去勘测，小村的表面状况已经被我掌握。太阳逐渐恢复了它和蔼的面容，黄昏的日光让外出的鸟儿归巢。渔民也该回来了吧！穿过车辆疾驶的省道，我也顾不上道路两旁娇羞的花朵，径直向海边跑去，心想那里一定是一派收获的景象。然而到了那里，我失望了，一只破旧的塑料小帆搁浅在沙滩，几只海鸥在上面盘旋低飞，潮退了，海岸线附近只有一只渔船，只能远远看见码头的船只。失望了，想转身离去，但来时的奔跑让我气喘不息，不如到凉亭上静静感受海风的轻抚，感受黄昏阵阵海风袭来的清凉。不一会儿，"哒哒哒"的马达轰鸣声让我从冥想中回到现实。一艘破旧的渔船伴随着马达的轰鸣声慢慢驶到浅滩的塑料小帆处，穿着雨裤的渔民从船上下来，透明却有红斑的海洋生物堆满了小船，我从凉亭走向沙滩，视野也就更加清晰。尽管累，但黝黑脸庞并挂着海水的渔民脸上处处洋溢着喜悦与幸福。这些生物是什么？他一块块放到塑料帆上，这难道就是父亲说的海蜇？父亲还说这个东西有毒，但营养价值却特别高，市场上卖得很贵。满满一船啊！海鸥在岸边盘旋，鱼儿在随波浪跃起一道道优美的弧线，渔民在收获自己的劳动成果，太阳的黄晕也逐渐消逝，海的夜晚来了。在外奔波忙碌的人也该回来了。

父母回来时已经接近天黑，简单的晚餐后，母亲带我去广场，此刻，广场上音乐正嗨，整齐的步伐在音乐的带动下显示出广场舞独特的魅力。其实这里的休闲生活也是挺热闹的。劳累了一天，或许这就是最好的放松方式吧！

去集市的路有点远，在中我岛社区的广场上。这里的集市比较特殊，并不像我老家那样，每天都可以去集市上寻找自己所需要的物品，而这里是农历三、六、九日有集市，但物品种类繁多，都是朴素、纯朴的乡民，物品的价格很人性化。对于我而言，最感兴趣的肯定是小玩意儿，但看到种类繁多的海产品内心还是受到很大震动的，有红扇贝、海胆、海螺、海参，还有螃蟹等，除了海参价格昂贵，其他的都是普通价格，毕竟这里有黄海这座巨大的海洋宝库，也有众多的海产品公司，以及数不清的渔民，海产品丰富也理所应当。看到海虾的翻动、鱼儿的游动，让我想起高中时代，每次从县城放学回家，我都会在一个菜市场停留片刻，看鱼儿的游动，有时也会趁老板的视野盲区，顺手触碰一下鱼儿的鳍背，便匆匆离去。集市永远是一个充满缤纷色彩的世界。

初来乍到的新鲜感所剩无几，村庄周围环境也基本了解，当我发现苹果园时，就如同发现新大陆一般。但由于栅栏的存在，我只能远远观望，苹果树上挂满了用塑料袋套上的青涩果实，或许它们成熟时，我已经不在这里了。短暂而充实的半个月转瞬即逝，我再一次离开父母，离开小耩，回归校园。

每天都有村庄在城市化浪潮中消亡，城市化的步伐之快令人咋舌。虽然国家已经出台很多政策来扶持农村经济的发展，但依然有很多问题不可避免。老一辈以地谋生，地是他们经济、生活的来源，而村里的老人大多经历过土地改革。他们对于土地的依赖远远高于一切。他们从一无所有到后来实现温饱、摆脱饥饿的厄运，这一切都是他们最忠实的伙伴——土地的功劳。种地无巧，手勤肥饱，他们用自己的双手在田地上流汗，他们理应得到土地的馈赠。而父辈们大都外出务工，不理会农事。而作为新一代社会主义现代化建设者的我们，更不懂农事，春耕秋种以及何时灌溉、喷洒农药，对于我们来说，一切都是陌生的。我们对大城市亦有向往。在我们背起书包的那一刻，父母的忠告就如影随形，父母期望我们摆脱农民的身份，在大都市生活中不会因为是农民身份而被嘲笑、被奚落。父母渴望自己的子女能够成龙成凤，而不会像他们一样在为生计而奔波忙碌，甚至遭人白眼都要忍耐。他们用自己充满老茧的双手去努力满足自己子女的欲望，而毫不在意自己的身体是否能够承受住高强度的工作。他们会因为子女的不努力而伤心欲绝。他们会为子女提供最好的条件，希望我们走出村庄，去看看外面的世界，去和这个世界问候，去弥补他们的遗憾。

农耕文明历史悠久，而随着现代经济的崛起，最具代表性的乡村文明正在逐渐消失，乡村的纯朴、好客是钢筋水泥筑成的大都市所不能体会的，都市物欲横流，处处拷问着人们的良心；但我们却热衷于城市的生活，仿佛那是一种高贵的代表。我们宁愿在城市内颠沛流离，也不愿回到乡村安逸闲适。这背后透露着人们对高新科技的向往与崇拜，城市拥有完备的交通工具，医疗设备，远远高于贫困、简陋的乡村卫生院以及破旧的乡村道路。一如我上学时的初衷：我要出去，我一定要脱离这个贫困的县城。

我内心无比留恋小耩的风貌。和煦的海风，阳光柔和的仿佛要给万物勾金边。这里的生活安逸闲适，没有人与人之间的钩心斗角。这里仿佛就是陶渊明笔下的桃花源。

农耕文化是城市的发源地，但城市的崛起却是以牺牲农村为代价的，如果让你选择，你会选择哪一个？乡村文化真的会随着城市的发展而逐渐消亡吗？

这是我第三次来这里，从第一次的懵懂，第二次的喜悦，到第三次的无比留恋，我越来越喜欢这个小村落，或许父母在的地方才是家。而我对于小耩的了解更多的是来自父母的切身感受，他们在这里生活了将近 10 年。父亲可以把摩托车连同钥匙一起停在路边，而第二天照常骑它去上班；村里养鸡的，连同鸡笼一起放在门外而不会被偷窃。这就是信任。

仰在山之高，看书院传奇

中教1601班 陶 娜

忆乡愁，怀故乡，我能想到的是家乡的"仰山书院"，有着200年的文脉传承和古旧气息，同时传承着聊城市的文化底蕴。

仰山书院初次建成是在乾隆年间，其实书院原本的建筑早就消失不见了，今天我们所看到的仰山书院是重新修建的，如果想要找寻最初的建筑，恐怕只有那两个柱础可以算得上是文物了。如今的仰山书院是一个三开间的有着两层硬顶的青砖小楼，红砖绿瓦，别是一番风味。

晚清，茌平、博平两县的教育实行科举制度与新学并行。农村有私塾，县城设县学、书院和考棚。两县的县学均始于宋代，晚清时各有县学1处，都设在县城的文庙。[①]

仰山书院，始建于乾隆年间，今地址位于博平西街小学旧址。仰山书院的翻建目的是重现其昔日风貌，体现古典风格的书院格局，在院子的最西边设有专门的碑廊，放置有古今名人碑刻，记载了博平的风土人情、历史渊源，对外展现了博平的独特风采，院内还具有假山驳岸、亭台楼阁，具有古典园林式人文院落的底蕴。

如今，再次踏进这个具有古朴书香气息的仰山书院，再次看到这清朝的书院，民国时的师范学校，近代的西街小学，虽然这200余年文脉传承不曾间断，但是漫步在书院周围，不免有一些伤感，看着昔日的建筑已经被翻新，不再有原来的古旧气和年代感，而是多了一些时代气息，但是里面的书香气依然在。这个昔日的书院培养出如此多的青年才俊，我们或许应该感到欣慰，又或许会感到骄傲。围绕书院走一圈，我们会有与这个时代的节奏不相符合的感受，那是躁动下的平静，内心得到释放，倘徉在这个书香气息浓厚的小院，墨香、书香沁人心脾。踏着轻快的步伐进入书院二楼，一阵清凉让人舒心，尤其是在二楼窗户都打开后，风吹过耳畔，对着我们呢喃，仿佛传来了多年前的读书声，让我们回到那个时代。

进入书院的院子，我们可以看到些许碑刻，有些碑刻摞在了一起，经过了年代的洗礼，

---

① 摘自高文秀的博客《聊城的书院》，2009-08-09. http://blog.sina.com.cn/s/blog_4c3ea8090100erkf.html

风吹日晒，字迹已经看不清了，能看清全部内容的只有一通清同治年的傅鸿诰墓表，撰文者为清末甲子科举人张建桢。张建桢，字子梆，山东博平人，曾任临清直隶州学正，是宣统二年《平县志》的编撰者。① 但是网上只记载了撰文者的信息，却没有留下墓主的信息，只是知道他是一位举人，其实我还是挺想知道这位举人的生平事迹的，因为这样一位有理想有志向的年轻人，给这个书院增添了一丝神秘与纯净。

一个书院，承载了多年的文化气韵，一个房间支撑了几代书生不停歇地向前走，无论翻不翻新，它都是茌平人民的精神寄托，不管走过几个春秋，它都是文化书生的根，不管他是否已经失去了原来的书院芬芳，它都还是屹立在那里，反映了茌平依然是注重文化、爱护文物的一个地方，也正是因为重视教育，茌平才能一代一代地培养出那么多优秀人才，文化的传承让我们心中有信仰，有支撑，有动力。

> 茂先也住浑河北，车载图书事最佳。
> 薄有飘缈添邺架，更依衡泌建萧斋。
> 何时散帙容闲坐，假日消忧未放怀。
> 游客但能来问字，清尊宁惜酒如怀。
>
> ——纳兰容若《通志堂成》

我们可以看出一个有文化、有书香气的地方有多么令人欢喜，清朝的纳兰容若在通志堂建成后亲自作词为其祝贺，而且一个通志堂，让他忘掉了科举的落寞，可见书香气对于一个人是多么重要，我们也可以推测出在仰山书院建成时人们的欢喜程度，从它的保留完好程度也可以看出人们对于它的爱护与尊敬。

其实，我最喜欢的是书院门前的那棵槐树！

这棵树在这里生长了几百年，在漫长的岁月里，它不会寂寞，长风猎猎的时候，它不会恐惧地抖动着叶子。世间依然纷乱，你争我斗从未停息。唯有这个书院，自顾按照自己的步调隔绝着外面的纷扰，也只有这棵树有着挺拔的枝干，苍翠的叶子，像是收藏着千千万万个故事，也只有这棵树任凭风吹雨打，它自岿然不动。它见证了书院经历的风风雨雨，见证了许许多多的人在这里求学，也是受文化古韵的熏陶才会如此茁壮。我记得树代表着老人文化与哲学，是东方文化的真实体现和象征。并且，树的精神是一种巨大的、忘我的谦卑精神，这或许是建立者所要表达的意思吧，希望后来的人都能成才，能够有谦卑之心。千百年来，人们都很敬畏老树，那是因为他们努力把根往下扎，去汲取营养，无论环境多么恶劣，他们都能生存，那是因为有

---

① 摘自小张哥的博客《茌平古迹——博平仰山书院旧址（博平县简易师范学校旧址）》，2014-01-08. http://blog. sina. com. cn/s/blog_61bd98190101d5s7. html

毅力。枝繁叶茂是希望的象征,所以学校里面一般都会有参天大树。

千百年来,人们一直以立德树人作为教育理念,无论身处怎样的环境,人们都会把教育放在优先位置,所以这个书院承载着人们对文化的敬重。作为后人的我们要怀着一种敬重的心态去瞻仰、去参观,从心灵深处去体会那种文化底蕴,身处这个地方,就必须心怀感恩,去感恩学院的创始人,为我们创造了一种文化氛围,让我们以此为荣,更让我们有压力、有动力去超越前人,更有责任用所学去回报创始人。

茌山脚下,有这一方宁静的沃土,承载百年来茌山人的梦想,见证无数学子的成功,传承着茌山文化。那就让我们用心去守护它、爱护它吧。

考察主题：乡村、旧事、变迁
考察地点：山东省青岛市平度市蓼兰镇庄头村
考察时间：2017 年 5 月 28 日至 2017 年 5 月 2 日

小村故事

中教 1601 班　张亚萍

　　2017 年的端午节假期，我回到了我的故乡、我的老家——山东省青岛市平度市蓼兰镇庄头村，这个生我养我的地方。再次从他乡回到熟悉的土地上，我小心翼翼地把每一步都走得宁静又漫长。不知不觉间，我已经接近 20 岁了，这个村子也陪伴我走过了无数个日夜春秋。我不禁停下了脚步用手机记录下每一方的小风景，既想要偷偷地私藏这一份美好，又想要装订成册寄送给时光中的那个小乡村。再三考量后，我选择了后者。

　　村口的标志石碑已经被顽童们用石块、粉笔画满了各种让人哭笑不得的图案。原本庄严肃穆、让人敬重的标志碑在这些充满童心的线条的点缀下显得有些许可爱。记得之前有外乡人开玩笑说："你们村子的名字真难听，'庄头'谐音'装头'，头在最上面啊，为什么要装起来，这不是倒了吗？"作为村支书的爷爷不动声色地回答："庄头，顾名思义，一个庄的头，意味着一个庄开始发展的地方，也是最重要的地方。之前我们这几个村子都是一个大整体，我们村子处于村头位置，所以现在得名'庄头'。"这个故事是我后来偶然间听奶奶提起的。爷爷在我 3 岁的时候就去世了，印象中也没有太多有关爷爷的记忆，但这个小故事却一直存在我的脑海中。每次看到这两个字，我都会想起爷爷，想起爷爷的话，想起爷爷的从容机智，我也会在心里默默地为爷爷当年的回答鼓掌。

　　村子的另一个重要场所是一个十字路口，这里四通八达而且风景优美，我这次回去的时候，因为是夏天，道路两旁的树放肆地伸展枝丫，郁郁葱葱。站在这个十字路口，我仿佛能够想象到整个村子的样貌，也能想象出谁曾从这里走过，又要去到哪里。也许是传承，几乎家家户户都要在门前种两棵柿子树。秋天的时候，树上挂满了黄澄澄的小柿子，远远看去像极了小灯笼，给人一种说不尽的温馨。小时候,我总是喜欢和几个小伙伴们带上塑料袋、竹竿、粘子,在炎热的夏天到处在村子里跑,因为蝉"知了知了"的声音总让我们按捺不住,并不仅仅是为了那一份美味,还有自己大显身手的自豪,更有和伙伴们一块粘蝉的欢乐。我们总是后知后觉,长大后才发现,小时候的快乐是那样简单,那样单纯。正是因为这样,很多人常常怀念自己的童年,怀念童年时候的自己。日复一日,年复一年,我看到生命从我头顶飞过时投下的斑驳深邃的暗影,沙漏翻过来覆过去,树叶又灿烂地绿了一季,街道从土路变成了水泥路,在这住的人也来了又走,只是这个村子还是像从前一样,一样的祥和,一样的安宁。

走在熟悉的街道上,阳光从枝丫间零零碎碎地掉到地上,摊成一层散发着模糊光亮的淡金色油彩,像是一层厚厚的珍珠粉。我微笑着和正在门口乘凉谈天的老爷爷老奶奶们打招呼,他们很欣慰地夸我、朝我笑。开心之余,我很惊喜地发现,每家每户不同的外门装饰恰好代表了每个年代的文化。20世纪80年代的简陋木门门槛上荡漾着孩子们的欢笑声,90年代的绿色大铁门的轰隆隆的声音像极了一个威武的壮士。进入21世纪,花岗岩门框装饰让整个农家小屋看起来更秀气质朴,最近几年的超豪华红木门的光滑门面透露出人们对高品质生活的追求。随着社会的发展,很多年轻人都去市区买了楼房,留在村子里的也都纷纷盖起了新房子,只有一些老人还是固执地要住在老宅子中,不管儿女怎样软磨硬泡仍不为所动。因为他们说,那是自己的根。没有谁不喜欢住新房子、过好生活,只是对那片土地爱得深沉罢了。当人老了,就会对一些旧东西格外有感情,就像一个不愿放弃一寸土地的守护者,那样坚毅,那样决绝,因为那满满的都是自己的一生啊。

随便推开一家的门,映入眼帘的几乎都是一个用混凝土精心制作的大"福"字,这是主人对自己也是对来人的美好祝愿。"福"字是在农村最常见的字,寄托了人们对生活的美好期望,代表一切顺利、幸运。每当过年,我都会和爸爸一块贴桃符,除了对联,大大小小的福字是最普遍的。我会小心翼翼地先将纸面涂满糨糊,然后再递给爸爸,爸爸就会微笑地将纸帖工整地贴在门上、墙上,最后用笤帚轻轻一扫,抚平有些调皮的褶皱,简直完美。我想我以后每年还是会继续陪爸爸贴桃符,不管我在哪个城市,有多么重要的事情,我都会回来,继续着我们的约定。你陪我长大,我陪你变老,这是我想对父母说的话,也是想和家乡说的话。不管以后走多远,总

要常回来看看,看看这个地方,看看这里的人。因为我时刻都不能忘记,我是这里的孩子。我们都有自己的追求,于是我们在各自的道路上义无反顾,全力以赴奔向新的生活,但请一定不要忘记我们曾经开始的地方。不要因为走得太远,忘了我们为什么出发。

如果说要给农家小屋找一个代表物,那一定是非灶台不可了。灶台是这里最常见也是所必需的东西,下面是一个用水泥和土做成的空心矩体,中间可以烧火,上面架上一口

锅，我老家那边也叫它"锅头"。从黑漆漆的砖灶到整洁干净的水泥灶，从简陋得连灶门都没有到外表贴瓷砖并装上精致的小铁门，外观美化了很多，烧出的饭的味道却美味依旧，仍然有着乡村淳朴厚实感。在我上幼儿园前，总喜欢腻着奶奶，甚至奶奶烧火做饭时我就在旁边拿小板凳坐着。这时候奶奶总会拿出一个识字板，边烧火边教我念字。奶奶虽然只上过小学，却非常喜欢学习。小时候她教我念字，长大后等我识字比她多了，奶奶就会拿着小本子来问我。现在每次回家，奶奶有时还是会拿出小本子对我说："瞧我这脑子，这个字怎么读我又忘了。"不知道为什么，听到这话我总有一种说不出的苦涩。奶奶是我的第一个老师，也是我的第一个学生，她教会了我很多东西，她是我这辈子最应该感谢的人，也是这个小村子里最让我挂念的人。时光啊，只希望你慢点走，慢点走，让我再多教奶奶认些字，多带她看看外面的世界。

屋子里的地面换了好几次，从坑洼得像月球表面的土质地面，到看起来挺干净的水泥地面，再到光亮整洁的瓷砖地面，每一个地面上都有一个快乐得想跳舞的小女孩的影子。土质地面不是很硬，用小铲子就可以扣下泥土来，有种考古的感觉；水泥地面可以很轻松地画上粉笔线，五子棋、老虎和小孩，简直就是各种石子游戏的最好载体；瓷砖地面凉凉的很舒服，我总喜欢在夏天光着脚丫子在上面走，妈妈总会怕我凉了脚，到处追着我让我穿好鞋。地面越来越薄，人心却越来越复杂，我们在改造着客观世界的同时也在改变着自己的主观世界，只是希望不管世界变化得有多快，我们依旧能够不忘初心，依旧保持内心那一份纯真。

浅青色的傍晚来临的时候，风已经把天都刮得很干净了，白云像是照片一样，一动不动地定格在蓝天上。我知道，在几个小时之后的夜晚里，这片我热爱的天空中会冒出几颗小银星星和弯刀一样的月亮，也许是一星伴月，也许是众星捧月，但对我来说，无论是哪种都同样美好，同样静谧。然后，在这样的夜晚里，整个小村子就会犹如在摇篮里的小婴儿般，安静地进入梦乡。

考察主题：埋在深处的记忆
考察地点：山东省莱芜市莱城区张家洼街道办事处王家楼村
考察时间：2017 年 5 月 27 日至 2017 年 5 月 29 日

埋在深处的记忆

中教 1602 班　刘　晖

　　一提起乡村，我们首先想到的便是我们的故乡，那个让人听之欣喜、念之不忘的地方。怀着激动的心情，我来到母亲生长的地方——王家楼村，来到这个历经岁月洗礼却变化不大的村落，探寻埋在深处的记忆。

记忆中的土坯房

　　一说到乡村，怎能忽视土坯房的存在。我一直认为，用土做的房子，能牢固到哪里去，还不是风吹就歪，雨淋就倒，然而事实证明，我真是大错特错了。那个时代的人已经逝去，但是曾经的土坯房却经受住了时间的检验，抗住了风吹雨打的暴击，依旧顽强地在那个地方，印证了曾经的那段生活。又或者它们只是被留在了时间似乎停滞了的村庄里，任由风吹雨打而不会再添置什么新的物件或是有人在里边生活、休憩了。

　　土坯房，顾名思义，是用土做成的房子，一般会选择黏土作为墙体材料，另外还会填充部分加筋材料，如杉木纤维、狗尾草、水稻秸秆、小麦秸秆等。别以为泥土经不起风吹雨打，用来建筑土坯房的土块是经过加工已经变得夯实的土块，其硬度是有保障的，而且还能起到冬暖夏凉、防潮湿的功能，可以说是非常不错的一种住所。但其弊端是地面也是土质的，水一多就会有很多泥黏在鞋上，比较脏，而且会有很多的蚊虫，老鼠也能轻易地在上面打洞，物品必须高挂，防止老鼠啃咬。

　　纵使当时土坯房的质量很好，能够长久地留存，但是再怎么坚固的物体也有消磨损坏的一天。曾经的土坯房在缺少修葺以及房客搬离的情况下，最终也逃不过废弃的命运。虽然仍有部分土坯房还在发挥它的功能，但更多的土坯房早已岌岌可危，在钢筋水泥的冲击下渐渐退出历史的舞台。

　　虽然现在只有很少的人住土坯房，但土坯房对我们仍有很大的意义，因为它不仅仅是一个住所，更是一个年代、一代人的回忆。土坯房即使是在建筑技术已经更新换代好几次之后的今天，在某些材料缺失的地方，其建造的可行性和实用性仍然存在。

道不尽的"三寸金莲"

自古以来,女性就处于劣势的地位,重男轻女的思想存在于很多人的心中。虽然时代变迁,女性的地位大大提高,但在较为封闭落后的村落里,仍保留着许多陋习。对女性摧残最为严重的陋习便是缠足了吧。说实话,我真的看不出那种畸形的脚有哪里是美的。

我采访了 92 岁的老人,向她询问缠足的经历并看了老人的脚。给我印象最深刻的一句话便是:"现在我的脚好疼。"我很心疼这位老人。老人说,因为当时在乡下还要放羊,干的活比较多,所以缠足的时间比别的女孩晚,因此她的脚并没有三寸那么小,而且毕竟是乡下,裹的脚也不是那么的标准。缠足的时候,要把除大脚趾以外的四个脚趾全部折断压在脚掌下,然后用裹脚布一层一层缠起来,其中痛苦可想而知。或许是因为缠足的缘故,大脚趾的指甲一直在被磨损,所以也开始畸形生长。老人的大脚趾指甲特别厚,并且指甲向肉里长,每隔一段时间就得把指甲打磨一遍,把长在肉里的指甲剜出来,不然会很痛。老人曾摸着我的脚说:"俺原本觉得小脚丫子怪好看的,看了你们的,觉得你们的好"。其实,老人是羡慕的吧,因为裹小脚极大地束缚了老人的行动。刚裹脚时不敢走路,等到能够忍住疼痛并习惯了用小脚走路后,又开始为了生存而不断的劳作,终于将四个孩子抚养长大,自己却老了,没有了力气不说,脚又开始疼了。虽说缠足已经废止,但那种创伤却留在了当时每一个女性的心中。

老人毕竟年岁大了,有些事也已经记不得了。询问她当时的感受,问她缠足的时间,她也无法做出明确回答了。不过值得庆幸的是,老人的身体比较好,希望老人能够健康地生活下去。

来之不易的名字

如果说缠足是女人的一大悲剧,那么没有名字就是另一大悲剧了。在乡下,计划生育未实施之前,每家都会生好几个孩子,有的家重男轻女比较严重,再加上文化水平不高,也就没给女孩起名,而是以家里孩子的排行称呼她。

还是从那个 92 岁的老人那里,我得知了有关她来之不易的名字的故事。那年,养老保险制度惠及农村,老人们可以领到属于自己的养老保险了。但领养老金的一个必不可少的条件就是得有身份证,在办理身份证的地方,工作人员问老人的名字,老人和她儿子当场就愣住了,名字,没有名字啊,活了大半辈子了,连个名字也没有,这是何等可悲!但工作人员对这种情况见多了,于是询问了老人父亲的姓氏,又问了老人丈夫的姓氏,所以给老人取名为"李赵氏"。对,不是一个称谓,这就是老人的名字"李赵氏"。这可没有丝毫"以我之姓冠你之名"的浪漫,有的只是对老人的疼惜罢了。

或许对于现在的我们来说,有个名字不是理所当然的吗,但是老人的名字却是这么的来之不易!

关帝庙和庙会

拜神祭祀就一定是封建迷信吗?不尽然也!它更是一种美好的精神寄托。

乡村嘛,虽然已经有了科学的教育,但总会多多少少地保留些封建迷信色彩,秉持着

宁肯信其有不可信其无的原则,致使有些封建迷信活动依旧顽强地在乡村被保留下来了。与别的乡村相同,在王家楼村,每家每户也都供奉着灶王爷、家仙老爷,但给我印象最深的是王家楼村的关帝庙。在我年纪很小的时候,它就在那建起来了,它一直得到人们用心的修缮。直到今天,这座关帝庙依旧看起来很新,门上的红漆都锃亮锃亮的,更不用说摆在里面的神像了,特别大,特别威严。在那么小的房间里,感觉挺有压迫感的,初见时可真是让我吓了一跳。

伴随着关帝庙的建立,庙会也随之兴起。每到这一天,街上总是人满为患,小孩子们拿着糖葫芦,戴着塑料做的面具穿越重重人海跑啊、跳啊,留下一串串银铃般的笑声。老人们则是拿着小马扎,在如此嘈杂的环境里安安静静地坐在戏台子底下听戏,一笑露出仅剩的一两颗牙齿。大人们要干的事情可就多了,一会在这祭拜祭拜,一会在那烧烧纸钱,还要时刻看紧调皮乱跑的孩子。虽说会很忙碌,可大家都很开心。

最为重要的一点是,庙会上还会遇到很多人,无论是熟人还是不相熟的,都能汇聚在一起,说着相同的话题,每个人都能结交到新朋友。这也是其具有的独特魅力吧。

古老的生活工具

农村生活工具有三宝,一是火炉,二是手推车,三是石磨。当然,也还有曾经试图追赶潮流的剃头匠。

现在生活条件是好了,一些生活工具已经被淘汰了,可在王家楼村,这些东西还是有迹可循的,并且以其顽强的生命力,还在发光发热。人们用火炉烧水、做饭,用手推车运送农作物,用石磨碾碎谷物。虽说剃头匠已经不多见了,但每到过年时,在这个地方的集市——王楼集,总是有一个老爷爷来给大家剃头、刮胡子,即使他的顾客从来都是那些和他年岁差不多大的老爷爷。

也许在某一天,它们就这样消失了,但它们所留下的痕迹是不会消失的,我始终记得,那农家里的手推车、火炉,那街头风吹日晒雨淋的石磨,还有那脚步蹒跚的剃头匠。

进出王家楼村,既亲切又欣喜,我庆幸有这么个机会,能够仔细深入地了解这个对我来说既熟悉却又倍感陌生的地方。时间带得走生命和物品,却带不走我们留下的回忆。探寻埋在深处的记忆,才能让王家楼的古韵传向远方!

考察主题:记忆中的家乡
考察地点:山东省潍坊市龙岗镇十字路村
考察时间:2017 年 5 月 28 日至 2017 年 5 月 30 日

乡村——我一踮脚就触手可及的地方

中教 1603 班　安春雪

"世上再也没有比时钟更加冷漠的东西了:在您出生的那一刻,在您尽情地摘取青春幻梦的花朵的时刻,它都是同样分秒不差地滴答着。"高尔基在《时钟》中曾这样写道。时间真是一把无情刀,它可以在不知不觉中改变家乡的许多面貌。在古代,常年在外漂泊的游子会发出"露从今夜白,月是故乡明"的感慨;年少离家,晚年回乡的游子会吟出"少小离家老大回,乡音无改鬓毛衰"的喜悦;即使快要回到家乡时,也可能保持一种"近乡情更怯,不敢问来人"的心态。从古至今,乡土记忆从未走出过每个人的心房。

我出生在一个宁静自然的小乡村——十字路村。它位于临朐县城的东北方向,主街为东西向。现在回首过去,我感觉小时候的家乡与现在相比差别甚大。因为我长期在外求学,所以对乡村的记忆也在潜移默化地发生变化。尽管如此,在我的记忆中,家乡的一切都是那么美好,那么自然的。

一、乡土记忆是泥土的记忆

曾有人说:"乡村是泥土做的,泥土是乡村的灵魂。"这句话说得真好。走进我的家乡,步入你眼帘的是一片不成层的黄土地。诗人鲁藜曾说道:"老是把自己当作珍珠,就时时有被埋没的痛苦。把自己当作泥土吧,让众人把你踩成一条道路。"无疑,泥土虽然没有珍珠那样耀眼的光芒,但却是朴实敦厚的。家乡的黄土虽不比肥沃的黑土一般,但它同样像一个默默无闻、无私奉献的付出者,哺育了大地上的花、草、树。乡村父老靠它来播种庄稼,收获累累硕果,养活家庭。犹记得小时候,我们一群孩子总是喜欢凑在一起玩过家家的游戏,泥土可说是必不可少的材料了,我们把它和水掺在一起,做成面饼、蛋糕、面包等等各式各样的食物,没有泥土,也就没有童年中这珍贵的记忆了。

二、乡土记忆是清流树林的记忆

一提起乡村,第一个想到的就是潺潺的流水,繁茂的绿树。平静的湖面上反射着月光,银光闪闪的,亮亮的。小时候,因为没有太阳能,所以大人和小孩都会趁着中午或者傍晚时分去小清河中洗澡,清凉的溪水泼洒在身上,洗去一天的灰尘。有时,我们会相约一起在溪水中濯足,暖暖的阳光透过绿枝投射在脸上,心底里洋溢着满满的幸福。水流不深,刚好盖过脚踝。河流两岸只有两块石板连接小溪的两岸,当大雨突然而至之后,石板就会被暴涨的溪水漫过,这时候小孩子如果想要过河,就需要趴在大人背上,由大人背向对岸。站在河岸,只要一低头,就可清楚地看见大小不一的卵石。茂盛参天的绿树分布在小清河两旁,营造出一种静谧、舒心的氛围。黄昏时刻,薄雾青烟弥漫,编织成一幅恬静自然的乡村画卷。微风轻拂,绿叶在枝头随风翩翩起舞,或是绽放绚烂的生命,像蝴蝶一样翩跹落入水中,不知流向何方。自己经常喜欢将一片绿叶放入水中,静静地看着它漂向未知的远方,带给自己短暂的心安。依然记得,在卢隐《或人的悲哀》里,心印指着那迢迢碧水说:"人生和水一样,岁月和水一样飞逝;水流过去了,不能再回来!"是啊,人生、岁月如水一般,冷暖自知。

三、乡土记忆是村庄的记忆

可以说,无村庄不乡村。一排排整齐、造型各异的房屋构成了一个村落。随着经济的发展,一座座低矮土屋变成了瓦房、楼房。有些人家会在建成小楼房之后选择移居到城市,徒留一座精致空荡的楼房在村子里,仅是在春节期间给它增添一点儿生活气。我最喜欢黄昏时的村庄,从镇上回到村子里的时候,总会不自觉地停住脚步,拿出手机,抬头望天,拍下沉浸在夕阳、融入路边灯影下的村庄,满足之情溢于言表。夜色渐浓,明月像一面白玉镜子,将光辉洒满全村,整个村庄都被包裹在这柔和的月光之中。这让我不禁想起废名曾经想把他的小说集《竹林的故事》命名为《黄昏》,因为"'黄昏'具有家园原型的内蕴,

从时间向度上明确指向'家园'这一空间意象。炊烟袅袅,夜幕将至,耕者还家,抑或人生迟暮,叶落归根,指向的都是家园"[1]。青烟是一个村庄的象征,每当清晨,我会站在院子中抬头遥望远方,各家各户都会飘起袅袅炊烟,轻轻的、淡淡的,若有若无,飘向瓦蓝瓦蓝的天空,呈现出一种朦胧之美。一座座房、一道道门、一扇扇窗是一个村庄存在的表达。"开轩面场圃,把酒话桑麻"是一个村庄风情的写照。

四、乡土记忆是四季更替的记忆

我的家乡是温带大陆性气候,冬季寒冷,夏季炎热,年温差较大。春天,乡村是万物复苏的时节,阳光暖洋洋,山青水碧,春草萋萋,杨柳绿了,桃花红了,处处是鸟语花香。点染人间繁花似锦,一笔一笔令自然溢彩纷呈,春姑娘用她的画笔绘出了一幅瑰丽的画卷。夏天,骄阳似火,烘烤着村庄每一个生灵。一棵棵茂密的大树无私地为人们遮阴放凉,一片

---

[1]　张艳梅《文化伦理视阈下的中国现当代小说研究》,北京:中国社会科学出版社,2012年版,第129页。

片绿叶在阳光的照射下发光、发亮。"宁静的夏天，天空中繁星点点……知了也睡了，安心地睡了，在我心里面，宁静的夏天。"梁静茹的《宁夏》特别符合我对夜晚中村庄的印象。秋天，虽没有百花盛开的美，却是硕果累累的季节。田野里，山坡上，到处是一片丰收的景色。桃子、苹果、梨子像一个个红灯笼、黄灯笼似的高高地挂在枝条上，等待着人们的采摘。漫山的枫叶红了，站在高处远远望去，似一片晚霞，"停车坐爱枫林晚，霜叶红于二月花"，果真如此。冬天，一个万籁俱寂的季节。太阳躲藏了起来，阳光的温度也像是被冰雪冷却了似的，再也热不起来了。雪花纷纷扬扬落下，雪仙子挥舞着衣袖，整个村庄都被蒙上了一层白纱，白茫茫一片，好生美丽，打雪仗，堆雪人是孩子们最喜欢做的游戏。严冬不肃杀，何以见阳春。冬天，真是一个孕育希望的季节。一年四季的村庄各有特色，各有独美。

　　乡土的记忆其实远远不只是是泥土、清流绿树、村庄房屋、四季更替的记忆，亦是袅袅炊烟、露天电影、乡间小路等等的记忆。它的美，我即使用千字也无法详尽。它就像一朵雏菊，纯洁、天真，远离城市的车水马龙，独自绽放自己的风采。啊！我那记忆中的乡村，愿你在未来的道路上一切安好。

考察主题："乡土记忆·文化传承"
考察地点：山东省临沂市蒙山旅游区柏林镇
考察时间：2017 年 5 月 27 日至 2017 年 5 月 29 日

永恒的乡土记忆

城规 1602 班　李玉梅

只身一人在外求学，远离了相处近 20 年的家，每次回想起家乡，总是思绪万千。每当看到临沂这个字眼，脑海里浮现的就是它的地大物博，辽阔无际。那里的人热情好客，性格豪爽。家乡的一草一木，一山一水，家乡人的一言一语，总是牵动着我的心绪，泛起阵阵涟漪。

临沂地域辽阔，古老的村落、美丽的风景数不胜数。但唯独牵动我心绪、最令我难以忘怀的就是蒙山旅游区的鬼谷子村。鬼谷子村地址处于蒙山深处，山东省的第二高峰蒙山的龟蒙顶东侧，坐落于山谷间辽阔平坦的地段，依靠着水而建成，形成于清朝。俗话说得好，"一山一水一圣人"，相传"鬼谷子"王禅就出生在这里，因此起名鬼谷子村。

下面就介绍一下"鬼谷子"——王禅吧。鬼谷子，姓王名禅，号玄微子。他出生于春秋末战国初，擅长持身养性法则和纵横术，并且精通兵法。他的著作《鬼谷子》兵书，流传至今的约有 14 篇，篇篇都是传世经典之作，民间百姓尊称其为"王禅老祖"。同时他还是"诸子百家"之一，也是纵横家的鼻祖，更是一位成就卓绝的教育家。传说，苏秦、张仪、孙膑和庞涓都是鬼谷子在蒙山授徒时的高足，他们的卓越成就离不开鬼谷子的殷切教导。鬼谷子村周围有不少地点都留有鬼谷子和他弟子的文化传说，如晒阳石、无字天书以及鬼谷子讲堂等。众多遗迹显示出了临沂悠久的历史文化，共同演绎着中国的璀璨文明。

初次到达鬼谷子村，我就被那里迷人的风景深深地吸引了。鬼谷子村的村落依靠着蒙山建立，错落有致，高低起伏，自然环境优美，吸引了国内外的众多画家在这里写生创作。作为城乡规划系的学生，我也希望今后能有机会去那里写生创作，深切体验那里的风景之美和建筑之韵。虽然我现在生活在另一座城市，但是我还是会时常想起自己的家乡，想起家乡人。"背井离乡，在此求学，思乡之痛，谁能理解？"我不断低语着这句话，我曾经在家乡的一切，像一部有故事情节的电影，在我的脑海中，不断重演……这让我不由得想起自己的童年，自己的家人，想起和他们在一起的时光。记得小时候，那时候网络科技不发达，家里也没手机电脑等科技产品，但是那时候我们却过得很幸福，每天很充实。整天和伙伴在一起玩耍，一天到晚都见不到人影，有时候都会忘记吃饭。我们总是能别出心裁：过家家、跳大绳、丢手绢……几个简单的游戏，不论怎么玩总是玩得不亦乐乎。

村中的建筑具有自己独特的特色。村中的房屋大多背靠着山朝南而建，沿着等高线向四周延伸，呈阶梯状分布。整个村子顺着地势形成自己的形状，错落有致，跌宕起伏，与周边的环境和谐统一，形成一体，体现了古代建筑中天人合一的重要理念。村庄处于山谷，群山背阴处布满了茂密的森林，向阳处岩石裸露在外面，溪水从村边流过，勾勒出一幅美丽的风景画。鬼谷子村保留了沂蒙山区特有的传统古村落的淳厚朴实的风貌，此地受到来自中央美院等名校的艺术家的青睐,来到这里进行写生创作的艺术家络绎不绝,有时可以用人山人海进行描述。山东省于 2013 年进行大量投资,在村内重新建造了在元代出现的东山书院,以增强本地的历史文化气息。

李家石屋村相传为古颛臾国时王公贵族避暑纳凉之地。宋金时期,卜氏先民为避战乱,举家迁徙到此地,立石为屋,后繁衍成自然村落。该村是最早的蒙山县政府所在地,至今还保留有老蒙山县衙、公安局旧址等遗迹。

鬼谷子村都是一些古老的房屋,其中最出名的就是李家石屋村。李家石屋村四面环山,被茂密的树林环绕着,夏天蝉鸣连绵不绝,清澈的河流从门前流过。民居也依靠着山而建立,石桥、石碾、石磨在村子中随处可见,错落有致,充满了一种浓郁的沂蒙山村风情,是人们体味传统村落特色、寄托乡愁、在大自然中自由徜徉的好去处。2014 年,李家石屋村入选第三批中国传统村落,成为临沂人的自豪。

本地的石头房屋是当地人赖以生存的地方,是由石块一块一块堆积而成,看起来既杂乱又有规律,具有原始村落的独特特色。还有那红色的瓦,别致的木门,两者相互结合,显示出了古老村落的特点。一块块的石头堆砌成的小路,走在上面有种亲近的感觉。周围的绿树环绕在村落四周,房子后面的山此起彼伏,两者完美结合,营造出安逸的氛围。绿树红瓦,碧水蓝天,将村落的美展示得淋漓尽致,徜徉在其中,妙不可言。

当地居民的生活习俗也是极具吸引力。居民大都以智慧、勤劳、朴实、善良、勇敢、淳厚而著称。随着经济的发展、社会的进步、科学的普及、思想的解放、生活质量的提高,陈规陋习和封建迷信逐渐破除,村里的人也都开始崇尚科学,道德风尚更是焕然一新,蔚然成风。好人好事层出不穷,呈现出山美、水美、人更美的新风情。

村里以前交通很是不便,有"舟车不通,外货不入,土货不出"一说。集市是人们交易活动的主要场所。集市多以五日为期,村民到集市上进行买卖交易,称之为"赶集",对应的"散集"就是集市结束。还有"赶会,赶山"之说,会上一般有戏剧演出和其他娱乐活动,烧香拜佛,人山人海,好不热闹。凑巧在我的老家也有"赶集"这一活动,小时候每当逢年过节,总是缠着爸妈去"赶集",闹着买这买那,爸妈最后都是拗不过我,从而让我心满意足。最令我难忘的是和我的伙伴带着几块钱去买零食,然后躲在角落里吃,生怕被各自的爸妈抓住,想起来别是一番韵味。

鬼谷子村居民的农事活动,除春耕、夏管、秋收、冬藏外,还有许多地方风土特点。那里的地貌大都是山岭梯田,每年的洪水冲刷,山岭多有坍塌,导致水土流失。有农谚云:"山地没了堰,身份去一半",因此在春秋两季,居民要上山垒地墙、拔塞子、拾石子。所谓拔塞子,就是拔除地里的卧牛石,代代沿袭,岁岁如此。山地路途遥远而且坎坷,往地里送肥料大都需要牛驴之畜托运或者人力肩挑,除此之外还有"熏土粪"的习俗。即在秋种之前,先在山地里用草片和土块垒成一个个内空外实的小山丘,中间填满杂草和干牛粪,将其密封并点燃,杂草与牛粪冒烟烧完之后,将焦黑的土块捣碎后即可作为基肥。旧时,还有赶羊群"卧地"的习俗,即将羊群赶到某块空地里过夜,利用羊排泄物肥田。在村里待的一段时间里,我还听当地居民说在以前农忙的时候,他们都在早晨日出而作,到日落而息,中午都是在田间进餐,妇女或者孩子送饭。农忙时节,在田地里一眼望去,一家家的人围圈而坐,生活艰辛但是其乐融融。每当脑海里联想起那幅画面,我的嘴角都会情不自禁地露出笑容,为他们在一起表现出的质朴和谐而感动。

然而,最近一次进入鬼谷子村,旧时的房屋消失了很多,很多莫名的建筑拔地而起,当地的村民越发稀少,这还是我熟悉的自然而宁静的鬼谷子村吗?"粉墙黛瓦曲巷,小桥流水人家"的村落为啥变得"千疮百孔"?那次行程结束的夜晚,我静坐思考,谁不向往古朴宁静的村落?谁不喜欢绵绵悠长的青石板路?谁又不想见证万千朝代的更替起伏?而我只能看到那永恒存在的月亮,祈祷以后仍然会有人思念那正在消失的古村。

我希望,旅游和古村落的开发,能够把持好一个度,优秀的传统需要被发掘、被传播、被弘扬、被保护。我们不能忘了历史的传承,忘却了传承也就失去了古村的魂。一个古村落就是当地的一部纪录片,不要盲目地为了发展经济,消耗宝贵的遗产。如果我们能视古村如长城、故宫那般重视和悉心保护,那么我们便多出了几个故宫和长城般的文化遗产,整个民族的涵养也会大有不同。正如同习近平主席所说过的:"青山绿水,就是金山银山。"

乡村从来就不仅仅是一个现实的家园,除去现实的山水,"作为精神寄托的乡村,是人性美好、温暖人情和优美山水的家园"①,这个"家园"不仅是现实的、可以触摸到的、真实存在着的实体,还表现在我们人之所以为人而拥有的"文化"之中。除了我所说过的家乡的历史、风俗和具有意义的建筑之外,最直观的体现便是在文学作品之中。在我所熟知的描写过沂蒙地区的作家中,有"当代赵树理"之称的山东作家刘玉堂便是一位。"刘玉堂植根于沂蒙山区,以具有浓郁地域色彩的叙事,向读者讲述了在齐鲁文化、沂蒙民风熏陶下所形成的沂蒙山人特有的淳朴人情、善良人性与质朴民风。"②在他的笔下,"沂蒙山人像山崮一样厚道淳朴,沂蒙山人的世情像美酒一般浓烈甘醇,在中国传统文化极为厚重的这片齐鲁大地上,讲述着生活的鸿爪片鳞,在时光流逝桑田变迁中挖掘古老风情的熠熠神韵,倾情演绎了一出出汇集日常生活中俯拾即是的种种悲欢离合与人世冷暖。"③

我时常在想,如果鬼谷子村能够一直保留那份宁静祥和的气息,我是不是也可以一直拥有这份美好永恒的乡土记忆?

---

① 张艳梅《文化伦理视阈下的中国现当代小说研究》,北京:中国社会科学出版社,2012年版,第148页。
② 张艳梅《文化伦理视阈下的中国现当代小说研究》,北京:中国社会科学出版社,2012年版,第152页。
③ 张艳梅《文化伦理视阈下的中国现当代小说研究》,北京:中国社会科学出版社,2012年版,第149页。

乡野做匙，土泉为羹

服饰 1502 班　郝纪鑫

杏雨梨云，春山如笑，土泉村的人文风貌恍若瓣瓣落花跌落心头，如霏如霰，婉转而下。村子依山傍溪，重峦叠嶂，随弯就曲，参差有致。抬头看坡上人家，依天插云；低头看红瓦白墙，隐匿绿林。时节如斯，日有莺啼，夜有蛙鸣，柳笛婉转，溪水奏鸣。

我自小在乡村长大，对乡野一直以来都有种难以割舍的情怀。在悠扬的童年记忆里，膏腴的耕地，潺动的溪流，乡野田间的一草一木都仿佛在我的血液里种下了种子，每每看到这些温婉多情的青山绿水，就像看到一位位分别多年却亲密无间的老朋友。我曾经去过很多古城、古镇、古村，我总是希望能品味到更多更真实的乡野味道，但是在现代化模式的冲击下，这些灯红酒绿的街巷阡陌并没有让我感受到童年记忆中应有的那份乡野余味。

第一次来到土泉，山野的空气中弥漫着淡淡的水汽和蒿蒿的清香，一种久违的亲切感在我心底油然而生。往里走，两侧是迂曲的街巷，精美的建筑，这些错落有致的红砖绿瓦，虽然不及南方园林的"苍松翠竹真佳客，明月清风是故人"，却也配得上"独出前门望野田，月明荞麦花如雪"的匠心独运。站在村庄的高地上眺望，山上一层层翠绿的梯田，把山腰堆砌得恍如一座座琉璃宝塔。山下，一缕缕似浮云般缥缈的炊烟，从土红色的屋顶上冉冉

升起。白墙红瓦，小院篱笆都藏匿在这幅青山绿水的画卷里。也许是那一排排挺拔的杨树，也许是那一块块红色的砖瓦，也许是那一户户炊烟缭绕的庄户人家，土泉村中的一些风物，竟跟我童年记忆中的乡村天然的吻合。看着这片情感饱和度极高的土地，我不禁想起了东晋诗人陶渊明笔下的《归去来兮辞》，"登东皋以舒啸，临清流而赋诗。聊乘化以归尽，乐夫天命复奚疑"。在这个"绿树村边合，青山郭外斜"的世外桃源，你可以拥有一双深邃的眼睛，去欣赏山涧旁野芳的斑斓；你可以拥有一对敏锐的耳朵，去倾听岩隙间溪水的细语；你还可以拥有一颗恬淡的心灵，去发现生活中美好事物的起伏荡漾。置身于这片温婉多情的山水中，我思绪纷飞，有时，享受生活未必是山珍海味相伴，绫罗绸缎相随，可能就是一阵拂面的风、一行秀丽的字、一个友人的陪伴、一句爱人的晚安。只要你有一颗青山碧水般的心灵，所有细微的事物都足以令人感动。

"霭霭四月初，新树叶成荫。动摇风景丽，盖覆庭院深。"白居易的诗用来形容我们居住的这座中式小院再合适不过了。这个传统的中国风的庭院墙身是斑驳的白色，院落上空被浓密的树影遮挡着。门口两侧养着几簇茂盛的翠竹，篱笆上缠绕着几株天蓝色的小喇叭花。向前，映入眼帘的是两方池塘，里面横七竖八地夹杂着几株水生植物，虽不及竹之风骨，莲之神韵，却也别致的有些味道。再往里去，庭院里零零散散地圈养着一些鸡鸭，

一旁的菜地里栽着一棵繁密的柿子树，柿子还没熟，像一个个绿色的小灯笼。柿子树下整整齐齐的种着几行韭菜，还有两条土狗，在土堆里撒欢嬉闹。之所以选择住在这里，除了被这个小院的雅致生动所吸引，更多的是因为它靠近土泉村的标志性景观——千年流苏树。第二天，我们在灼灼日光的催促下走到村子中心，映入眼帘的这棵流苏树像古希腊神话中，在世界最西处用双肩撑起苍穹的泰坦族巨人阿特拉斯。巨大的枝干仿佛无数条肌肉发达的胳膊向四面八方摸索着，深褐色的树干需要五六个人才能合抱，皲裂沧桑的树皮上攀附着零星的干苔。风吹过，窸窸窣窣的树冠像一把张开的绿绒巨伞，虽然还没到开花结果的季节，但它的每个枝芽都无比肥硕，连每片叶子都是挺胸抬头，气势昂昂。听村里的老一辈说，这株蜚声齐鲁的流苏树是齐桓公亲手所栽，距今已经有几千年的历史，每到流苏树开花的时节，洁白的花朵足以遮住每片树叶，浓郁的花香能浸透村子的每个角落。所谓山不在高，有仙则鸣；水不在深，有龙则灵，这棵流苏树可能就充当着这些老人心目中庇护村落的神明。老人们声情并茂地讲述着千年古树的故事，从他们的眼神中我看到他们为这株承载着千年岁月痕迹的大树而骄傲，从他们的言语中我听到他们为这片生养培育他们的绿色沃土而自豪。诗人刘湛秋在他的诗歌《中国土地》中写道："神奇的土地，黄皮肤，黑头发是那样美丽。敦厚的性格像微风下的湖水，顽强勇敢又如长江一泻千里"。这就是淳朴、坚韧的土泉村民们在我心底烙下的印象。

土泉村的世界就仿佛童话故事里的一张插画，里面画进了蓝天，画进了白云，画进了红瓦白墙垒砌的房子，画进了漫山遍野生机盎然的绿树，画进了成群结队现身的大白鹅，画进了村口躺在摇椅上悠闲品茶的老爷爷，也画进了我与童年的回忆。于黄昏时漫步在乡村曲折蜿蜒的小路上，就像在听一首久违的老歌，歌曲的每一个音符都可以潜入你的身心。是夜，整个村庄在虫声唧唧中落下了幽梦的帷

幕，只有村头酒家的零星灯火依然明亮，在无云的夜晚，熠熠生辉的星河似一只巨鹰盘旋在村庄的苍穹之上，又像一条磅礴的玉带衔接着梦与现实的渠梁。参差的星斗，静谧的山野，摇曳的枝梢，低语的泉眼，这种源于自然的静，是植根在喧嚣闹市中的人们穷极一生都追逐不到的。

我来到土泉的时候正值旅游淡季，一眼放去，没有寻常景区中熙熙攘攘的人山人海，游人如织。只有岁月斑驳的小路，零零散散的炊烟，偶尔的几声鸡鸣犬吠，这里的一切都

是最真实的模样,而最扣人心弦,最令人动容的也正是这种真实。再秀丽的景色也会在岁月的长河中黯然失色;再繁华的都城也会在光阴的脚步下时过境迁。只有最真实的生活,最真实的人才能在浩浩荡荡的时间洪流中秉持梦想的烛火,站在群山之巅,历经风雨而不倒,立足低谷之上,饱受风尘仍坚守本心。

美好的时光总是转瞬即逝。转身,走在离别的街道上,心中没有失落与不舍,因为我明白人生最长久的收获,其实就是珍惜每一份记忆。土泉村像一位饱经沧桑、两鬓斑白的老奶奶,她用颤颤巍巍的双手和沙哑低沉的嗓音讲述着这片土地的悲欢离合,这群庄稼人的酸甜苦辣。时间如白驹过隙,悄悄地从我们的指尖掠过;岁月如惊鸿一瞥,匆匆地从我们的身边离去,在时间面前,我们都不过是庄子口中的"忽然而已"。所以,不妨把这些美丽的记忆轻轻地揣进脑海,化作旖旎风光,烟霞云绮。再添两分淡淡的乡愁,让传统的中国乡村,心中的悠悠乡野情,得以慰藉。

记忆流年

工管 1602 班 李丽丽

"那时候,我们几个去别的村上小学,我是三年级的学生。因为学校离家比较远,所以我属于住校生。我们是从家里带够一星期的干粮去学校,然后把干粮放到学校食堂,吃饭的时候食堂会帮忙加热,还有免费的咸菜疙瘩(萝卜切块后,放到一个大罐子或者水缸里,用盐腌制几天,当作咸菜)可以吃,虽然给的咸菜很少,但是至少可以下饭啊。"奶奶一边说,一边放下手中擀面杖,然后把擀好的一大张面皮摆正,拿刀切成饺子皮,继续说道,"有一天晚上,我们宿舍有几个同学饿了,可是哪都没有吃的啊。安静了一会儿之后,有人突然提议说去食堂偷咸菜吃。再然后,我和几个同学从床上下来之后就偷偷跑去食堂,眼看着马上就要成功偷到咸菜疙瘩了,可是由于缸比较大,加上我们需要弯腰,头朝下去拿本来就剩下很少的咸菜,于是有个同学一不小心掉进了咸菜缸里。"说到这里,我和慧姐不约而同地笑出了声。那次风波的最后,是奶奶她们不得不去喊老师拯救掉进咸菜缸的同学,最终当然是这群捣蛋的熊孩子被老师批评了。

奶奶生肖属牛,和我相差 48 岁。虽然我们俩属相相同,但是奶奶说,我们两个完全不同。她生于盛夏六月,正是老黄牛下地干活的时候。而我,出生的时候正值下雪时节,所以我是享福的小笨牛。1949 年 10 月 1 日,毛主席宣布中华人民共和国成立。刚出生了几个月的奶奶对此肯定是毫无概念,但是幸运的是她躲过了战乱纷争的那些年,我想,命运之神终究是善良的,可它又是铁面无私的。用奶奶的话说,她是躲过了战乱,逃不过苦难。

奶奶说,其实她很早就退学了,作为家里最大的孩子,她不得不去照顾好几个年幼的弟弟妹妹。人民公社化运动时期,奶奶 10 岁左右。农村人民公社化运动的特点是"一大二公",即规模大、公有化程度高,基本生产单位没有自主权,生产中没有责任制,分配上实行平均主义。此时,国民经济比例严重失调,导致粮食供给严重困难。从奶奶那里我才知道,那时候,农民是靠挣工分吃饭的。家里几个人干活,大队(相当于现在的村委会)就给多少人吃的粮食。计划生育还未实行,干活的人少,吃饭的人多,所以饥荒是再寻常不过的事。

"未出嫁的时候,虽然日子贫苦,可是有爹娘在身边保护着自己,心里总归很踏实。可是嫁出去的女儿就像泼出去的水,在婆家,你再苦再累,也得自己坚持啊。"奶奶吐了一口烟圈,像是叹息了一声。这时候,把饺子下锅的慧姐,拿着漏勺就跑到了奶奶身边,只为听一段泛黄又压抑的成长史。

奶奶嫁给爷爷的那一年,正处于"文化大革命"时期。这时候农村大队依旧是工分制度,往往一个成年男劳动力,从早 6 点到晚 6 点,能记 10 工分。那么,10 个工分又是什么概念呢?就是劳动一整天,可以得到差不多 5 分钱。奶奶用手比画着,说过年的时候包饺子,饺子皮是用一捧(两只手合在一起装下的量成为"一捧")白面和半盆玉米面和出来的,饺子馅里几乎没有肉,白菜或者红薯叶作为主料,放的食用油更是少得可怜。但是在那时候,这样的饺子却也能让人吃得很香。奶奶说到带爷爷和孩子们回娘家的时候,幸福地笑了,甚至还有我们从未看到的害羞。农村家家户户差不多都有平板车。爸爸和姑姑还太小,有的还没学会走路,会走路的又不能走太长时间,所以爷爷就用自己的力气,走在凹凸不平的土路上,拉着车上的奶奶和孩子们回奶奶的娘家。

在爸爸11岁那一年,爷爷为了挣到更多的钱,去了离家很远的地方挖河。"他当时去的时候,我就反对,总有一种不踏实的感觉。"奶奶像一个小孩子一样抱怨着。对啊,如果爷爷没去的话,奶奶又怎么会受这么多年的苦。

爷爷外出挖河那一次,终究是出了事。一开始,爷爷只是发烧而已,其他一同前往的人劝爷爷回家看病。可是爷爷对此不以为意,一直推辞着说自己没事,而且坚持着干活。几天后,爷爷昏倒了,他从挖河干活的地方被人送到家,途中愣是没有醒过来。接着他又被送到了县城里的医院。说到这里,奶奶声音很平静,没有太大的情绪波动。20多年后的奶奶冷静地就像一个旁观者一样,给自己的孙女们讲着自己亲身经历的故事。我记得当时奶奶是这样说的,也不知道是你爷爷的运气不好,还是他上辈子做了什么坏事。医院里能救爷爷的药正好用光了,于是,奶奶步行着从医院回到家,焦急地向街坊四邻和亲朋好友打听,谁有其他医院的熟人,怎么才能买到能救爷爷的药。终于,奶奶用东拼西凑的钱买到了药,又一刻不歇地送到爷爷所在的医院。这时候,由于走了太多路的缘故,奶奶的双腿已经肿胀起来。这些艰辛换来的结果却是,用药时间太晚。当天晚上,爷爷就离开了人世。

一场小小的发烧,竟能让一条人命消失。我们可想而知,当时的医疗条件有多落后,那就是70年代的中国啊。生活在现在这个社会的我们,是何其幸运与幸福。

从爷爷去世以后,爸爸和姑姑们的上学与婚嫁全靠奶奶一个人打理。

时间过得很快,1997年我们村开始通电,村民有了明亮的夜晚。再接着,老屋子被重建为宽敞明亮的大房子,家里的成员越来越多,奶奶的忧愁越来越淡。

经历过饥饿、贫苦、生死离别,奶奶潇洒地、轰轰烈烈地走到了人生暮年。

故事讲到这里,差不多就要结束了。我们的饺子也要出锅了。我和慧姐被拉入现实,不知道什么时候,奶奶浑浊的眼睛里出现了晶莹的泪花。

关于乡村生活的走访调查

交运 1501 班　郭俊财、朱恒鹏、徐金鸿、贾轩、邹渊、李伯伦、杨彪、董正城

一、引言

（一）调研背景

"乡村文化是传统文化生长的家园,是乡民在长期生产与生活实践中逐步形成并发展起来的道德感情、社会心理、风俗习惯、是非标准、行为方式、理想追求等,是乡民生活的主要组成部分,也是乡民赖以生存的精神依托和意义所在。"[1]较之工业的快速发展,农业的缓慢发展能够给人安全稳定的感觉。相对于城市的快节奏、狂躁、复杂和多变,乡村往往有着更多的诗意和温情,它承载着乡音、乡土、乡情和相对古朴的生活,在相对稳定和发展缓慢的乡村里,价值和传统会更加恒定。在城市化的大背景之下,人们所担心的农村的大量消失并不意味着乡村文化的彻底消亡,相反,在某种程度上,乡村反而因此显得更加稀缺很珍贵,并且依然是并可以成为人们心灵的家园。

乡村作为中国发展的历史产物,以其特有的风俗习惯、人情道德等不断影响着一代又一代的人。但随着城镇化的发展,不少乡村尤其是近郊乡村并入城镇,一些乡镇也开始向中心村集中。乡村文化和乡村记忆正不断被销蚀,乡村的面容面貌、风土人情也逐渐埋没于人们的思想之中。因此,加紧对乡村记忆的保存对优秀文化传承和丰富人们的感情世界有着重要的作用和意义。

（二）调研目的

随着我国农村城镇化的高速发展,伴随而来的是以同样速度消失的乡村和乡村记忆。此次调研通过对临淄区朱台镇谢家屯村的风土调查及对老年人的走访,了解并记录 20 世纪 20 年代末期的乡村记忆,使乡村文化得以被更广大的人所记忆和传承。2014 年 2 月 25 日,时任山东省省长郭树清在全省城镇化工作会议上的讲话中要求:"全面摸清我省历史文化保护区、名镇名村和优秀建筑情况,实施好'乡村记忆'工程,该保护的保护,该抢救的抢救,让大家'记得住乡愁''留得住乡情'。"[2]

二、调研情况

（一）人情文化记忆

在传统的农村社会中,人情往来是人际关系的主要内容和基本形式,在农村中,人与人之间的关系无时无刻不彰显着人情味。正是传统的农业社会孕育了"人情文化"。"人情的交往是人与人之间社会关系的体现。礼物的交换要遵循一定的规则,农村的人情往

---

[1]　杨同卫、苏永刚《论城镇化过程中乡村记忆的保护与保存》,《山东社会科学》,2014 年第 1 期。
[2]　王云庆《保护传统村落 留存乡村记忆》,《城乡建设》,2015 年第 1 期。

来就是建立在血缘地缘基础之上的交往关系。"①人情就像是一个链条,人们在其中不断往复,在乡土社会中,这种往复绝不仅仅是理性的互惠,还蕴含着传统农村的文化智慧。

中国社会自古以来是一个讲究人情的社会。作为普通的中国农村,人们生活的圈子基本局限在村落以内,为了实现这种以血缘亲情为基础的长期和谐的交往,农村的群众大多以人情交往来达到这个目的。

农村的人情交往大体可以分为逢年过节、婚丧嫁娶、添丁增岁、升学拜师、看病求医、乔迁新居等几类交往。在近几年人情交往与人情消费风愈演愈烈,礼尚往来的人情交往与人情消费方式是中国人古老的传统,也是沟通人情关系的重要方式。以前,在物资匮乏的时代,农村的人情交往更多的是为帮助单个家庭进行婚丧嫁娶、看病求医等大事,是各家捐献物资,人力的互济互助行为。随着社会主义市场经济的建设和改革开放的大力实施,农村人的腰包也都鼓了起来,同时人情世事的人情消费水平也水涨船高。

在调查中,我们咨询到村子里的老人,以前村子里碰到有哪家结婚生子、亲人去世,通常是送点鸡蛋,送出些日常用品,出出力来帮助,表达心意。如果是拿现金,一般也就三五元,最多也就50元。现在生活富裕了,人情交往中的消费也变得更高,礼金也由四五十元,涨到了100元以下难出手,"100元随大流,200元以上底气足",甚至一些亲属能出到1000元左右。

(二)农耕文化记忆

淄博气候多变且气候复杂,这里的农民一般选择对环境耐受性好的小麦玉米来种植。在秋天农民选择上一季收获的小麦,他们用筛子选择出优质的小麦种子,放在农村土地上晒一下。他们使用最简单的手艺来处理这些种子。他们拿出陈年的搪瓷盆拌种。老人说不粘手,那就可以了。随后就放在平整的地面上进行晾晒,这样一开始的准备工作就完成了。播种之前,人们用锄头对地面进行整理,锄头把土壤掘开,让这些土变得松软,富裕人家也会使用犁用牛代替他们来耕地。施上最传统的有机肥。老人说一般每亩播种为10千克左右,就是那些盆子盛的量。等到冬季的时候,在每年下大雪时要追肥一

次,那时天很冷,人们也没有多少钱可以买上厚实的衣服,都是自家缝制的棉袄,裹着厚厚

---

① 金梦、张蓉《人情交往在我国农村存在的价值》,《山西农业大学学报(社会科学版)》,2012年第1期。

的衣服行动不便,但也必须去做,不然收成就不会很好。在开春的时候进行除虫,那是小孩们经常干的事,他们喜欢那些奇形怪状的虫子。这样第二年人们就可以收获小麦了。收小麦的时候是人们最开心的时候,人们互相帮助,挥舞着镰刀收割这些小麦,他们其乐融融,不知不觉就能干到天黑,因为他们知道这将又是一场丰收。但是短暂的停歇后他们还有玉米需要种,他们还需要拿着锄头去耕种,这就是劳动人民,他们以他们的勤劳生活在这片土地上。

耕地作为中国基本的、宝贵的土地资源,受到中国《土地法》的严格保护。在土地上生活,依靠着土地过活的人们到了现在这物质丰富的时代,依旧选择这一片土地。

(三)生活环境记忆

提起生活环境,不光是老人的记忆,也勾起了我少年时期的很多回忆。

首先是每家每户的土房,那时候的房子不是用砖建造的,而是用土、用泥巴建的,对于砖房,只能是想想罢了。在房子的外面是一个院子,在院子里很多人家都会开垦出一块小小的地,用来种菜。在院子的角落都会有一个围起来的圈,在里面养一些家禽或者猪羊,这些菜和家禽都不是用来卖的,而是解决逢年过节时的食物。对于院墙当然也是用土建造的,院子外的大门是有门槛的,门槛越高寓意也就越好,在过年时最重要的事情就是在大门上贴上对联。

村里面的路当然也是清一色的土路,没有一点的水泥路或者柏油马路,不下雨的时候还好,最多就是多了点灰尘,但是下了雨尤其是大雨的时候那就没办法走了,到处都是水坑,所以每家每户必备的一样东西就是雨鞋,当然了也不是每个人都会有一双,一个家里有一双也就够了。人们的生活用水当然也就是去水井里打水,一个村也就几口井而已,很多人家没有钱去单独打井,所以都是大家一块用一口井。在村门口一般都是有小河的,那里就是孩子的天堂,妇女洗衣服的地方,孩子们到了夏天总是在河里面嬉戏、游泳、抓鱼,而妇女们则两三个结伴来河边洗衣服聊天。对于男人们,去的最多的地方就是村里的商店门口,那里每天傍晚,吃完晚饭后都会有大量的人在那里聊天下棋,那里仿佛就是一个聚集地,大家都很自觉地往那里走。在那里可以知道村里面发生的一切大、小事情。

(四)集市文化记忆

说起淄博,至少有两个值得骄傲的全国第一:周村号称天下第一村,张店号称全国第一店。现在淄博经济发展越来越快,城市面貌也发生了翻天覆地的变化,以前的老房子、老街道、老集市大多数都被高楼大厦取代了,老故事和儿时回忆则慢慢地涌上每一个"老淄博"的心头。

张店是一个由村镇发展起来的城市。张店人多是农民和工人的后代,相对来说张店远离了城市的喧嚣。也许正因为如此,张店多了一些土气、憨厚、率真、质朴。

集市文化丰富多彩,不同的集市有不同的赶集时间,但是每个地方的赶集时间都是固定的,比如二七、四九之类的。二七,也就是每个月农历的初二初七,十二、十七、二十二、二十七。在淄博,有一种上街叫赶集,吃个煎包喝个面条,听说书、剃头、欣赏"拉洋片"……这些都曾是集市上的热闹场景。随着淄博中心城区的不断发展,原来的潘庄大集、闫桥大集早已退出了人们的生活,现在,有着百年历史的马尚大集也要消失了。

农村集市主要包括三个方面:一是作为农村重要的娱乐场所,集市丰富了农民生活;二是作为重要的文化教育场所,集市增长了农民知识;三是作为重要的交易场所,集市改变了农民的观念,提高了农民的现代性。农村集市是中国广大农村乡镇及城市近郊区定期进行商品交易的市场。各地对此有不同的名称,一般在北方称集。农村集市的文化功能,是指农村集市作为社会系统的体系或部分,基于内在结构属性而与社会单位所发生的,能够通过自己的活动造成一定的客观后果,从而体现自身在社会中的特殊地位的关系。简单说来,农村集市的文化功能就是农村集市在实际活动中对农村社会和农民生活所产生的文化或精神上作用。乡镇集市是农民娱乐的重要场所,丰富了农民的生活。

(五)娱乐文化记忆

1. 家庭式娱乐活动

剪纸:剪纸是传统的家庭娱乐活动,在乡村的传承从未中断。剪纸一般都是长辈教给小辈剪法,再通过不断创新来增添新的剪纸图案。比如逢年过节,家里的老幼都会用剪纸来装饰屋子。

放烟火、鞭炮:放烟火是观赏性的娱乐活动,一些村民在家中院墙里点燃爆竹、烟花,全家人围观欣赏。"过年期间进行的节庆娱乐活动多数表现为火的形式,如鞭炮、香火与旺火。放鞭炮多是小孩子、男青年热衷的节庆娱乐活动,三五个儿童围在一起点燃小鞭炮的画面在这里到处可以看到"[1],而男青年则想各种方法使自己的炮仗制造出更大的声响来引起更多人的注意。

看电视:看电视也是最热闹的娱乐活动之一,在当时的那个年代,科技发展水平还很有限,所以乡村的家庭电视拥有率还很低,基本上一个村里只有几户家里有电视,而且当时的电视基本都是黑白的。记忆中印象最深刻的是当时83版的射雕英雄传播出时,好几家人挤到一家去看电视的热闹场面。

2. 小规模娱乐活动

长牌:长牌又叫叶子、小牌,这种牌一般是年长的人玩的多,由三人左右在一起玩,而且规则也是五花八门,玩法较多。

弹玻璃珠:这种活动一般是孩童玩的,是手拿一颗弹珠来击打别人的弹珠的一种博弈类的娱乐活动,深得男孩子喜爱。

跳皮筋:这种游戏一般是女孩子玩,通过各种动作技巧(像是舞蹈动作)来完成规定动作,皮筋的高度和动作的复杂程度决定了这个游戏的难度。

除此之外,还有"打老牛"(陀螺)"打王牌"和"老宝"(地面上的牌类游戏)、摸鱼、捉泥鳅、捏泥人、过家家、看小人书等娱乐活动。

---

[1] 郭然《乡村过年的民俗娱乐活动:以山西省太原市杨家村为例》,上海大学,硕士学位论文,2007年。

（六）衣食住行

1. 穿着

记得 20 多年前，人民的穿着非常的简单和单一。颜色主要以黑、灰、蓝、白为主，几乎没有人穿那些颜色鲜艳、款式新潮的衣服。当时思想比较保守，对一些时尚新潮的衣服也比较陌生，不敢轻易接触。衣服材质也是比较差的，穿在身上感觉非常的不舒服。但是村民非常勤俭节约，基本一件衣服、一双鞋能穿几年，衣服鞋子出现破洞就打上补丁。大人给小孩买衣服时，都会选择大号衣服鞋子，因为小孩的身体发育比较快，不到一年尺寸就会不合适。当时只有过年才能置办一身新衣服。

2. 饮食

当时的主食是白面馒头，搭配一些炒菜，但是炒菜的种类比较单一。偶尔也能吃一些加肉的菜，当时猪肉牛肉价格都是很高的，品尝一次是莫大的奢侈。当时的零食种类很少，买几两花生作为零食是不错的待遇。还有就是一些水果，当时市面上能买到的水果种类比较少并且非常贵，村民都是自己在菜园子里种一些水果，比如说黄瓜、西红柿。夏天的时候如果想要吃些水果，可以直接在菜园子里采摘，水果的质量是非常有保证的。

3. 居住

当时农村的房子都是土坯房，如果比较富有就可以用砖头石块。房子的面积很小，家里几个人睡觉的时候挤在一个房间里，但是有一个好处就是冬暖夏凉。有时房子在下雨的时候会漏水，想想当时条件挺艰苦的。家里没有什么家具，只有一张桌子，几张凳子，条件好一点能有几个柜子，家里富裕的可能买个黑白电视机，当时一个村子里有台黑白电视机是非常稀奇的。夏天的时候大家可以在院子里吃饭，边吃饭边聊天也是一件非常惬意的事情。

4. 交通

当时的道路还是土路，水泥路还没有普及到农村。夏季下雨的时候土路会非常泥泞，严重影响人民的出行。小汽车当时在农村是相当难见的，也是比较时尚的交通工具。村民省吃俭用才能买上一辆凤凰牌自行车，在农村骑自行车是一件体面的事，然而大部分的人还是最原始的出行方式——步行，出一趟门的话都要走好几里地，来来回回总是风尘仆仆。

三、总结

在这次调研活动中，我们从人情文化、农耕文化、生活环境、集市文化、娱乐文化以及衣食住行六个方面，全面地对乡村生活进行了调查。通过一系列的调查，我们从中发现了乡村人的淳朴、善良、艰苦奋斗、勤俭节约，以及他们在农耕文明中的智慧，同村人之间和睦相处，同时还包括了他们在生活与劳作中的各种娱乐方式和乐在其中的美好品德。在城镇化的进程中，随着生活品质的提高，人民生活日渐富足，越发地体现出这些保留乡村记忆和传承美好品德的重要性。我们应该保留乡村记忆，忆苦思甜，在忆苦思甜的同时继续发扬保留的美好品德。因为这些美好品德是中华民族的优良传统，对于这些传统美德我们应该继承与发扬，这有助于推动公民的道德建设。为了推动社会主义现代化建设，全面建成小康社会，开创中国特色社会主义新局面，弘扬与传承这些在乡村中体现的美德是必不可少的一部分。

考察主题：博山陶瓷手工艺文化
考察地点：山东省淄博市博山区山头镇
考察时间：2017年5月1日至2017年5月3日

陶瓷手工艺文化保护与传承的调研

——以博山区山头镇为例

交运1501班 黄友凤、程树、刁乐乐、吴煜

　　淄博是中国北方重要的陶瓷产地，而明清时期的山头镇，窑业盛况空前，民间圆窑林立，是六大窑场（山头、窑广、八陡、北岭、务店、郭大碗）之一。然而随着时代的变迁，由于企业技术改造和城镇建设的不断深入，烧制陶瓷的古窑、古作坊作为改造和拆除对象逐渐消失。陶瓷文化是代表博山文化的特色文化，而古窑则是陶瓷文化重要的载体之一，具有极高的历史文化价值、科学技术价值和艺术审美价值。如何传承淄博的地域文化，为城市留下更多的记忆，为淄博文化产业发展带来更多的经济活力是一项引人深思的问题和急需完成的任务。

　　十八大以来，对传统文化的保护与传承日渐成为国家文明建设的重要一环，作为新时代的大学生，对传统文化的保护与传承责无旁贷，为此我们对博山区山头镇的古窑保护情况进行了实地考察调研，通过调查走访，了解陶瓷文化以及古窑保护的情况，为陶瓷文化的传承尽一份心力。

　　山头镇位于博山城南郊，是著名的陶瓷琉璃之乡，陶瓷生产历史悠久，素有"陶镇"之称，是博山陶瓷工业的重要基地，随着现代化制陶手艺的改进，这些历经沧桑的古窑已不再有往日的辉煌了。同时，随着当地旧城改造和城市建设的推进，山头镇的古老道路、墙壁、老屋、古窑等等一道道独特的文化街景被不断推倒破坏，古窑的保护举步维艰。

　　山头镇是博山陶瓷的重要生产基地，也是重要的陶瓷生产集散地。山头陶瓷的生产历史悠久，幸存的数座古窑，记录了博山陶瓷的兴衰巨变。现存山头古窑约有几十座，大都为过去陶瓷生产烧成用的圆窑。圆窑出现在战国时期，因窑体外观和"馒头"相似，故又称"馒头窑"。圆窑的烧成全凭经验操作，烧成时间因窑内容量和煤质而异，效率低，污染严重。然而"瓷都古窑今犹在，不见当年烧窑人"是山头镇如今的写照。而今，山头古窑分布最密集的地方就是被划为古窑村的一片村落，其他村庄如河南西村等也有零星分布，因此我们的调研主要在古窑村内及周边展开。古窑村并非一个传统意义上的村庄，而是为了保护当地特色陶瓷文化，由河南东村和建中村整合而成的一个文化保护区域。

　　在实地走访后我们发现山头陶瓷文化遗迹的四个显著特征：

　　其一，现存古窑和古民居数量已不多，而且在山头镇零散分布。主要集中在古窑村

内,其他村子的古窑几乎都已拆除殆尽,而古窑村内的古窑炉,位置不集中,分散在全村各处,不成规模。

其二,古窑与山头民居有机结合,所谓"窑在家中,家中有窑",而且有些民居中还开设着陶瓷作坊,传统手艺尚有保存传承。

其三,陶瓷生产的副产品被当地居民作为建筑材料建成了独具特色的"陶瓷特色"街道和胡同,当地人用烧窑之后的废胚加上黄泥建成了成片的民房,这些民房至少也有几十年光景,一条条"匣钵路"纵横交错,匣钵和废陶堆砌的墙壁绵延不绝。据了解,在烧窑的时候,笼盆是必不可少的容器,陶坯在经过浇制、水磨、上釉几道工序后,必须要装进笼盆才能入窑烧制成真正的陶瓷,博山人通常叫成品为"窑货",而笼盆的标准称呼是"匣钵","是烧窑时必不可少的容器,陶坯在浇制、水磨、上釉几道工序后,必须要装进匣钵才能入窑烧制成真正的陶瓷,使用数次之后,匣钵就不能再用,但因为其材质结实,所以又被人们变废为宝,作为建筑材料使用"[1]。

其四,幸存古窑和古民居保护不力,情况参差不齐但整体状况堪忧。老村拆迁热火朝天,古村濒临损毁消失;被列为市级重点文物的相关古迹寥寥无几,未被列入的诸多古迹明显缺乏有力的保护。

通过走访后发现,如今古窑村中存有完整古窑十几座,多数建于明清时期,规格从两行四柱、三行六柱至七行十四柱不等。因为村里的窑场多为家庭手工作坊,所以多数是中等规格的窑炉。其中,市级重点保护文物黄崖根窑炉规格七行十四柱,属于较为少见的大型窑炉。

走访过程中发现,如今古窑分为两类,一类被闲置而另一类则被利用,火膛及烟道被填充后用做贮藏室是最普遍的用途,而经粉刷修整后用作居室则是另一种利用方式。我们发现,如今村中依然存在家庭手工作坊,其中有一户还在生产史书上称为"油滴"的精美"雨点釉"。由于古窑的拆除难度较大,其材料经过多次高温,强度较差,利用的价值不大,很多陶瓷生产的遗址仅存古窑,才出现了古窑与民居混建的情况。

现山头镇尚存20余座古窑炉,这些古窑,绝大多数都陷于自生自灭的境地。其面临的主要问题有以下方面。

1. 直接人为拆除

如新博路上懋隆大酒店后面的一座较大的古窑,我们去的时候已被被拆除,现场一片瓦砾;在2010年被列为第四批市级重点文物保护单位的白衣庙窑炉,几年前因为建设山头南沟街而被拆去一半,整个窑炉劈去半侧,古窑内壁直接面朝道路,其内部纹路清晰可

① 苏一宏、王兵、徐博、隋旭光、高加沛《拯救文化基因 博山寻找"馒头窑"》,《鲁中晨报》,2012-10-30。

见;窑广村2012年尚存在诸多古窑,然而今年再去,老村子里已经不剩一座古窑。

现在整个古窑村被保护起来,古窑村外的部分典型窑炉,如河南西村的黄崖根窑炉也被列为市级重点文物保护单位,但是这些被明令保护的古迹屈指可数,还有很多像懋隆酒店后侧窑炉那样的无名古窑,无时无刻不在面临着被拆除的威胁。

当地的城镇化建设和商业开发正如火如荼展开,比如窑广村、河南东村都在建设新型现代化社区,新博路这样的主干路两侧的楼盘正在崛起,在这样的大潮下,当地古迹的拆除毁灭必将屡见不鲜。

2. 古窑荒废,自生自灭

所有的古窑都已在20世纪80年代停止使用,大部分拆除,剩余的未拆除古窑全都处于废弃状态。如前文所述,这些古窑基本上都和民居混建,全都坐落在村民院中,因而村民往往将古窑用作储物贮存的仓库或房间,如位于南沟街的某座无名古窑,被雨点釉作坊的工人直接用作卧室;经营小卖部的吕大哥,其家中的古窑被用作库房。这些尚被人利用看管的古窑,虽然原有功能已经废弃,但是村民经常清理整修,所以保存状况相对完好。

但是随着人们生活水平的提高以及村属社区的建设,当地的大量村民开始搬离老屋老院,因而老房子和古窑便真正处于荒废状态。目前绝大多数现存古窑都已荒废,无人看管,窑壁上开始生长杂草树木,这种荒废状态大大加速了古窑的自然损毁。如北头井胡同内一座古窑,所属院落早已无人居住,院中遍布断壁残垣,杂草丛生,古窑内外都被植被覆盖,已经出现坍塌和开裂;南沟街白衣庙窑炉,半壁矗立,草木葱葱,炉内几乎成为垃圾渣土堆放区;河南西村的黄崖根古窑炉,2010年被列为第四批市级重点文物保护单位,规格极大,极为罕见,但是其周边无人居住,古窑上树木参天,窑壁上出现了相当大的裂缝,并有扩大的趋势。

3. 不合理地后期利用

亦有部分古窑,虽未荒废,但我们认为其利用方式并不可取。

如博山城区的五岭窑炉,列为第三批市级重点文物保护单位,其内部竟被附近烧烤店利用,放置广告,堆放餐馆垃圾和杂物,这种现象破坏了古窑的文化韵味,而且也不利于后期保护。

此外,在调研中我们还发现博山窑的窑主有一个习俗,每年都要祭一次窑神。祭窑神安排在即将熟窑的时刻,烧窑工添最后一口火,祭窑开始,窑主在窑门前摆上酒菜供品,举香、焚纸、叩头、祭窑神,祈求火和土能够完美结合。所谓的窑神,就是舜王。对神和自然的敬畏让博山的窑场主在清乾隆五十五年集资兴建了一个大的窑神庙。有村民介绍墨守的祖制:女人进不得窑中,怕冲撞了窑神;农历初一、十五,老辈的人们还要蹒跚着在自家的窑前上香烧纸,祈祷窑神的庇护。烧窑人用火和土塑造着陶器也塑造着自己的生活,塑造着属于自己的风俗、文化和信仰,这是属于"陶镇"独特的文化和乡村记忆。虽然不能严谨地称之为"宗教",甚至有些迷信,但在老一辈的乡民眼中,这种祈福同样是生存理想的可能,"其核心意蕴指向的是人类最后的家园,是人类为自己设置的唯一的退路,也是人类对抗死亡恐惧、成就生命完全意志的最根本的精神力量"①。

但是现如今,古村里的住户越来越少,越来越多的青年更是早早走出老村,原汁原味的传统风俗渐渐消失,而且大有后继无人之势,今后,独特的陶镇民俗可能只存在于老人们的记忆中了。

从整体上来看,山头陶瓷文化遗迹数量已经较少,分布零散,而且保护不力,损毁严重,手工陶瓷作坊还在运营;村庄陶瓷特色显著,街巷墙壁老屋都与陶瓷产品息息相关。

针对古窑和古民居的保护来说,其主要面临三大问题:因城镇建设而导致的直接人为拆除;荒废舍弃,自生自灭,自然损毁严重;不合理的后期利用,为今后的损坏埋下隐患。

对于村镇整体状况,既有优势也有不足。生活环境上,很多村庄环境清新雅致,古韵弥漫,建筑富有地方特色,陶瓷文化遍布,具有旅游开发的潜质和价值;交通状况上,古村内部街巷纵横,古风浓重,而村镇整体靠近主干道路,交通便捷通畅,利于村镇发展和后期旅游开发;卫生条件上,村民就近聚堆垃圾污物,而且处理不及时,造成部分区片卫生情况堪忧;社区建设上,发展迅速,但是严重忽视了当地陶瓷特色文化的传承与保护,甚至破坏了原有的文化风貌。

根据调研数据,居民认可当地极富特色的陶瓷文化,而且对此有一定了解,但是非常熟悉古窑历史和传统陶瓷生产技艺的民众在日渐减少;民众普遍承认当地文化保护落实不力、文化遗迹损毁严重的现实,也针对此提出诸多有价值的建议和看法。

一个国家,一个民族,一个城市,都应有自己的文化,只有这样,才能更好地发展。在城镇化和消费文明的冲击下,不少传统文化正在萎缩甚至濒临灭绝。在我们的身边,博山区山头镇,这个被称作"陶镇"的地方,历尽数百年岁月沧桑的古圆窑需要我们的关注和拯救。而我们也相信,终有一天,"陶镇"会用崭新的面貌迎接终于看到它独特文化价值的我们。

附录:

关于山头镇传统陶瓷文化保护传承的调查问卷

您好,我们是山东理工大学"重塑陶镇"调研团队,目前正在开展一项关于山头镇传统陶瓷文化保护与传承的考察调研活动。本问卷采用匿名形式,请您放心填写,希望能得到您的支持协助,非常感谢!

1. 您的性别:( )
  A. 男   B. 女

---

① 张艳梅《文化伦理视阈下的中国现当代小说研究》,北京:中国社会科学出版社,2012年版,第303页。

2. 您属于哪个年龄段：（　　）

    A. 7 岁～19 岁　　　　　B. 20 岁～49 岁　　　　C. 50 岁～64 岁　　　　D. 65 岁以上

3. 您觉得山头镇最引人关注的特色的是什么？（　　）

    A. 风景观光　　　　　　B. 陶瓷文化　　　　　　C. 人文气息　　　　　　D. 其他

4. 您对山头镇整体印象如何？（　　）

    A. 景观保存完好　　　　　　　　　　　　B. 商业化过度

    C. 恰到好处　　　　　　　　　　　　　　D. 还需进一步开发

5. 您是否了解村镇里古窑老屋胡同的历史？（　　）

    A. 了解翔实，非常熟悉　　　　　　　　　B. 口口相传，了解较多

    C. 常听人说起，略知一二　　　　　　　　D. 不很清楚

6. 您是否了解传统陶瓷烧制技艺即利用古窑烧制陶瓷的技艺？（　　）

    A. 曾经体验过，了解翔实　　　　　　　　B. 曾经见识过，了解较多

    C. 常听人说起，略懂一二　　　　　　　　D. 不很清楚

7. 您认为已经受到明令保护的文化遗迹（比如古窑村里的老四合院、划为市级重点文物的古窑）现状如何？（　　）

    A. 政策执行力度大，保护完好　　　　　　B. 保护一般，时常有损坏迹象

    C. 执行不力，缺乏监督，破坏严重

8. 对未受到明令保护的古窑、老屋、老胡同等文化遗迹，您认为其现状如何？（　　）

    A. 破坏严重，急剧减少　　　　　　　　　B. 现存较少，时常损毁

    C. 自发保护，保存完好

9. 对目前尚存的古窑古村，您认为面临的主要问题有哪些？（　　）【多选】

    A. 城镇建设导致拆除情况严重，大量遗迹消失

    B. 政府保护力度不够，缺乏保护政策和措施

    C. 保护尚可，但缺乏后续的修缮和开发，古迹日渐没落

    D. 保护古迹阻碍了村镇的经济发展和居民生活水平的提高

    E. 古村卫生条件差，交通不便，居民很想搬离

10. 您觉得哪些方式能有效地保护山头镇的文化遗产？（　　）【多选】

    A. 法律政策　　　　B. 政府干预　　　　　C. 当地居民保护　　　　D. 媒体宣传监督

    E. 挖掘旅游产业　　F. 其他_____

11. 您希望古窑古村下一步该如何发展？（　　）

    A. 拆除老村，进行城镇化改造

    B. 保留典型建筑，其余可拆除盖楼

    C. 坚持保护措施，加强后续修缮，提高居民补贴

    D. 维持现状

    E. 其他_____

12. 为了兼顾文化遗迹的保护和村镇的发展，您认为政府该采取哪些举措？（　　）【多选】

    A. 提高资金投入，制定长远发展规划

    B. 增强保护力度，完善监督体制，严惩破坏文物行为

C. 定期查看修缮,对新发现的古迹损坏情况要及时修补

D. 逐步落实基础设施建设,改善卫生和交通条件,提高居民生活质量

E. 提高宣传力度,大力促进旅游开发

F. 其他_____

13. 您对老村拆迁的看法:

_____

_____

_____

_____

_____

14. 您理想中的山头村镇应是什么样子?

_____

_____

_____

_____

_____

考察主题：寻找乡村淡存的记忆
考察地点：山东省青岛市即墨区鳌山卫镇水泊村
考察时间：2017 年 4 月 29 日至 2017 年 5 月 30 日

记忆，在酒深巷子里徘徊

交运 1501 班　张志顺、朱九鑫

　　2017 年春，在四月的柔风轻轻地拂过柳梢之时，我们便来到了这片"即将消失的记忆"之处。这片村落虽不如"丽江古城""乌镇""闽中古镇"那般具有浓厚的地域特色与历史沉淀，但是也寄托了祖祖辈辈在这里成长老去的人们的情怀，或许不如那些古镇、古城般被世人所周知，但是却印在了这片村落的每个人心里。

　　即墨水泊，非"梁山水泊"，但也是明洪武、永乐之时，张姓族人自云南迁至此地，因地近水泊而得名。村落四周是开阔的田野，进出村落也唯有几条道路，一支流淌着柔水的河穿过村落汇入大海。实现了海与山林的交融，也造就了这片村落独特的情怀——既有田野的广，又有大海的阔。令人遗憾的是，这片恬静的村落或许会同大多数村落一样被现代化的建设所吞噬，取而代之的将是现代化的快节奏。纵然游过不少村落与古镇，但当我们踏上这片土地时，比起留影纪念，更多的则是驻足思考，试图将这片村落的点点滴滴印在心中、记于灵魂，让记忆里的村落光影、水流沧桑流转千年。

　　进入村落，内心便升腾起一种由衷的亲切感，或许这跟我是在这片土地上长大有关吧。不仅如此，同行的朋友也体味到了一种家的感觉，这大概就是即墨水泊的魅力所在吧。黑色的瓦、黄土的巷道、几缕轻柔的炊烟、几处青绿色的小院……映入眼帘的一切都向我们诉说出了这片村落的安详与宁静。黑瓦青石的旧巷是这片村落的特色，赤砖红瓦的新巷也成了这片村落的一片景色。这里的房屋是具有北方特色的平房和火炕的结合，而且每一家都有属于自家的可以晒粮食的高台。

　　午后，细如牛毛般的春雨飘洒而至，春的脚步也到达这片村落，空气中充满了春所特有的新翻泥土的气息。春雨的到来令我们格外欣喜，我们便决定在村落里走走，去用心感受一下这片将会给我们留下弥足珍贵记忆的土地。

　　细雨轻轻地落下，打湿了这黑色屋檐以及灰色的旧巷，打湿了村落路上的行人，却没有丝毫打扰到燕及麻雀们的雅兴。春燕三五一群，站在线缆上，静静地望着这片祥和的土地，站累了，就飞回到了屋檐下的巢内，安心地睡去。它们不必如同

城市里的燕一般,需要时常担心自己会无巢可居。在这片村落里,燕的巢在屋檐下随处可见,而且就连村里的小孩子也没有淘气地去打掉燕的巢,燕和村民们似乎有着一种独有的默契,或许这就是几百年来的代代传承。

在古城或者古村里观赏时,总喜欢顺着心所牵引的方向走,仿佛只有这样才能与这片具有记忆的土地交融在一起。在这片村落亦是如此,沿着旧巷一直漫步,跟从着内心,就来到了这片村落的田地里。田野里的土地被一道道凸起的田垄分开了,整齐划一地显现在我们面前。走在田垄上,发现远处的一位老伯正在牵引着犁地的老黄牛一步一步地耕耘,细雨濡湿了老伯的蓑衣,也打湿了为这片土地劳作了一辈子的老黄牛。我们顺着田垄,走向了老伯,走向了这个与自然村落最近的人。当我们说到这片土地的时候,老伯脸上洋溢的笑容流露出了他对土地、对村落无限的爱恋。土地对于农民来说,是根,是源。虽然可能这位老伯辛苦了大半辈子只能维持生计,但是在老伯看来,能在这片土地上进行劳作而且年年都有收获,是这片土地对他最大的恩惠了吧。老伯的话语中也处处透露出他对于这片土地的敬畏与爱恋。我们告别了老伯,决定继续去寻求那份属于这片村落的独特。在偶然间的一回头,突然发现,老伯、老黄牛、黄土地与天际交织在一起构成了一幅唯美的只属于这片村落的山水画,心中顿时产生了对这片土地、这片村落的感恩。

沿着田垄向北走,映入眼帘的是流淌过这片村落的河流。河流是从村落不远处的山中起步的,途径了许许多多的地方,在流过这片村落后,汇入了汪洋大海。在还没有村落的时候,河流就出现了,如母亲般的河流滋润了两岸的土地,也孕育这片弥足珍贵的祥和。走到连接着河两岸的小桥上,桥下水流没有刚下山时的湍急,留下的是静悄悄的温柔,只是在几个孩童手中的石子下泛起了波澜。沿着河流行走,我们发现河流的两岸没有半点污染,或许这是村落对养育了几十代人的母亲的尊重吧。

河流最终汇入的是汪洋大海,如同落叶归根。村落的人们对于大海的情感始于对大海的敬畏。俗话说"靠山吃山,靠海吃海",村落与大海的距离不是太远,所以有一些村民是靠着出海为生的。每天早上三四点钟出海,夜、星星、大海交融在了一起,大海和星空一

样璀璨,分不清哪是海哪是星空,海面上出海的四五只小船依靠着微微的灯光前行,如同璀璨星空里的一颗颗星星。不过他们可没有时间欣赏这美好的夜空,他们要赶在中午阳光铺洒大地之时将一天的收获拉上岸,下午便去集市或者沿街叫卖。若能卖个好价钱,也就不虚此行了,这也是渔民最大的心愿。

雨停了,伴随着木棒敲击竹筒的声音,"卖—香—油—醋—咧"传遍了整条旧巷,时而也会有人拿着自家独有的容器出门打上一瓶。这是多么美妙的声音啊,似乎只有在我们很小的时候才能听到这般动听的声音吧。让我们更兴奋的是,在村落的中心处遇到了传统的手工艺人,他正在用村民积攒了好久的铝制饮料瓶做平底锅呢,风箱呼呼地拉着,炉子里的火也正呼呼地烧着。

走得累了，便返回住处，村落的奇妙之处在于即使是落脚点，也是一处风景：青砖绿瓦，宽广天井，莫不优雅。而且那一口井，也是让我们体验了一把清爽。这井真是神奇，像是储存了全世界的水，只要放点引水，轻轻一压，水便会鼓足了劲地往外流，那般豪爽，这或许是给予恩惠后的回报吧。

主人已经为我们准备好了丰盛的晚餐，食材都是从田地里直接采摘的，十分新鲜。就连主食，屋子的主人也是费了很大的工夫呢。形状像燕子的主食，还用着红色颜料和黑豆点缀着，十分可爱。白糖、麦子面粉、鸡蛋、水，加上手艺、功夫共同造就了这独具地域特色的食物。屋子的主人笑着跟我们说，她年年都给他孙子做这"燕子"，寓意着健健康康，快乐成长。上百年的传承，上百年的文化，朴素淳朴的屋子主人，一抹难以忘怀的记忆。

乡村，一个美丽天使的化身，我们不应该让她在这里徘徊，更不应将她舍弃，因为她的存在可以让我们拥有一片净土，去品味记忆的积淀。这般美丽又纯朴的她，我们依然依恋。

考察主题：乡村记忆
考察地点：山东省济宁市邹城市石墙镇望云村、上九山古村
考察时间：2017年5月1日至2017年5月3日

风，吹开了内心最亲切的记忆

交运1502班　王庆庆、孙玉姝、王界钦、孙钦涛、窦成菲、王天威、高善尚、任成昊

　　2017年五月，天是那么清澈，阳光柔媚，微风轻抚脸颊，在这诗一般、梦一样的风景中，我们一行人来到了乡村。它安静地坐落在济宁邹城的一隅，不为尘世的喧嚣与争斗所干扰，时间这条河流虽冲刷了历史无数的痕迹，但还有这么一处村落保持着它原有的风格。经过时间的沉淀，慢慢苍老，不为世人所知，但使它更有味道，如美酒般的珍藏，更醇更实。这里让我与它产生了心灵的共鸣，小时候的我也是在同样的环境之下成长的，触景生情最伤怀，我的思绪也随之回到了我魂牵梦绕的幼年时光……

　　这不是唯一幸存的古村，但却是一代人的标签，一代人的记忆，更是孕育了那一代人的摇篮。时光不会永远这么悠闲，它终会于某个洒满阳光的午后将你慢慢打捞起，作为岁月的见证。愿时光清浅，多年以后，再见你时依然如故，只为留给后人属于那个年代的烙印。

　　清晨，我们便按原计划进入邹城市石墙镇望云村。清晨的乡村宁静而又空灵，几声鸟鸣使人格外惬意。走到村头，抬头可见属于那个年代的记号，一墙、一砖、一瓦看起来都无比的亲切。它们在无情的暴风雨洗礼后也慢慢变老，失去了原有的光彩，灰黑色调使人感觉它古老而又安寂。相比城市，它们更加坚强，更具生命活力，一花、一草、一树都是生命最好的赐予。自然母亲在这里为他们提供了一片净土，让他们繁衍生息。也许连自然母亲都看到了我们这代青年特有的激情，太阳也不甘示弱地向我们展示力量，天气回暖，万物早已复苏，这片土地的主人的热情却不会为四季的转变而发生变化。这里的每一个人都是那么的质朴、纯洁，对未来生活充满了希望与憧憬，虽然条件相对艰苦，却依旧保持着善己善人的信念。第一天我们就在一位慈善的奶奶带领下，游遍了整个村庄。

　　老奶奶首先将我们带到了曾经村庄最神圣的地方，这是一座庙宇。可能是在那个时期，思想还比较保守，人们对神的信仰很单纯。我自己感觉这更可能是一种心灵慰藉吧。看得出，它已非常破旧，外面被由石头堆砌的一道矮墙所包围。要不是看它有些年份了，真想进去看看供的是哪位神仙。庙宇旁边依旧生机勃勃，看来它倒也不是完全被世界遗忘，至少现在还有这些绿色相陪吧。接下来，我们又转了几条街，村民们都热情地向我们打着招呼，我们礼貌地致以微笑。游遍了村里具有时代意义的地方，想起明日还要赶去另一个地方，我们便向老奶奶道别。她坚持要把我们送到村头，我们也拗不过她，便同意了。

在返回的路上，看到了现代的石灰房。这难道是一种提醒？在若干年后，是不是原来一砖一瓦用心打造的世界就要完全被冷冰的石灰所代替。也许是我想多了吧。不知不觉，已走到进村的起点，也是这段路的尽头。我们这次真的要离开了，再次告别。虽百般不舍，我们也得必须离开。老奶奶年事已高，对年轻人有着特殊的感情，从话语间我们感觉到了她的不舍，如果以后还有机会能回到这里，希望还能再见到老人家。

次日，我们到达了这座城市更偏僻的一个村落——邹城市上九山古村。这个小村伫立在山上，也许不久后将没有村民在此居住——它已被设为旅游景点，不知是对它的保护还是只盲目注重经济效益，但至少现在一部分居民已经搬离。与昨日不同，村中小路不是石子铺成，而是人踏出来的土路。虽然走起来不是那么舒坦，但感觉是那么的真实、淳朴，不像城市冰冷、坚硬的水泥路面。我们就这样走着，或快或慢。

终于来到了村落里，这才是最原始的乡村吧，这样的画面连出生在农村的我都没见过，也许是父母童年时代的标志吧。首先映入眼帘的是一座房屋，连墙体都是用石头堆砌的，在我们看来，这不但具有使用价值，还极具观赏性。房前的一片绿意，在这里与灰色调是最好的搭配。门前的两个红灯笼应该是主人希望以后的日子红红火火、大吉大利吧。门上的春联稍微有点褪色，但都是用毛笔写的。不知写春联的这些人当时心里是怎样的一种心情呢，或喜或悲，至少对下一年充满了期待与憧憬。平凡的生活也不一定就是平凡的人生，在这样一个朴实的环境下，虽与世隔绝，但仍能怡然自乐。

缓缓推开木门，进入庭落。屋顶精巧的瓦片，经过多年暴风雨的洗礼，仍然整齐地排列着，不同的是，它刻上了这么多年岁月经过的痕迹。墙根种了几颗花草，为整个院落增添了几分绿色，多了几分生气。每逢阴雨时分，这片土壤便可积累充足的水分供这些生命生息。庭院内整齐明亮，虽没有地板那般明亮、平整，但它更加亲切、真实。

就在这片小天地里，不禁让我们想象：夏日酷暑，晚饭过后，一家人围在这样一个环境内，听着蝉鸣，身上不断吹过缕缕凉风，拉拉家常，这是多么惬意，多么温馨啊。反观现代城市，虽发展水平不知高于农村多少倍，但生活节奏远远超乎了人们的负荷。亲人一年都团聚不了几次，高速发展的现代科技取代了彼此相互联系的纽带。社会高速发展的今天确实带给了我们舒适的物质生活，却同时牺牲了美丽的自然环境，无价的亲情。

转头发现还有一间草棚搭于墙边，虽然是土地，但仍然可以看出十分干净整洁。成熟的玉米挂在树上或墙上，这是秋收的收获，更是劳动人民辛苦的结晶，即使我未曾参与过

收获,看到之后仍会充满丰收的喜悦之感。走进旁边的小屋,我们发现了只在影视作品中才能看到的犁。一头牛,一个人,一把犁,在农田里不断地耕耘,就这样孕育了曾经的一代又一代人。

继续前进,走进一处作坊,准确地说是染衣坊,几口大缸倒扣在地上,看来有些日子没开工了。高大的树干直挺地立在地面上,中间再横架上稍微细点的树枝或竹竿,就这样整齐构成了几个方阵。当染完色的绸带被挂到上面时,微风吹过,五颜六色的丝绸随风摇曳,在空中舞动,像舞姬用自己的生命去尽情地演绎一场动人心魄的舞蹈。勤劳而富有智慧的劳动人民不仅学会了养蚕抽丝,再将其加工成布匹,最终将其变成一匹匹美丽的丝绸,甚至远销国外,他们不仅用双手创造了我们舒适的物质生活,更创造了人类历史的文明。

此行虽然仅仅两天,却耐人寻味。此番经历让我们追寻到了乡村记忆。如今社会还在不断高速发展,这些记忆在不断地流失,我们看到的只是冰山一角,我们将这些记忆保存下来,将它们传承给下一代。在传承与发展中,我们要不断进步,同时不忘初心。我们此次的探寻虽已结束,但寻找乡土记忆的步伐并没有停止,相信在未来的某一天,会有人将更全面更丰富的乡土记忆展现给世人,而我们要做的,就是对这些乡土文化进行保护与传承。

考察主题：乡村记忆
考察地点：河北省邯郸市涉县井店镇禅房村
考察时间：2017 年 5 月 1 日至 2017 年 5 月 3 日

寻忆觅禅——与禅房村的三日约会

交运 1502 班　马昕、史泽华、王敏、任双双、彭世明
李在兴、张会明、王毅、宋润泽、黎德祥

"月亮在白莲花般的云朵里穿行，晚风吹来一阵阵欢乐的歌声，我们坐在高高的谷堆旁边，听妈妈讲那过去的事情。"这是我们耳熟能详的一首儿歌，舒缓的旋律把我们带回那不曾经历的年代。不过，今天要讲述的不是那些苦难岁月中水深火热的故事，而是要召唤回与我们渐行渐远的乡村记忆，老屋老树老街坊，炊烟小巷伴斜阳，还有那村东边的井和那村西头人家的毛驴。

改革开放以来，中国城市化进程明显加快，现如今已进入到高速城市化的阶段。大量人口从农村涌入城市，人们争先恐后携家带口从带着天井的平房小院搬入了整齐划一的"格子间"，钢筋水泥间隔出来生活的空间也隔断了邻里的情谊，层层排排的高楼似一道道屏障，阻隔了人与人的接触，心和心的交流。恍惚间惊觉那些你来我家院里拔棵大葱、我去你家要点酱油，吃完晚饭一起在村口乘凉看星星的日子真的一去不复返了。从此记忆中再无潺潺小溪，也无鸡鸣犬吠，取而代之的是高楼大厦，车水马龙。面对钢筋水泥的冰冷，心再也升不起温度，马路越来越宽，心路却越来越窄，高时速的汽车再也无法驶入彼此的心田，人们用越来越快的节奏生活，或者说是生存，用无尽繁忙的工作掩饰内心的孤独与麻木。生活变得富足，精神世界却愈发匮乏，只是日复一日茫然面对四季交替却无动于衷。扪心自问，这是我们真正想要的生活吗？答案当然是否定的。

于是在"水积春塘晚，阴交夏木繁"的五月，趁着五一小长假，我们一行 10 人踏上了找寻最纯粹的大自然的路。我们去往的小村落叫作禅房村，位于河北省邯郸市涉县井店镇东北角。一夜的火车赶往邯郸，辗转换乘，一步步向目的地"逼近"。汽车缓慢又颠簸地行驶在盘山道上，虽长途疲惫，但车窗外飞驰而过的优美景色仍拨动着每个人的心弦，耳边是此起彼伏的交谈，也不乏阵阵赞叹，颇有笑游清秀山水间的意味。犹记初闻禅房村之时，曾暗自冥想，究竟是怎样的一个村庄能有这般富有禅意的诗一般的名字。百闻不如一见，千百年来能够代代相传至今的古语，终究是有它的道理的。在见到禅房村的那一刻起便懂了，这样的地方足以配得上这样的名字。现如今，许多地方的农村到处是被整改过的痕迹，整齐划一的房屋，宽敞的柏油马路早已和城市别无二致。不得不说，眼前的禅房村着实给了我们一个小小的惊喜。

禅房村是一个地地道道的山村,一路上,一座座山峰"防不胜防"地闯入眼帘,高低连绵,逶迤蜿蜒。我们前往的那天,天气并不是很好,少了几分骄阳普照,多了几丝云雾环绕,却别有一番风味。在这层层叠叠的众多山峦中,最出众的当属青阳山了。"日月照临,青光和煦,林壑俱美,望之蔚然",青阳山因此得名。又因该山主峰耸峻,两麓如翼,恍若展翅欲飞凤凰,故名"凤凰顶"。

古往今来,常有画家、诗人来此写生、采风,甚至一些电影也曾来此取景。漫步于禅房村前,如果你看到有一"横看成屏,纵看为柱"的山峰,犹如耄耋老人的一排七倒八歪的牙齿,那便是"排牙山"了。与青阳山雅致的名字不同,十分通俗直白,倒是平添了一分趣味。

除了这些层峦叠嶂,纵横交错的梯田便是禅房村的又一大特色。站在山顶举目远眺,不得不惊叹于大自然的鬼斧神工,也佩服于世世代代生活于此的村民们的勤劳与智慧。这是一幅由自然与人类协作而成的伟大的地面雕塑,是文化与自然、智慧和汗水巧妙结合的产物,纵使雕塑家米开朗琪罗看到眼前之景也定会拍手称赞。究竟是多少春夏交替岁月轮回,又是多少人付出多少艰辛才得此般景象,我们不得而知。但我们深知的是,勇敢聪明的当地村民从未停歇,他们为了生存,凭着坚持不懈的努力把本不适宜种植的千山万壑用最基本的原始工具开垦成了片片梯田,这一耕耘便是上千年。特殊的地形导致了这里没法运用现代化机械进行生产,那家家户户门口随处可见的勤勤恳恳任劳任怨的毛驴是不可或缺的劳动力。每到农忙时节,当地人仍需依靠着最原始的农具面朝黄土背朝天地开垦,将大把的汗水洒在这片他们爱得深沉的土地,虔诚地期盼着明年风调雨顺、五谷丰登来维持一家人的生活,那便也不枉费此刻的辛劳了。

不知不觉中夜幕悄然降临,我们借住在当地同学家中,当地人居住的石房子也是我们从未领略过的,不仅美观而且冬暖夏凉,可谓将因地制材发挥到了极致。接待我们的是同学的爷爷,一位年过古稀、一直生活在禅房村的老人。爷爷还有一个特别的身份,这位其貌不扬的老人是从镇上退下来的老书记,对于村里的情况再熟悉不过了。吃过晚饭,我们围坐在他身旁听他一一讲述当地人的生活。他们日出而作,日落而息,无论风吹雨打都不停歇脚步,向最诚恳的大地母亲讨要生活。要说对于一个山村的发展而言最重要的是什么,恐怕大部分人都会坚定的回答你是那通往山外大千世界的路。的确,我们来时,村子里仍然有此起彼伏的机器轰鸣声,工人们忙活个不停,老书记说道,村子里的路坑洼不平,出行十分不易,所以村民自发义务修路,不要一分工钱。反思自己,令我们这些所谓有着高学历的大学生哑然。次日清晨,天空湛蓝,春光明媚,鸟语空灵,花红草绿,"清晨入古寺,初日照高林。曲径通幽处,禅房花木深。山光悦鸟性,潭影空人心。万籁此都寂,但余钟磬音。"我所要做的只是轻启双眸,这幅水墨画便跃然于眼前。心中的所有杂念都被眼前之景涤荡殆尽,只为放空一切享受着清浅的时光。一花一世界,一木一浮生,一草一天堂,一叶一如来,一砂一极乐,一方一净土,一笑一尘缘,一念一清静。世间万物从来都是简单的,复杂的只是人心罢了。

踏过新街,走过老巷,感谢这短短三天赠予的欢喜,让我们对于这原本陌生的村庄有了属于自己的独家记忆。返程的车厢里的我们深知,那幅美丽的画卷早已印入脑海,刻进心田,禅房村带来的宁静与温情将是一生化不掉的深深眷恋。

故园赋

能动 1601 班　罗乙丁

　　江南故地，渝都富庶。至长寿湖南，金维厂北，长江之邻，城区之郊，城乡交接之处，山明水秀之间，得一小镇，名为朱家，是为童年故地。余夜看《火影》之终结，复读闫兄之长赋。念过去之种种，怀物思人；想将来之渺渺，无根无凭。心有所堵，作赋舒之。

　　初春之夜，宿舍之顶。夜深寂寂，无声有风。想久在南方，初来北国。是年岁到而至远处，但故思在以念旧地。齐鲁平原，上危楼而观四野；东海微风，过仙山而带春寒。劣烟焚尽，面转西南，心潮澎湃，竟生归意。

　　故地仍在，日上春暖。非有千仞春寒之意，但怀万物复苏之情。虫鸣切切，出冬穴而复行；鸟啼嘤嘤，筑春巢以生居。新畜动懒，老农耕勤。阳春映日，浩气腾云。桑竹良田，岂为武陵之独有？清风绿野，更是南山之二地。一派生机之景，满怀倚闾之思。但人在天涯，仍不得归。

　　经济强盛，厂区发展。幼时不觉，如今复看。尽推山野，广圈农田。建住宅之鳞栉，起厂房之巍巍。子弟校后，燃浓烟而绝飞鸟；镜子崖上，推深林而断流水。高楼纵好，关山水之何错？富庶无差，岂自然之不存？荒草萋萋，难得田野以乐虾；废土堆堆，无有池塘以戏鱼。不知何人怀错，仅忿自不平。

　　但年岁已到，应试功名。六年寒窗，与世别离。重回故里，何日可期？可悲厂无效绩，农无好年。担心之事，终得应验。青壮走而老少留，旧居在而绿苔新。故友移家迁通处，同学远走奔高达。老槐方瓦，悬日月而染尘；旧园清塘，游鱼鸟而失声。身老身死，极荣极衰。家中尊老，疾病发而人智失，太上神明，乾坤转仍天道存。看银河之浩渺，感自身之藐无。令威求仙，恨归途而修鹤，老杜思民，请广厦以万间。圣贤皆寂寞，英雄谁留名？春桥秋月，玉人来鸿飞去燕；依红偎翠，花酒今朝复明天。浩荡江水，流走韶华兑北海；缠绵东风，吹去情思绕斜烟。不省春风，浪费书卷。杏花听雨，送到天涯消息；诗卷看灯，照尽客子光阴。异乡异地，悲兮别离。想今时，适逢花开又含春，尽是各人奔前程。难得花开重相见，王孙东去何时回？桑梓故地，旧人旧亲谁埋骨；叠翠乡关，出山出仕不回还。梦尽长夜，目望西南，谁说遮面能掩咽？身在东北，何言拭泪不伤魂？

　　是为前尘，风雨兼程。黄花乱砌不可恨，大江东去无可追。月亏适等圆，花落是为春。人无两世，岂饮孟婆叹奈何，年无二度，能用伏羲上昆仑？且行且醉游天姥，不闻不问过十旬。物我非无尽，切莫负韶华。

　　深夜有感，奋而笔书。

考察主题：蕴含"乡村记忆"的古建筑
考察地点：山东建筑大学"乡村记忆"研究展示基地
考察时间：2017 年 6 月 1 日至 2017 年 6 月 2 日

一栋屋，一座城

体教 1503 班　江　艳

"四面荷花三面柳，一城山色半城湖。"这便是清代书法家铁保笔下的济南，一座有着丰富历史文化底蕴的城市。千百年来，最平凡的劳动人民在这泉城中，用他们勤劳的双手建造了一处处不可磨灭的历史印记。此行我们所要探访的这一处文化遗产，是坐落在山东建筑大学的古建筑群。这些古建筑历经百年风霜，仍坚挺且平和地矗立在这片深沉的土地上，用它们身上风化的刻痕记录着时代的变迁。这些无言的"长者"是对济南当地乡村记忆最好的见证，而我所将触摸的一砖一瓦，都会是一本展现着老济南生动翔实历史人情的时代生活画卷。

老别墅，一个沧桑又贵气的名字。但初见，我却只看到了干净与朴实，像一个穿着整洁利落，又书生意气的少年，背手，昂胸，吟咏。兴许百十年前，在这幢房子里住着的是一位受过良好教育的资本家，抑或还有着一位高贵优雅的阔太太。但时间总会悄无声息地将人抹去，留下的只有他们的财产。老别墅里的人来来走走，老别墅里的物件添添去去，老别墅里的故事多多少少，它愈发沧颓，也愈发孤独。老别墅门前，立着一方新建的石碑，上书"老别墅"，其后以小字记述着这老屋的变迁史。值得一提的是，老别墅是在 2009 年末"搬"到现址的，其间跋涉 28 公里，可谓历尽磨砺，却更显精神。走近老屋，我终于触碰到的，是褪色的红墙；终于看得清的，是大漆的裂纹；终于嗅得到的，是古老的气息。我一手抚过斑驳的砖墙，一如牵着爷爷皲裂的手，闭上眼，却又见他年少模样。阳光照进窗户，在地面上洒出一片水洼，那波纹似乎比真的水纹还要真。透过一层玻璃向窗外看去，却似乎看得更真切了，那树梢的绿更是浓郁，那枝丫更加娇嫩，那鸟儿也更显机灵。试想多年前的那个早夏，一位先生站在同样的位置，看同样风景，是否也有如我一样的感受。置身老别墅中，连周围的时光都仿佛变得更加浓稠，流动得也更加缓慢，也许这就是所谓的历史厚重感吧。我没再走上阁楼，是想让这老屋始终为我保留着那独有的神秘感。走下门前的台阶，再回首，老别墅俨然已是"忘年老

友"，目送惜别。

海草房并非原汁原味保留下来的古建筑，它是近些年现建的，但完全继承了胶东海草房的建造工艺和乡土风情，是物质遗产继承和保护的典范。胶东海草房有着 2000 多年的历史，是胶东地区乡村记忆的真实载体，并深刻烙印在胶东人民对家的概念中。初见海草房的感觉是绝妙的，那视觉上的冲击通感成海风迎面拂来，甚至还夹杂着鱼虾的腥咸，这身临其境般站在海边的错觉使我久久不能忘怀。顾名思义，海草房的屋顶由海草搭建，尖尖的海草屋顶和布有白色花纹的石砌墙壁，使其特色鲜明，极具感官欣赏与艺术价值。海草房布局为四合院风格，开门便见一照壁，院内种植有树木、花草，墙角堆放着一应俱全的农具，好一派田园风光。在这园中闲庭信步，心中油然生出一厢愿景，是否到了白发的年纪，仍可以牵着伊人的手，在盛夏的午后，在深秋的黄昏，仰在这树荫下的摇椅上，听这院外海浪拍打沙滩的声响，伴着怡然的律动沉沉睡去。再睁开眼，仍是盛夏光年，仍是这海草房、四合院，却没了白发，没了伊人。但这般"结屋水云村，车尘不及门"的世外生活着实令我心神往之。海草房、四合院，绝妙地融合了自然风光与人文情怀，以其慵懒的乡土气息将人们对美好田园生活的向往描绘得淋漓尽致。

不觉已到中午，灼灼烈日催促着我加快脚步，去寻一片凉意。正想着这难挡的酷夏，还有什么能比"一面湖光一片柳"更能缓解心中焦躁，我却已踱步来到了这温婉如玉的映雪湖。映雪湖不大，但真的很美，像天上的玉环落入凡间，碎裂成一地的粼粼波光。沿着湖边的柳荫，我欣赏着这湖畔的楼宇。楼宇在水中的倒影随着水波抖动身躯，似乎在与真实的楼宇比美。湖中有一砖石铺成小径，仅比水面高出两三分，走在上面好似在湖中散步。古有曲径通幽，今有小径登岛，沿小径走到末端，便是湖心岛了。这湖心岛又名桃李岛，取桃李满天下的美好寓意。在岛的一侧，一座和风木质小屋映入我的眼帘。这座小屋立于映雪湖畔，簇拥草木之中，完美地将自然风光与匠人工艺融为一体。屋外有扶梯和扶栏，可以登高远眺，极目整个映雪湖和周边景观，大有风景美如画之感。

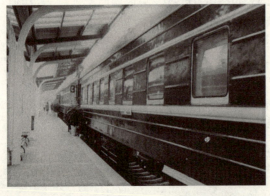

此行的最后，是一座会移动的城，是一栋会轰鸣的屋，是一头已然沉睡的庞然巨兽，这就是山东建筑大学的铁路建筑文化博物馆。在博物馆的一旁，两辆列车巍然挺立在站台的两侧。遥想列车当年，铁道初建了，雄姿英发，震撼天地。而如今，尽然"烈士暮年壮心不已"，这老旧的绿皮火车也只能委身于此，做起了餐厅的活计。还记得我小时候，常有的娱乐活动就是到山坡上的铁轨旁去等着看火车。等待火车的过程是漫长的，但当那些庞然大物从幼小的我身边飞速驶过，我的内心会得到极大的满足。我总爱透过那闪动的车窗，去试图看清车内人们的面庞，想知道他们坐在这巨大钢铁怪兽体内的感觉。而那时的我一直认为坐火车定然是极快乐的事情，总想随着那火车带起的风尘飞扬而去，去到诗与远方。但直到前些年离家求学，我才真切体会到那行车远去的离愁别绪。

满怀敬意地，我与这些古屋告别。老屋们代表着一代又一代人不可磨灭的乡土记忆，将作为珍贵的遗产受到人们保护，并在闪烁的时光中祥和地记录着济南这座城市的变迁。

考察主题：保护和传承乡村特色文化
考察地点：淄博市桓台区西果里村
考察时间：2017 年 5 月 1 日

西果里村"乡村记忆工程"调研

化工 1502 班　贾红霞、刘雪丽、李豪、郭梦雅、周捷、李函容、杨昕

一、调研背景

从果里镇政府调查了解到，果里政府按照"一个中心四个片区"的总体发展规划，遵循"项目进园区、居住进社区"的建设规划和"配套完善、环境优美"的建设标准，将全镇 65 个村整合改造成环境优美、配套完善、功能齐全的 7 大新型农村社区（鸿嘉社区、果里社区、学院社区、红莲湖社区、周家社区、荷塘月色社区、荣家社区）。根据规划，东、西果里村列入果里社区规划建设。该社区位于柳泉北路以东，涝淄河西岸，市外环路以北，果里大道以南区域。自 2010 年以来，果里社区修建性详细规划正在根据具体情况进行编制修改，镇党委政府及旧村改造办公室将积极协调有关部门，尽快完备。这是对西果里村当时的一份发展计划的政府相关实施，我们通过到村实地走访、拍照，了解相关信息。

二、调研目的

为积极响应国家农村城镇化发展，我国乡村大力开展农村城镇化建设，但也因此导致了许多历史事物的消亡。乡村记忆、乡土文化对于老一代、新一代的国人都有着不一样的意义和影响。乡村记忆对于老一辈人是亲切美好的回忆，乡土文化与城市工业文化是相对立的一种存在。但随着城镇化的快速推进，乡村在改造成城市的路上，乡土文化遭受破坏，很多文化未受到合理规划、保护。

对于乡村记忆，乡土依然是人们魂牵梦绕的地方，乡土不仅是建筑，更是一种文化，一种传承。"社会学家认为，中国社会本质上是乡土性的。乡土既是农民赖以生存的地理空间，也是蕴含人类家园情怀的精神空间。"[①]"传统村落是农耕文明留给后人的宝贵历史遗产，是我国传统文化的根和民族精神的魂。我国传统文化深深根植于广泛的农村地区，传统村落在长期的农耕文明发展历程中凝聚了众多的历史信息、文化景观和民族记忆"[②]，是我们宝贵的历史和文化财富。

为了能更好地发展乡村文化，保护文化遗产以及更好地推进城镇化建设，我们进行了一次乡村记忆的调研。我们通过走访现居住在西果里村的一些居民进行调查，向一些年龄较大的居住者询问了他们小时候的住房情况、生活条件、耕种工具，以及当时老一辈们的生活状况。我们现在又通过走访、拍照，了解到他们现在的居住情况。希望能通过这一

---

① 张艳梅《文化伦理视阈下的中国现当代小说研究》，北京：中国社会科学出版社，2012 年版，第 176 页。
② 樊树娟、王云庆《铭刻乡村记忆 关注传统村落》，《华夏文化》，2014 年第 4 期。

次小组的实际走访调查,更真实地了解乡土文化;通过我们的走访调查,能将一些乡土记忆拍照保存下来,能够让将要遗失的乡土文化受到更好的保护;也希望能通过我们的绵薄之力,让更多人了解乡村记忆。在经济文化快速发展的今天,我们在跟随党和国家的发展脚步,努力推进社会现代化主义建设和城镇化建设的同时,也要保存和传承好属于我们国家、我们自己的传统文化,更好更快地建设社会主义的新明天。

三、调研方法

我们主要采用发放调查问卷和与村民进行交流访问的形式,并现场记录访问和交流信息,绘制图表做调查问卷,进行结果分析。

四、调研概况

实践地点:山东省淄博市桓台区西里果村

2013 年,山东省发布了《山东省城镇化发展纲要(2012—2020 年)》,并提出城镇化发展的基本原则是突出文化特色和彰显山东民俗文化魅力,"乡村记忆工程"应运而生。"该工程保护对象非常广泛,包括尚未列入文物保护单位的传统建筑,如民居、街巷、祠堂、园林、乡村大院,具有代表性的生产工具、生产遗物遗迹等实物,以及上述这些有形遗产所承载的乡土生产习惯、节庆习俗等无形遗产。"①经过几年的推进,推行乡村记忆工程所涉及的乡村已经发生了很大的变化。

2017 年 5 月 14 日,我们社会实践调研小组到淄博市桓台区西里果村进行乡村记忆工程的调查,深入学习、了解乡村优秀文化遗产,感受乡村优秀传统文化的魅力。我们为此次调研进行了充分的准备,其中包括确定进行实地调研的乡村,并以此制定了合理的出行计划方案;探讨并决定调研的基本形式;考虑调研中可能出现的问题并且强调了安全问题,为此次调研顺利进行打好了基础。

现如今,如何保护和弘扬优秀传统文化,彰显民俗文化魅力已成为重大议题。因此我们队伍以西里果村为例展开了一系列调查。我们队伍走进西里果村这个村落,这是一个处于传统农村向现代化过渡阶段的村庄。放眼望去的一排排村民的房屋以及周围的环境,无一不反映着当地的乡村气息。而墙面上那醒目的"院内弹棉花"也是当地人们的日常生活的一个缩影。我们怀着激动、紧张的心情,继续走入这个充满着浓厚乡土气息的村落,去了解当地人们对乡村记忆的了解程度,调研当地乡村文化的传承。

我们队伍走进西里果村时为上午 10 点,人们大多在各自的家门口休息。我们队伍分成两组,趁此机会发放调查问卷。然而发放过程并不顺利,当地人们对我们的来意不明,心中有所抵触,但我

---

① 苏锐《山东:启动"乡村记忆工程"》,《中国文化报》,2014-02-13。

们仔细并且真诚地向村民说明来意,村民们慢慢接受并且配合我们完成了调查问卷。在发放调查问卷的过程中,我们队员积极同当地居民交谈。在交流过程中,我们了解到当地前些年为了发展经济,向城镇化靠拢,导致一大批乡村文化记忆正在淡出人们的生活。

为了进一步了解当地的乡村文化,加深对乡村记忆的认识与见解,我们在征得当地村民的同意后,走访各户村民的家中,继续去找寻属于这个村庄的乡村记忆。村间的道路已不是传统乡村的泥泞小道,而是符合现代化特点的水泥路。大部分房屋旁边依旧堆着麦草垛,比较符合印象中传统乡村的特点。我们在走访的一户农家看到了一架竹制的梯子,虽然看起来破旧而且修补过很多次,这一节一节的阶梯又何尝不是一种传统乡村文化的传承呢? 还有那些烙饼的锅、老式水缸、石磨等等,更加清楚地反映了人们的物质文化生活的保留状况。我们队伍都被这浓厚的乡村气息所感染,在征得阿姨的同意后,我们每个人都品尝了传统的锅烙出来的煎饼,香脆却又带着浓浓的亲切感。如果不是这次实践,我们也不会了解到这些乡村记忆文化传承下来的东西,开展乡村记忆工程仍然任重而道远。

西果里村是当前开展乡村记忆工程下的一个缩影。但是,随着现代城市文明的推进,记忆中的乡村渐行渐远,关于乡村的记忆越来越模糊。为了留存故乡那片心灵的净土,也为了使我们的子孙后代拥有一个情有所依的精神家园,开展"乡村记忆"工程,即从建构"乡村记忆"的视角,对各时期的乡村记忆档案资源进行整合、激活、再现、传承,就显得尤为重要,需要将乡村的记忆进行保护、开发、传承,把这种精神记忆延续给我们的后代,让他们记住我们的精神历程,找到自己的精神家园。

在此过程中,我们向西果里村村民发放调查问卷 200 张,其中有效问卷 198 张。为使统计数据更加清晰明了,数据统计均采用四舍五入取整法而得,虽稍有偏颇,但并不影响数据。

五、调查结果分析

(一)结果分析统计

1. 村民对乡村记忆工程的了解程度

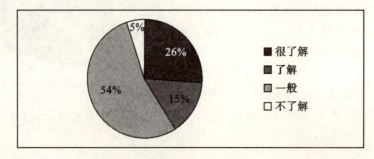

该项调查结果显示,绝大多数村民还是了解"乡村记忆"工程这个项目的。

2.村民认为乡村记忆工程的发展如何

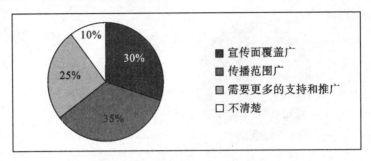

调查结果显示,村民认为乡村记忆工程发展前景还是不错的。

3.开展乡村记忆工程的意义

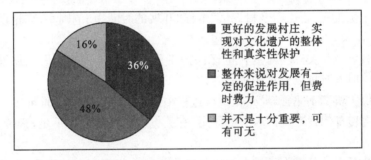

该项调查结果表明多数人认为乡村记忆工程还是很有意义的。

4.对乡村记忆工程的宣传效果的满意程度

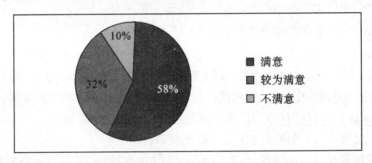

从调查结果可以看出,多数村民对于乡村记忆工程的宣传还是满意的。

5.当地乡村风俗礼仪,节庆习俗的遗失现象

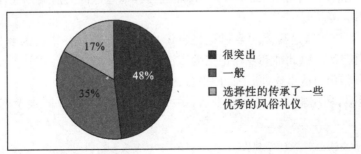

从调查结果可以看出,绝大多数村民还是了解村的风俗遗失比较突出。

6. 对于现在开展的乡村记忆工程村民参加的积极性

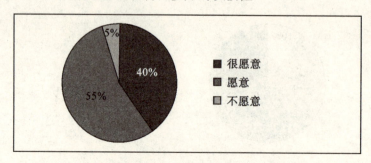

该项调查结果显示,村民还是愿意投入到乡村记忆工程中去的。

(二)关于"乡村记忆"保护中存在的问题

与"城市记忆工程"相比,"乡村记忆"工程"开展的时间短、范围小,理论研究和实践探索都处于起始阶段,不可避免地存在一些问题。"①

(1)各级政府及相关部门对乡村记忆保护工作及有关工程的建设工作没有给予足够的重视,与此同时没有提供充足的资金支持。

(2)有关保护机制不完善,导致在执行过程中出现诸多具有争议的问题。

(3)当地宣传部门没有发挥应有的作用,有关方面的宣传力度不足,宣传方式陈旧,成果不显著。

(4)村委会及有关负责人员没有很好落实执行政府部门制定的措施,没有将建设保护工作落到实处,导致工作的开展举步维艰。

(5)村民对"乡村记忆"工程建设认识不足,参与度不高。

(三)对乡村记忆的推广以及发展的建议

1. 政府部门

(1)采取恰当的鼓励措施,鼓励各部门及村民主动参与到工程有关的建设保护工作。

(2)促进各部门如文化部门、宣传部门的协调合作,以此来取得大的成果。

(3)建造或保护乡村已有的记忆馆或博物馆,乡村记忆展馆等。

● 乡村记忆资源,达到最好的保护及展现效果。

● 充分考虑建设地区的地理环境、经济条件等因素,制定完善的实践标准,合理实施乡村记忆保护措施。

● 展馆定期展示乡村记忆保护成果,并加强与其他地区同类展馆的交流合作,以吸取先进经验,弥补自身不足。

● 展馆可以依托当地具体的乡村记忆资源推出一系列具有特色的乡村记忆文化产品,如书签、明信片等,以此推动乡村记忆的广泛传播。

(4)加强宣传部门的工作,利用宣传平台达到宣传的目的。

● 举行展览,利用影像记录乡村生活,举办摄影比赛,将资源同步至网络,扩大其影

---

① 王伟霞《对"乡村记忆"工程建设现状的思考》,《档案》,2015年第8期。

响力。

　　● 加强对乡村保护工作的宣传,让村民真正认识到对乡村记忆保护的重要性。

　　2.村委会

　　(1)落实执行各项措施及要求,配合各部门的工作。

　　(2)成立专门的工作小组负责有关工作的开展、宣传、回馈等各项工作。

　　(3)开展多种形式的活动,加强对村民的宣传教育,调动广大村民参与相关活动的积极性和热情。

　　3.村民

　　(1)提高自身对保护工作重要性的认识,主动配合村委会工作,执行各项要求。

　　(2)关注和注重下一代对乡村文化的认识及传承。

六、结束语

　　通过此次调研不难发现,西果里村村民较好地保护了遗留下来的文化遗产,如乡土建筑和风俗习惯,但对"乡村记忆工程"这一项目还不是很了解,当地政府应加强宣传力度。另外,在保留文化遗产之外,还要对已遭受破坏的非物质文化遗产进行修复,并因地制宜,发掘并发展本村特色文化。"乡村记忆工程"处于发展初期,应尽可能使工程"平民化",让群众融入其中。落实到个人,发挥群众力量,共同推动"乡村记忆工程"的进程,把保护和传承传统文化遗产融入城乡建设过程中。

附录:

乡村记忆工程的调查问卷

　　您好,我们是山东理工大学的学生,我们打算调研一下咱们淄博市乡村的文化,寻觅乡村的气息,更好地体验淳朴之风和文化底蕴,为此我们准备了以下问卷,感谢您的配合与参与。

　　本问卷完全保密,仅用于我们的调查研究。衷心感谢您的支持合作,祝您生活愉快!

1.您的性别是:

　　A. 男　　　　　　　　B. 女

2.您的年龄阶段是(　　　)

　　A. 18 岁以下　　　　B. 18 岁～35 岁　　　C. 36 岁～59 岁　　　D. 60 岁以上

3.您的职业是(　　　)

　　A. 公务员　　　　　B. 企业员工　　　　　C. 个体工商户　　　D. 自由职业者

　　E. 退休人员　　　　F. 学生　　　　　　　G. 其他

4.您对乡村记忆工程的了解有多少?(　　　)

　　A. 很了解　　　　　B. 了解　　　　　　　C. 一般　　　　　　D. 不了解

5.您通过何种途径了解到山东省开展的"乡村记忆工程"的相关政策法规?(　　　)

　　A. 报纸、电视等大众传媒

　　B. 当地政府宣传

C. 其他

6. 您认为当前乡村记忆工程的发展如何?(   )

   A. 宣传面覆盖广   B. 传播范围比较小

   C 需要更多的支持和推广   D. 不清楚

7. 您认为开展乡村记忆工程的意义如何?(   )

   A. 更好的发展村庄,实现对文化遗产的整体性和真实性保护。

   B. 整体来说对发展有一定的促进作用,但费时费力

   C. 并不是十分重要,可有可无

8. 您对当前乡村记忆工程的宣传效果满意吗?

   A. 较满意   B. 满意   C. 不满意

9. 当地乡村风俗礼仪,节庆习俗的遗失现象突出吗?(   )

   A. 很突出,很多年前的风俗礼仪,节庆习俗现在已经完全看不到了

   B. 一般,有遗失现象,但不是很多

   C. 选择性的传承了一些优秀的风俗礼仪

10. 据您所知,当地政府是否有对当地乡村文化保护的措施?(   )

   A. 政府制定了一系列保护当地文化遗产的举措

   B. 没有什么特殊举措

   C. 不太清楚政府的保护方法

11. 您认为是什么因素影响了乡村文化?

   A. 外来文化的冲击

   B. 乡村文化不能紧跟时代步伐

   C. 人们不重视乡村文化

12. 如果政府拟开展乡村记忆工程,您是否愿意积极参与其中?(   )

   A. 很愿意   B. 愿意   C. 不愿意

13. 下列哪种乡村记忆工程推广方式是您愿意去接受的?(可多选)(   )

   A. 保护、征集、整理和展示有地方特色的自然生态,历史建筑和构筑物,传统生产生活用品、生产方式、风俗习惯

   B. 强化文化展示传播,开展文化遗产调研,搜集物质和非物质乡村文化遗产资料

   C. 采用电视媒体,展现乡村古风淳朴

14. 对于开展乡村记忆工程,您有什么好的意见和建议?

教我如何不想她

中教 1601 班　刘彦彤

故乡故地，而随着时间的拉长，怀念也会变得愈发强烈。

作为一个土生土长的潍县人，自然对家乡的每一处风景都是分外熟悉和热爱的，而十笏园对自己来说，不仅仅是一处文化遗产与城市标志，她是自己某些情感的寄托，是对于自己极为特殊的存在。

说来也巧，我发小的祖先便是这园子的主人，所以自打记事起，那些来自发小看似炫耀地对十笏园的提起都不断加深着自己对于十笏园的了解。小时候不识字，总是根据大人的发音模糊叫她做"十勿园"，后来听发小讲才知道，"笏"是古代大臣上朝拿着的手板，"十笏园"便是指花园有十个笏板一般大小，虽是夸张，却体现了其小巧精致的特点，别有一番新意与意味。

发小的祖先，也就是盘下这园子的当时的潍县首富丁善宝，在十笏园建成后还特意自撰了《十笏园记》，不但介绍了园子建成的时间、经过、目的以及详细的建筑物名称，还写下了与侄孙后代的约定，告诫劝说后代行为要规范，不能滋生事端。全文字里行间满是对后代的殷切期盼，也给十笏园留下了许多为人津津乐道的故事与传说。

小时候的房子离十笏园近些，自小便整日在十笏园与小伙伴玩耍，对十笏园的情感也是日复一日一点一点积累起来的。那极富年代感的古老高墙，那些青砖黑瓦的别致房屋，那古色古香的木格子窗、折扇门，无一不落满了古朴的痕迹。还有被园林与池塘包围的小亭，因为围栏已经破损，所以小孩子是不允许私自靠近的。印象里总是喜欢与小伙伴逃过大人的视线，偷偷趴在栏杆上看泛绿的池水下游得欢脱的金鱼，一片碧绿中跃动着金黄，直到现在都还有着很深刻的印象。那时园中的游人不多，在阴凉下感受着迎面扑来的习习凉风，耳边是夏日的虫鸣与风拂过树叶的细小的声音，那说不出的闲适与惬意陪伴了自己的一整个童年。童年再回不去，但童年的那份情怀却一直都在。

"峻岭寒松荫薜箩，方池水立红石荷"，康有为在《十笏园留题》中这样写道。十笏园集建筑、景观、诗文于一身，不仅有着厚重的文化积淀，也凝聚了南园北林的精髓，有着宛若天成的园林景致。找到挂着红灯笼的槐花树，就能够找到院子，也就找到了西游记高老庄和红高粱的拍摄地。干净雅致，是对这里最为深刻的印象。砚香楼楼前有月台，圆窗方台，古色古香。楼中教书先生与书童的蜡像，身着土灰长褂，极具书生气；楼檐上的匾额题字与古朴的建筑相呼应。穿过一条条青砖铺设的狭窄的小巷，便进入了曲折幽深的回廊，道路两侧有许许多多的绿藤，罩得园子阴森森的。途中经过的颇具江南韵味的典型园林景观总是能让人禁不住称赞其设置的精致与巧妙。那错落有致、高高翘起的屋檐，那矗立在檐顶的造型奇特的神兽，以及那青砖堆砌有些斑驳的砖墙，无一不是园林历史的见证者。

这么久了，依旧向往池边的荷花和园林中的垂柳，对树对屋顶对天空的执念不减，以及，仍是偏爱十笏园分外有感觉的屋顶。那在墙角架起的竹竿上爬满了翠绿的藤，藤间开着淡紫色的零星小花，藤下角棱被磨得光滑的石桌石凳上投下被藤过滤后的阳光，一点一点跃动着，仿佛看到园主在荫下举觞流连，吟诗作对。庭院深深，栽满了绿植和石榴树，岁月侵蚀着枝干，旁枝斜出显得深沉而又沧桑。透过六边形的木质窗框，看到的是另一番别致的景，假山水池，老松古藤，小小的花园，由于匠人的巧妙铺排方寸得宜，紧凑而不拥挤，楚楚有致。这便是印象中的十笏园，青砖灰瓦，含蓄曲折，引人入胜。

去年冬天，我终于又回到了令自己魂牵梦绕的地方。其实当时距离整改已经过去了几年的时间，可这几年里总是因为大大小小的无关紧要的事不得不改变计划，心中也一直因为没有机会去看改变后的十笏园而有些惋惜，可是等到真正去过之后却又是另一种难以言说的心情。那时候正值元宵节，大红的灯笼挂满了街道，彩灯映照得夜晚的天空也微微发红，来来往往的大人与小孩把本来就不宽阔的街道堵得水泄不通，叫卖的小贩身着红色传统布褂增添了许多节日的热闹气氛，看着眼前焕然一新的十笏园，感到惊喜又心生复杂，抬头是重新挂上的全新牌匾与翻新的高大的古墙，眼前的灯光炫目得让人有些恍惚。

如今那个古老的有些破旧的十笏园已经失掉了多年前的样貌，有年代感的墙壁被崭新的水泥墙所替代，小小的花园扩建成了文化景区，小贩的涌入与高楼的耸立使十笏园具有了浓重的现代化气息。时代在发展，社会在发展，传统文化顺应潮流继续传承下去，这样一来会有更多的人能近距离感受十笏园的魅力，体验其中的内涵，这是好事。把历史文化融汇于城市建设中，传承了历史文脉，感受了时代变迁。可同时那些消失掉的幽雅的古巷和充满生活气息的民居将原来的古朴的文化气息也一并带走了，心里还是更加怀念记忆

中的十笏园，高墙深院，曲径通幽，阻隔附近施工的机械声，园内的一切都静谧安闲。过了许多年以后，走过了许多不同的地方，再回过头来看，那些有关于十笏园的细节似乎有许多都已模糊不堪，不论我如何去思索，那些漏掉的还是找不到任何头绪，有些东西与感觉变了就是变了，就算是再回去寻也是寻不到的，也再没有原来的地方去寻，只能留在记忆中惋惜。思念就像储满了记忆的酒瓶，跌跌撞撞中扑向记忆中的十笏园，那里是与我心最近，在梦里依然思念绵长的地方。

考察主题：乡村小事
考察地点：山东省潍坊市安丘市景芝镇西营村
考察时间：2017 年 4 月 30 日至 2017 年 5 月 1 日

故乡·故事

中教 1601 班　王　芳

屋檐前尚未发芽的树枝被风吹得摇摇晃晃，这种熟悉的画面，即使远隔千里，但只要双眼一闭，就会立刻伴着家乡的鸟鸣浮现在脑海。

我的家乡在一个普通的平原乡村，虽然没有什么名山大川，也没有什么名胜古迹，但是在我眼中那纵横交错的田野阡陌，出门即是相逢的路边野花，晴空下高高的青松，胜过许多地方的雍容繁华。出门在外求学，面对整天空气质量堪忧的环境更加想念家乡一望无际的蓝天。有一幅童年时代的画面一直留存在我的记忆中，蓝天白云下我家门前那棵高高的合欢树开了一树红红的花，树下屋顶上站着的狗（当时我家的狗喜欢爬到屋顶"登高"）远远地看到放学的我欢快地摇着它的小尾巴。初夏青青的树叶，满树怒放的绯红花朵和如滤镜下澄澈的蓝天白云，像极了多年后我在宫崎骏电影中看到的美妙的天空。即使随着时光的流逝，这幅画面早已变得模糊不清，但那些令人赞叹的明亮色彩和童年放学回家的愉悦心情，那种感觉，每当回想起来，总会觉得世间最美也不过如此。

随着我慢慢长大，待在家里的时间变得越来越少，甚至于奶奶家新养的小狗对着我叫，因为它根本不认识我。在那些没有手机的年月，我总喜欢出门转转，我最喜欢的还要数出门赶集，不一定非要买东西，出去凑个热闹也好，那时候我和同村从小玩到大的朋友每次都相约一起去，可是后来那些朋友都因为各种原因渐渐断了联系，即使家离得很近也已经有很长时间没有见过了，有的时候觉得时间和距离就是这么残酷，它们让曾经的无话不谈变成了相对无言，和高考后的再见一样，在我们不知道的时候，其实有些人已经再也不见。

每年的清明，天气渐渐转暖，开始进入我最喜欢的季节，清明那天每家每户都会去坟头烧纸祭奠故去的人，我们家每年都是从下午开始炒菜之后，把菜和酒一起装到特定的木头"盒子"里，由我爸爸和爷爷去"上坟"，回来之后就一家人在夜空下围着桌子吃饭。清明之后雨水就渐渐多了起来，小时候特别喜欢的一件事就是雨后跟朋友一起去林子里采野蘑菇，到处走走，可以采很大一塑料袋，带回家后让母亲做成汤，野生的蘑菇比人工种植的更加鲜美，当然蘑菇汤最美的滋味还在走走停停采蘑菇的喜悦中。

我的高中名字叫青云学府,因为在我们那有座青云山和一个青云湖。因为加了很多人工娱乐设施,去青云山和青云湖是需要门票的,但是从前两年起本地人在非节假日只需要带身份证就可以去青云山免费游览。我从来没去过青云湖,青云山倒是去过很多次,多数都是春天去,最近的一次是夏天去的,还记得那天是我上的补习班放假,在一个特别热的天里,刚进青云山不久的地方有一个大大的湖,春天去的时候没什么特别,但在盛夏,湖

里已经盛满了一望无际的荷花,荷花上有索道,可以乘索道在半空中看荷花。青云山上还有大片的竹林,走在上山的小路上,风一吹尽是竹叶发出的沙沙声,酷暑去阴凉处走走还是非常舒适的。小时候去爬青云山,总觉得那里特别大,要走一整天才能把景点都逛一遍,但长大以后随着我走出的世界越来越大,越来越觉得青云山并没有我幼时感觉的那么大,可能是因为随着活动圈子的扩大,我的眼界变得不同。就像家乡的范围,也在我一步步离开后变得越来越大。

转眼又是一个夏天,这是我最喜欢的一个季节,一到夏天,我们那就会下很大的雨,雨后不仅可以采蘑菇,长久干涸的河水也会上涨,河里会孕育出美味的田螺。我以前经常跟母亲去河里"摸"田螺,河里的水刚刚漫过半条小腿,河水清澈见底,可以很清楚地看到河里水草边上的田螺,在水下随处可见。用塑料袋把"摸"到的田螺带回家,首先要把它们放进一个装满清水的盆子里放上几天,这样是为了让它们把壳里的河泥都吐出来,我母亲这时候一般都会在水里滴几滴香油,田螺闻到香油的香味,会吐得更加"欢快"。等田螺把河泥吐得差不多了,就要准备烹饪,烹饪的第一步是要把田螺上的脏东西洗涮干净,一个一个洗刷,接着大火高温煮直到把细菌都杀死,做好之后的田螺用牙签挑出螺肉,劲道弹牙,香辣爽滑,令人回味无穷。

提起乡村夏天的娱乐项目,流传千年、经久不衰且老少咸宜的当然是拿着一根长长的竹竿"黏"幼蝉猴。去年夏天我母亲突然提议晚上没事就去"黏"幼蝉猴,作为家里"米虫"的我跟弟弟,当然要绝对服从我母亲的爱好。于是在天刚刚黑的时候,我母亲就骑着电动三轮车带着我跟弟弟去了邻村的一片人造林。我因为不太感兴趣(其实是因为我不爱吃),就担任起了在原地看守车子的任务,我母亲跟弟弟就同树林里"浩浩荡荡"的人群一起拿着手电筒寻找"目标"。也许真的是大多数人都喜欢,林子里来"黏"幼蝉猴的人跟赶集一样,手电筒的点点光芒在距离很远的地方都能看到,在人群如此密集的村外树林,根本不用担心人身安全。看着天空一点一点完全步入黑暗,远空中圆圆的月亮很美很美,长期低头玩手机的人真的很容易错过这么醉人的夜色,最后收获多少并不重要,重要的是同家人一起出行的温馨的活动。

我的记忆里都是一些零碎的生活小事,但正是这一件又一件的小事充实了我的生命,我相信这些温馨的小事也将陪我度过一个又一个的漫漫长夜。

考察主题：乡土记忆
考察地点：山东省临沂市兰陵县向城镇南张桥村
考察时间：2017 年 5 月 28 日至 2017 年 5 月 30 日

思念之人所在之处

中教 1601 班 赵云燕

又是一个多雨的季节，然而我讨厌下雨天。

吧嗒吧嗒的雨滴砸在水泥地上总有一种说不出的怪异感，又带着沾湿的裤脚一步一淋滴，泥花四溅。

可是，在很多年以前的某个地方，我总是无比期盼着夏天的雨。

我记得，那是一个低矮的瓦片屋，带着小小的院子，春夏时分，院子里开满了红的紫的白的花，还有墙角山楂树曲折的枝干，以及充满绿色生机的菜畦。泥土做的墙中塞满了排列整齐的石子，金黄色的柴火垛里总是进来猫。还有屋外街道交接处的石碾，一老一小碾着米面，旁边的石墩上几位老人欢声笑语。

雨总是说来就来，伴着隆隆的雷鸣，倾盆撒下。

天空可以看见闪电的形状，空气中弥漫着泥土的芳香，树叶被雨打得摇头晃脑，小院里的青石板浸在水中。倾盆大雨总是让小屋发大水，屋里屋外都是没过脚踝的雨水，我和姥姥就坐在稍高一点的屋檐下，做不了饭，进不去屋，只能静静地看着摇晃的树木和黄昏的雨。

我惊恐地看着天上的闪电，摇晃的树木仿佛吃人的魔鬼，树叶的哗哗声似是魔鬼的嬉笑，在我脑中回荡。姥姥说，轰隆的雷声是龙的鸣叫，时隐时现的闪电是龙的利爪，龙在云间翻滚着，就有了雨。我抬头目不转睛地望着天，好像密集的云层中真的隐藏着一条为人们降雨的龙。我相信着。后来学到的知识使我对雨有了更清晰的认识，可是那不能让我不怕，因为那毕竟不是姥姥的神话。

黄昏雨后，夜晚的繁星明亮，姥姥与其他老人们聊着天，而我只享受姥姥手中轻摇的蒲扇。

那些年的时光，我总是期盼着雨，我能看见云层里神龙的利爪和黄昏砸向青石板的雨滴，我可以安心地趴在身旁之人的腿上，欣赏着雨落下荡起的涟漪。黄昏的颜色笼罩着小屋，像极了相框里的老照片。

村口的小石桥已经被雨淹了大半，那桥经过岁月的洗礼，变得支离破碎。它原本的容貌，定是朦胧烟雨中伴着杨柳的倾世之姿，只是光阴辗转，这条通向邻村唯一一条近路也没有人走了。记得我那时要下一个很陡的石阶，走过一小段没有栏杆的断桥，然后小心跳到河中凸起的石头上，脚尖点过几块大小不一的石墩，扶着垂下河的树枝，缓缓爬上小土坡，最后扶着树干喘着粗气，得意扬扬地俯视着断桥和小河，然后蹦跳着消失在树木遮掩的小路，躲过拴着大狗的胡同，跟在姥姥身后回家。

我记得清清楚楚，那时的小河里有着螃蟹和小虾，远处有两三人洗着衣服，哥哥去河里洗澡总是只带弟弟不带我,我只能自己气呼呼地留在姥姥家看电视,一边不甘心一边又期待着他们这次能多带回几只螃蟹。

姥姥的屋子里有一座很老的钟,它总在整点的时候响起当当的声音,午夜十二点它就会响十二声。依稀记得,偶尔在夜里醒来听见一声钟响,姥姥轻轻地说,一点了。然后我又安稳地睡去。我怕早上五六点的钟响,因为姥姥总是起得很早,等我醒来的时候,身边就空荡荡的,总觉得很不自在。

年老的钟当当地逐渐带走了时光,当初妈妈怀着弟弟把我送到姥姥家,弟弟长大点又让我回家照看弟弟,一开始我吵着闹着要回家,可是在姥姥家待久了就不想离开,每次妈妈接我回家,我都是又躲又藏,最后满脸鼻涕眼泪地回头望着姥姥,不情愿地被妈妈带走。

回家以后无数个雷雨天的夜晚,没有人再紧紧拥抱着我。我执着地相信神龙的鸣叫,却不喜欢落在小屋之外的雨。那时候,我多么多么希望,我可以拥有"哆啦A梦"的任意门。

姥爷故去了,姥姥的小屋终于只剩她一个人。

我突然恐惧,生死刹那,就在我眼前。

姥姥包了各种各样的包子,有小猪形状的、香蕉形状的……还染了好看的颜色,全都放在一个大篮子里,我觉得姥爷一定会很喜欢的。可是,为了办这场丧宴,舅舅把姥姥的小院用石头填平了——缤纷的花朵和菜畦都没了。

这个美丽的小院顷刻间变成了冰冷的色调。我很生气地趁他们不在时用铲子把石头全铲到了一边,看到露出泥土的那一刻,我异常兴奋——当然,结果是我垂头丧气地把石子又铺回来了,理由是铺了石子之后姥姥的屋子不会进水。

好吧,埋葬了我爱的小花,填平了我爱的小菜畦,我就不说什么了,但是——最后为什么要把整个屋子都拆了盖新房子,然后把姥姥赶到另一个屋子里住?

小屋终究是不在了。

墙边姥姥种下的蝴蝶花还未开呢,我也再看不见混着泥土芳香的雨后黄昏。

那间小屋,就像河边的断桥,就像街头的石碾,断桥未断,石碾未倒,小屋却已先垮了。

我去看过那条河,河中堆满了垃圾,小河的水位变得特别低,一迈脚就可以到对岸了。还有那座年老的钟,在几个小孩的敲打下变成了碎片。我看见它的残骸的时候,仿佛听见它在哭泣。

我不知道那样一座年老的钟,以及那样一间年老的房,在变成残骸的时候,会不会有一点点的留恋与不舍。

我们为什么怀念故乡? 因为那里一定有一个思念的人啊。

桥也好,碾也好,钟也好,房也好,河流也好,它们一定也有思念的人或物,正如有人思念着它们。而这些思念沉淀在一个固定的空间里,就汇成了"记忆"二字。

人经不住岁月的流逝,但记忆可以长存。

思念之人,所在之处,便是故乡。

古村情缘

中教 1602 班　李沙沙

蒲家庄是一个至今还保留着古老建筑风格的宁静村落,在时光的尽头缓缓前行,现代人的嘈杂与浮华并没有对这座宁静的小村落造成太大的影响,反而让蒲家庄在时代的激流中更具沧桑的韵味。

拾一个好心情,在春风微漾中,我和同学背着行囊向蒲家庄出发。望着窗外一闪而过的风景,我的心随着风景的变换产生了久违的悸动。当看惯了现代城市里的繁华与喧闹,那些沉寂时光静美的小小村落更能让我心头一震,久久不敢忘怀。

蒲家庄,最早的名字是三槐庄,开始建造于宋朝,因为村里有三棵古老的槐树而被人们所熟知。它位于城东的一角,地理位置十分偏僻所以不易被人发现,然而蒲松龄的《聊斋志异》却使蒲家庄声名大噪,到明朝中后期时,因为村里的人大多姓蒲,所以改名成蒲家庄。蒲家庄距今已有几百年的历史,而且蒲家庄里一直到现在还留着明清时期的建筑,在现代化的今天,蒲家庄的宁静悠闲与外界的浮华如此格格不入。时光仿佛格外优待蒲家庄,在这里你不会感觉到快餐式的生活方式,你甚至可以抓住时间的脚步,让它在你的指尖缓缓流淌。

刚进入蒲家庄时,首先映入我眼帘的是那散发着浓厚历史气息的城楼。我喜欢这个普通的小城楼,尽管破旧却让我回味无穷。破旧是因为这座城楼承载了岁月的侵蚀和时间的洗礼,破旧是古老的象征,古老是时间的证明。一个城楼,破旧古老,但却深深吸引着人们的目光。尽管后人为了保护这些古建筑曾做出过修缮,但我依然能从城墙上那一块块破旧的石头里看到过去,看到这座古村落曾经的辉煌与落寞,看到蒲家庄人曾经的幸福与痛苦……

正午的阳光十分燥热,骄阳炙烤着大地,似乎连空气中的唯一一点水汽都被这恶毒的太阳所凝结。可即使是如此炎热的天气,也没能阻止我们向蒲家庄前进的步伐。在走进蒲家庄的一刹那,我就被这座古村落的宁静幽远所震撼。走在蒲家庄里,总会让我有一种身处古代的感觉。在这里,所有的一切都被古旧气息所缠绕,让走进这里的每一个人都能得到心灵的放松。这是我第一次走进古村落,在面对这样一群古建筑时,我的脑海只剩下"宁静"两个字。在太多的文字都无法描述我第一次看见那群古老的建筑时的震撼感,再华美的辞藻都不能诉说古村落的沧桑与宁静。

我喜欢蒲家庄的古村落,在我抬头望天的时候,时间仿佛静止在那一刻。我喜欢蒲家庄不仅是因为村庄里那些古老的建筑、恬淡的时光,还有蒲家村里醉人的风景。蒲家庄不是惊艳时光的绝代美人,没有让人眼前一亮的美貌,也做不到如曹植《洛神赋》中写的:"翩若惊鸿,婉若游龙。荣耀秋菊,华茂春松。仿佛兮若轻云之蔽月,飘摇兮若流风之回雪。远而望之,皎若太阳升朝霞;迫而察之,灼若芙蕖出渌波。"然而蒲家庄的风景就像是迟暮的美人,即使没有了惊艳时光的美貌,但仍能留下时间沉淀的温润气质。一缕清风,一阵花香,一片蓝天,在风轻云淡中感受蒲家庄的悠悠古韵。

我想我爱惨了蒲家庄的一切,一草一木,一花一叶,一人一景,所有的一切都那么令我陶醉,在这里我能感受到时光的流淌和岁月的宁静。

傍晚,太阳逐渐西落,正午的燥热也慢慢地退了下来,有时也会吹来几缕凉爽的风,吹走了我们这一天的疲惫。时间在我们的欣喜中一点点流逝,连光线也正逐渐地变暗,而我还沉浸在这宁静的氛围中。在快要结束一天的旅程的时候,我无意中走进一条小巷道,却意外地发现了一种别样的风景。在蒲家庄里随便走进的一条巷弄里,你就会看见在幽长的巷弄的尽头总会有几户人家,屋顶上的炊烟缓缓升起,而老人则会依偎在墙角,在门前青石板上坐着等待外出劳作的孩子归家。有时,你甚至会遇见三三两两的孩子一起结伴回家,一路上他们说说笑笑,整条小巷里回荡着孩子们的笑声。夕阳下,阳光映衬着老人的面庞,孩子的笑声回响于天际,一副温馨而又浪漫的画面展现在我的眼前。在这小巷道里,我感受到了一种心灵的宁静。蒲家庄里没有现代化城市里高楼大厦的林立,没有奔驰宝马的飞驰,这里是如此的宁静,连门前的小路都是由几块青石板铺就而成,朴实,素雅。

一条条青石板路带给我的不仅仅是历史的痕迹还有岁月的变迁,在蒲家庄给我带来震撼的不仅有迷人的风景、素雅的青石板路、古老的城墙还有承载了许多记忆的老房子。

老房子是时间最好的证明,看着那些剥落的墙皮,那些破旧不堪的门和屋顶上那一片片青瓦,我想这大概就是上帝最好的馈赠。我从门前轻轻走过,唯恐打扰了院子里的祥和。"不敢高声语,恐惊天上人"大概就是我最好的内心写照。我没有推开过蒲家村里的门,尽管它对我的诱惑实在是太大了,但我还是抑制住了心里的好奇,因为不愿意打扰别人的宁静。老房子在日复一日的时光中岿然不动,时光剥落了它的外表,沧桑了它的面容,却在它的内涵里留下了丰富的宝藏,那些宝藏在时光里缠绵成永恒,在记忆里安详成怀念。

一个老房子就是一个故事,而蒲家庄就是由一个个美丽动人的故事组合而成。

走进蒲家庄,看着那些因为时间的流逝而失去鲜艳色泽的老房子,我的心里忽然有悲伤划过,这些房子也曾辉煌过、明艳过,只是时间带走了一切虚无的繁华,留下岁月的伤痕。蒲家庄走过风风雨雨,度过一年又一年的时光,虚无的繁华已经逝去,沧桑与柔情尽藏心中。

在这里没有灯红酒绿,没有华灯闪烁,有的只是永恒的温柔和恬淡。你可以踏着青石板,穿梭于弄巷,嗅着时光的气息,感受着穿梭时间的沧桑和亘古柔情的温暖,在蒲家庄的浅吟低唱中慢慢走一程。

蒲家庄给我的第一感觉是"老、旧",而恰恰是这份"老、旧"给了我乡愁的感觉。乡愁是我们对家乡最深的思念,一杯淡淡的茶香、一个似曾相识的味道、一句别扭的口音……都是我们心底最软弱也是最坚强的部分。蒲家庄是蒲家庄人的乡土,是他们最不忍触摸的乡愁,是他们愿意度过一生的地方。蒲家庄是蒲家庄人乡愁的承载体,是他们记忆开始和结束的地方,或许这就是蒲家庄存在的意义,就是那些被时光遗忘的古村落存在的意义。

我于蒲家庄,蒲家庄于我,都是彼此生命中的一段缘。在这一刻,我走进你的城,你住进我的心。

考察主题：乡土记忆
考察地点：山东省潍坊市青州市
考察时间：2017 年 4 月 3 日至 2017 年 4 月 4 日

寻味青州

中教 1603 班　刘雪婷

"东方属木，木色为青"，"海岱惟青州"。青州，因地处山东半岛中部，位于东海和泰山之间，又在中国东方，因此得名"青州"。听见着古色古香的名字，就知道青州的身份地位不一般。青州乃古"九州"之一，现在已被列为省辖县级市，拥有"国家历史文化名城""国家园林城市""中国优秀旅游城市""国家卫生城市""国家级生态建设示范区""全国双拥模范城"等 17 项国家级荣誉称号。

初入青州，就被浓厚的古城风韵所浸染。随处可见的青砖灰墙，斗拱飞檐，仿佛穿越回明清时期。一山一水皆入画，一步一景自醉人。不知道是因为什么，我从心里就喜欢古风古韵的东西，对古城古镇更是有一种难以割舍的情怀。来到青州，是一种缘分。当你徘徊在昭德古街，脚踩着磨得光滑的青砖石，细数一家家有了历史的老店铺，抚摸一下那也许还有历史余温的古式木质板门，摩挲那精致的雕镂花纹，恍惚间，你像是做了一场梦，梦萦古城，感受那慢节奏生活的静与雅。青砖小瓦，蓝天白云，和谐地融成一幅水墨画。古街还在那里，历经百年沧桑，它仍然坚守着青州这方土地，而现在，古街与现代生活已融为一体，老字号店铺"酒香不怕巷子深"，街旁小摊儿利用色相气味引诱着游人，喧嚣热闹，人来人往。古街的青石板路上，多少人匆匆踩过，人生不过百年，古街又见证了多少百年。古街没有言语，只是默默看着世间浮沉，沧海桑田。也许过度的商业化对古街并没有多少好处，古街应属于静谧的悠闲的一方。仔细聆听，也许会听见，古街的叹息。

也许你见过很多古村落，它们历经沧桑风雨，仍带给你视觉和心灵的冲击。它们大多保留住了最初的独具特色的风貌，带你走进那个时代的记忆。

井塘古村就是一个这样的存在。这是一座历经 600 余年沧桑风雨却依旧保存完整的古村落，因该村东南纱帽山下有一清泉，常年不干涸，形成一塘，村民将塘砌石筑高为井。

故以此命名为"井塘村"。

　　井塘古村建筑为明代风貌,建筑材料大都是白石,大大小小的石头堆砌形成中国特色的四合宅院。正室、厢房,麻雀虽小,五脏俱全。那坑坑洼洼不甚整齐的白石阶串联起每户每院,因为开发旅游的缘故,每家都各具特色。有专门做石磨豆腐的,有专门做煎饼的,有的保存比较完好的宅院完全还原了明代生活场景,八仙桌、太师椅、青花瓷壶瓷碗,甚至

还有结婚的场景,好不热闹。在井塘,残垣断壁也是一种美,一种凋零的美。那个时代已经成为历史,我们很难想象前人的生活,也只能从残存的物件中寻找一星半点的慰藉。村间白石阶路两旁总是很多村民摆着具有井塘特色的物什,有农家土鸡、粗粮、山货、小玩意儿。也有些孤独的手艺人在墙角默默地编制着一些篮子、草帽子、杯垫等手工制品,也蛮有趣的。如果走累了,就回村口戏台子下歇歇脚,戏台上咿咿呀呀地开唱,戏台下有颗顶粗壮的槐树,树荫很大,正好纳凉。树旁边就是那口井,井沿已磨得溜滑,不妨提桶井水,用木瓢舀着洗洗脸,洗去一路风尘和疲倦,清凉直达心底。村口实在是片乐土,清泉冽冽,从绿树成荫的小山丘上流淌下来,似水帘洞一般,水珠四散,折射出七彩光辉,再汇成一股清流从水渠奔流而下,和缓又有韵律。就这样坐在树荫之下,迷迷糊糊听着听不懂的大戏,伴着晌午热辣的阳光,感觉将睡未睡欲成仙一般,悠哉妙哉!

　　如果你想了解更多青州的人文历史,那就不得不去青州博物馆了。青州博物馆是古典式民族建筑群,朱墙金瓦,檐牙高啄,金碧辉煌,自有一种雄伟壮丽的气势。馆内藏品之丰富足以列为国内馆藏最丰富的县级博物馆之一。馆内按时间段分为远古、古代、近代等几个展馆,又按展品类型分为陶瓷馆、书法馆、水墨画馆等几个集中展馆。因为展品实在太多,我已无法详列。你必须真正来看看,才会对那浓郁的传统特色和历史气韵有所体会和感悟。但值得一提的是镇馆之宝——明代状元赵秉忠的殿试试卷,当地人都称之为状元卷。状元卷上1800多字的蝇头小楷,笔力纵横,一气呵成,不见丝毫凌乱,足够震撼,古代文人的学识足以令人敬佩。因这状元郎赵秉忠的名号,古街上很多卖糖人糖画的都是赵秉忠身着红色状元袍的形象,古玩字画店里很多精装的复制版状元卷供游客买回去收藏。还有让人震撼的就是南北朝时期的佛造像,其数量之多,举世罕见,佛像造型也是各具特色,千姿百态,从佛像造型的细微差别,我们也可以感受不同历史时期的审美特色,但总归都是表现佛的慈眉善目和悲天悯人之心,很多佛像不仅造型生动,而且色彩和鎏金依旧鲜艳,栩栩如生,非常精致美丽。

　　出了青州博物馆,在其后就是范公亭公园。公园很大,包括范公亭、李清照故居和三贤祠等景点。走在横跨南阳河的石拱桥之上,看河堤上奇形怪状的柳树,初春的嫩绿满是生命的活力,与桥上所挂的红灯笼交相辉映,色彩明丽,甚是令人喜悦。夜晚,这里与白天是完全不同的景色,大红灯笼排排亮起,为游客引路。月光笼罩下的范公亭发着幽凉的微光,亭台楼榭在朦胧夜色之中时隐时现。吃过晚饭的人们出来散步遛弯儿,在凉亭中歇脚

拉拉家长里短,有的在小广场上跳着轻松愉悦的舞蹈,人间烟火气息很是浓厚。跨过南阳河,沿洋溪湖畔信步前行,便是李清照纪念祠,李清照和丈夫赵明诚在青州度过了 10 年美好时光,其间留下了很多佳作。宁静的青州远离京城尔虞我诈的宦海风波,如同一个世外桃源。李清照非常喜欢陶渊明式的隐居生活,其故居"归来堂""易安室"以及自号"易安居士"皆出自于陶渊明的《归去来兮辞》。李清照对青州的喜爱,在词作中也有所表现,如《小重山》一词:

　　春到长门春草青,江梅些子破,未开匀。碧云笼碾玉成尘,留晓梦,惊破一瓯春。花影压重门,疏帘铺淡月,好黄昏。二年三度负东君,归来也,著意过今春。

　　在南阳河中间的浅滩上,还有李清照的雕像,掩映在绿荫之中,倒也是遂了李清照的意愿,依山傍水,草深树绿花娇艳,在此地,便是她的精神家园。

　　青州可真是人杰地灵。对于我来说,青州只是个开始,行旅之人没有终点。如果你和我一样想追寻原始纯粹的最初印迹,去追求心中的净土,也许可以尝试着去走走不同的古镇古城,说不定某一个地方会带给你灵魂的洗涤。也许你未出发,也许你已在路上,不管怎样,生活总在继续,而我梦想的生活就是用双脚丈量世界。

考查主题：寻求家乡中的乡土气息
考察地点：山东省威海市文登区南海新村
考察时间：2016 年 5 月 28 日至 5 月 30 日

多情乡土

中教 1603 班　王倩倩

乡土是我们的热情所在，我们的希望所在，我们的梦想燃起的一方沃土。对于乡土，相信许多人都用情至深，因为那是我们出生的地方、成长的地方乃至成熟的地方。她赋予了我们许多的爱，可以说是我们的另一位母亲，所以我们就要不忘恩情，去回报她。

也许我的故土有的其他土地也有，但每一片土地都有其独特的美，而在我看来，我的故土是最美的。山与水的融合是动与静的搭配，单调与精彩的结合也就构成了最美的风景。这就是我眼中的故土，不仅富有风情还充溢着人情，展示了她独一无二的美。

我的故乡属于沿海地区，所以海是她最大的特色，每当走到海边，海风便会轻轻吹拂着你的脸颊，脱下鞋与海沙亲昵，你便会感受它的温暖和与它嬉戏的欢乐，跳入海水中便会让你神智清爽已忘乎所以了，所有的烦恼都会不翼而飞，我把海当成我的知心朋友，不开心的时候总会来找他诉苦，放下心中的一切，在这我可以尽情地玩耍，把所有的不开心都带到海水里，让它漂流而去。

我每年夏天都会去一次海边，特别喜欢被海风吹的感觉，我喜欢站在海水里，一次次地浪花盖过我的脚，舒服极了。盛夏是海边最热闹的时候，许多外地人来这度假，大多都是喜欢海，喜欢在海中被阳光沐浴的感觉，然而我也不例外，每个盛夏家人都会陪我去一次，即使不会游泳也总是会套个游泳圈随着海水自由漂流，那感觉并不是言语可以表达

的。先前我还小，父母不放心我自己独自一人在海里，爸爸便陪我一起在海中游荡，自由地像天空中的小鸟一样，开心得像太阳花一样，爸爸扶着我的胳膊，有爸爸在我也无须担心其他的，只顾自己欢乐，我整个人只露出了头，海水轻轻拍打在身上，海浪阵阵淹没了我的头，被海水呛到时，鼻子发酸嘴中发咸，但却有一种莫名其妙的快感。玩累了便上岸，在沙滩上瘫下，将整个人放空，那是一种很奇

妙的感觉,浑身的沙子却完全不感到难受,有阳光沐浴着,静静地将眼睛闭上,世界都安静了,自己沉浸在自己的世界里,一切都是那么美好。另外,一年一度的沙雕节也会吸引成千上万的游客慕名前来观赏,场面十分壮观。大家在沙滩上,淋漓尽致地发挥着自己的想象力。

我的故乡属于丘陵地区,没有雄起的巨峰,有的仅是优美逶迤的小山头。小山虽不雄壮,但依然胸怀广阔;虽不高耸,但依然可以俯瞰足下,洞察一切。"山不在高,有龙则灵",我们这的小山虽小但极其有灵气,你只需毫不费力地爬上去,朝着山谷大喊,你就会听到世间最神奇的回应;当你俯瞰足下的时候,渺小的你会见到无垠的风景。更唯美的是,雨天的小山云雾缭绕,一个个小山顶在云雾的笼罩下悠悠探出,似朵朵芙蓉出水。但仔细端详,又像是做错事的孩子,偷偷地探出考察实情一般。雨改变了山的情调,好像雨天的山是用来观摩的而不是踏之而上。我每次去爬山都是带着好奇,我想知道这一次我又会看到什么,无论多少次,我从来没有看到同样的景色,每一次都有忘不掉的美。

还记得我和哥哥去爬了个小山丘,没有什么名气,只是很普通的一座小山。山并不陡,也不险,很适合我们去。那是一个晚饭后的傍晚,正是夕阳落山之时,在运动之余也想去欣赏一下美丽的夕阳,山虽然不高也不险,但是爬上来还是有点小累的,我们俩人坐在山顶上,背对背,各自欣赏各自的风景,我突然感到自己是那么渺小,眼前的世界原来这么大,俯瞰山下,一眼望去,绿野淙淙,给人眼前一亮的感觉,顿时像失去了记忆一般,只看得到这些美景,什么都不去想,只想静静地享受。转过身去,夕阳已经洒在了山腰上,美极了,它光芒四射却又不失谦逊静美,饱含热情向我们微笑地招手离去,我觉得它和朝阳没什么不一样,一样的温暖,一样的耀眼,只是它多了一分黯然、一分谦逊、一分宁静。将自己的所有烦恼都从山顶抛了下去,无影无踪,下山后又是一个新的自己。

一片如此丰富多彩的沃土之上,怎么能少得了人情呢。山东人好客,我想山东的我们是最热情的。每每家里来客,总是一大桌子的人间美味奉上,当然少不了我们的特色——海鲜,不仅客人吃得舒心,当送客之时,我们又会让他们带走好多,给家里的人品尝,即使客人总是推辞,但无一成功过,因为我们的热情,我们以真心对朋友。我们好客,照顾周全,来者是客,无论对谁都是如此。

我们这儿最大的风俗就是拼酒了,主人做东,客人只管乐呵,好像我们这儿的人酒量都是非常好的,来了客,那酒是必须要上的。每每客人到来,总会是满满的一桌子菜,菜色齐全,无一例外。饭桌上都喜欢高声交谈,流露的是他们的热情与豪爽,酒杯的碰撞声不断,干杯就意味着"这个朋友我认了",这不是草率,因为前期的交谈已经让彼此了解了,感情都在酒里,不必多说。喝酒也是量到为止,酒量好酒品更好。而我最好来客,因为每逢来客我都可以吃到顶好吃的菜肴。

我的故土就是山东威海,美丽而又富有风情的地方,有山有水有人情,没有多么富丽堂皇,但足够大气;没有多么繁华锦绣,但足够雅致。质朴与华丽并存的地方,阳春白雪与下里巴人相伴的地方,在这里你可以寻找到她的趣味与意境的美。我爱她,她爱我,感情多深,无须言语。幼时的稚嫩慢慢成熟起来,她见证了我的成长,她给了我欢乐与温暖,她念我,我也不忘她,回报养育我的故乡是我对自己的承诺,另一位值得去尊敬的母亲在等着我。

考察主题：乡土记忆，童年记忆
考察地点：山东省济宁市任城区仙营镇谢营村
考察时间：2017 年 5 月 27 日至 2017 年 5 月 30 日

故乡旧事

中教 1603 班　谢永铭

为什么我的眼里常含泪水？因为我对这土地爱得深沉。

——艾青

　　"什么时候回家来看看吧，家乡的老屋就快要拆迁了。"

　　奶奶电话里突然说出的一句话让正在另一座城市的我呆住了。关于家乡的所有回忆，就像过电影一样，一幕幕在眼前回放，突然发现这就是我的乡土记忆，是我最熟悉的记忆。

　　从小长大的地方算不上乡村，因为早在 30 年前各家的田地就被划为了城镇建设用地。也算不上城市，因为各家房屋是独门独栋的，与城市中的楼房不同。在这里，不像城市中的钢铁森林，冷漠冰冷，邻里间只通过一个猫眼见面。也不像乡村的闭塞，孩子们仍然能在第一时间接触到新鲜事物，见识城市生活的产物。这里大概是城镇化建设中最先被政府想到，又在城市发展中慢慢被遗忘的地方。流光容易把人抛，红了樱桃，绿了芭蕉。时间一分一秒流逝，周围早已建起 20 多层的高楼和各种商场。只有我们小区还保留着原有的样子，仍是一家一户的二层小楼，一个个胡同口仍聚集着茶余饭后谈天谈地的左邻右舍。

　　那个看起来不那么整洁的城中村，承载了我整个童年的记忆，赋予了我灵魂的归属，寄予了我独有的关于家乡的感受。

　　小时候，无论上下学、周末，还是寒暑假，我和几个小伙伴每天都穿梭在这个小村庄里嬉戏打闹。没有高楼大厦，也没有新奇的玩具。我们每天看着太阳东升西落日复一日，做着在家和村庄尽头之间来回往返的简单循环，就觉得很开心。

　　记得最清楚的是胡同后面有一个推着小车敲锣打鼓卖糖稀的爷爷，他卖的糖稀便宜又好吃，是我们小区里很多孩子放学必会光顾的地方。但是卖糖稀的爷爷总是隔三岔五才来一次，而且从不准时。所以很多时候我们仨总是吃不上糖稀，可是哪怕不买，远远听着老爷爷敲锣打鼓的声音也觉得开心。

　　还有每天推着大大的三轮推车，在巷子拐角处叫卖热豆腐的老太太。五毛钱一板的热豆腐，每天都是长长的队。老太太的豆腐白白的、嫩嫩的，用刀一切，一股热气便冒了上来。哗，再浇出一大勺辣椒，把热气硬生生给压回去，豆腐的每一个下口处都是满满的姜

葱蒜和浓浓的黄豆味。夏天吃,辣得流汗,很带劲。冬天吃,热气腾腾,瞬间就暖和了。

还有无论下雨天晴天阴天,总是雷打不动地在卖着凉皮的店主婆婆。淳朴的店主婆婆将滑嫩的凉皮淋上红油辣椒和麻汁,递到顾客面前,满含期待地看着顾客吃完,最后问一句"凉快不凉快?"更神奇的是,凉皮婆婆虽然年纪大,但身体却很硬朗,喜欢打牌,并且声音醇厚,穿透力极强,总能在巷子尾处就听见婆婆"凉快不凉快"的嗓音。

这个城中村算不上一方净土,家家户户都把自家空闲的房子租给外来人,又靠近人流量大的汽车站,难免鱼龙混杂,但也提供了商机。并不宽阔的街道两旁开满了小饭店,有炒菜还有各种小吃。中午小饭店里都坐满了食客,有汽车站的旅客,也有在周边工作的上班族。小店多为夫妻店,薄利多销,五六元钱既能吃饱又能吃好。丈夫掌勺,妻子上菜,一天天虽然忙碌,但可以看见他们幸福的笑容。这些店主多为外来人,凭着自己的一技之长和辛勤劳动在我们村庄落脚,与当地人结下了深厚情谊,有很多都攒钱在城里买了房子搬了出去,但仍会常回我们村看看。

在我们村,不住楼房最好的一点就是相对安静与自由。在屋顶上用几个泡沫箱,装上泥土,便可以造一个私家菜园。春天撒上种子,覆上一层塑料膜,到了四月份种子变发芽了,再加上立夏后阳光的照射,小苗长得更快。看那昨天还稀疏的薄荷苗,今天便密密麻麻了,随手摘下几片放入

柠檬水中,便是一杯清凉的夏日饮品。还有我家的葡萄树,虽然结的葡萄很小,但是想到是自家种出来的,便感觉甜滋滋的。常去楼顶关照我家的这些植物也成了一家人闲暇的乐趣,不在乎收获果实的多少,有过程中的乐趣便足够了。夏日的午后,搬一把躺椅坐在自家院子里,吹着自然形成的穿堂风,看着在院子里筑巢的燕子找来昆虫喂给嗷嗷待哺的小燕,燕子时而叽叽喳喳却不会让人感到厌烦。夕阳西下,红霞满天,霞光笼罩了整个村庄,年轻人也下班回家了,吃过晚饭,夜幕降临之时,人们生活的丰富才刚刚展现。我们村紧邻市体育馆,那是一个运动散步的好地方。孩子们带上滑板溜冰鞋,要到体育场上一展身手。少年呼朋唤友,在绿茵场上奔跑,在篮球场上挥洒汗水。中老年人的选择也不少,广场舞太极,多姿多彩。

在这里生活了十几年,这个胡同的一切都让我那么熟悉,血液早已与之融合,心跳也与这里的生活节奏合拍。时光飞逝,我们从小学到初中,从初中到高中,虽然不再像之前那样天天在村庄闲逛,但每次一起聚会,大家还会相约一起在这里,然后遇到好多好多熟悉的人。大家相约逛遍所有熟悉的老店,吃遍所有熟悉的味道,和那里摆摊的爷爷奶奶

一起叙旧。这所村庄是我们童年最熟悉的地方,这里也有承载着我们记忆里陌生又熟悉的人。

小时候总觉得这个世界上很多东西是不变的。而随着自己一天天地长大发现世上没有什么是不变的。家乡没有独特的历史内涵,注定会在城市发展中被高楼大厦同化。能留下的只有关于岁月的回忆,我的乡土记忆。在永恒的变化中,能拥有一些不变的回忆,老时间、老地点、老相识、老味道,旧时天气旧时衣,当时年少青衫薄,如此美好。

考察主题：海阳大秧歌
考察地点：山东省海阳市凤城镇镇两甲村
考察时间：2017 年 1 月 1 日至 2017 年 1 月 5 日

忆海阳大秧歌

测绘 1602 班　高文龙

离开故乡外出上大学的日子，总想起故乡。想起故乡热烈欢快、质朴坦率的大秧歌。冬去春来，四季交替。记忆中唯有大秧歌勾起我的心弦，让我魂牵梦绕。

海阳大秧歌历史悠久，源远流长，听爷爷说他爷爷的爷爷的时候，大秧歌就已经存在了。梦醒时，总是含着笑声，童年看秧歌的情景总是悄然入梦。

时间溯回到 2002 年，大年初二。海阳市凤城镇两甲村广场。

"举高点，再举高点"，架在父亲脑袋上的我晃悠着脑袋瞪大眼睛透过攒动的人头看着这一年一度的盛大表演。父亲抱着我早早站在"松梅门"（用松树枝扎起的门）后，父亲告诉我这叫"拜进"，是正式表演前的一次叩拜礼。身穿黄色和金色相间演出服的大夫动作矫健有力，步伐整齐而多变，左手抱令旗右手执甩子，上身肩膀颤动，别扭的姿态与锣鼓敲打出的欢快的声音融合的恰到好处。一声尖亮的哨声把演出前的拜庙推向高潮，父亲说这叫"三进三出"。笑脸相迎，抱拳鞠躬，平端甩子和令旗为进，半鞠躬挪步后退为出。还没有尽兴，"三进三出"已毕。大夫甩子一挥指向了操场。秧歌队由四路合成两路踏着欢快的鼓点穿过层层人群扭向操场。

这一天天气还算凉爽，起风时看到秧歌队员们脸上惬意的笑容，想必秧歌队是用坚持和汗水把喜气带到海阳市的大街小巷。

父亲牵着我的小手让我说出秧歌队中的角色，我指着耳朵上挂着红辣椒，下巴上有一颗大痣的丑角高兴地说"丑婆"。只见那丑婆径直向我走来，晃动着她那肥硕的身材，挑着大眼袋，挑逗着旁边的大叔大婶们，这一片人群又是一阵接着一阵的笑声。花鼓演员和小嫚在大夫的带领下绕着不大的操场绕圈，父亲说这是秧歌队在"摆场"，为演出预热。货郎与翠花，丑婆与傻小子，锢漏与王大娘，都在花鼓和小嫚围成的圈内尽情地表演。像闪电划过黎明,锣的声音骤然加快,伴随着有力沉闷的鼓声,演员的表演也更加起劲,惟妙惟肖。敲花鼓的小哥哥们时而跳跃,时而挥臂抖肩,红色丝巾裹着脑袋,腰间配一条红色腰带,鼓点加急时恰到尽兴处,跳跃起来,转身,又将花鼓举向头顶、运到胯下,鲜艳的服饰搭配上铿锵的鼓点,小哥哥们青春激昂,男儿本色展现得淋漓尽致。

哨声又起,两位大夫甩子一挥,锣鼓点由慢转急,父亲和我说这是大夫在示意演员们"跑阵势"呢。秧歌队在大夫的带领下摆出了奔放雄伟的"二龙吐须",神秘的"八卦斗",充满美感的"众星捧月"等传统的秧歌阵势。扮花鼓的小哥哥半蹲着将花鼓举过头顶,小嫚簇拥在身后舞起扇子,这幅景象就像孔雀开屏美丽动人。父亲说:"你看他们的队伍好似无形,其实都恪守着千百年来秧歌艺术中形成的固定的套路,每一个阵势都充满着动感和韵律感……"转头,仿佛看到了父亲眼睛中散发出的光芒穿越了时空。

锣鼓声逐渐渐放缓,各个丑角轮番上前表演。看那翠花舞姿轻盈灵活,婀娜多姿,货郎洒脱飘逸。翠花天真无邪,对货郎脉脉多情,货郎左手拿着用竹子做成的货郎弓,抖肩晃头,弓上面摆放着一些饰品胭脂等日常用品,翠花围绕货郎买针买线,问这问那,货郎与翠花双目相对,翠花舞扇为货郎送凉,货郎慢步走跟上翠花的步伐,二者相依相融,令人羡慕。父亲又用手指着王大娘与锢漏匠,目光随之而去。王大娘激烈的大翻,大闪腰,泼辣逗趣,诙谐幽默。只见那王大娘挑逗锢漏匠,随后再翻身退步往后走,动作张弛有度,锢漏匠上前追赶,锢漏匠手中拿着铁铲子,迈着沉提步,肩部随着头部的晃动一上一下。"你进我退,你拦我去,你去我追,你扑我引"[1],这句话形容王大娘和锢漏匠之间的动作再恰当不过了。锣鼓声还是一如既往地缓,没有先前跑阵势时那么的密集。丑婆和傻小子可能是演场时最后一个看点了吧,父亲自语道。想不到父亲对秧歌的套路这么熟悉,小时候的我心底里还是暗暗钦佩。傻小子头顶一根朝天辫,上身一套肚兜兜,鼻子上抹着白,下身着彩裤,真是可爱逗趣。

终于,在经历了十几分钟的锣鼓声放缓之后,鼓锣声又热闹了起来,一个大夫走到场中央,提高嗓门,情绪激昂:正月里来是新春,俺村的秧歌来拜年,先问大娘大嫂您可好,再问老少爷们您可安。话闭,紧接着更急的一阵锣鼓声。这声音比先前的更激烈,更奔放,更热情。秧歌队已经排成四路站好,这阵势好像要结束整场演出,父亲告诉我这是最后也是最精彩的部分,名曰三拜九叩。见那两个大夫挥舞着甩子向前腾空而起,落地,掀起一层灰土。而后,大夫大蹲步前进,抖动着肩膀,深深地施礼,鞠躬至垂直状,进行大幅度地"抖肩""跳跃""扑地",来回三次,这时的秧歌队也是整个秧歌表演中舞得最激烈、扭得最起劲的时候,看得观众心潮澎湃,场面也是颇为壮观。而后,两名大夫分开,从两侧退下。后面的花鼓、小嫚、丑角依次上来拜年边走边扭,边鼓边舞,令人大饱眼福。

随着最后一声哨响,秧歌队分两路退场,观众们自觉让出一条道路,目送着演员离场,心中的不舍流露于目光之中。一场精彩绝伦的秧歌表演就这样落下了帷幕,让人深深地

---

① 于倩《山东海阳秧歌舞蹈文化特征探究》,济南:山东师范大学,2011 年硕士毕业论文。

回味。

对于我们的大秧歌，我是无比自豪的。"海阳秧歌是山东三大秧歌之一，在山东半岛南部、黄海之滨的海阳一带极为流行"[1]。海阳秧歌集歌、舞、戏于一体，作为一种民间艺术形式，遍布海阳十余处乡镇，并辐射至周边地区。[2] 它以豪放、古朴的表演风格、严谨的表演程式和恢宏的表演气势而著称于世。[3] 海阳大秧歌历史悠久、源远流长，2006 年入选首批国家非物质文化遗产，一直广受人民群众的热爱，给老百姓们带来了无数欢笑。

曾几何时，我深深地为自己是一名海阳人而感到骄傲和自豪。海阳大秧歌是一首吟不断、咏不竭的诗篇，它蕴藏在历史的清风明月里，不断吸收各种艺术的精华，经过 600 年的历史沉淀，古老的非物质文化遗产融入了现代化元素，并不断地穿过历史，走向未来。海阳当地曾流行着这样一句话：没有秧歌不叫年。海阳大秧歌已经融入了当地人的生活中。缺少了秧歌的新年是不完整的新年，有了红红火火、喜气洋洋的大秧歌才能辟邪，才能带来新的一年的好运。后来听爷爷奶奶说，海阳成立了老年秧歌队，青年秧歌队，儿童秧歌队，一代接一代传承和发扬古老的艺术文化，让海阳大秧歌永葆青春活力！

---

[1]　于力《略谈非物质文化遗产海阳秧歌的当代价值》，《华章》，2013 年第 30 期。
[2]　赵竹建《海洋大秧歌举世无双》，胶东在线 http://www.jiaodong.net/sports/system/2011/06/16/011308638.shtml，2011-06-12。
[3]　王奕然《任性！2017 海阳国际马拉松设八处文化展演等你围观》，大众网 http://sd.dzwww.com/sdnews/201709/t20170904_16380827.htm，2017-09-04。

乡土情结

城规 1601 班　毛大江

　　小时候背过很多关于思乡的诗,比如那首脍炙人口的"举头望明月,低头思故乡",还有宋代王安石的"春风又绿江南岸,明月何时照我还"。儿时不明白为何人离开故乡会对家乡有如此的眷恋,直到我高考后在异地读书时,才切身体会到那种只属于游子的乡土情结。

　　辗转于异地,由于诸多的不适应,我常常想起在故乡时的温馨时刻,于是在夜深人静时,也曾抬眼望着圆圆的月亮,回忆着我的故乡生活,回忆那个属于孩提时代的岁月。

　　家乡的春天是生机盎然的,早晨赖在被窝时,偶尔会听见窗外小鸟叽叽喳喳的叫声。起来后,映入眼帘的是一片青绿,绿油油的麦田,苍翠挺拔的树木,还有浓密的草丛。这时候可以喊上几个好友一起去河里捕鱼。拿着自制的鱼竿,捕捉几只蚯蚓,带着小板凳,三五成群去钓鱼。中午在父母的吆喝声中一起回家,带着自己的战利品开开心心回到家。

　　夏日的记忆是属于鸣蝉、收麦子和洗澡的。当烈日炎炎的夏日来临时,万物变得燥热起来,这时候不安分的蝉儿便叽叽喳喳喊起来,似乎想奏响整个夏天。我们孩童此时也会出去玩,找一根竹竿,买上钓鱼的网,加一钢圈,便大张旗鼓去捕蝉。看着手里的蝉儿越来越多,我们的脸上便洋溢着幸福的微笑。我们那里的麦子是高考那几天收的,或许麦子想传达丰收的消息给莘莘学子。这时一家人便会带着水壶骑着车往田地里赶,孩子们留在树荫下吃着水果,大人们在田地里有说有笑地忙活,或许正印证着"田家少闲月,五月人倍忙"之言。农忙这几天,在城里的亲戚会回来帮忙,所以难得的聚会在这夏日显得格外热闹。忙完了便是洗澡的时刻了,河里的水很清澈,没有丝毫的污染。大人们在水中快乐的谈笑着,这时候看起来多么温馨和谐啊。

　　秋天是瓜果飘香的季节,桃李在此时散发诱人的香味。此时亲戚朋友之间送水果成了时尚。三姨家种了果林,当秋风把硕果带来时,三姨家便会采摘一筐水果给我们家和其他亲戚。然后父母会与三姨和三姨夫唠叨家常,诉说彼此间发生的趣事,或询问彼此孩子的情况,或简简单单谈论周围发生的趣闻。

　　家乡的冬天是我最怀念的季节,因为鹅毛大雪会如约而至,我们彼此之间像签订了某项契约,规定着彼此要守约,你降下人间,我推掉所有繁忙事与你共舞。当天气突然变冷的时候，我会穿上棉袄，站在门外，看着老友翩然而至。不一会儿，屋外便盖上了一层厚厚的棉被。放眼望去，一片洁白。平时喜欢吠叫的小狗蜷缩在屋里烤着火，平时不安分的小猫也不爬屋檐了，喵喵地在厨房里取暖。这时候最不安分是就属孩子们了，大家伙三五成群来到雪地里堆起了雪人，或者在屋后打起了雪仗。

　　过年的味道是最值得怀念的，腊月二十七、二十八，浓浓的年味便飘了过来，家家户户忙着准备过年的东西，母亲在厨房做着馒头、糖饼……父亲此时会带着我们前往集市买鞭炮，买糕，买玩具，买新衣。一切准备就绪后，大年三十款款而来。这一天和大年初一是我最快乐的时光，因为没有了作业的负担。父母在这两天也不强迫我们做什么事，这时我们便凑到一起，买来鞭炮在一起点燃，或藏于瓶中，或简单扔在地上。累了后相约串门找其他人一起玩。夜晚一家人聚在一起津津有味吃年夜饭，吃过饭后在门口放烟花，五颜六色的烟花在此时飞向天空，伴随着一家人的梦缓缓绽放。接下来便是守岁，这时父母会给压岁钱，他们也串门一起玩乐，我们小孩自然不例外。过了十二点，困意袭来时，我们便散了，回家在梦中送走一年，迎来新一年的祝福。大年初一早上，四五点时便有鞭炮声零星响起。过不了一会儿便响彻云霄了。大人们放完鞭炮便把我们拽起来，说着什么"大年初一不能睡懒觉"。所以我们通常是在睡意蒙眬中吃着饺子和汤圆，有时吃到元宝钱就会惊喜好一阵。早上八九点钟的时候，会有人打扮成财神模样，大人们说这是跳财神。这时各家会送上几块钱，憧憬着新一年财源滚滚。过完初一，各家会分别请客，邀请亲朋好友一起聚聚。就这样，一年一年在指尖缓缓度过。

　　然而现在回家，一切都变了，有一种恍如隔世的感觉。河里的鱼没了，取而代之的是白色污染和芦苇，杂草掩盖了这里曾是河流的现实。洗澡的河里飘满了垃圾，一眼望去是河流无声的倾诉，他用自身的现状告诉我它的惨痛经历。家乡的环境也变了，麦田的使用权纷纷卖给了其他人种花种草，参天的树木被人们肆意砍伐，夏日的鸣蝉声随之逐渐变低。在现代化浪潮的席卷下，每个人都窝在家里，不愿出门，这时串门走亲访友的人少了，过年聚在一起的机会也变少了。总算聚在一起的时候也是每人一部手机，每个人都处在自己的世界里。冬日的雪花来得断断续续，我们的过往的约定好像变成了一张白纸。

　　慢慢地我发现，我热爱的家乡是那个古朴的、"黄发垂髫，并怡然自乐"的村落。现在的它成长得让我吃惊，同时也让我有一丝的难过。或许几十年后，一切都将化为历史，当我和朋友讲述起童年趣事时，他们或许会大吃一惊："什么？我们有那样的生活吗？"真心希望它一切如昨，依旧承载着我最初的梦。

考察主题：历史传统文化
考察地点：山东省曲阜市三孔旅游景区
考察时间：2017年5月28日至2017年5月29日

采"三孔"之花，携一缕清香

城规1602班　王　娜

　　孔孟之乡，礼仪之邦；圣人故里，壮哉曲阜。作为一名地道的济宁人说没有去过曲阜，就像英国人说自己不会说英语一样，说出来是会被人取笑的。曲阜，这个被誉为"东方圣城""东方耶路撒冷"的可爱城市，是首批国家历史文化名城。它东接泗水，西连兖州，南到邹城，北握泰山，这样得天独厚的位置，孕育着一代又一代的孔子后人。作为理工科的学生，历史文化对我来说，是在疲惫之后，坚守的一份清醒与自持，唯此，我才可以不疾不徐，守得初心，款款走下去。于是，揖别清明，在2017年的端午节，我与我的家人又来到了这片充满历史文化底蕴与祥和氛围的土地——曲阜。

　　初入这里，一股自豪感便油然而生。我看到，道路上熙熙攘攘的人群，或刚正，或灵动。就连道路两旁的树木仿佛都被赋予了文化的气息，烈日骄阳下依旧挺拔地站立着，汲取着孔子文化的精华，只有在这里，我才体会到，读历史文化，不仅仅等于上学，也不只是青葱学生时代该做的事，而应该是一辈子的坚持。

　　因为正值端午，所以三孔景区门口的人很多，即便是炎热的天气也不能阻挡外国友人来膜拜孔子的热情，看到这样的盛况，我心中的自豪感又加重了几分。多幸运，在最美的年纪来到这里，与此同时，我要感谢每一缕清风，把我带到这里，我为我自己生长在这片文化沃土上感到欣喜。有人说，人可以干很多蠢事，但此时此刻我认为，最蠢的事情是拒绝历史，忽视灵魂。

　　孔府，有"天下第一家"的美称，我们一到景区便迫不及待地进入孔府之中。这是一个规则而又严谨的结构，漫步在孔府的主道路上，五千年之前孔子与弟子们一起治学，一起修身的画面一幕幕地在眼前呈现出来。伫立在石桌旁边，指尖抚过桌面，我脑海中是我与孔子一起下棋的场景，模糊又清晰。这里有树可依，有石可扶，有桥可观。是或闲思，或静读的好去处，而这里，正是我梦想中的极乐世界。乌鸦有反哺之情，羊羔有跪乳之恩，孔子更是提出"父母唯其疾之忧"，转身望了望自己的父母，他们已经被岁月无情地画上了痕迹。

　　这里的每一道门都有自己独特的含义，民间有这样一种说法，经过每一道门之后就不能再回头了，具体是为什么，我至今也没有正解。人有两次生命的诞生，一次是肉体出生，另一次是灵魂觉醒。直到看到《戒贪图》，在导游的解说下，我感觉自己又诞生了一次。画中

貌似麒麟的动物，就是传说中的"贪"。"贪"是贪婪之兽，生性贪得无厌。壁画上"贪"四周的彩云中，全是被其占有的宝物，包括了"八仙过海"中的八位神仙赖以漂洋过海的宝贝，应有尽有。但"贪"并不满足，仍目不转睛地对着太阳张开血盆大口，最后落了个葬身大海的可悲下场。看到这幅图之后，我陷入了深思，人何必苦苦地去寻求功名利禄，只要拥有一颗正我之心，真实地、真正地活着，便可以满足了，万万不能贪得无厌，欲壑难填。这正与孔子提到的"君子喻于义，小人喻于利"是同样的道理。

这时已经骄阳似火了，我抬头望太阳，光芒万丈，我感觉自己获得了新生，可以长风破浪。

在我们一行人踏入孔庙时，正值正午，许多游人都在树荫下休息，可我并没有一丝丝的疲倦，依旧兴致高涨，有一种归家的情愫充满内心。

中午的这里，很宁静，无论多么烦躁的心，面对这里都会回归平静吧！杏坛之于我，是让我沉淀升华的地方，人在获得成功之前，总是需要积攒经验和智慧。不积跬步无以至千里，不积小流无以成江海。沉淀之后，才会让内涵更丰富，让清香更持久。

前行着，穿过羊肠小径，这不禁勾起了我童年的记忆，在老家和玩伴们每天一起走街串巷的玩捉迷藏，当时老家随处可见这种小路，成群结队的小朋友可是村里一道亮丽的风景线！但是现在这些已不复存在。

韶华易逝，容颜易老，浮华终是云烟，与城市里的繁华相比，似乎这里更多了一份别样的美——沉淀之美。

我们就这样缓缓地走着，出了孔庙，最吸引人眼球的便是停靠在路边的马车了。按捺不住内心的喜悦之情，我迫不及待地坐上了马车，感觉像是回到了古代，马车踏在由碎石铺成的路上，发出"哒哒哒"的响声，我一点都不感觉烦躁，反而像是悦耳动听的乐章，没有主题，没有首尾，甚至没有逻辑，可是，它却让我心如窗，回到了5000年前的这里；让我心如镜，观照到了未来的自我。

转眼间我们来到了游人并不多的孔林，我安静地在孔林中走着，内心泛起淡淡的忧伤。站在一棵缠绕着红线的老树前，岁月在它身上留下的痕迹让它已经不能支撑自己的躯体，我把它当作朋友一样，和它交流着，静静地陪着时光流逝，缓缓地听它讲着过去的故事。这里是孔子及其后裔的家族墓地。看到这些，我感觉有一股强大的吸引力，来到孔子墓前，墓碑挺拔地立着，与周围环境完美地融合着，旁边的野草便是守护使者。

畅游"三孔"之后，历史文化给我的视觉震撼是语言不能描述的。这里是我的家乡，它们在这里已经植根5000年，时间让它们沉淀的愈加美丽，历史与这里的一点一滴同沐朝晖，文化的祥光笼罩这片土地。它让我体会到，每一个不曾起舞的日子，都是对生命的辜负懈怠。

考察主题：朱家峪——悠远的传承
考察地点：山东省济南市章丘区官庄镇朱家峪村
考察时间：2017 年 04 月 28 日至 2017 年 04 月 30 日

朱家峪——悠远的传承

电科 1501 班　杜从军

那是一个偶然，让我见证了历史与现实的完美交融。

原本就是炎热的日子，窗外传来经久不息的鸣笛声，喧闹的城市显得格外的躁动。来到大学虽然还不到两年的时光，但这紧张的生活让我对农村的土屋与农庄多了些怀念。

一个小长假即将到来。正当我盘算着该如何熬过这"艰难岁月"的时候，也许是我的闺蜜看出了我的无可奈何，娇说："咋的，又不知道该怎么活了？来大学都没见你出游过。走，姐这几天带你去大山摘月亮去。"犹记得每次在回家的路上，有一段路程总能看到两侧的山丘此起彼伏，光秃秃的，就像小和尚的脑袋一样。所以听到要去大山的时候，我十分地不愿意，想着与其去那地方，不如闷两天。然而，胳膊拗不过大腿，我踏上了旅程。

"咚咚咚……"客车沿着山腰艰难地攀爬着，从一座山翻越到另一座山。虽然这山并不高，但因我是第一次经历这样的路程，还是有些兴奋与期待。透过窗子，能看到落日映红了西面的天空，宁静而安详。偶然之间，看到了远处山坳之中有一个村落，也许是因为傍晚的日光迷离，或是因三面山丘的遮掩，这村落若隐若现，像秘境般勾起了我的猎奇之心。娇告诉我那是朱家峪——一个没有被现代生活所吞没的地方。

第二天一早，我们便去了朱家峪。行走在幽幽的小道，我能听到脚下的沙石在嬉闹。从房屋一侧经过，抚摸着身旁饱经岁月的石墙，手心像是有一股清流，带我去感受那许多年前淳朴的村落。阵阵清风吹过，那也许是 600 年的历史在低声诉说，沁人心脾，使人少了些躁动，多了些安宁。深居山坳，朱家峪被青山绿树所拥护环抱，虽是炎热的夏天，但这空气也被这古朴纯真所折服。

远远地望去，房屋参差不齐，错落有致。大多数的房屋都是依山而立，犹如孩童一般依偎在母亲的怀抱。朱家峪的建筑继承着百年的文化，古祠堂、石桥、楼阁很多。从历史的长河中走来，历经岁月洗礼，建筑显得陈旧却不失古韵。

从石桥下走过之时，留意到有石碑铭刻着建造的时间——康熙年间。这古石桥虽没有现代立交桥那般宏伟壮丽，但却多了些标致和清丽的美态。这桥并没有用石灰来粘连相邻的石头，桥身的青石叠砌，石头之间相互支撑，一种自然之美油然而生。工艺之精，我仿佛能看到古人正仔细地丈量着每一块青石的尺寸。看着路上碾过的车轮之痕，我虽知道这只是现代车辆经过的痕迹，但却不由自主地在心中默默勾勒起了一幅"古交行道图"：桥下的马车悠悠地行驶着，有一女童调皮地掀起车窗，数着桥上有多少人经过。

走了许久,到了一处四合院式的古风建筑。大概是因为游赏的需要进行了修整,或是房屋建造的时间并不久远,房屋的墙面、屋脊就显得新了些许。房屋环绕而驻,加上院内绿树的点缀,让人觉得闲适,淡然。院子的一侧有一劳动人民辛勤劳作的塑像,让我不禁回忆起了小时候在田地里,父母耕种时的景象。那时的生活,无拘无束,天真烂漫。对比城市的紧张生活,也许城市中每个处于高压状态下的人,都有一个在追名逐利之后的晚年,可以在平静乡村养老的心愿吧。

不远处的河塘,也许更是修身养性的好去处。水池清澈见底,能够清晰地看到水底石头上生长的青苔。这是我对朱家峪最为喜爱的地方。我一直是这么认为:水是世间万物的眼睛,仿佛沉浸之中便能感知生灵,窥探历史的脉络。无趣的时候,我也许会倒一杯矿泉水在玻璃杯中,静静地看着。能看到什么? 能看到最初的生命从无到有,能看到喧闹之中的一片宁静,能看到自己原本单调的日子,原来都是那样的独一无二。工业化的生活让墨色成了水的本色,即便是许多的旅游景区也会看到水中漂浮的污物与泡沫。难得的是,这水亦是那般灵动。住在这里的孩子将是多么的幸运,可以在这里玩耍,嬉闹。如果夜晚降临,也许我能听到安宁之中的祥和之声在此处演奏;月亮在池水中沉睡,仿佛近在咫尺;星空会告诉我岁月不会磨灭历史与文化的传承,只会使其更加烂漫。

有一部小说,名曰《哑舍》,讲述的便是馆内文物与它们神话般的故事。现实之中,文物的故事亦是如此。每一处的景点都有它独特的历史底蕴,透过古老的建筑与文物,仿佛身处悠远的古代。博物馆内陈列着陈旧的文物,虽然历史斑驳,但这或许便是史实的最好证明。每一件文物都在诉说着,或是一段平淡历史,或是一段爱恨情仇。也许只有真正懂它的人才会放慢行走的脚步,去探究这一沟一壑,聆听历史的歌声,游荡在这时光的长河。它们见证并尝试诉说着历史,只差一个能够侧耳倾听的人,这也许就是古建筑与现代馆的不同之处。

600 年前,这只是一个普通的村落,像万万千千其他村子一样,古老的建筑相互堆叠。不同的是,朱家峪像是穿过了通往未来的隧道,一跃,便完整地来到了 600 年后的今天。也许正是因为地处群山之中,没有受到多少时代变迁的影响,朱家峪才有机会将历史完美地保留下来。

也许,我将换一个季节,换一种心境,再次探讨这充盈文化的圣地,去感受朱家峪别样的风情。

这是一个怎样的村落? 只有亲身经历,才能够懂得朱家峪的温文尔雅。

忆故乡

法本 1605 班　王俊男

　　我记忆的归属来自我的故乡。妈妈告诉我，我是在城市中呱呱落地的，但在我的记忆深处满满的却是我和乡村的回忆。小时候爸妈忙，把我交给乡村的爷爷和奶奶照顾，这一照顾就是我的整个童年。儿时的乡村生活给我的是一片不一样的新天地。

　　忘不了乡村的小溪。小时候，乡村的环境优美，小溪里面的水清澈见底，能清楚地看到小鱼儿自由自在地穿梭在水中。小溪中的鹅卵石经过岁月的洗礼变得光滑，似乎都倒映出鱼儿嬉戏时的身影。白天，阳光明媚，我和几个儿时的玩伴坐在小溪旁的大石头上嬉戏玩耍，甚是欢乐。那些难忘的回忆都时常在我脑海中重现。

　　忘不了乡村的天空。儿时的乡村，天空湛蓝湛蓝的，放眼望去，云卷云舒，天空没有任何一丝杂质。太阳懒洋洋地挂在天空，给人们带来温暖。我最爱儿时乡村的天空，给人一种愉悦的感觉，一望无际。在我失望、沮丧、不开心的时候，抬头望望天空，什么烦心事都抛到脑后。

　　忘不了乡村的农田。乡村最不缺的就是农田。从大背景来说，中国自古以来就是农业大国，所以决定了大部分农民只有靠种田来维持基本的生计。而我记忆里面的乡村，有大片大片肥沃的农田，几乎可以说除了房子和羊肠小路，放眼望去，就是满满的农田了。乡村的老一辈人们，都在这大片农田中有着属于自己的一片土地。小时候，我喜欢屁颠屁颠地跟在爷爷和奶奶身后，和他们一起去田里玩耍。爷爷最喜欢种辣椒，红椒、绿椒、尖椒，反正就是种最辣的。除了给自己家留一点之外，剩下的辣椒，爷爷会把它们带到集市上去卖。由于新鲜辣椒保存的时间不够长，为了使辣椒的用处发挥到极致，爷爷就把其中一部分红椒晒干来卖，还有一部分就把它们研制成粉末来卖，这样就能既不浪费辣椒又能赚钱。而奶奶特意为我种的都是我爱吃的，比如花生、黄瓜、玉米、红薯等好多好多好吃的。小孩子嘛，总是好奇心重，小时候我就总喜欢每天早晨的时候去田野里蹲上一段时间，总是在期待埋在田里的种子快快发芽，结出果实。可是那些东西长得实在太慢，慢慢地我也不再去田野了。后来每次吃到那些东西时，总是会不由自主地怀念奶奶，想起奶奶拿着笨重的锄头在田里耕作时的身影。其实不去亲身体验真的不知道在田里耕作的辛苦，到长大以后我才慢慢明白，奶奶是多么的爱我。可惜，奶奶在今年突然离开了这个她热爱的世界，也离开了我这个她曾经最爱的孙女。人生在世，能做亲人是种缘分，直到奶奶的离世才让我恍然领悟到这个道理。我只想说，珍惜眼前人。

　　忘不了乡村的红砖房。儿时的乡村大家住的都是红砖房。每到早晨，红砖房上面就会升起缕缕炊烟，那就预示着新的一天又来到了，人们又开始了一天的生活。虽然儿时的红砖房不像现在人们在城市中住的高楼大厦，但那也是承载了我童年记忆的地方。那里面有奶奶对我的谆谆教诲，有奶奶给我讲的好玩的故事，有奶奶给我做的漂亮衣服，有奶奶给我做的布娃娃，有奶奶温柔的抚摸，有爷爷和蔼的目光，有我和爷爷奶奶最珍贵的回忆！

　　忘不了乡村的黄昏。山抹微云，一缕斜阳，朦胧的黄昏薄雾弥漫。小路长长，金色的小树林,绿色的草地,虫儿开始甜美歌唱,屋舍炊烟袅袅,和蔼的老一辈人遥望村口,温柔地呼唤在田野玩耍忘记时间的孩子,沉醉了天边绚烂的晚霞,还有在夕阳下坐在石墩上的一对年迈的老夫老妻,多么温馨又美好的画面。不禁让我想起了范成大《四时田园杂兴》中的"昼出耘田夜绩麻,村庄儿女各当家。童孙未解供耕织,也傍桑阴学种瓜。"这才是真正的乡村生活。

　　忘不了乡村的月光。乡村夜色很美,乡村的月夜很清幽。在那高远的天空,有无数的星星,在月色下眨着眼睛,它们是最美的空中精灵,点缀这轮圆月。犹记得乡村夏日的夜晚,吃过晚饭,家家户户搬出小马扎,在屋外的路边聊天。而儿时的我最愿意跟在奶奶屁股后面转悠,奶奶和村里的老一辈人聊天,我就非要缠着奶奶和我一起玩,后来奶奶实在奈何不了我,就把我抱在她大腿上,用那把几乎人人到夏天都会用到的大蒲扇给我驱赶蚊子,在美丽的月光下给我讲各种各样稀奇古怪的故事。在夏日的山村夜晚,弄堂里的风也是那么的凉爽。也不像大都市里那些空调机器发出的声响,听着反而更热。而山村,凉风在夏夜里,吹拂着山村特有的惬意。偶尔农家小院里传来几声鸡鸣和犬吠,更增添了几分乡村月夜的惬意。儿时的我在夏天的夜晚还喜欢去池塘边玩耍,池塘边有蚊子围绕我飞舞,但有时也会有青蛙跳跃在我四周。扑通一声青蛙跳入水里,水面泛起圈圈涟漪,那月亮的倒影在水面上泛开来,我的影子也一漾一漾的。

　　忘不了以前,虽然生活艰辛却也很容易满足,一块甜甜的糖,一块煮熟的红薯,一条清澈的小溪,一片湛蓝的天空,一轮圆圆的月亮,一个乡村的夏天就能够使我们开心。只要是我儿时记忆里的乡村,就很满足。只要是我儿时记忆里的乡村,就是最好的模样。只要你还是我儿时的乡村啊。

　　是不是我离开你太久没有去看你,你不愿意再等我。为何十年之后你就已变得面目全非,只剩下乡村内的孤寡老人,没有了老一辈人与小孩子们的欢声笑语与吵闹,没有了儿时的红砖房,没有了鸡鸣狗叫的声音,没有了清澈的小溪,没有了湛蓝湛蓝的天空,没有了明媚的阳光,没有了奶奶给我讲奇特的故事,没有了青蛙的呱呱叫,没有了夏日夜晚惬意的月光……没有了的东西很多很多,失去了就是失去了,再也找不回来了。现在的乡村早已不是我儿时记忆中的那个美丽的乡村了。以前承载乡村的那片土地,现在早已被层出不穷的高楼大厦所占据。正如歌手杨坤在《空城》中唱到的"这城市那么空,这回忆那么凶,这街道车水马龙,我能和谁相拥,这思念那么浓,孤独,这感觉我跟从……"唱出的不就是我现在的心情吗?从前,车马很慢,书信很远,一生只够爱一个人。但你不觉得那种生活更有价值,更值得怀念吗?以前,爱情是纯粹的;而现在的爱情,夹杂了太多的现实因素,需要考虑的变得既多又复杂。这个功利的社会导致人们之间信任缺失。

　　现在我们大力发展乡村记忆工程,是为了重拾乡村记忆,使人们时刻警醒自己不要在现在这个利欲熏心的社会迷失自我,要从被逐渐遗忘的乡村记忆中找回最纯真的自我,找回那个真正的自我,找到自己努力奋斗的方向,最大限度地实现自己的价值。

孟乡一处是梦乡

服饰 1502 班　李　超

我一路走来,路,并不算长。沿途的风景我看了一处又一处,但没有一个地方,能让我如视归途。回首望去,我最喜欢的,还是记忆中的那一方乡土。

那里,是我的家乡,是孟子故里中的一处小村庄,以"凿壁偷光"的匡衡而命名,叫匡庄。如今虽车水马龙,别有一番富饶的景象,可我还是怀念童年时光里,那个虽然有些贫穷但却美不胜收的故乡。时光之里常常山南水北,记忆中的画卷亘古不变,画中的景色,比《蒙娜丽莎》还要惊艳。

画里的春天,如九天仙子下凡,起舞翩翩。这里春水初生,春林初盛,春风十里。穿过家门外的杨树林,是一条河,没有"黄河之水天上来"的壮阔气势,却有一种河岸垂柳抚涟漪的柔情。河面上也出现了一群大鸭小鸭戏水而驰,应了一句"春江水暖鸭先知"。蹚过碧波浅滩,走到河的对岸,鲜花嫩草摇曳春风,每及此处我都会情不自禁地躺下,似满山遍野都在捧着鲜花,把我拥入怀中。画面一转,是我们这里每个月自初五到三十每五天一次的集市,春天的来临也使集市变得富有生机,有老伯的脸上洋溢着微笑,拿起秤杆,秤着绿油油的蔬菜;有五彩斑斓的衣布,从高高支起的木杆上垂下,随风起舞似流苏;有长辈们坐在小吃摊,对酒笑谈。这幅画面如白居易诗里"红袖织绫夸柿蒂,青旗沽酒趁梨花"一般。到了夜深人静时,归巢的鸟儿低声浅唱,随着春风拂过杨柳的"沙沙"声从窗外传来,伴我入眠。

醒时却传来了蝉鸣,转眼入夏。故乡的夏并不炎热,三五步一个的大树荫足够我整个夏天乘凉了。现在的我总是在城市中被整的灰头土脸,但每逢想起故乡,便如沙漠里开出了蔷薇。犹记当年,我偷偷溜进隔壁老爷爷的竹院里,折一棵竹当鱼竿,去河边垂钓。但似乎鱼儿比我要顽皮,只见鱼饵下水,不见鱼儿上钩。我没有长辈们垂钓时的耐心,却玩心很重,所以回家的时间比长辈们还要晚,因此我也常常有幸看到河边的黄昏,落日的光辉斑驳了水面,充满着诗情画意,染成了金色的飘絮慢慢洒落在靠岸的渔船上,岸边的碧草连横向着晚霞,这样的景色总是让我流连忘返,但不多时耳边总会传来家中长辈的呼唤,我便转身披着晚霞向着不远处的袅袅炊烟走去。回家的路上有几处小池塘,每逢雨后都会传来阵阵蛙鸣,一阵凉凉的风吹过,几片大荷叶舒服地在池塘中荡起波澜,轻轻一嗅,似乎空气中还残留着雨后的泥香。故土,芬芳如初。

凉风催花落,一叶而知秋。故乡的秋没有诗中那么萧瑟,因为这是一个收获农作物的季节。垄间传来四时歌,我且幽幽轻和。秋风虽凉,但田间的长辈们辛勤地劳动,挥汗如雨,孩子们也会来到田间捉蛐蛐儿,有时还给长辈们帮一些倒忙,惹来一声笑骂。最难忘的是中秋佳节,因为一年中只有这个时候能吃到月饼,也只有这个时候能看到悬挂在天上那颗大大圆圆的月亮。月光下,我坐着小板凳,吃着月饼,听家中老人讲着民间传闻和历史故事,现在想来小时候的我也只是听个热闹,并不会感叹"王孙做庶人,史册多浮沉"。我忘记了月光下具体讲了什么故事,但我很怀念讲故事的老人,大概孤独是人生常态,所以陪伴才显得更加珍贵，如今老人们皆已入土为安，我很抱歉那些故事不能传下去了，但那时的感觉，此生不忘却。

山本无忧，因雪白头。冬至，雪纷纷，盖上了黑瓦红墙，村庄一片银装素裹，屋檐的冰锥上时而滑落一颗晶莹的水滴，与积雪为伴。雪渐歇，走出院子，留下一排脚印，村中阡陌被雪覆盖，有时在外玩到夜深，这一排脚印就是回家的路。冬天的故乡是一种万物俱寂的静美，没有了潺潺的流水声，没有了蝉鸣四时歌，但有时一个砸来的雪球便会引起一片欢声笑语，为这里的静美添了一丝充满生气的喧嚣。有时贪玩到夜深，大雪再度飘落，盖住了来时的脚印，雪也越积越厚，我想起了回家，但风雪已成挑战，快没到大腿的积雪使我寸步难行。好在村子并不算大，朝远处大声呼唤，不多时，会看见一盏灯，一个人，佝偻的身躯顶着风雪，却如提着剑的侠客般一路披荆斩棘，来到我的面前。老人并没有抱怨，只有一张布满皱纹但写满了慈祥的脸，他蹲下了身子，将我放在背上，斩着一路的风雪，带我回家。"姥爷。""嗯?"老人回过头，看着背上的我，他的眉间不知何时覆上了一层白雪，"你的头发怎么比雪还要白啊?""哈哈，那是因为我老喽，等你再长大一点，我就背不动你喽。""那等我长大，就换我来背你吧!"老人带着欣慰的笑声向家的方向走去，身后留下一排深深的脚印。但是风雪太大，没多久脚印就被白雪覆盖，一盏灯，两个人，也在我的记忆中渐行渐远。小时候许下的诺言，竟在一场场风雪后，变成了遗憾。

春花秋月，夏蝉冬雪。我还想回到那年的春天，听一听集市中长辈们的笑谈;还想看一看河边的晚霞和村子里的袅袅炊烟;还想听一听当年月光下的传闻和故事，刻在脑海里，传承下去;还想看一看那盏灯，出现在风雪里。我曾几度渴望回到记忆中的乡土，这种渴望，如鲸向海，似鸟投林。

小的时候，总希望快点长大，所以一路走来，过于仓促，只把来路当归途。如今不禁感慨:"去了还来知几度，多情山色，有情江水，笑我归无处。"记忆中的乡土，也只有夜来幽梦时，才如以往香甜而富有情感，可是不悔梦归处，只恨太匆匆。

记忆中的乡村变化

工程管理 1602 班　张宇馨

我的家乡位于乳山,隶属于山东省威海市,因其境内"大乳山"而得名。我居住的地方位于乳山市白沙滩镇常家庄村,白沙滩镇因其南邻一片白沙滩而得名。常家庄村有村民650 户,1563 人,后来更名为常瀛花园小区,"瀛"有五湖四海之意,象征着我们以博大的胸怀欢迎五湖四海的人们前来做客。从出生到上大学前,我都居住在这座小镇上,那里气候宜人,冬无严寒,夏无酷暑,天蓝海蓝的纯净大地是我对故乡最深刻的印象。

我的老家常家庄村近年发生了翻天覆地的变化。十多年前,村中青年抽签决定自己的住所,爷爷给父亲抽了一个五间房,算是村中比较大的房子。2003 年,父亲投资赚了一笔小钱,父母便决定将原来的房子再装修一次,那时我在上幼儿园,晚上回家没有地方供我睡觉,我就在奶奶家住了一个多月,这段时间,父母就住在一间破屋子里的床板上,条件很艰苦。

几年前,旧村改造的消息像狂风般瞬间传遍了整座村庄,顿时有人欢,有人悲。欢于我们终于可以住上楼房,有的村民甚至以为自己一辈子都不可能享受到存在于城市中的楼房,一听说这消息,便对未来的日子很是憧憬;有的村民则悲伤不已,除了对这座陪伴多年的老房子不舍外,他们还担心财产分配问题、家族内部矛盾问题。

我看着村中一座座楼房拔地而起,见证了它迅速地长大,见证它每天不同的样子。

2010 年,村中第一批人搬进了楼房。搬进新楼房之前,我们必须要满足一个条件:将老平房拆掉或者砸掉窗户玻璃,以示那里不会再住人。这样的事情,对于大多数较年轻的村民来说,他们完全可以坦然接受,搬进新楼房、自己装修、选家具、精心布置房间给他们带来的喜悦远远可以弥补离开旧房子的不舍的情绪。而对于那些已与老房子相守几十年的老人来说,这样的做法实在是太残酷。我深刻地记得那天挖掘机轰轰隆隆地在一瞬间推倒了一座多年的老房子,盖房子艰难,可拆房子真是一瞬间的事情,干脆而简单,也略有些野蛮,让人扎心地痛。这房子的主人是一位 70 多岁的爷爷,他目睹了自己年轻时一砖一瓦盖出的房子被挖掘机一瞬间推倒,成为一片废墟的过程,他的手不停地拭着脸上的泪水。如果说,人与人之间的陪伴是世间最美的真情,那么房子对人的守护则是世间最无言的相守,这"相守",来源于它始终为你阻挡风雨,供你生活,睡觉,在它的有生之年给了你最完满的守护。

看着村中第一批人搬进了新房里,享受干净、整洁、美丽、方便的新居,我羡慕得很,也迫不及待地想住进新房。那时候我跟随母亲去曾经的邻居家的新房做客。进入客厅,便看到了新电视、新沙发,阳光洒满屋内,整个房间都漂亮得发光。那时的我无比憧憬有一天也能住进新楼房。

时光匆匆,转眼到了 2012 年末 2013 年初,我们家也住进了新楼房。拿到新房钥匙之前,有一个每个人都要走过的程序,就是抽签,抽取某号楼某单元的某室,这个过程是极为揪心的,完全靠个人运气,可谓是几家欢喜几家愁。记得那时,谁抽取的签合不合自己的心意,看他们的表情就知道了,有的人满脸笑意地走出来,对结果相当满意;而有的人一脸憋屈地走出来,委屈至极,甚至有的妇女一看到抽签的结果便哭了出来。我们家算是幸运的,父母在抽签之前就说喜欢三楼或者四楼的位置。爸妈从家里走之前,我在写作业,他们不让我去,让我在家等结果,爸爸洗了洗手,同母亲一起去了村委会。可能是因为等太久,我有点不耐烦了,便给母亲打电话,电话那头传来了母亲爽快的声音:"馨,你爸爸刚抽完,我们家抽了个四楼,我太开心了!"电话这头的我也高兴地快蹦了起来。拿到新房子的钥匙,我同父母一起去看新楼房。那座楼处在小区广场旁边,周边有一条小河,楼前无遮挡物,视野一片开阔。我和爸妈都对新楼房非常满意,爸妈也迫不及待将这个消息告诉爷爷奶奶和姥姥姥爷,全家喜乐洋洋。

打开新楼房的房门,90平方米的房子里空旷宽敞,我们挨个房间转悠,脑子里不停地规划着新家的布置,心里被喜悦填充。

装修房子的那段日子,父亲每日上班,我要复习期末考试,只有母亲一个人每天在老房子和新房子之间跑来跑去,一边照顾着老房子里的我,一边顾及着新房子中的装修进展,那个冬天,母亲瘦了很多。房子的家具选择和布局全是母亲一个人说了算,选家具的时候,她和村中其他妇女去市里家具店精挑细选,考虑实用性、美观性,还要考虑价格,他们选中了一款合大家心意的沙发,以团购价格买下,实惠又美观。除了家具,家中电视墙、墙边和衣柜的装饰都由母亲一个人挑选,她喜欢素雅的颜色,便把我们的新家装修得很素雅。我和父亲对她的装修成果都比较满意。

我们作为村中第二批也是最后一批住进楼房里的人,心里对这份迟来的幸福还是充满喜悦。那年冬天,母亲再也不用烧火取暖,90多平方米的屋子被暖气暖得热乎乎。从前的冬天,我们在家中需要穿棉衣,现在我们只需要穿一件薄衣就可以。家中所有的物件都是新的,我们过了一个很舒心、很温暖的新年。我还记得母亲在别人面前多次感慨:"以前冬天还要到室外取柴火,回家烧火,很冷,也很麻烦,现在我只需要在厨房里转转就可以把饭做出来了,方便多了!"不可否认的是,哪怕是昔日的房子不见了,我们住进新楼房后,生活焕然一新,村民们的幸福指数提高了很多。

可是,昔日的房子终究是不见了,我们的祖辈用汗水一砖一瓦盖出来的房子无论多么坚固和硬实,还是抵挡不过挖掘机的机臂一伸。那时候我常感慨,毁灭真的是一瞬间的事情。住进新楼房的第一个春节,我们的拜年方式有了些不同,从前,我和父母清晨六点便被轰轰隆隆的鞭炮声叫醒,穿好提前放在炕头的新衣,父亲去放鞭炮,母亲准备早饭,我再臭美一阵子,不一会儿便有人进来向我的父母拜年,他们都是邻居家的哥哥姐姐们。吃完早饭,我们仨就走街串巷,先去爷爷家、大爷家问候,再去几户人家,我们的拜年过程就结束了,爸爸再去找找他的儿时玩伴,打打麻将,聊聊天,喝喝茶,这也是一年中最清闲的时候了。

住进楼房的第一年,我们尚不知道曾经的熟人都住进了哪座楼房,春节的气氛也冷清了许多。我们拜完年,母亲去找她的同事聊聊天,父亲去找找他的儿时同学喝喝茶,我则在广场上和我的发小聊聊天,大年初一就这么简简单单地过来了。对于新年,我们唯一的感觉,就是我们越来越忙,清闲的日子越来越少。从前,三十晚上总有看不尽的烟花和听不尽的各式鞭炮声;现在,三十晚上的烟花一年比一年少,鞭炮声更是少了许多,过年的那份热闹劲也渐渐消失了。

　　不知是因为时代的发展,还是因为居住环境的改变,村民之间多了一点隔阂,我常常想,如果是因为住进新楼房后我们难以再像从前那样挨家挨户地串门,那道隔阂也就只是一道墙,可如果心的距离也因此拉开了,这一切也就不再那么值得了。

　　直到现在,我们住进新楼房已经有4年多的时间了,这4年时间里,我们始终生活在一个整洁、舒适的环境中,体会到了太多现代经济发展给我们带来的便利。任何事情都有两面性,昔日乡村淳朴的民风哪怕是有所淡化,可它依然没有丢失。近年来,我常常感觉我们又回到了搬家之前的样子,村民之间其乐融融。一瞬间的改变可能让我们猝不及防,也在这个急促的过程中丢失了些许的真情,但时间一久,那份真情也在村民的共同努力下回来了。

　　"乡村记忆"让我在一个宁静的夜晚将深藏在脑海中的回忆全部挖掘了出来。我深深地怀念着、思念着我的故乡,思念着我的亲人,无论故乡如何变迁,我都希望故乡的人们能够越来越幸福,希望时代的发展带来的结果永远是利大于弊。

考察主题：回味乡村生活，追寻最美记忆
考察地点：江西省兴国县
考察时间：2017 年 4 月 29 日至 2017 年 5 月 1 日

追寻最纯真的记忆——回味乡村

化工 1501 班　吴晨、于曰满、李国伟、侯栋珺、刘世奇、郭军帅

随着社会的飞速前进，科学技术的高速发展，人们的生活节奏越来越快，人与人之间的联系越来越深，我们的心灵也慢慢变得浮躁起来。作为"95 后"的我们，大部分在儿时都有着在乡村生活的美好记忆，就让我们重返乡村，去回味那童年的纯、乡村的真，让这份纯真来洗去我们内心的铅华与浮躁。

伴随着一路的颠簸，我又回到了我的家乡五龙村，站在这片熟悉的树下，凉风捎来了蝉鸣，拂散了夏日空气的炎热，使空气更加清明了起来。幼时也曾在树荫下静静品味这丝丝的清凉，旋即贪婪地吸吮着，妄图留住些微感觉，保存在那个时候，定格在那个季节。夏天的二龙山，是略微无趣的，当然，只是与其他季节相比。草花茂盛的季节，适合发现自然的馈赠，适合索取山水的瑰宝，当然也适合一老一小上山游玩。记忆里那时的奶奶没有现在的老迈，带着一如既往不曾衰减的慈祥与疼爱，牵着我寻找野果野菜，带我分辨花草果菇，就这么走啊走啊，待满载而归也是日薄西山了。那时的我，两只手才能用得动小铲子，将曲麻菜、蒲公英从土地中挖出来，清了清土，收进小袋子中，心满意足地寻找下一个目标，下一个让我眼前一亮的东西。从小生活在农村的老年人，都是很巧的，多少有一些手艺的。比如，如何将狗尾草变成小绿兔，或者一只可爱的狗狗，技术比用气球编腊肠犬不知道高到哪里去了。野生的蘑菇也是很珍贵的食材，在现在灯红酒绿的城市里，可以食用的野生菌菜已经很少了，口感更比不上山间的鲜嫩。红菇和草菇是山间常见的美味，一切都来源于风雨与青山的结合，轻轻拔出，走到溪边洗净，就是炖汤很好的主料或者配料了。核桃和樱桃也是上山必不可少的收获，还有不知名的莓果。当然，只有细心的人才有收获。这是大山给予上山人的宝藏与考验，我们很少大规模地采集这些小果实，只是作为偶尔口渴时的调剂，上山人知道山的规矩，敬畏就是对给予大山最好的回礼。

我还记得小时候的天空总是蔚蓝色的，天边永远呈现着那道迷人的彩光，将孩童的面孔映染得绚丽多彩。我看到了小时候的我，赤脚在田埂上飞奔，凌乱的头发在风中飞舞，欢快的笑声在田野中回荡。田野上生长着一望无际的庄稼。农村许多的房屋，是泥土墙壁，屋顶铺满黄色的瓦砾，长出苔藓和细小植物。冬天下雪的时候，屋顶被盖上一层厚厚的白色棉被，檐下垂挂着晶莹剔透的锥形冰柱。家里的大人们伸手就能摘到冰柱，送给孩

子们玩耍。没有大人在家的时候,孩子们将冰柱放在火炉里烤化,屋内的土地湿润了,腾起白色烟雾。街坊邻里相处融洽,大家就像一家人一样,拥有共同的祖先。住在一个村子里的人,即使是不同的姓氏,怎么扯也能扯出一点儿亲戚关系来。小时候的农村记忆,时常在安静的时刻到来。仿佛这是一个固定的模式,打开它的记忆,如同电脑中的程序一般,永远都是雷同的。可尽管如此,我们却无法将之抛弃。它流淌在我们的指尖,浸透到我们的血液里,在灵魂深处,如参天大树生根发芽,茁壮成长。

而随着经济科技的发展,村子里安静祥和的这片蓝天却遭到了严重的破坏。小溪里的水再也没有之前那么清澈了,而且只有在雨季的时候才能看到小溪里的水了,山上也已经变得光秃秃的了。村里的人有好多也都出去打工了,留下了很多中老年人。虽然村子里的人仍然过得很幸福,却总觉得少了点生气。最近几年村子里流行起了养鸡养鸭,让村子里清新的空气也受到了影响。虽然不能说经济发展破坏了村子里的环境,但是确实带来一些负面影响,每个人也都在追求更高质量的生活,日复一日,大家也都接受了这种环境。不过我真心希望在发展的同时能多注意一下我们赖以生存的环境。

村里小溪的溪边稀稀落落生长着几棵桑树,记得小时候家家户户都还种着地,给我印象最深刻的就是桑树了。基本上整个村里的人都养过一段时间的蚕,所以家家户户都会有桑树地,摘桑葚吃就成了那个季节我们最开心的事情了,村前村后到处都有桑树,哪块地里的桑葚熟了,哪块地里的桑葚更甜就成了我们放学后最热门的话题。还记得村后边有一口大井,那口井承担了它附近一整片地带的灌溉任务,它的旁边就有一片桑树,我们当时放学后就经常去那里摘桑葚,每次都带着一个方便袋,准备摘一袋子带回去吃。可是每次从桑树林里出来,袋子里只有稀稀拉拉的几个,其他的都被我们边摘边吃了,再看看小伙伴们,每一个都成了大花猫,嘴唇上、手上,甚至脸上都是紫色的。我们就会在那口井旁边洗洗手上脸上的颜色,可是每次洗好久都洗不掉,有时候手上的紫色会过好几天才完全去除掉。当然,桑树最主要的作用还是喂蚕,那时候基本上每个夏天我都要帮爷爷奶奶摘蚕茧,虽然摘两天就会磨得手指疼,但在爷爷奶奶的"高额报酬"和好吃好喝伺候下,我们每天都是快乐的。

童年的乐趣当然不仅仅于此,记得小时候,家家户户都有一头牛,每天放学就和几个伙伴在田野里一起放牛。那时候会自己带一点柴米油盐和各种蔬菜。在事先挖好的坑里面放上一只铁架台。再在田野里找点树枝当柴火。这样,简易的野炊就开始了。四五个人围在灶炉旁一边唱歌一边讲笑话。偶尔也带一点家里自制的米果零食。等到食物熟了的时候,每人拿起筷子,囫囵吞枣地吃了起来,虽然经常烤焦,但是每个人都吃得津津有味。嘴上还不停地说好吃,也不知道他们是不是真觉得好吃,反正我是觉得不好吃。也不知道是谁走漏了风声,被家长发现了,随之而来的是一顿暴揍,从那以后就很少再去野炊了。

　　时光荏苒，日月如梭，当年的小伙伴都已各奔东西。再回到家乡，牛早就被卖了，伙伴们也很少见面了，田野上也只剩下遍野的杂草和涓涓的流水。偶尔和那几个小伙伴们聊起来，大家都有一种怀念的感慨。

　　不觉又想起了余光中的《乡愁》，忍不住背上几句"小时候，乡愁是……"乡愁，是超越时空、超越个体甚至群体而共有的一种情愫。虽然每个人的乡愁都不可能完全相同，但却有同一种淡淡的思念和留恋。

　　时过境迁，现在的乡村，早已不是我们儿时的乐土，但站在这片土地上，我们仍会感到一阵宁静与祥和，或许这就是乡村的最大魅力吧。重返乡土，那一段段纯真的记忆涌上心头，像一股夏日的清泉流过我这颗浮躁的心，给我最深刻的慰藉和升华。

考察主题：乡村记忆，记忆乡村
考察地点：安徽省宿州市埇桥区芦岭镇潘圩村
考察时间：2017 年 4 月 28 日至 2017 年 5 月 1 日

品忆乡村——我的家

化工 1501 班　王士博、秦伟泉、封秋政、李福增、孙庆波、邹佳呈

　　如果有人问我，一年四季你最喜欢哪个季节，我会毫不犹豫地告诉你，我最喜欢夏天，其中的原因并不是因为我不怕热，而是那个季节曾给我的童年带来过太多太多的欢乐。乡村，我的家。我的记忆便从这开始说起。

　　夏天，记忆中乡村的清晨是伴着鸡鸣而来的，没有现如今手机闹铃的机械僵硬感，那一声又一声的鸡鸣唤醒沉睡的人们去迎接一个新的晨曦。乡村清晨的空气是新鲜的，走出房门，扑面而来的清新空气，吸入口中，融入血液，汇入身体，整个人就充满了力量。

　　小时候，那时我还没有搬家，我们家门前种着好几棵大槐树，我最喜欢做的事就是在夏天午后的时候躺在槐树下面的吊床上乘凉，享受着透过树叶的细细的阳光，感受着空气中弥漫着的槐花香味，这使我的心情十分愉悦。奶奶在旁边轻轻地摇晃着吊床，很快我便美美地进入了梦乡。

　　也许是在梦里梦到了那香脆的蚂蚱和知了，睡醒后，便跑去村里逮蚂蚱。我很喜欢在村子里面逮蚂蚱，有时也和一些大孩子一起用面团和竹竿，在树上抓知了。因为我比较小再加上竹竿只有一根，我一般都是拿着塑料袋跟在他们后面负责打下手，一抓就是一下午，晚上他们就会把洗好的知了分出很多送到我家。但是更多的时候，我是和伙伴们一起去草地里抓蚂蚱。一天下来，往往收获颇丰，你要是带个瓶子的话估计能装一瓶，我更喜欢把蚂蚱用狗尾巴草穿起来，串成一串一串的，就这样提溜着一下午的成果高兴地回到家里。回到家里，我都会让妈妈开灶炸一些吃，不论知了还是蚂蚱在油炸之后都会非常好吃，这都是小时候不可多得美食，每次吃的时候都会感觉非常美味和开心，估计因为这是自己通过自己努力得来的吧。

　　小时候，没有那么多的讲究，没有那么多的危险，也没有那么多的约束，作业写完了，就会和小伙伴们跑出去玩，村中每个地方都能成为我们的游乐园，有破旧的房屋，长满草的土堆，还有可以下去捞鱼的小河。

　　夏天，村里的小河便是我们清凉的一个好去处，小河旁边有着几块方方正正的大石头，那是村里人洗衣服用的原始工具。平日里，我们离着老远，就能听到村里妇女们用棍子敲打衣服"砰、砰"的声音。一个小小的村庄，总共也就几百户人口，彼此之间很是熟悉，大娘和婶子们会热情地

跟我们打招呼。没人洗衣服时,我和伙伴们便会把衣服脱个精光在河里嬉闹起来,浅浅的河水清澈见底,阳光可以直直地照进水底遍布的光滑的鹅卵石上,反射出犹如绸缎般炫目的光芒。有时候水中会飘过一溜黑影,那是水中的鱼儿在快乐的游荡。孩子们在小河里除了能够洗澡之外最大的乐趣是什么? 当然是捞鱼摸虾了,没有网子,也没有鱼叉,就凭着一双双小手,在河里摸鱼。河里的小鱼也仿佛天真懵懂,痴痴傻傻一般,不闪不避,但是当你满心欢喜以为要抓住它了的时候,它却轻轻地一摆尾巴,不知窜到哪去了。尽管在河里泡一上午也可能抓不到一条鱼,但是我们仍然乐此不疲,这不就是我们最简单最淳朴的乐趣吗。村里的那条小河,虽没有大海的波澜壮阔,但是它却承载着我童年时天真的记忆。

夏天,也是西瓜成熟的季节,农民们为了防止鸟类、黄鼠狼等野生动物的偷食,往往会有人晚上在瓜田里面看守。经过父母的同意,我和发小俩人便被安排到看守瓜田的岗位上,我们那时只有八九岁,当时我们幻想着能够像少年闰土那样尽职尽责,勇敢地与猹斗智斗勇,然而后面的发生的事情,证明我们真的是异想天开了,瓜田里并没有遇到所谓的猹也没有黄鼠狼,在我们身边的只有嗡嗡的蚊子和一个个的大西瓜,望着那一个个饱满的大西瓜,我们便忍不住了,直接走进瓜田挑了一个西瓜往地上一摔,摔成两半,两个孩子就这样在地里啃着西瓜,躺在木头支起来的草棚里,谈论着未来。我喜欢乡村的夜晚,没有霓虹灯的闪烁,没有汽车的喧嚣,也没有那么多不回家的人,除了星光和月光在天上为我们指引方向,黑夜给乡村披上了一层黑纱,抬头仰望璀璨的夜空,对着漫天的星斗让思维插上飞翔的翅膀,飞向无边无际的美好想象。水沟里蛙声一片,蛐蛐也在窃窃私语。最热闹的是稍微有些动静,一家犬吠,满村狗叫,所有的声音都在歌唱美好的夜晚。这时的心总是平静的,透明的,纯洁得像一张未曾作画的白纸,带着微笑进入甜美的梦乡。天亮了,我们睁开眼,望着蓝蓝的天空,白白的云彩,黄黄的太阳挂在我们的头顶,空气里飘来西瓜的香甜,我们两相互对视,微微一笑,站起身来又跑到田里挑了一个大西瓜大快朵颐。这就是美好,一大片瓜田,一大片土地,一大片天空,此刻只属于你和我两个人,我们享受着西瓜的甘甜,享受这一切带给我们的快乐。

出生在乡村,生长在乡村的我,儿时总对那繁华的都市充满着向往,希望通过自己的努力能够离开乡村成为都市的一员,一条求学路让我走进了梦寐以求的都市生活。我清晰地记得当初我即将迈入城市时内心的期待,也记得初入都市时自己表现出来的惊慌与兴奋。但是时至今日,仰望着城市的天空,望着远处的摩天轮,突然对乡村,我曾经的家,充满了无限的回忆。

在我离开乡村的近十年时光里,我看过了波澜壮阔的大海,也见识过了霓虹闪烁的城市,这些在我心中的印象完美无缺,但是当我反过头来再去回忆小时候那记忆中的乡村后,我才明白什么才是真正的人间天堂,我爱乡村。

乡村记忆,记忆乡村,承载着多少人心的归属啊。

考察主题：乡村记忆

考察地点：山东省临沂市罗庄区高新区涧头村

考察时间：2017 年 4 月 29 日至 2017 年 5 月 1 日

梦回临沂

化工 1501 班　奚伟彬、李坤、吴明熵、滕永鑫、贡子鸣

时过境迁，不知不觉我迈入了大学的校门已经近两年，体会了两年安逸舒适的生活。但是也正是种生活掩盖了我们对于过去、现在和未来的思考。随着我们的成长，也许我们越来越向陌生的城市靠近，但是又有谁能在闲暇之余忆起我们一路走过的历程，我们童年的乡下时光呢？我是地地道道的农村孩子，小时候和大多数的城市孩子不一样，没有液晶电视，亦无电脑游戏，我有的，仅仅是最美好的童年回忆和属于我自己的乡村生活。直到现在我们的记忆中依旧蕴藏着那时的回忆，那是一个很长的历程，是个需要我讲述好久好久的回忆。

三月半，春风夹杂稷下湖畔的花香，燥热的夏天正慢慢向我们走来。在烦躁时，我总是喜欢独自一个人坐在湖边静静地思考问题，回忆过去的一点一滴。那些人和故事似乎还在脑海里不断地穿梭，却已经是永远都回不去的记忆了。我们只能在无聊空虚的时候想想那美好的回忆，如同陈年的酒，一滴便可醉人。乡村的生活是最美好的生活，这种生活值得我们品味一生。作为一名已过弱冠之年的成年人，每每回忆起旧时旧事，还是能感动异常。多希望我能再次回到童年，回到年幼时的村庄，再去经历一回属于我的快乐的乡村生活。

乡村生活自应有乡村的特色，清澈的溪流，绕着村里的杨柳流过，还有树下铺满树叶的小石凳。在小的时候我能和我的小伙伴们在这里玩上一天，阵阵微风拂过，在风中还夹杂着我和小伙伴们的逗笑声，笑声传遍整个村庄。小时候的我们没有任何的顾虑，只管好好地享受生活给我们带来的乐趣。

春日里生机益然的麦田，夏日里充满活力的水稻，秋时则累累硕果，冬时则万物寂静，一片素色。这每一幅画都深深地刻进了我的脑海里，数年之后，靠着这高楼大厦，我的童年记忆，我的乡村记忆，无疑是我在这滚滚尘世中的一股清流。

当第一场雨带着春之女神的眷顾，落在这片土地上，一切沉睡的生命都被唤醒。村里的杏花梅花一夜之间竞相开放，人间仙境，世外桃源想来也不过如此吧。小满时节，就是收割麦子的时候，每次我都带着水壶坐在田埂上，看着家人挥舞着手里的镰刀，收割着他们半年多得来的成果，看得我如痴如醉。乖巧懂事的我总会在他们口渴的时候倒上一杯

凉茶，这一杯凉茶就是我们这的一个春。"田家少闲月，五月人倍忙。"夏季是最忙的季节，水田要比麦田难打理得多，插秧也要比收割麦子累。都说面向黄土背朝天的日子是苦日子，而我恰恰喜欢这种生活，喜欢这种劳动的感觉。光着脚丫一步一个脚印，体会那种脚踩着黄泥和水的感觉，柔软又凉爽，和着家乡泥土自带的香气，我会在那种香气里越陷越深，忘记自我。我想那种感觉是我终生难忘的。整个水田里，大家都在有说有笑地干着农活，疲惫的时候就喝一口茶水，扇扇蒲扇，谈谈家常，再将额头上的汗水擦拭干净，又能回到田中铆足干劲继续干活。现在想起来，当时的一幕幕就像一部老电影，温馨而感动。

还记得那时候家里人是不允许我们到河里洗澡的，大人们总是会编出各种各样的谎话骗我们，诸如水里有吃人的怪兽一类的早已不再新鲜。怎奈烈日炎炎，调皮的孩子总是三五成群的偷偷溜去河边，在清凉的水里玩耍一番。记得有一次大家约好去河里玩水，结果被同村的一位叔叔看到，结果可想而知，妈妈教训了我一顿，那次应该是我被教训得最惨的一次了，现在想来这声声的责骂也是家人的关怀和担忧。听着外面的蝉叫声，我想到夏天捉蝉也是我们不可少的游戏。太阳越足，那蝉鸣得越厉害。孩子们人一个手长长的粘杆儿，在烈日下嬉笑，打闹，喝上一大碗绿豆水，能在外面撒上一天的欢儿，回到家里总会比上一比谁捉到的蝉个头大，形态美。我不禁想到鲁迅先生写自己在百草园捡蝉蜕的故事，我想他一定也不曾经历过像我这般有趣的生活。

秋冬之时，则少了几分春夏的趣味，但却多了乡村平时少有的一些安静与闲适。凉爽的秋天，村里的渔人就会早早地起床，收回昨天晚上投在河中的渔网，我偷偷地溜出门去，在大雾中跟着也他们一起来到大河边，只为了能看看有没有大鱼，可惜有大鱼的时候并不多，更多的是这些小鱼和一些我也不认得的树叶，尽管如此，我还是乐此不疲。

令我印象最为深刻就是大家在一起弹玻璃球，两分钱一个的玻璃球，在那时候我们的眼中如同珍宝。玻璃球玩法很多，每种玩法都有不同的有趣之处。大多数时候我们都用来三五人组成一伙比赛，我每次都因为输掉自己的玻璃球而放声大哭，现在回想起来，不禁觉得当时的自己真好笑，只是如今在超市里早已见不到这陪伴我童年的小玩意了。

"忽如一夜春风来，千树万树梨花开"。冬天总是少不了大雪纷飞的景色，许是我当时太小，总是觉得如今再也没了同我儿时那般的大雪。大地万物都是银装素裹，万籁俱寂。大家在一起滚两个雪球，几个大个子的孩子把它们摞在一起，折几段树枝，捡几颗石子，安在上面。不知是谁家的孩子，偷来了脂粉，涂出"雪人"的嘴唇。然后大家围着它欢声笑语。玩得累了，躺在空旷的雪地上，印出一个"大"字，然后一起开怀地大笑。回到家里一阵暖意迎面而来，家里早已做好了热气腾腾的饭。小时候家里做饭和取暖都是用烧柴的大炉灶，而不是现在的煤气和电炉。红红的炉火烧着，跳着，映得我的脸颊也是红彤彤的，温暖着这一大家子的人。我时常会想起那个炉子，想在上面暖一暖自己的手，也还想再吃一次它做出来的米饭。

时不我待，岁不我与。如今的生活，虽然变得安逸而富足，但以前那种苦中作乐的单纯的感情，也随着时间一起溜走了。每次回家看到自己满满一罐子的玻璃球，更多的是一些怀念。我依旧痴想着能回到过去，召集过去的小伙伴再捉一次蝉，再弹一次玻璃球，显然这也是不可能了。因为是我的乡村记忆，是我无法再经历的体验，所以显得弥足珍贵。

有些时候，我反而不希望时代发展得如此之快，一如如今的乡村也不同于当年。时代在变，我也无法停滞不前，只祈盼我可以永远锁住我这一生的财富。如果可以的话，我想给自己以后的孩子一个和我一样有着万千回忆的乡村童年。那是属于我的回忆和我的财富，也是我们逝去的乡村生活。

考察主题：乡土记忆
考察地点：山东省莱芜市牛泉镇
考察时间：2017 年 4 月 30 日

乡村记忆随笔

化工 1502 班　李文博、马振宇、白志涛、薛红勇、夏加亮

作为一名在乡村里长大的孩童，我对乡村的种种变化了如指掌。以前当我走进城市，我总会听到城市人对我们乡村人的一些不好的评价，但是当我在城市里居住时，日子久了，总会想起以前乡村的种种记忆，突然间对记忆中的乡村充满了无限向往。

记忆中那乡村的清晨总是伴着鸡鸣鸟叫而来的，那一声又一声的天籁唤醒沉睡的人们去迎接另一个新的晨曦。走出房门，迎接你的是那扑面而来的清新空气，让人神清气爽，心情舒畅，整个人就充满了新的力量与活力。

童年，是梦中的真，是真中的梦，是回忆时含泪的微笑。小时候，我记忆最深的就是我们村子前面的小池塘，可惜现在已经成了一潭死水，毫无生气。那时的我很喜欢和小伙伴们去那个池塘捉鱼摸虾，有时候大人们也会到那去钓鱼。我和小伙伴们经常在河边比赛，看谁捉到的虾多，如今回想起来还真高兴呢。可是，再也不能像原来那样玩了，我掩着脸叹息，那种生活只有在梦中才能出现吧。村子在发展，当时的一潭死水到如今已被掩埋，不复存在。

我最喜欢乡村的夜晚，尤其是夏天的夜晚，虽然蚊子有点多。记忆中的乡村夜晚是漆黑而安静的，没有霓虹灯的闪烁，也没有汽车的喧嚣。到了夏天夜晚，没有空调又不舍得用电，就那一块凉席往地上一铺，街坊邻居走出家门，畅意谈话。而对于我来说最舒服的事情莫过于玩耍之后，躺在妈妈怀里，抬头仰望璀璨的夜空，对着漫天的星斗听妈妈讲故事。到了如今，家家门口前再也没有了那一地的凉席，乡村发展了，但人们却疏远了，没有太多的交流，如同一个个的陌生人。

在我眼中，乡村是有色彩的，每一种色彩都代表着一个别样的乡村。春天的乡村是一眼望不到边际的绿色，那是未来，是蓬勃的生命；夏天的乡村是五颜六色的，那是活力，是拼搏；秋天的乡村是一片金黄，是无尽的笑，那是收获，是收获后的喜悦；雪白的冬天让整个乡村都是洁净的，那是感悟的季节，是享受的季节。一年又一年的四季轮回在无声中推动着乡村的发展，我分明看到乡村母亲的微笑。

提到乡村，不得不提一下炊烟，炊烟是乡村的灵魂。炊烟是属于乡村的，炊烟在乡村有着独特的含义。炊烟是生命的象征。有句老话叫作"人烟"，也就是说，有烟的地方才会有人，相同的道理，只有有人的地方，才会有烟。有人有烟了，于是就使人烟延续了下来。

在我的记忆深处,乡村那缥缈的炊烟是那么的美,那么的富有吸引力。回到温暖的家,一家人围坐在一起,伴着淡淡的炊烟的余味,一起吃着香甜的饭菜,这就是乡下人渴望的幸福。如今炊烟总是像梦幻般飘荡在记忆的上空,不敢想象,炊烟是不是有一天会伴随着时代的进步而消失?

再说一说我家的老土墙,土是乡村的符号,它生长庄稼滋养生命,也为生命提供简朴的庇护。当人们终老,土地还是他们的归宿,"入土为安"为此延续了数千年。黛玉的葬花词曾讲"一抔净土掩风流",也是把落花当作人来对待的。

家乡的土墙就承载着庇护的使命。那些土墙确实"土得掉渣",一排排、一堵堵,将一家一户分割成不同的院子。它们灰黄的颜色让太阳一照,还会放出刺眼的光芒,晃得人心里发慌。要把土垒成一堵墙,并不是一件容易的事情。"聚沙成塔",其实沙是垒不成墙的,因为它们和不成泥,掺了水也松散得很。垒土墙的土都是上好的壤土,浇上水和匀实了,再一锨一锨垒上去,要费很多力气。"烂泥扶不上墙"是垒土墙的经验之谈,却被拿来形容无能的人了。

烂泥其实只是没有把泥和好,掺多了水分。土墙算不上高,往往不会超过两米,它不是用来防贼的。谁的家里都没有万贯资财,除了几只鸡鸭就是为数不多的羊而已。土墙只是界限的记号。小时候的我们都爱爬墙头,当然也不是去偷东西,仅仅是为了展示说书人口中或连环画书中的"轻功"。记得有一出很著名的戏剧《墙头记》,讲的是两个不孝的儿子都不愿意赡养父亲,最后把老人推到两家中间墙头上的事情。老人的"骑墙"命运着实令人心酸。

岁月久了,土墙上也会萌发出生命来。有这样一副对联:"墙上芦苇,头重脚轻根底浅;山间竹笋,嘴尖皮厚腹中空。"山间竹笋我没有见过,要说土墙上长出芦苇,那只能是文人们的超常想象。芦苇是长在水里的,缺水的墙头想长出草都很艰难。如果哪个季节雨水丰沛,才会长出草来。土墙头上只长耐旱的仙人掌。干燥的土墙尽管少有植物,却是蚂蚁、蛐蛐、土蜂等虫子的最佳住所,因此常常把童年的我吸引过去,乐此不疲地探寻它们的秘密。

再说一说我家那口老井,老井离村边不远,那是一口古老的井,石砌的栏杆,高高的井沿,地面铺着大小不一却错落有致的青石板,古色古香的。那斑驳的石栏上长着的青苔,更泛着老井沧桑的味道,显露出岁月的漫长和艰辛。井很大,也很深,井水晶莹澄澈,香甜可口,幽幽的一潭碧水,在阳光下闪着亮光,就像童话里的水晶宫那样神秘。小时候我放学后,总爱和小伙伴们一起趴在那呈六角形状的井沿上,对着井里大声喊叫着,那梦幻般的回声,就像是从天庭传来的神仙般的声音。井的旁边是一株百年老柳树,苍劲古拙的枝条撑起了一片晴朗的天空。井的前边是开阔的稻田,清风徐来,稻谷一浪一浪地起舞,在夏的怀抱里,卷起层层绿波。

夏夜,繁星闪烁,暖风拂过,树影婆娑,蛙声一片。乡亲们便在古井旁,稻花香里叙说着丰年事……

考察主题：我的家乡——雪野
考察地点：山东省莱芜市莱城区雪野村
考察时间：2017 年 4 月 29 日至 2017 年 5 月 1 日

美丽雪野

化工 1605 班　胥清华、赵琳琳、贾虹慧
化工 1606 班　杨志雨

湖畔尖山似剑芒，四人迎柳上峰头。

怀古到今难忘却，花开依旧笑新春。

我们一行四人走进了雪野，缅怀并追寻先人的足迹，仰望家乡的大好河山；雪野母亲用春风给我们深深的拥抱，同时她又向我们展开一幅气势磅礴而又异彩纷呈的画卷。

我们四个在这里，望得见山，看得见水，记得住乡愁；在这里，写得下诗句，留下了篇章，带走了记忆。正是由于暖温带半湿润气候的涵养，才培育出了朴实、厚道、聪明、灵透的雪野人民，他们在历史的各个时期，都留下了浓厚的一笔。春季晴朗，夏季凉爽，秋季金黄，冬季温暖，在每个季节里，雪野都展现着她那独特的魅力，她亮丽的风景和深厚的人文深深地吸引着每一个人。

一、雪野——来源篇

我的家乡是雪野。"雪野"一名是经过了历朝历代的变迁才终于确定下来的，它的变迁也承载了一段段令人惊奇的历史故事。雪野是有着几千年历史文化的古老村庄，曾经叫"薛冶"，为当时重要的青铜器、铁器冶炼基地，后来又演变成"雪野"。令人遗憾的是，雪野的历史古迹基本被毁，要想真的细细探究它的历史渊源，还真有相当大的难度。幸亏有几位上了年纪的雪野老人，依稀记得街北头"关帝庙"墙上镶嵌着的几块石碑记载着村庄的历史。因此，这事有了一线希望，有了一些眉目。为了深入了解雪野的历史，我们特地到雪野村附近的几个村子拜访了几个老人。在与老人交流中，我们感觉对雪野的历史又有了深入的了解。

据王道利和王道山两个老人讲，雪野最开始于商末周初，姜子牙辅佐周武王灭纣兴周之时（大概在公元前 1060 年），因姜子牙功高盖世，周王把最富庶的齐地分封给了他。有一年（大约在 1066 年）姜太公从国都镐京，带着随从乘着车马要到封地探视。他起身时还是初秋，当进入山东时已是隆冬季节。车马到了吐丝口镇，就见路上的积雪大都化去，只有坡地里还有断断续续的残雪。姜太公吩咐随从快马加鞭，直赴锦阳关。当姜太公一行人走到江水村北的椿树岭上时，赶马人往北一望，竟被眼前的景色惊呆了，群山环抱中，白茫茫的一片雪原！姜子牙闻听，立刻走下车来，站在高处，向北张望。只见眼前是一片银白的世界，不禁脱口说道："好个群山拥雪野。"众人听后无不颔首称赞，于是叫来吏官，对吏官说道："这地方的雪景特美，就叫它雪野吧！"自此，这个地方便有了"雪野"的美名。

又相传到了唐朝时期,此地的名字又有了变动。有一年两辽王薛丁山率领大军东征,路过雪野,偏巧大雨倾盆,经旬未歇。临走时,薛丁山本家的一个侄子因患重病,不能随军前行,薛丁山就把他留在了雪野,嘱咐当地老百姓给他请医治病。薛姓青年病好后,没法找到部队,就和保长商量在村南大堰下支个炉冶铁炼铜。不几天,一炉通红的铁水便从炉中流了出来。四邻八乡的百姓都来买铜铁做家什了,有人们问从哪里买来的铁,都回答说:"从薛冶炉买来的。"时间一长,这薛冶炉中的"炉"字便被人们省去了,成了"薛冶"。这"薛冶"越发展越大,后来发展到了好几只炉,他们炉出的矿渣就堆到村东的一个坡地上,天长日久,竟成了一座小岭。于是,人们就叫它"无汞岭"。直到今天,水库的水退下之后,无汞岭依然还在。直到1958年大炼钢铁时,这些矿渣才被人们从地里挖出来,因太沉太大没法运,后用炸药一点一点地炸开,投进了小土炉里,可惜的是不但没练成铁,反而全成了"硫子"(矿渣)。从此这块大铁砣子便消失了。这块铁砣有人说是一块陨石,其实不对,因为人们在挖铁砣时,还挖出了古代时的锤和撅头之类的工具,这足以证明是薛冶所在。这件事在关帝庙的石碑上也曾有一定的记载,但已在修水库时毁坏了。若干年后,人们往往在彼此的言语交流中将"薛"与"雪"混为一谈,慢慢地变成"雪野"了。

"雪野"既是村名也是镇名。"雪野村"原名"薛野村",据明嘉靖《莱芜县志》记载:元朝郁谢等姓居于此,原名薛野村,大约220年前,薛野村因水患毁村,整修时挖出一泉一碑,碑上刻有"雪花泉"三个字。

二、雪野——历史篇

滔滔岁月犹如那巨大的车轮,风驰电掣地碾过滚滚红尘。历史的长河随时间的流逝而缓缓流过,有些人虽然躺在土地里,有些事虽然已经过去,但是在我们内心里依旧无法忘怀。

说到雪野那源远流长的历史,首先想到的就是雪野的鲁地,因为它曾经是齐鲁两国的友好见证。在战国时期,有多少国君为了争夺土地而四处征战,使百姓生活民不聊生。但齐国和鲁国两位国君,却互相推让。在那时分接线都是以山脊为中分线,向南归南,向北归北。但就有这样一个地方,三面环山,如果向南就是齐国,如果向北就是鲁国,如果一分为二,在山中却没有合适的通道,这就使两国非常为难。那时齐国国君是齐襄公,鲁国国君是鲁庄公,鲁庄公的母亲是齐襄公的妹妹,鲁庄公的妻子则是齐襄公的侄女儿,这种婚姻关系,奠定了两国的友好关系。两位国君见此状况都互相推让,致使这个地方不知道划分为哪国。因此两位国君让这个地方的百姓来决定。百姓说我们的亲戚大部分都在南边,所以我们就归齐国吧。因此鲁国国君把这片地方划给齐国,齐国也感谢鲁国的相让。从此这片鲁地成了齐鲁两国的友好见证。但是没有永远的朋友,只有永远的利益。曾经再好的两国也会因为眼前的利益而发生战争。

常言道:哪里有压迫,哪里就有反抗。相传,隋朝末年,荒淫无道的隋炀帝杨广,整天沉迷在美女和美酒之间,曾为了看一场琼花,而修建了工程巨大的漕渠,为了他的一己之悦,横征暴敛,使百姓生活在水深火热之中。杨广的暴行,最终导致了百姓起义,也致使隋朝灭亡。唐国公李渊顺应民意,揭竿而起,百姓纷纷支持加入。唐王李世民智勇双全,帮助父亲完成大业。有一年夏天,天气炎热,酷暑难当,这时正值大旱无雨,河道干枯,没有水源。但是军队不可以没有水,因为水是生命之源,此时底下的士兵大部分都因缺水而昏厥,有的甚至因缺水而亡。李世民见此状,不得不四处寻找水源。就在这时雪野村的村民为士兵提供了大量的水资源,保证了他们的战斗力,使这场战争赢得了胜利。那些雪野村的村民,虽然没有留下姓名,但是他们为历史的发展做出了伟大贡献。他们默默奉献的精神,值得我们永远学习。唐王李世民爱民如子。但是天高皇帝远,身居高位的君主体恤百姓,但是底下官员未必个个都如此。曾有这样一首儿歌:李增广,李海佑,欺负的农户没法过。吃人肉,喝人血,咱受苦来他想乐。这首儿歌流传至今,就是因为当时李世民手下的官员鱼肉百姓,百姓才创造了这首儿歌。久而久之,这首儿歌流传至今,也成了雪野文化的一部分。

除此之外,我们还了解到,在两峰相对的南峰北面花岗岩石壁上,还刻着"咸丰十一年,咸丰皇帝避难处"的字样,尽管年代久远,又因石刻本身较浅,如今字样已有些模糊,但仔细辨认,仍能辨认得出来。当年咸丰皇帝避难的山洞,经张洪才老先生的指点我们才知道,原来就在南峰半山腰,坐东朝西的石壁上。这里地势险要,洞上有巨大的石块覆盖,进洞的路十分困难,洞前有松柏相遮,十分隐蔽。据说咸丰皇帝回京后,并没有忘记此山,拨款派人重修庙宇,再塑金身,还修上戏台,每年三月三是这儿的庙会,此风一直延续到新中国成立之后。洞外南面与洞相距三四米的地方有一方正石台,在石台的北面还有一石座,据说,那是咸丰皇帝当年取水饮马的地方。我想,此地泉水水质极好,当年一定不仅饮马,也同样是避难之人汲水的去处。由此观云,此泉应称之为"御驾泉"更为贴题。

同样一个地方,同样一件事情,每一双眼睛看到的都是不一样的。用心去感受,用耳朵去聆听用,用眼睛去观赏,才能更好地领会到雪野文化的美。

如今,有着古代人文历史传说故事并成为现代航空运动永久举办地的雪野,正在逐渐成为莱芜乃至省内的一张文化、旅游、运动名片。

三、雪野——文化篇

雪野,自古以来就是一片古老文明的热土,这里的山山水水,无一不浸透着几千年来祖辈人的心血和智慧。雪野的历史文化悠久,传承至今早已有了上千年的历史。

据家里老一辈的人说,前些年的时候有一位张姓老人曾经在雪野的马鞍山北峰上挖出过石剑、石镰等东西,经专家鉴定过后判断是属于新石器时代的产物,也就是说,新石器时代我们的祖先就住在这里。老人还说在山上劳作时,时常会发现古铜钱和黑陶陶片,这一切都说明了在雪野的马鞍山上层有过灿烂的古代文明。

今天我们就来重点说一说已经申请上非物质文化遗产项目的吕祖洞,来慢慢揭开吕祖洞的神秘面纱。在北江水村大河以北,当你绕过山嘴,来到山前就会发现,在一座朝南坐北的五彩斑斓的悬崖峭壁上镶嵌着几个大小不一、形态各异的洞口。这些洞口与倒挂在峭壁上的松柏相互掩映,微风一吹,时隐时现,给本来就充满神秘色彩的传说,又蒙上了一层仙气,这里便是当地广为流传的"吕祖洞"。

听老一辈的人说,大约在宋元时期,在雪野曾爆发过一场瘟疫,但这场瘟疫发生得十分奇怪,只有那些年轻的后生们感染了。束手无策的人们只好去乞求神灵来保佑。村里的人听说仙人吕洞宾赛过菩萨,十分灵验,于是请了一位先生写了吕洞宾的牌位。大伙又凑钱买了香、贡品等在洞里做起了祷告。说来也巧，吕洞宾正好有事儿从此经过，掐指一算，算出这一带的老百姓摊上了瘟疫，此时正在山洞中向自己焚香祷告，于是他循着香迹而来。吕洞宾化作一位老道长，拦住一位老妇人问了详情后，十分动容，明白这是上天在惩罚大众，忙对洞里的众人说："大家不要太悲伤了，天灾人祸，因果循环，大家也都不要太担心了"。紧接着再询问村里患病人数并掐指一算后，拿出一包药给了那位老妇人，并对她说："这药专治那个瘟疫，但这包药只能治90个人，90个之后就不灵了，你快拿去给他们服下吧"。说完，化成青烟不见了。老妇人也半信半疑地回家去给那些患了病的年轻后生们服了药，过了不一会儿，年轻后生们都精神了起来，跟没病一样。而给90个年轻后生们服下药后，药也刚刚用完了，旁边有一个认字的人，吃惊地说那个包着药的纸上写着吕洞宾的真名。众人闻听纷纷跑出家中，向上天祷告谢恩。

自打那以后，曾经求拜过吕洞宾的那个山洞也就改叫"吕祖洞"了。雪野人也开始将每年的三月初三定为庙会，多少年来香火一直都极为旺盛。一直到抗日战争爆发后，这里的香火，才渐渐衰落下来。如今这里已是旅游胜地，洞中塑上了仙人吕洞宾的塑像，每天都迎来不少的游人信客前来瞻仰，也发展成为雪野重要的非物质文化遗产。

四、雪野——旅游篇

古语道，书中自有颜如玉，书中自有黄金屋。书确实可以教给我们很多很多的东西。但我却更加信奉"读万卷书，不如行万里路"。所以我就很喜欢旅游，喜欢去游览祖国的山川河流，喜欢用双脚丈量祖国的土地，更喜欢脚踏实地站在地上的那种感觉。说实话，走过了那么多地方，游览过那么多的风景，还是最喜欢我的家乡雪野。虽然说她比不上北京的恢宏大气，赶不上上海的时尚国际，达不到西藏的神秘迷人。但我却依旧热爱雪野，热爱雪野那悠久厚重的历史文化，热爱雪野的那些曾经辉煌的远古生命的伟大与鲜为人知，进而更加懂得了曾发生在这片热土上那几千年的神秘文明。

在雪野众多的景点之中，我最喜欢的一处景点就是锦阳关。首先锦阳关的地理位置十分险要。据记载，它与青石关、黄石关并列为三大关隘，锦阳关位于雪野以北20多里的娘娘庙村之北，是古老齐长城上的一座关隘，在历史中，具有防御与进攻的作用。其次，它的历史文化非常悠久，据史料记载，锦阳关也叫通齐关，高6米，门洞宽4米，进深8米，门上方长2米、宽50厘米的青石上阳刻40厘米乘35厘米的"锦阳关"三个大字。观赏平台四周筑有垛口，平台上有关帝庙，内有彩塑数尊。两扇关门为铁箍木制，用直径15厘米的门杠横锁。

在我小的时候，就常常听家里的老一辈提起过关于它的一些历史。战国时期，它位于齐鲁两国交界地带，是两国的边界线。我的爷爷给我讲述了齐桓公继承王位途中在这经历的故事。爷爷讲到齐国为了报复鲁国，常常在锦阳关一带派出小股部队对鲁国进行骚扰，对这一带的村庄和百姓造成损失和威胁。据说在短短三年的时间里，大小的战争竟不下十几次。齐国运用声东击西的办法，给鲁国造成了齐国要从锦阳关出兵的假象。

在战国后期，齐国终于被秦国灭亡，秦国也终于统一了中国。自那之后，这座锦阳关再也没发挥其防御和进攻的堡垒作用，转而成了南北两地人们友好往来的驿站，再后来锦阳关逐渐被毁坏。为了保护这一历史遗迹，近年来政府拨款又将这城楼恢复了原样，如今这城楼,正雄踞在锦阳关的关口,成为锦阳关的标志性建筑,一道亮丽的风景线,也永远成为人们瞻仰历史的景点。

除了锦阳关之外,雪野另一个具有浓厚历史色彩的地方是文昌岭。文昌岭,是坐落在老雪野村东北部的一座孤岭,它海拔并不高,不过几十米而已。文昌岭南临钟楼湾发源地——弯叉子。雪野河从它的东面北面绕过,据说它最先与东岭相连,是大禹治水的时候被凿开的。雪野水库建成之后,文昌岭已成了文昌岛,上面建有高档的旅游山庄、酒店、饭庄,也已经是日新月异,不同于以往了。

文昌岛绿树成荫,是旅游观光的绝好去处。但文昌岭最重要的身份要数雪野史前文明发祥地。相传很久很久以前,文昌岭并不叫这个名字,它因为在村庄的北面而被村民形象地称作"小北岭"。然而,有一天村庄里来了一个算命先生,他对村里的老人们说,你们还真别小看了这北边的小岭,它上面有文脉,如果在上面盖一座文昌阁,你们这个村里能出一斗芝麻粒子的官儿,不过要在湾南边建个私塾,才能够打通文脉。山里的人都非常实在,一听算命先生这么说,大家都很热情。其中一位王姓族人,主动站出来为大家张罗着这件事。村庄里的人有钱的出钱,有力的出力。你献瓜,我出鸡蛋,你凑砖块儿,我就凑瓦片,总之家里有啥就出啥,唯恐落在别人的后面让人指脊梁骨。人多好干活儿,不出半个月,私塾和文昌阁的修建材料就筹备齐了。人多力量也大,不出三天,一座有着三间屋大的私塾也盖好啦。人们顾不上休息,来到小岭上盖文昌阁,王姓族人则受了委托,去请教书先生并组织孩子上私塾。孩子好组织,可就是这教书先生怪难聘。王姓族人下山去请教书先生,经历了一波三折,也还是没有请到教书先生,于是,他抱着最后一丝希望,来到颜奶奶庙前拜了拜,希望颜奶奶能够给他们村庄送来一个教书先生。最后的结果也是不错的,颜奶奶听到了王姓族人的祈祷,也真的给他们的村庄送来了一个教书先生。这个小村庄之后也真的出了一斗芝麻粒儿的官儿,小北岭也随着文昌阁改了名字,改叫作文昌岭。

我们一行四人顺着沿湖公路欣赏当地展现的景色,转身面对着浩渺的一湖清水,触摸着从湖面吹来温和的阵阵清风,远眺着环湖而建的风格各异的水边建筑。我们的内心掀起了阵阵涟漪,感叹雪野无穷的魅力,为自己是雪野人而感到无比的骄傲和自豪。随着航空节成功举办,越来越多的人对"雪野湖"这个极富诗情画意的地方和那透着温文尔雅的名字产生了浓厚的兴趣,都极想探索和撩开她那神秘的面纱。我们四人走下沿湖道,撑着游船在湖面荡漾,船在波光粼粼的湖面行驶着,让我们尽情地在浩瀚缥缈的湖面享受,感受雪野湖的波澜壮阔。两边的景色倒映在湖面,深深地吸引着我们,游船到达岸边时,我们依然深陷其中无法自拔。

雪野是莱芜游览观光的好地方,她有着优美的山水生态资源。在雪野辖区内有马鞍山、华山和九龙大峡谷,森林覆盖率超过百分之七十,空气质量极高,素有"天然氧吧"之美誉。雪野也是一个适宜休闲的地方,她依托丰富的水生态资源和历史文化优势,成为省级旅游度假区。在市委市政府的有力支持下,莱芜市举全市之力加快雪野发展,着力于雪野开发建设,大力发展旅游业,使雪野成为中国国际航空体育永久举办地。雪野现有航空园、农博园、儿童欢乐中心、垂钓中心、蓝湾欢乐岛等多处景点,许多家旅游度假酒店,还有20公里的环湖绿道和总长200公里的环山绿道,是进行皮划艇、游泳、垂钓、自行车、徒步、马拉松、低空飞行等水上、山地和航空运动的滨湖运动休闲胜地。

雪野还有好多好看又好玩并带有梦幻气息的地方，都等着人们自己来慢慢发掘了。

五、雪野——特产篇

每当到一个地方，我首先想到的便是一个字——吃，我觉得这是作为一名"吃货"的基本素养。我问过一个"吃货"："中国你最想去的地方有哪些？"他回答说："我想去西安、广州和成都。"因为在他的印象中这些地方拥有着中国最好吃的美食，但我告诉他雪野的美食丝毫不亚于其他地方的美食。作为雪野土生土长的人，下面我来介绍一下我眼中雪野的特产。

雪野位于山东省莱芜市莱城区，拥有雪野农博园、雪野湖、雪野三峡等旅游景点。得天独厚的自然环境使得这里物产丰富，特产繁多。比如：雪野鱼头、松蘑、山楂、薄皮核桃、农家浆豆腐、山花蜂蜜、莱芜黑山羊等。虽说这些东西听起来并不是那么高大上，但是对于那些习惯了各种主食的人们来说，偶尔的一次野味也许别有一番风味。对于我来说雪野的特产首推雪野鱼头。大家肯定十分疑惑，美食千千万，为何非得推荐鱼头呢？要知道别说宾馆酒楼里见不到鱼头这道菜，就是在百姓的家庭餐桌上，吃鱼头的也总是孩子的父母。他们为给孩子多留一口鱼肉，自己只简单地吸吸鱼头鱼骨。但从20世纪八九十年代开始，情况就发生了戏剧性的变化，因为雪野鱼头从众多美食中脱颖而出了。那是20世纪80年代，雪野水库的渔业队在招待来客时，因为桌子上的菜少，便做了个鱼头汤充数，可是大家一喝，都说味道好极了，从此，"雪野鱼头汤"便逐渐时兴起来并名扬四方。

说到雪野鱼头就不得不先讲一下雪野湖了。雪野湖风景区位于山东省莱芜市区北部25公里处，原名雪野水库，为山东省大型水库之一。而我们的主角雪野鱼头便是雪野湖最具特色的美食名吃。雪野鱼头汤是用甘甜的山泉水、正宗的雪野湖大花鲢鱼，配以独特的佐料，以果木火慢炖缓熬而成，炖出的鱼头肉质鲜嫩，汤白如乳，入口绵香，让人既饱眼福，又饱口福。当然更重要的是其营养十分丰富，强身健体。因此雪野鱼头汤被食客誉为雪野一绝，并被省经贸委组织的专家评为"山东名小吃"。并有"不吃花莲头，枉来雪野游"之说。能获得如此评价，相信它肯定不是浪得虚名了。

除了雪野鱼头，雪野还有很多美食。有家常一点的，比如柴鸡蛋、农家浆豆腐、莱芜黑山羊肉等；有野味一点的，比如松蘑、山楂、薄皮核桃、山花蜂蜜等；还有一些野生的昆虫，比如野生活蝎子、野生蚂蚱等。其中我最感兴趣的是野生活蝎子，因为这是我平时连见都见不到的，而且一想到它便只有一个字——毒。但是在雪野，蝎子却是用来吃的，为此我专门查了一下，发现蝎子有很多了不起的功效，比如它是贵重的动物性药材，有息风止痉、通经活络、消肿止痛、攻毒散结等功效，能预防或治疗风湿痹痛、半身不遂、中风、瘰疬、无名肿痛、癌症、顽固性皮肤病等。另外，蝎子可以用来泡酒，蝎子酒口味甘爽、馨香、味醇、色佳，香而不艳，入口甘洌，回味绵长。

总的来说雪野特产丰富，来旅游的游客们千万不能错过。当然如果你没来过雪野，你也可以买到地道的土特产，那就是网购。随着互联网的发展，网店到处开花，而雪野人也在网络上卖起了自家的特产，所以说爱吃的朋友们马上行动起来吧。

六、雪野——未来篇

随着时代的发展,我越来越感到如今的雪野也不再是那个小小的村庄了,它已是莱芜这个鲁中明珠北部景区的总称了,已作为一个国家级的旅游品牌展现在全世界的面前了。因其地理位置所致,它更多融合了齐鲁两地的历史文化,随着历史的变迁,昔日这个位于长城锦阳关之南区区十几里的战略要地,如今已是省级旅游度假区、省级重点服务业园区、省级综合改革试验区和省级可持续发展试验区、省级生态旅游示范单位、国家级水利风景区、中国最美休闲胜地、美丽中国十佳旅游度假区、中国国际航空体育节永久举办地、省旅游局确定的创建国家级旅游度假区试点单位。

我们在雪野穿行,细数着雪野的变化,惊叹于雪野发展的速度,更是被雪野如画般的风景所折服,我们都相信在一代代人的努力下,雪野会变得更加美好,都相信在未来的雪野,会有更多的东西值得去发现。

是啊,登高远眺,无限美景尽收眼前——雪野,我可爱的故乡,你变了,你变得令我这个故人也"不识庐山真面目"了。此时你可知道,你的孩子对你有多么羡慕和依恋呀!这短短几年的沧桑巨变,无不显露出一个伟大盛世的魅力呀!

遥望雪野,旧貌换新颜。碧水蓝天,群山环抱中,那盘绕如练的环湖公路,犹如一条美丽的彩绸丝巾,给它娇美的身资又平添了几分娇艳;又如一根长长的红线,把沿岸那情态各异又颇具异国情调的各色建筑连在一起,形成了一篇令人永远读不完的优美的写景散文。当你来到国际航空体育节的永久举办地一睹蓝天银鹰的美丽风姿时;当你踏进现代农业生态园,仔细观赏那美丽的奇珍异草时;当你迈入五星级大酒店,端起一杯醇香的老酒,在呷上一口雪野鱼头时……你是否读懂了雪野的美?

记　忆

食品 1603 班　康梦雪

　　一提老家，人们都默认为是爷爷的家，而对于我来说，因为某些原因，老家是姥爷家，姥爷家就是我的老家，我的根。姥爷姓梁，生于 1945 年，家在山东省济宁市梁山村。

　　因为姥爷身体的原因，我一直没有问过姥爷关于家族的问题，就先向哥哥们了解了一下。梁家是从山西洪洞大槐树迁过来的，经过多年的发展，在清代，梁家已经是个非常庞大的家族，整个村子一大半的地都是梁家的，可以说是当时的地主，据说梁家还有祖传的功夫，但是现在已经失传了。梁家的家教家风也都很好，虽然没有明文规定，但代代相传，长辈言传身教，晚辈勤敏好学。据说，当时有位长辈看书过目不忘，最后上了大学，还有四位长辈被黄埔军校录取，但命运各不相同。梁家的长辈们十分重视情义。据说，当时家里有一缸银圆，但是为了把某位故人送过黄河，便用了半缸……

　　后来听姥爷讲了讲他知道的家族历史。梁家祖居山西车佛山，又居东平洲，以讲学为生，因天灾祖上携全家逃难至山东嘉祥县纸坊，在紫云山下定居，祖上发现此地前面有河，后面靠山，树木茂盛，风景优美，所以定居在那里，并取名梁山。祖上是父子状元梁灏的后人，受他们的影响，后人以耕读传家。经过世代繁衍，家庭已经变成了一个大家族，当时还有少量从外村李楼迁入的人口，还有一些住在外公外婆家的杂姓，家族便和他们一起组成了梁山村。在村子的中心部分，有一个大坑，常年有水，据说那是当年麒麟洗澡的时候留下的，后称之为麒麟潭，现在已经得到了维护。村子里还有一棵很大的槐树，据说是唐朝的时候种下的，现称之为唐朝古槐。这棵槐树有个树洞，据说这棵槐树很有灵气，帮了村里很多忙，现在在这棵古槐周围搭了石板，供人们夏天纳凉冬天晒暖，并且树洞前常年摆着上香的器具。汉代祠堂和墓地武氏祠离村子不远。

　　因家族庞大，李姓很少，所以梁山村的历史主要就是家族的历史。受祖上影响，晚辈对学习不敢怠慢，因此出了一些让家族骄傲的人，长辈梁作斌就是很好的代表。梁作斌是举人，他有两个儿子博闻强识，考上了京师大学堂，当时也是轰动嘉祥。姥爷的爷爷，我的外高祖父是教书先生，更是十里八乡的大善人。听哥哥说，外高祖父留过洋，去过德国。还有长辈梁作厚舍茶闻名乡里，每天烧好开水放在大路边，让赶路的人口渴了停下来喝口水。姥爷的大爷，也就是我的伯外曾祖父，是黄埔军校毕业的学生，后来英年早逝。改革开放以后的，雕刻之风兴起，和姥爷一辈的长辈梁秉公声誉响及国内外，他摸黑刻的玉石算盘更是申请了吉尼斯纪录，他的徒弟遍及各地，作品远销各国，更是给家乡的发展做出了贡献。1987 年安放于曲阜孔庙内的"孔子事迹图"即为其代表作。还有日本足利和熊本县两尊高 7 米的孔子雕像、安徽蒙城刘金锭像、山东费县毛泽东像、九华山慧庆法师像、中国书协副主席王学仲像、邓小平像、韩国仁川江华岛释迦牟尼像、山东巨野《西狩获麟》群雕、蚌埠淮委大型青石浮雕《九龙弄潮图》也是长辈梁秉公设计的。

　　梁山是一祥和之地，没有经历大灾大难。在抗日战争时期，全村建起了寨墙，寨墙长约 7、8 里，四角有炮楼，三面有木质的大门，城墙上面有炮口，下面留有一米见方的口，方便人的进出。附近的村子大都经历了洗劫,很多人都因此丧命,梁山村凭借寨墙却完完整整的保存了下来。土地改革时,农会把土地分给了农民,每人三亩,后来农会撤离,还乡团又把土地收回去了。等到后来八路军来了,解放了,农民才真正地得到了土地。再到后来的"大跃进"、人民公社化运动、三年灾难和文化大革命,梁山村依照祖上流传下来的耕读精神生活,都没有受到很大影响。

现在的发展更是势不可挡,旅游产业兴起,八大景观、古寨墙、龙王庙、双古槐、大石牛麒麟潭、梁山大闸等都是很好的资源。还有长辈梁秉公带头集资修建的梁山牌坊,更是成为梁山村的一景。梁山村交通便利,村内都为水泥路,村口有柏油马路直接相连,离村子不远处还有济宁飞机场。

历史都是长辈们用毕生精力来谱写的,我们做晚辈的应该牢记历史,用自己的努力书写更美华章。

考察主题：传统民俗民居——石头村落
考察地点：济宁市邹城市石墙镇上九山村
考察时间：2017 年 4 月 29 日至 2017 年 5 月 1 日

石头，厚重的记忆

体教 1502 班　都志康

很久之前，就听身边的老人们说起过我们这里的石墙镇有一个石头筑成的村子，已经有 1100 多年的历史了，大家都习惯叫它石头村，听说那是一个能让人直观地感受到历史的地方，一直心向往之，于是今年的端午假期，我同三两好友慕名前来。

刚迈进上九山村，跃入我们眼帘的就是一个高大雄伟的石头门，它宛如一个城堡一样守护着这个古朴的村落，岿然不动，深沉厚重。上面刻着"上九山"三字，城门上红彤彤的灯笼格外亮眼，城门两边还立着两个大鼓，相当有历史气息。

走进上九山村，迎面而来的乡村独有的清新空气让人感觉到心旷神怡，那一阵阵的微风仿佛母亲那一双温柔的手，帮你褪去来自城市的喧嚣、浮躁和烦恼。走上蜿蜒的石板小道，有的石头已经被磨得发光发亮，这些都是岁岁年年，一朝又一朝的人走过和春秋雨水划过的痕迹，想到一千多年前的先人也曾像我们一样在这条石头筑成的小路上行走，便有一种莫名的感觉在心头涌动，我们的脚底踩着同一片热土，我们都是同一条历史血脉传承下来的华夏子孙，我们世世代代守望着这片我们热爱的土地，那是一种强烈的归属感和荣誉感。抚摸着石墙，那一块块大小不一、形状各异的石头，一块一块、一层一层地叠放着，看似杂乱无序，实则乱中有序，每一块石头都发挥着独一无二的作用，不论缺少了哪一块，这些墙也无以屹立上千年，也无以承受风雨变化，历史变故。

沿着不成规则的主石街拾级而上，路旁的石头房子错落有致，在路旁静谧地矗立着，大小不一，鳞次栉比，那些老木门、木窗，有种深深地历史感，吸引我们走进那些屋子。走进石屋的院子，里面的一切都如千年之前一般，石磨、石桌、石凳、水缸那些老物件都静静地站在那里，仿佛时间按了暂停键一样，什么都没改变，木头车车轮上锈蚀的钉子向我们

诉说了以前的故事。石磨旁还有一只小毛驴一圈一圈地拉磨,仿佛让我们梦回千年之前,回到了那时人们辛苦劳作、自食其力的静好岁月,日出而作、日落而息的安稳生活。走进石屋,里面古色古香的红木桌椅屏风和陶瓷花瓶让人沉醉其中,墙上挂着的山水画,似乎在告诉我们很多年前这间屋子的主人是一位爱好字画的翩翩公子,屋顶上的木梁和现代冰冷的天花板相比,多了几分匠人的精巧和智慧。

走出古色古香的石屋,我们又来到了一口古井边,这口井不同于其他的水井,它是一口设计精巧的井。民国时期这口井被修建起来,这口井是一口八卦井,井深 11 米,直径 3 米,井口有八个角,并在四个方位刻有东、西、南、北四个大字,八角代表了八卦的方位,祈求古井不再干枯以造福百姓。这口井奇特的造型吸引了我们的注意力,使我不得不叹服前人卓越的想象力和创造力,将八卦的意义寄寓这口井,祈求年年风调雨顺。

石头村不仅有怡人的景色,还有各种民俗,粗布坊、小酒馆、豆腐坊、藏酒洞、茶馆,处处充满了人烟气,身着粗布衣,切个四五两刚出锅的豆腐,悠闲踱步到小酒馆要上一壶小酒,一边酌酒一边品尝鲜嫩的白豆腐,如此这般的生活,有谁不向往呢? 吱吱呀呀的机杼声,响亮的叫卖吆喝声,空气中弥漫着豆腐香气,构成了人们的生活。

茶馆里刚烧开的水冒着袅袅热气,滚烫的热水从壶嘴倾入放好了茶叶的杯子里,茶叶中被封印的香气一下子被释放出来,使闻者顿时心旷神怡,等不及茶水降温就想要一品为快。

粗布坊中,机杼吱呀作响,一丝一线在巧妇手中变成一段一段精致的布匹,摸着这些看似粗糙的布匹,也许比不上现在各式各样、五彩斑斓的布料,但是,这其中倾注了无数女性的心血,她们或为母亲,或为妻子,为了让自己所爱之人不受冻而把自己的时光和感情织进了里面,每一块布上都充满了情感。现在我们的衣服可能很多,满满的衣橱里都是各种光鲜亮丽的华服,但是再多的华服都比不上那件母亲为我们亲手织的毛衣,即使没有好看的样式颜色,却温暖无比。

上九山村中卧虎藏龙,这里还有一位泥塑大师,他的刀法古朴自然,秀逸细腻,作品形神兼备,巧夺天工。以上九山特有的黄泥为主,用一双灵巧的双手,运用雕、捏、塑等手法,塑造了一个个神奇的作品。看着一个一个精美的泥塑,一边叹服大师的技巧精妙,一边又为泥塑技艺的传承担忧,有许许多多像泥塑这样的技艺已经慢慢地要失传了,但这些都是我们国家的瑰宝,一个也不能失去。即使现在有很多新兴的东西,他们也许更加有趣,但却永远无法代替传统技艺。

　　走出上九山村，我感慨良多。首先，我喜爱这里美丽宜人的风景、淳朴的民风、清新的空气和厚重的历史，这些都使我流连忘返，但我从其中感受最多的是这里的传统和乡愁。现在城市化进程不断地加快，乡村一个一个地相继消失，高楼大厦拔地而起，农田一块块地被吞没。我们开始无处寻乡愁，但乡愁却不是可有可无的，乡愁是我们的根，如果没有根，大树长得再大，也会因为无法持续汲取土地的营养而枯死。我们要竭尽全力留住我们的根，留住传统文化，留住乡愁，让我们有根可寻，有家可回，有一片能让我们心灵安静的老家净土。

考察主题："乡村记忆"古街古貌古文化
考察地点：山东省青州市昭德古街
考察时间：2017 年 5 月 28 日

古街的尽头是家乡

体教 1503 班　王玉娇

　　清晨的第一缕阳光撒进这座宁静的小镇，唤醒了小镇中沉睡的人们，小镇又充满了勃勃的生机。从高耸的云门山顶那翻腾的云雾，到东夷广场三三两两的人群；从宋城形形色色的游客，到昭德古街小贩嘹亮的叫卖；这就是我生活的小镇，古九州之一——青州。

　　从懵懵懂懂的无知少女到现在虽不算亭亭玉立但也小家碧玉的姑娘，我在小镇生活了 20 年，一直以为小镇是一个特别平静但却无趣的小城乡。所以一直都不甚理解为什么会有这么多的游人来到这个平凡的小镇。难道只是为看一看宁静的小城乡？

　　青州真的是一个宁静的小城镇。悠久的历史，古九州的名号让小镇染上了一丝沧桑的气息，厚重、典雅、不急不躁。小镇的生活充满了平凡的味道。没有人满为患，小镇就那么静静地看着来看望她的朋友；没有骄横跋扈，小镇就那么慈祥地守护着她的子女。

　　说起小镇的特色，真的是不胜枚举，吃的，喝的，玩的，其中最有代表性的当属青州昭德古街。一条古香古色的街道，承载了太多悠久的历史。从遥远的古九州，到现代化的小城镇，昭德古街默默不语却千年未变，成为一代又一代青州人的精神寄托。

　　昭德古街全长约 3000 米，囊括东门大街、东关大街、粮市街以及周边巷弄。昭德古街整体街道由青石板组成，青石板路磕磕绊绊阻挡了机动车的肆意横行，漫步于古街只有偶尔通过的自行车，给人无尽的安全之感。古街两旁多为店铺与民居，古老的窗棂、斑驳陆离的木门，无不印证着这条古街的沧桑。而两旁的商铺更是青砖灰瓦，木板插门，不禁令人遥想多少年前的繁华。

　　生活在昭德古街的居民多数为少数民族——回族。昭德古街自然也不会缺少清真寺这样的充满宗教气息的建筑。每日的礼拜是虔诚的穆斯林的必修科目。在穆斯林日常的五次礼拜中，中午的晌礼最为重要，因无论天气多么恶劣，都无法阻挡虔诚信徒的脚步。居住在这条古街上的教众都会提前赶到，完成这项庄严的宗教仪式。庄重的仪式感令人不禁驻足伫立，接受心灵的洗礼。除了庄严的宗教仪式，回族也会有他们独特的吃食，香油煎好的油香，外酥里嫩，说不出的美味；热气腾腾的糁糕也令人不禁流下口水。裹着头巾的回族女人们更成为昭德古街一条别样的风景线。

　　昭德古街于 2008 年与北京国子监街等街道入围了首批"中国历史文化名街"。作为悠久历史的见证者，昭德古街不仅见证了人文的历史变迁，见证了一个个王朝的更迭，也见证了中国古代商业历史的发展。在漫长的历史长河中，昭德古街由繁华归于质朴，由喧器归于平静。在夕阳的映衬下,在落日的余晖中,昭德古街身影古朴,向往来的人流念叨着昔日的悲欢。古街的人们一边缅怀着过去的历史,一边又在努力开启古街新的篇章。昭德古街的不远处,仿古街的新5A级商业街已然建成。店铺林立、车水马龙,延续着昭德古街漫长的文化。

　　昭德古街总是小镇第一个醒来的地点,因为这里有小镇最大的早市。清晨时分,伴随鸡鸣,昭德古街迎来了崭新的一天。首先醒来的是古街的香气。小吃摊点渐渐摆满古街两侧,引来客人。顾客们翘首以待美食的出炉,以便能够吃一顿美美的早餐。空气中充满了各色的香气,香油坊开磨的香油气息、肉食店浓郁的香气、水煎包的水蒸气……由于居民的民族性,清真糕点成为昭德古街的独特风味。作为百年老店的隆盛糕点远近闻名,生意兴隆。每天营业时间都供不应求。不巧赶上穆斯林的节日时,更是由清晨便要排起长长的队伍。不仅中老年人,更有许多年轻人走亲访友也仍然要将送糕点作为自己的首选。外地游客更不远千里慕名而至,只为能品尝这老字号店铺的小小糕点。商家为了更好地照顾顾客,只好实行限购,确保每位来青州的游客都能够品尝到青州独有的味道。

　　往日的繁华尽数随时光一去不复返,昭德古街经历了漫长的历史,经历了无数的风雨,历经冷暖,似一位年迈沧桑的老者一样超然豁达。古街虽有年代感,居住起来却有诸多不便。因此较多的年轻人选择婚后离开了这条沧桑的古街,居住于此的多为年迈的老人。在多数人眼中,老人们由于宗教信仰、习俗以及身体状况而不得不生活在这条古街。然而只有这些老人们才知道这里究竟意味着什么。这里有他们的童年、青年、中年、老年,直至他们走进人生的墓碑。这里有他们的街里街坊、商肆店铺,也承载着他们的喜怒哀乐,见证了聚散离合。老人们在这里过着清贫的日子,在外人看来甚至有一些不理解,但是坚定的信仰让这里的人们无时无刻不保持着从容与乐观。老人们的生命早已与这条古街相互融合、相互依存。我们说不出是老人成了古街的一部分,还是古街成了老人人生中的一部分。

　　作为一个自小生活在这条古街的孩子,我最喜欢的是透过蒙蒙的细雨漫步在古街的街头,这个时候的古街是最有味道的时候。不同于江南古镇,古街的雨带来的更多的是沧桑之感,这与古街的历史感交相辉映,令人发出无尽的感叹。穿梭在纵横交错的石板路上,听着滴滴答答的回响,一种情愫不禁由心底产生。仿佛穿梭于时空,漫步于历史长河之中,重新见证古街历史的变迁。身边的影像不断变换,恍若隔世,悲伤落寞之感油然而生。然而看着周边忙碌的人影,一张张质朴的面容,又觉得纵然历史变迁,时光荏苒,那又如何。一代一代的古街人民依然传承着古街乐观从容的精神,有条不紊地生活在这条生命中的古街里,自己的脚步变得更加坚定。回头望向古街,心中便有强大的后盾,无论走向多远,家,永远在这条狭长的古街。

体验那份情

体教 1502 班　王延旭

时值初夏，天晴正好，我和朋友一行人来到了淄博南郊镇韩家窝村。韩家窝坐落于大埠山半山腰上，正对水库，可谓依山傍水之地，景色宜人，美不胜收。据记载，此地为其先祖韩氏家族聚集之地，之后世代在此休养生息。村内仍有些许散落的先祖遗迹，庭台高楼上充满丝丝古韵，让人叹为观止。

初入村庄，一切都显得那么干净利落，一座座民房整齐地排列在街道上；白墙红瓦掩藏在绿树丛林之中，门前屋后的小花园中种植着各种花草蔬菜，安逸又不失美感。刚走不久，我便被两扇木门所吸引。木门让我看到了时间流逝的痕迹，整扇门显现着颜色深浅不一的砖红色。在木门的外面还包着铁皮，虽然铁皮已经锈迹斑斑，但是仔细看来上面仍然有着祥云的图案。我想这种图案应该就是寓意着吉祥如意，表现着人民的美好期待。在两扇门的中上方挂着两个类似于大圆盘的铁制物品，在向当地的老人了解询问后得知，这个物品很多人称他为门神，具体的专业名称老人们并不知道，老人们还告诉我们这个大圆盘上刻的有的是狮子老虎，有的是门神，主要的作用就是"看门"，有辟邪的作用。并且在门神的嘴里还悬挂着两个铁制圆圈，这是为了方便人们敲门，铁质圆圈与下面的铁质圆盘相互撞击，发出响亮的声音，起到现代"门铃"的作用。木门的上方和两侧门框还残留着一副对联，对联的底色已经褪变成了白色，我想这肯定是时间久了风吹日晒的原因。在中国很久之前就有贴桃符的习俗，同样寓意着人们对新的一年的期待，人们把对新的一年的祝福写在红色的纸上，过年过节时贴在门口，既能增添喜庆的气氛又寓意着吉祥。随着时代的发展，现在的门大部分变成了铁制的，这种木质门已经很少见。

沿着小路往里走便看到靓丽的亭台和宽阔的水库，水库中积水分为两个部分，一部分存储着大量的库水，另一部分则积水较少，种植的莲藕却为水库增添了一些光彩，听当地老人说，解放战争时期这里曾是战略要地，依山傍水，易守难攻，让人不禁有些感慨。或许来的时间有些早，水库中的荷花还没有盛开，只有一片片绿油油的荷叶错落有致地平铺在水面上，在阳光的照射下，显得更加青翠欲滴；或许，它们大概在期待，在守护那久久未能绽放的花蕾吧。岸上的鲜花早已按捺不住自己，绽放出的那鲜艳的花蕊，一排排，一列列，周围各个品种的冬青将之映衬，再配上高树古亭错落有致的青石，无不显得高雅端庄，让人深陷其中，难以自拔。在林中的阴凉地，有几个老大爷在小桌子前围坐在一起，聚精会神地下着象棋，时而皱眉，时而为一招好棋而喜笑颜开，虽年迈却又充满了活力。

　　根据路牌的指引，顺着小路一路南走，远远地便发现在一座不高的小山上盘坐着几十米高的观音大佛，正值阳光普照，金色的大佛在阳光的照射下闪闪发光，慢慢走近，突然映入我眼帘的便是两尊神像，虽然这两尊神像十分高大并且给我一种很庄重威严的感觉，但我却总感觉似曾相识。仔细端详过后才恍然大悟，原来，这就是刚才老人们所说的"门神"，看这两尊神像十分高大魁梧，由于没有具体的介绍，不知道哪个是"哼将"，哪个是"哈将"。后经翻阅资料了解到"哼哈二将"一名叫郑伦一名叫陈奇，他们有具体的历史典故。"哼哈二将"手持的伞状物名叫金刚杵，在佛教中用以表示坚利之智，伏妖降魔的法器。"哼将"郑伦能鼻哼白气制敌，"哈将"陈奇能口哈黄气擒将。看"哼哈二将"像的胸前都佩戴着类似于狮头的物品，增添了两人的威严感。只见他们两个人都怒目圆睁，仿佛是在警告着敌人。而位于"哼哈二将"中间的观音佛像则更为引人注目，因为这个观音像建于九鼎莲花山之上，故以此命名为"九鼎莲花山观音像"。据说佛像高 33.88 米，重 29.9吨，整尊观音像通体金色，慈目微垂，虽然面部庄重严肃，但却与旁边的"哼哈二将"形成了鲜明的对比，我倒觉得这观音像面部更加的和善。观音盘坐于莲花座之上，手持玉净瓶，瓶插杨柳枝，似乎时刻准备着普度众生，看到"哼哈二将"和中间这尊九鼎莲花山观音像，不禁使人变得更加虔诚，产生一种一心向善，因果循环的想法。观音大佛正前方有个巨大的香炉，香火兴旺，不断地有前来观赏的人烧香跪拜祈祷，大概是在为自己和家人求福吧。

　　在村北远远地就能看到一座矗立在大埠山的巨大石碑，这便是周村的烈士陵园，陵园建于 1948 年，战火的硝烟还没有完全散去，烈士遗骨难以安息，于是当地人民便齐心协力，响应号召将散落在附近的烈士遗骨迁来，陵园由此建成。陵园内埋葬着难以计数的烈士英魂，他们或许有的连名字都没能留下来，但那份爱国热情，将生命付诸国家的慷慨，不禁让人震撼，提起沉重的脚步漫步于陵园中，那种肃穆、庄重之感压抑着我的心头。

　　天已见晚，然而董永墓和圣旨碑却还没有来得及去瞻仰一番。听当地老人说，董永墓虽是神话传说，但其卖身葬父却是确有其事。据康熙《淄川县志》记载："城北阿里庄东有古冢，相传为孝子董永墓"，而那阿里庄便是现在的韩家窝村。在董永墓不远处便是圣旨碑，时至今日那"奉天承运皇帝诏曰"的字迹仍清晰可见。

　　下山回忆此次的行程，收获无疑是巨大的，虽然未能全部参观游览，略有遗憾，但愿日后能有更多的历史记忆能被保存，让后人不断瞻仰，让更多美好的东西得以保存吧。

考察主题:梦想起航的地方
考察地点:山东省东营市利津县陈庄镇姜家村
考察时间:2017 年 5 月 1 日至 2017 年 5 月 3 日

文颖的故乡记忆

中教 1601 班　陈月云

晋朝干宝《搜神记》卷十五中记载"唐叔偕女,小名父喻,容色俱美。"我的小名是文颖,而对这个名字的全部记忆都来源于我的家乡。生我养我的农村位于山东省东营市利津县陈庄镇姜家村,是一个独立的小村,远离市中心,仿佛要与世隔绝一般。不管求学在外多久,再回首,这里的景温暖如故,这里的人亲切热情。

一、文颖

文颖,文静聪慧,是母亲寄托在年幼的我的身上最美好的期盼。文颖对我来说是既熟悉而又陌生的。每次过节放假回家碰到在路上唠家常的人,他们总要问一句:"文颖放假回家了,放几天假啊?"这样的问候让我倍感亲切,真的是有家乡的味道。

后来,由于常年在外学习不回家,所以极少听到有人叫我的小名,我不会像《西游记》里的孙悟空一样,听到老儿喊他的小名会说:"这等大年纪还叫我的小名儿",反而会有一种骄傲和满足。因为不管我多大年纪,不管我身在何方,不管我用陈月云这个名字得了多少荣誉或是蒙受了多少羞辱,我都是他们看着长大的文颖,在他们眼中永远都是个孩子。我贪恋那片小果园,贪恋那栋砖垒的冬暖夏凉的房子,贪恋村前那条岸边偶见野鸡的小河。

二、桥洞

村里的路四通八达,通向外面的路也四通八达,但我偏爱村北头那条经过桥洞的路。夏天,顶着炽热的太阳钻进那个桥洞,虽然只是片刻的寒凉,但足以让一颗燥热飘浮的心沉寂下来;冬天,在洞里喊几声,听着来自四面八方的回声,心里就会像有小鹿乱撞一样砰砰直跳,莫名的亢奋。

偶尔幸运的时候,还会在洞里碰见几个干完农活人,赤裸着上身。虽然离家近,但仍旧不回家,因为桥洞是有魔力的。他们有时会在地上铺一个袋子,就那样躺在上面,许是真的累坏了,就算是有车辆鸣笛而过,也不会让他们从梦中惊醒;有时兴致好了,还会打几副牌喝几瓶酒,嘴里咬着一根草。农村人是不会感到寂寞的,大自然的任何东西都能成为他们的玩物,自然不会缺少乐子。虽然他们穿着又脏又廉价的衣服,吃着在家捎的馒头咸菜,干着最苦最累的活,但却挣着干净的钱,这样的人永远是我心目中的英雄。他们用宽厚黝黑的肩膀挑起的是整个家,整个村庄。

三、高速公路

家乡的桥洞上面有一条高速公路,白天的路与普通的路无异,但夜晚的路就好看极了。奶奶家的院子正好对着那条路,夏天的夜晚,我最喜欢的事情就是搬个小马扎,吹着凉凉的风,看着那条路,当然除了那些煞风景的蚊子。来来往往的车,打着五颜六色的灯,就好像远远的天空上挂着一条霓虹灯,完全不是大城市里的灯红酒绿所能媲美的。在那一刻,我竟有了陶渊明隐居的心境。还能想到卞之琳《断章》里的"你站在桥上看风景,看风景的人在楼上看你。明月装饰了你的窗子,你装饰了别人的梦",我在看桥上飞驰的车辆,而我又成了谁的梦?车里的人要去哪里?他们看见了什么风景?还是只顾着前行而来不及看一眼窗外的风景和正在看车的我呢?

小时候问过母亲,那条路是通往哪的,母亲总是笑着说,那是通往北京的,是等你以后有了出息才能去的地方。小时候的我只对北京有朦胧的概念,只知道那是中国的首都,那里是经济和政治中心。小时候的我总爱幻想长大后的事情,像电视里的人一样,在一线城市,穿着高档的套装进出高档的写字楼。

随着年龄的增长,想实现这个愿望的心境不是那么迫切了,现在的我只想好好陪伴我的故土,在我一踮脚就能看见的地方。虽然现在在家的时间并不长,但看那条路的习惯还是没能改掉,毕竟那是我小时候梦想起航的地方。

四、麦田

对农村人而言,一年中最高兴的时候就是丰收的夏天。我们村里的人大部分都在海上以捕捞蛤蜊为生,常年在外,忙的时候三五个月都不回来也是常有的事,所以秋天也意味着一家人团聚的日子。所以不管丰不丰收,一家人的脸上总是洋溢着喜气。而这时候也就欢了我们一群小孩子,虽然帮不上什么忙,但还是自告奋勇地跟着前去。一群小孩子在地里跑来跑去,在地里放声歌唱,那是最无忧无虑,肆无忌惮的日子。

时光如白驹过隙,转眼间那些一起玩的小伙伴就已各奔东西,只有过年的时候还能凑在一块打打牌,聊聊天。现在想想小时候的事,嘴角是挂着微笑的。我们下水摸过鱼,偷过邻居家的青石榴,钻过洞,去过村里陌生的路和破旧没人居住的老房子,还美其名曰探险……这些都是现在我们再也做不出来的事情,虽然多少有点滑稽,但是好在我们是快乐的。

五、哈巴狗母子

记忆里,陪伴我的还有两只哈巴狗,它们是一对母子,白绒绒的很可爱。很可惜的是,在某一年的春节,爸爸在屋子里放鞭炮,把它们吓跑了,一家人围着村里转了好几圈,都没有找到。自此,家里再也没有养过狗或猫。在每年的春节都会想起它们,萌萌的大眼睛,好似挂着泪珠的长睫毛。

哈巴狗叫丽莎、逗逗。每次回家的时候,一前一后,一大一小的两个雪团就会跑过来把我们围住,丽莎已经学会了抬起前脚,直立着身子,用后腿支撑着身子,两只前脚搭在一块不停地拜,好像在说谢谢。妈妈在闲暇的空隙还会给逗逗洗个澡。刚洗完的逗逗像一只小羊羔,湿答答的毛全都粘在一块。待我们拿吹风机给它吹干,那时候的它是最好玩的。这些记忆令我难忘。

六、你是我最美的梦

在城镇化的道路上,现在的农村,会有大垃圾桶在路旁,垃圾也会有专门的车带走,会有规划的道路和土地。也许多年以后,原本的故乡会被改造得面目全非,一个一个被复制粘贴,失去原有的模样。

月是故乡明,多年的寄宿生活已经把我锻炼得无坚不摧,我不会轻易想一个人,想一个地方,我向往一生自由的生活,但故乡和故乡里的人却是我心心念念不敢忘却的。地方会变,人就不要变了吧,我还想再听你们唤我一声"文颖"。

我后悔自己拙劣的笔写不出你的淳朴清新,后悔自己失真的照片拍不出你的美。但我会永远记住你最真实的样子,那是承载我梦想和童真的地方,我永远的故乡。

考察主题：云溪海边考察
考察地点：山东省烟台市牟平区姜格庄镇云溪村
考察时间：2017 年 5 月 28 日至 2017 年 5 月 30 日

乡愁如海

中教 1601 班   刘 璐

小时候
乡愁是一枚小小的邮票
我在这头
母亲在那头

长大后
乡愁是一张窄窄的船票
我在这头
新娘在那头

后来啊
乡愁是一方矮矮的坟墓
我在外头
母亲在里头

而现在
乡愁是一湾浅浅的海峡
我在这头
大陆在那头

——余光中《乡愁》

乡愁是什么？

在余光中的诗里，乡愁，是与母亲通信所贴的邮票；乡愁，是与妻子相见所需的船票；乡愁，是与母亲生死相隔的坟墓；乡愁，是大陆与台湾那遥远的海峡。乡愁，就像那海边拍打的浪潮，一阵又一阵，看似退却，却又在下一秒冲到你眼前，让你无法忘记，伸手想抓住那浓浓的愁绪，却调皮地从指间溜走。望得到，抓不住，忘不了。她是亲情，是爱情，是友情，也是故乡情。她无处不在，时时刻刻在敲打着、叩问着你的灵魂。她是你心头，永远抹不掉的一颗朱砂痣。

我出生在山东烟台，长在山东烟台。烟台是个沿海城市。在我小的时候，我的姥姥家住在烟台海边的一个小村子里，名叫云溪。我在那里度过了四年无忧无虑的快乐时光。

四岁之后，我就回到了城里上幼儿园。从此，也很少有机会回去了。云溪，云溪，我一直很喜欢这个名字。有云，有溪，那该是一幅多么美的画面。记得每次给姥姥打电话，铃声都是："云溪村委欢迎您，这里依山傍海风景秀美……"

依山傍海，这是对云溪再贴切不过的形容了。从姥姥家步行，大约20分钟就到了海边。印象里，我和我表哥，几乎天天会去海边玩。那时候，海水清澈，沙滩松软，随便在沙滩找个阴凉处，就可以躺下歇息。浅水滩有螃蟹，沙滩里有蛤蜊，石头上有牡蛎。每次出门前，都会让表哥拿上篮子，然后我们两个就在海边捉螃蟹，挖蛤蜊，扣牡蛎。螃蟹的蟹钳会夹得我们嗷嗷直叫，牡蛎的壳会划破我们的手。但是疯玩的孩子哪里知道痛，我们不停地玩，玩到日落西山，扛着满满一篮子的海鲜回到姥姥家里。姥姥会埋怨我们只知道疯玩，却还是接过篮子为我们把螃蟹蒸上锅。做我们最喜欢吃的油爆大蛤。

可现在的海边，只剩下高楼林立，到处是海景房，海边地块多被卖出去，海水被污染，海滩被占用。哪里还能见到满海滩爬的大螃蟹呢？

我的一个姑父，在海边包了片海。每年捕鱼期雇人出海用大船捕鱼。小时候看到大船开到海里，三四个小时之后回来，会有个人开着大铲车，开到海边，勾住渔船，把渔船拖上岸。人们围上去把船里各种各样活蹦乱跳的鱼、螃蟹、虾等拖下船，然后开始分类。小时候看到大船，看到铲车，看到那么多鱼，每次都会很震撼。羡慕可以坐船到深海去的人们，羡慕开着铲车高高在上的叔叔。于是那天，我央求那群叔叔带我去海里看看。他们给我穿上小一点的雨衣水鞋。把我抱到船上，千叮咛万嘱咐，让我乖乖坐好。随着轰隆的发动机声，渔船载着一船人，载着一船希望，往深海驶去。捕鱼的记忆已不甚清晰，记忆中最深刻的，就是渔船不断往深海开，海水的颜色越来越深，渔船带着海浪翻出白色的浪花，不停地向后翻滚。看久了会很晕，有一种要掉进去的感觉。打渔回去的路上，因为收获颇丰，叔叔们都有说有笑，满载着一船鱼，踏上回家的路。回到海边，人们早已在大锅里烧好了滚烫的水。人们把沙丁鱼分拣出来，一股脑儿扔到锅里，煮熟后捞出来，用篓子盛好，搬到晾晒鱼干的地方，一点一点摆放好，用海边毒辣的太阳光晾晒几天，鱼干就可以收下来了。拌黄瓜，拌凉菜时，撒上一把小鱼干。那味道，鲜美无比。因为人工分拣，总会有遗漏。锅里总是不止沙丁鱼，会有遗漏的对虾、螃蟹等等。在旁边捞鱼的叔叔总是很宠我，每次看到有虾之类的，都会捞出来，放到盘子里，然后叫我"璐儿，快来，吃虾啦！"我就屁颠屁颠儿地跑过去，甜甜地喊一声"谢谢叔叔"，惹得他开怀大笑，然后我端着盘子就跑，找个地方开始大吃起来。

　　直至现在,家里的饭桌上几乎天天都有海鲜,可我仍然忘不了那精致的盘子里,叔叔故意留给我的大虾与螃蟹。那鲜美的味道,嫩滑爽口的肉,一直令我念念不忘。长大之后,就不经常回去了。端午节放假回家,爸爸带我回去了一趟。本以为还会和以前一样,有慈祥的叔叔、鲜美的海鲜等着我。可去了才知道,因为鱼类资源不断减少。今年,这里已经提前进入了休渔期。并且,就算不是休渔期,海里也没有什么鱼了。人们的过度捕捞,海水的日益污染,都使海洋生物日益锐减。再也见不到多年前,人们满载鱼儿归来的场景了。

　　我一个人跑到海滩散步。脱下鞋子,脚趾埋进海水,埋进沙子里,感受着海水带来的凉爽。我四处张望着,不死心地想找到像以前一样大的螃蟹。可是没有,海里什么也没有。远处的沙滩上,只有一个孤零零的海星躺在沙子上。

　　我怀念我那无忧无虑的童年,怀念在云溪无拘无束的日子,怀念无条件宠着我的姥爷姥姥,怀念云溪那湛蓝的天,清澈的海,怀念海边横着爬的螃蟹,怀念姥姥家门前,可以让我荡秋千的大无花果树。可是,哪里有什么一成不变?现在的海边,高楼林立;现在的海水,浑浊不堪;现在的海里,海鲜稀少。浓浓的乡愁使我患得患失,我怕失去的越来越多,我怕有一天,我会忘记我曾拥有过如此美好的记忆。我常常想,那孤独的海星,是否在警示着我们,如若再不采取措施保护好这一方净土,我们终究会像那海星一样,孤独地望着海边,再也无法诉说我们的乡愁。

　　云溪啊,我怀念的,我的乡愁。

考察主题:旅游业的发展给村庄带来的变化
考察地点:山东省德州市夏津县苏留庄后屯村及雷集镇一带
考察时间:2017 年 5 月 28 日至 2017 年 5 月 29 日

千年椹树的见证

中教 1601 班　刘铭琨

　　时间淘洗人事万物,一棵棵的千年椹树站在那儿像慈祥的老人,养育着土地上的孩子,用历经沧桑的眼看着日升月落,是过去亦是未来。

——题记

　　爷爷已经站在胡同口的椹树下了,正值冬天,我只能看到他弯曲的背影和椹树的虬枝,恍惚中又看到当年绿叶掩映下的宽厚脊背了。随着奶奶后事办完,人走茶凉,我都能听到寂静的胡同里铁门落锁的声音。那是爸爸在锁门,爷爷将随我们到市里生活,这里的一切正随着铁门落锁的那一刻变得无比清晰又渐渐远去。这是 2012 年,我初三。

　　奶奶 2008 年被确诊为癌症,一次次的治疗看似有效却在一点点儿磨去她的精神,最后那刻奶奶执意要从医院回家,从城市到乡村,最后一眼看的是胡同里的铁门。我并没有见到这一幕,妈妈告诉我的时候我总有一种"庆幸"的感觉。

　　小时候的我更多时间是和爷爷奶奶在一起的,据妈妈说奶奶很疼我,疼到那种不放心我自己走路的地步,所以我待得最多的地方是她的怀里。等我再长大些便"野"得有些收不住,虽不至于爬树,但长辈所禁止的行为便忍不住想接触,然后满村子里窜来窜去,见证这些的不只有天天喊我回家吃饭的奶奶,还有满村的椹树。那些千年的大树见证着历史变迁的同时也看着村里的人口更迭。可慢慢地越来越粗的树干人眼已看不出变化,但人们的衰老新生却见得清清楚楚。

　　胡同口的椹树陪我最长久,我每天进出胡同口都要看它好几次,春夏秋冬长芽抽叶,结果再到果子成熟掉落又剩残枝,我甚至央求着爷爷为我搭了个简易秋千,椹树的树干承担着我的重量,秋千晃悠中老椹树亦如同奶奶温暖的怀抱。远远的仿佛又能听到奶奶唤我的声音,抑或是我稚嫩的声音唤着奶奶去摘椹子。繁盛的叶子间一颗颗成熟的椹子在阳光下泛着诱人的光,不管是当年或是现在,吃椹子的乐趣远远没有摘椹子的乐趣大。我常拉着奶奶去摘椹子,真摘椹子时又没有耐心一直摘下去,每次都是玩兴起了不管不顾,玩兴没了又扔下奶奶独自跑开。渐渐地爷爷奶奶背越来越弯,如同老椹树历经风雨后弯曲的枝干,爷爷奶奶的脚步越来越慢,如同老椹树一年一年看不出变化的增长,爷爷奶奶的皮肤越来越皱如同老椹树枯干的树皮。随着每年麦收的阳光,青葱岁月都变成影子,唯椹树叶子绿了又绿,明月弯了又弯。老了也就是真老了,再年轻的心态都掩盖不住外表的变化。

后来,看过一篇文章,有人说"衰老从不是一场战争,而是一场屠杀"。儿时不懂,现在一知半解,什么样的阅历便拥有什么样的认知。从农村到城市,开车一个半小时,一年只在节假日见老人,多了也不过10次,5年不过50次,你还有很多5年,而等着儿女回家的老人却没那么多5年了。奶奶去世后我再次听到关于老家的消息,是爸爸说村子胡同口的老椹树影响道路,要么被砍,要么被挪,这千亩土地又不缺少一棵历经风雨的老椹树,想来还是被砍的结果多一些。

那个平稳祥和的村庄正经历着巨大的变化,再回到老家,迎接我的是路两旁盛开的鲜花,不同于当年野花的清新,红色、紫色、黄色的花交织在一起热情而妖娆。土路变成了柏油路,万亩的椹树也有了规划,这是国家4A级风景区,同样也是故乡。旅游业给当地人所带来的变化是巨大的,森林公园周围多了许多农家乐,也有专门的椹叶茶和椹果酒,村民更多地去关心果树的种植和保护,依托天然的资源、后天的勤奋,一个个采摘园出现在游客面前,年轻人不用远离故土,不用脸朝黄土背朝天,在乡村,在老人和孩子身边。当然也不是所有的发展都是美好的,改变的同时也有失去。尼采说:"我们先需要骆驼精神承载一切传统,接着需要狮子精神打破这些规则。"依托老黄河故道的这片土地,孕育了见证多年历史变迁的千年古树,丰富的人文历史,勤劳朴实的村民。然而现在森林公园里建了游乐场,建了人工湖,建了温泉度假村,也有了无穷无尽的垃圾,建筑上的刻痕仿佛一道疤在那儿,即使疤痕随着时间缩小也留下了深深的痛。

川端康成在书中写道:"人总是不断地消失在过去的日子里。生命就像一场无休止的奔跑,当繁华落尽,千帆远去,秋风吹动芦苇,夕阳染红了身边依偎的水鸟,这才唤起了心底的柔软。"每年的森林公园都是不同的,它在不断地成长,不断地发展完善,很快这里还会因地制宜种植中药材,尽量利用好它的每一种资源。村里的孩子却再也不能同我儿时那样,"野"在村子里,央求长辈在椹树枝下搭简易秋千,因为出了胡同口不会有老椹树等你,只有柏油的马路和来去匆匆的游客。不管是"从别后,忆相逢",还是"流光容易把人抛,红了樱桃,绿了芭蕉",成千上万棵目睹过许多故事的椹树里,说不定哪棵上还留有着战争的硝烟,或是离别的眼泪的痕迹。

出生,成长,老去;过去,现在,将来;昨天,今天,明天。生活都是向前走的,可能外表会有所不同,但在这片土地上,老椹树记录着所有的一切,一切都是珍贵的回忆。

后记: 德州市夏津县苏留庄后屯村及雷集镇一带,凭借老黄河故道、万亩椹树、多种类果树和特有的人文历史等发展起了黄河故道森林公园(现为国家4A级风景区)。后德百集团与香港奇明有限公司共同在森林公园内开发温泉度假村。现在森林公园还在不断地发展,旅游业等的开发为当地居民的生活带来了巨大的变化。

考察主题：八陡镇青石关村的历史、民风民俗
考察地点：山东省淄博市博山区八陡镇青石关村
考察时间：2017年4月30日至2017年5月1日

心之烙印，情系八陡

中教1602班 王 静

近代史课上看到PPT上列出的"乡村记忆"工程文化遗产名单的一小部分，不知道为什么，一抬头，我就看到了"八陡镇"这个名字。虽然作为一名新时代的大学生，不能"唯心"，但我还是特别想去看看八陡镇。

于是，2017年的五一假期，一群小伙伴们打算去原山国家森林公园玩，得知他们坐的车要经过博山区八陡镇，我便和他们一起坐上了去八陡镇的汽车。一个小时左右的车程，司机师傅在八陡镇西南方向的路口把我放下了。步行大约走了10分钟，便到了八陡镇。

我最先到的是青石关村，整个村子十分安静，偶尔有几声狗吠，完全没有市区的繁华和喧闹。走进村子，我才真正体会到"暖暖远人村，依依墟里烟。狗吠深巷中，鸡鸣桑树颠"的美好，那是一种难以言喻的感觉，走近它，好像所有的烦恼都会被减轻。整个村子都保留着古朴的样子，房屋紧挨着，"阡陌交通，鸡犬相闻"，红色的砖瓦被阳光拥抱着，用砖铺成的窄窄的巷子，两边长满了不知名的青草，置身其中仿佛进入了另一个世界。

从青石关村的西南面进去不远处便能看到写有"王让故居"的一个路碑。据资料记载，"王让字秉逊，是明初大臣，今山东省淄博市博山区八陡镇人。受旧礼教的熏陶，从小就亲近名师，交结贤友，学习礼节，长大后成了一名私塾先生。他认为孝顺父母是做儿女首先必须做到的事，为此他处处、事事孝敬父母，礼待邻里，是远近闻名的大孝子。明洪武末年，由地方荐举被授以国小学录（最高学府国子监的管理人员），他在国子监颇有威信，得到皇帝的提升重用。永乐中期，明成祖朱棣敕命他教皇太孙读书。洪熙元年，朱瞻基的父亲朱高炽登基当皇帝，封王让为右春坊赞善。"虽然斯人已不在，但是他的事迹仍然深深烙印在八陡镇的人们的心上。

顺着王让故居朝里走，我看到了一个大概是因为年久失修而有些破败的百货土杂店，这个店铺很显然已经很久很久无人问津了，门上上着的锁，应该是20世纪七八十年代的产物。从门上的大牌子和它所处的位置上可以看出，这个百货土杂店当年在青石关村一定扮演着十分重要的角色。站在门口，我仿佛看到了傍晚时分，母亲拿着盐走出店里赶着回家做饭和小孩子拿着几块糖心满意足地去找小伙伴们捉迷藏的场景。整个村庄被一缕缕慢慢上升的炊烟包围，巷子深处不时传来母亲呼喊孩子的声音和几声没玩尽兴而不情愿回家的应答。

从土杂店门口的小路朝东走,映入眼帘的是一棵古老的树,这棵树长在观音殿前面,据说是在唐初种植的。"唐初,龙溪村民第一次翻修观音殿时,在庙的四周栽了 9 株国槐,今庙门前仍存一株,树龄已 1388 年。此株唐槐主干直径 1.2 米,高约 5 米,因腹空已数百年,型如圆筒状,树冠已难

形成。但每到春季,槐树顶端周围的树皮仍顽强地萌发着新枝。"于是后来唐槐中又长出一株小柏树,形成了现有的"古槐抱柏"奇观。如今这棵唐槐的外面被人用宽宽的铁皮和水泥固定住了,因为正值五月,所以我不但看到了"古槐抱柏"的壮观景象,还看到了古槐抽出的丝丝新叶。伫立在观音殿前的古槐在阳光的照耀下,更加的肃穆庄严,让我本来因为炎热和劳累而烦躁的心情也慢慢平静了下来。

青石关村附近连着好几个村子,形成了一个小型的"村群",只有当地的人才能分清各个村子之间的界限。对于我这个第一次去的人来说自然分不清楚,我起初甚至以为那是一个大的村子。村子不远处就有山,整个镇子因为是在山下面,所以道路并不是特别平

坦,一个坡连着一个坡。在村子里的巷子里穿梭,一不小心就迷了路。巷子七拐八拐,每当我以为走进了一条死胡同时,总是能"峰回路转",经常走着走着以为到了巷子尽头,一转身,就发现了隐藏在巷子深处的一户户人家。小小的木板门用黑色或者大红色的漆刷得锃亮,门前开着两三丛不知名的野花。我在观音殿的西面看到一户人家,门口搭了一个小小的类似于棚子的花架,上面爬满了淡紫色的藤萝。看到这一幕,我不禁想,若是在夜晚时分,在花架下面支一张桌子,放上三两个菜,一壶清酒,和亲友一起畅聊,一定是一件十分美妙的事。

绕着村子走了一圈,在青石关村的东北边的槐树林上,我遇到了一对正在摘槐花的老夫妇。走过去同他们交谈才知道,这位爷爷姓陈,已经有 82 岁的高龄了。陈爷爷和陈奶奶打算摘一些槐花收着,等孙子孙女回老家的时候给他们做槐花饼吃。当我问到八陡镇的历史时,陈爷爷说,大约在元朝的时候,有两位举人在这里安家落户,慢慢地,这个地方就形成了一个村落。八陡镇陈姓和徐姓人家比较多,还有王、李等其他的姓。听说我是来了解八陡镇的历史文化和乡村记忆的,陈爷爷显得很兴奋,他还很自豪地说,前年还有山大的老师和学生来八陡镇考察,并且派车接了他们好几位七、八十岁的老人们去山大给他们讲有关八陡镇的历史和传说。

八陡镇有一个风俗,就是每年阴历的六月初一,请颜奶奶回娘家,过一个月之后再送走。颜奶奶名叫颜文姜,当地相传"齐地孝妇颜文姜,孝侍公婆,远汲山泉水,不间寒暑,感动神明,泉出于室内汇流成河。文姜殁,在其草庙为神,后人在此建庙,即颜文姜祠。"[1]陈爷爷也给我讲了这个故事,还邀请我六月初一有空的时候可以再过来看一看。在交谈中得知,如今82岁的陈爷爷还是镇子上老年协会的会长,镇子上有什么事情需要他们出面或者帮忙的话,他们都会去,而且他们还组织举办一些老年文化节之类的活动。讲完这些,陈爷爷十分热情地邀请我去他家里坐坐喝点茶。大概是因为年轻人大都搬到旁边的楼房里去住了,村子里只剩下些老人和不舍得离开的住户,我想这也是村子显得更加宁静的原因吧。

我总共在青石关村待了两天,但是两天已经足够让我喜欢上这个地方了,淳朴的民风,宁静的气息,热心的陈爷爷和陈奶奶,为我指路的叔叔阿姨。抛却市区的嘈杂和喧闹,在这里,我好像发现了另一个自己,不再浮躁,不再为生活琐事烦心,只是一个单纯的我。

近年来,随着经济的发展和生活水平的提高,八陡镇的文化建设也在逐渐完善,一些当地的民俗被赋予新的内容并且不断发展。离开八陡镇的时候,陈爷爷还一直叮嘱我六月初一的时候如果有空一定要来看看。我不知道那天我能不能去,但我还是我答应着,因为我不想让他失望。我想如果我有空的话,我一定会过去,不只是为去看我没看过的活动,更是为再去看看陈爷爷。因为在这个我不熟悉的地方,还有一个牵挂着我的人,对我而言是一件非常温暖的事情。

也许对于八陡镇来说,我只是一个过客,我不知道以后我还能不能去看看她,但是我会记得她和镇子里那些可爱的人曾带给我的温暖。也希望八陡镇会一直保持着那份淳朴和真挚。

---

[1]　陈杰《颜文姜庙会研究》,中国艺术研究院硕士学位论文,2010年。

最是那一处的温柔

中教 1602 班　慕亚梦

原本就是无意,兴起,随处游玩,就像李清照"兴尽晚回舟,误入藕花深处"。虽没有惊起一滩鸥鹭,但却泛起心中阵阵涟漪。因为,十里昭德,柔情万里。它如一位老人,慈祥和蔼,向你讲述那随风散落在时光深处的故事;它如一位爱人,缠绵缱绻,在你耳边喃喃细语,诉不尽道不完的柔情;它如一个孩童,纯真无邪,带你找回心灵的归属。

一砖一瓦,一丝一缕,走在古街的石板上,所到之处步步生莲。它像是外星人遗忘在地球的乐园,远离喧嚣,看似与社会脱节却着实为一方净土。我们都像是漂浮在大海上的泡沫,看似乘风破浪,实则随波逐流。习惯了去追寻,去漂浮,早就忘记沉淀下来的心安是什么滋味。踏上这片土地,就像漂流过沧海终遇陆地,不再想着奔跑飞扬,也不再想着征战四方,只想安稳的睡个好觉。看惯了彩灯霓虹,你是否还会想念月光洒满河面的皎洁;听惯了发动机的轰鸣,你是否觉得沿街叫卖无比亲切;看透了人生百态,你是否对乡音激动万分。这被人遗忘了的古村落,像极了一位年迈的妈妈站在村口久久等待儿女的归程。你羽翼丰满,胸怀鸿鹄之志,总想一飞冲天,却忘记回头看一眼生你养你的旧巢。人们好像总是这样,不愿再回首,就像害怕心底的秘密突然被谁提起,就这样从此与故乡天各一方。

华灯初上,记忆里一片鲜红的灯笼渗透眼眸心底,水幕上的影像又在叙述着谁的一生。我见过那里的老人,银丝满头,就像古代神话中的仙人,他们在此地颐养天年;我见过那里的孩童,眼睛明亮澄澈,声音清脆如银铃,他们的笑声有一种让人忘却所有烦恼的魔力;我见过那里的男男女女,像农耕社会里的男耕女织。突然想起《桃花源记》中的一句话"黄发垂髫,并怡然自乐。"

在你的印象里古村落是什么样子? 破破烂烂,落后封闭吗? 我所到的这一处,天比海蓝,沿街爬满蔷薇,每家人的门口都摆满了自己做的手工制品,有木刻的、泥雕的、铁丝弯成的、糖稀画的。还有手工小零食,比如状元麻花。我害怕它被开发商盯上,我不想许久以后来到这里没有了古香古色,只剩5A级景区在提醒着我这里已失去了灵魂。

我曾在那样的一条古街与我的少年结伴而行,看着这一处的蓝天白云,感受着鸟语花香,望着身侧高大帅气

的少年心里柔软得一塌糊涂。在离开那个古村落很久以后的某一天晚上,我们通了电话却都在沉默,我看着窗外灯光闪闪,街道上也洒满月光,耳边是电流的声音,心里依然柔软得不像话。我想,就算过去许多年,再回首时我也记得这温柔的一切。

我曾看过一部电影,里面有一句话印象很深刻:"我泪流满面,步步回头,却只能向前走"。其实,对于这种古老而又美好的村子,我们只能不断地留恋不断地回头又步步向前走。客观来说,遗留下来的古村落确实已跟不上现在飞速发展的社会,但是,这种村子的遗留就像为漂泊在外的人留一盏回家的灯火。不论你走多远,不论你何时归,只要你回来就总有属于你的一盏灯一张席。

有些时光匆匆老去,而有些却依旧守在原地,展现历史的痕迹;有些地方荒芜不在,而有些却仍旧年年新绿,倾吐着古朴的气息。它只是历史长河中的一瞬,它只是地球上的一隅,它却像是与这个世界的一个约定,不慌不忙,不管外面多么兵荒马乱,它如尾生抱柱,至死不渝。

这是谁的故乡,而你的故乡又在哪里。"分别总是在九月,回忆是思念的愁"这是某人的故乡;"西窗的雨啊,轻轻吟唱,我美丽年华,今向何方,再化作云雨,某夜依你西窗"这也是某人心里的温柔。我喜欢这种百转千回后留于眉眼间的喜悦与悠扬,我喜欢这种隔绝所有兵荒马乱只有回家的心安,我喜欢一切朴素温暖善良。

无论是哪座小城还是哪个小村都有它特有的文化血脉,都有当地人独一无二的归属感。谁也不愿在疲倦的漂泊后连一处歇息的地方都没有。所以我们必须传承保护它们,也为自己的子孙后代留一盏回家的灯。

考察主题："乡土记忆"
考察地点：山东省淄博市淄川区蒲家庄
考察时间：2017 年 6 月 10 日

蒲家庄的守望

自动化 1503 班　郎济林

　　小时候的印象里，在北方一望无际的平原上，村庄的样子似乎都是千篇一律的——几间温馨的平房，清晨的鸡鸣让村庄变得热闹起来，开始一天的忙活，傍晚时刻，炊烟在一览无余的平原上直插云霄，虽然没有"大漠孤烟直"的豪气，一缕缕炊烟却给人一份浓郁的温馨。自家种植的小米熬成稀粥，就着女主人精心准备的小菜，全家人围在一起，说谈着一天的收获，脸上挂着最朴实、纯真的微笑。

　　蒲家庄，这个存在于北方无以计数的村庄里，"简单"却又"不简单"的小村庄，200 多年来，似乎也是每天都在发生着这些。当年的蒲松龄老先生是否也是这样呢？抑或是神蛇相伴，妖狐为邻，后人不得而知。

　　回望身后孤零零的古槐，我想从这位"老者"身上得到一些问题的答案，他独自站在巷口，送走了匆匆掠过的春秋，陪伴了漫长的冬夏，看遍了日月朝夕，见证了蒲家庄的风风雨雨，多少心怀敬畏的游客在这驻足凝望，抑或是古槐在继续见证，看着无数游客从这踏上归途，只留下满身岁月的斑痕。

　　将下未下的小雨让这一整天的天气变得沉闷无比，重了几分的空气让这半日的悠闲时光多了一丝疲惫，坐在古槐旁的石凳上，闭目小憩，脑海浮现出清晨启程时的画面……

　　一张略有褶皱的车票，承载着我对蒲家庄的憧憬和敬畏，坐在车上，窗外是漫天的灰蒙，霾将暗云包围起来，混为一体，远处的一丝缝隙冲出亮眼的日光。我心里想着，蒲家庄在这样的天气下会不会有种独特的幽静呢？

　　随着终点站的提示音响起，窗外"蒲氏故里"的大门立在大道的这端，沿街的黑瓦房建成的商铺不知什么原因大门紧闭，没有了现代商业繁荣的气氛，店铺的门牌也透露出蒲家庄独有的梦幽。

　　村庄在路的尽头，置身于民俗建筑群之中，空无一人的巷口点缀着几株绿藤，在黑砖青瓦的托衬之下，单这一角还有一丝江南水乡的意境，从巷口向南开始这段旅程。

　　右手抚过一堵土墙，雨水冲刷过的表面留下道道模糊的雨痕，被大自然冲刷过的土墙没有水乡青石砖的那丝光滑，指尖留下一抹黄土。土墙对面，一座荒废的院子门前杂草丛生，光线透过层层笼罩，只在墙头留下一团光晕。墙角，一朵未名野花似乎在独自散发着

幽香,在杂草丛生的角落,下雨时,独自汲取着甘甜的雨露;飘雪时,独自经受着凛冽的寒风;阳光灿烂时,绽放出最惊艳的孤芳。脆弱的花瓣见证着蒲家庄的漫长岁月,未来,他们相伴同行。布满岁月创痕的瓦墙,破碎的屋脊,掉落的门环,他们就像一位长者,通身苍老,眼睛泛着深邃,蕴含着人去楼空的悲凉。

巷子的拐弯处,两位前来写生的学生席地而坐,画板上,一座上锁的庭院清晰可辨,顺着他们的目光望去,一堵石墙闯入视野,棱角分明、大小不一的石块筑成经得起风吹雨打的石墙。透过门缝,年久失修的沧桑感扑面而来,院内的石阶、走道长满杂草,藤蔓、杂草凭着大树肆意的生长,幽静的小院内焕发出无限的生机。

身后,远处传来的几声犬吠把我从这幽静中带出,难得的喧闹让我有些惊喜,寻到这声音的源头,是从一户人家的后院传出来的,绕到前门,扣响门环,一位两鬓斑白的老人得知我前来拜访的意图之后热心地将我迎进门,像大多数的北方村落的庭院一样,宽敞的大堂、门厅,三面分布,不像南方小楼的婉约,北方民居有着宽宅大院的豪气。走到屋内,家里只有两位老人,儿女们在外打拼,富裕的生活带不走的,是两位老人对蒲家庄的眷恋。古老传统的蒲家庄承载着老人儿时成长的回忆,也是蒲家庄人感情的寄托,老人们在这个远离城市喧嚣的小村落,毅然守望着……

时至正午,婉拒了老人家留饭的好意,道别之后,沿着纵横交错的巷道继续徘徊在阡陌之间,正午太阳的炙热使得原本沉闷的空气增添了几分沉重,路上游客似乎也因为这沉闷的天气加快了步伐,我生怕惊动虽然沉闷但依然寂静的蒲家庄,甚至不愿带起纷纷扰扰的烟尘。一路上,躲避开驻足拍照的拜访者,没有亭台阁楼,没有山清水绿,偶尔伴随着"吱呀"声,三两孩童破门而出,闯入街巷,带着欢笑消失在视野里。千篇一律的矮房庭院少了一些新鲜感,我有些怀念,儿时记忆里美丽的乡村,炊烟伴着晚霞袅袅升起,河两岸的玩伴在母亲的召唤下,拖着玩耍时不知疲惫的小身躯,"艰难"地走在回家的路上。我有些后悔,那时不懂欣赏的自己,只记得玩耍时的快活,忘记了归家时沿途的一处处妙不可言的风景。

继续着前进的步伐,巷口的一角,"华野整军纪念碑"的傲然矗立让我有些意外,印象里幽静环绕的蒲家庄添染了一丝红色的印记。

搜索了一下资料发现,这个纪念碑是1996年7月份建成的,当时由原华野政治部主任舒同题词碑名。舒同老先生的字古朴苍劲,和厚重的纪念碑一起提醒着我们勿忘历史,珍惜和平。同时,在蒲松龄先生的故居看到红色历史的痕迹,也让我一时间把两段相隔甚远的时光联系在了

一起,思绪跨越时间和历史,在这一方纪念碑的面前碰到了一起。

　　站在纪念碑所在的巷口,回头凝望,被谈笑声突然惊醒。从身边经过、谈笑着的正是刚刚在巷口写生的那两个学生,画板上,一座庭院、一堵石墙、一棵古槐、一座丰碑,小到那恣意生长的绿藤蔓,探出墙来的藤枝,它们无一不是蒲家庄历史最有力的见证者,蒲家庄的风和雨,它们一起走过。我追上前去,和两位游客攀谈起来,提起那幅画的名字,他们说道——蒲家庄的守望。我会心一笑,不正是这样吗?

　　踏上归程,颠簸的车程没有躁乱我敬畏的心,望向窗外,清晨的那缕阳光早已冲破云层洒向大地,天空中的沉闷渐渐散去,远处的蒲家庄也应该焕发出亮眼的生机了。

考察主题：乡土记忆与文化传承
考察地点：山东省淄博市淄川区太和镇
考察时间：2017 年 5 月 26 日至 2017 年 5 月 27 日

漫游太和

自动化 1501 班　宋时凡

　　明月别枝惊鹊，清风半夜鸣蝉。稻花香里说丰年。听取蛙声一片。　　七八个星天外，两三点雨山前。旧时茅店社林边。路转溪头忽见。

——辛弃疾《西江月》

　　太阳渐渐西沉，天边的晚霞衔着远山，夕暮的余晖笼罩着整个大地。金黄的麦田，绿油油的高山像一幅巨型的油画一望无边，在一片麦浪中，坐落着一个又一个的小村庄。公路两旁，高大的白杨树列队站岗。一片欢声笑语中，我们驶入了太和古镇。所谓"太和"者，取其太平和谐之意也。

　　初入这小村庄，我们不忍打破这一份独有的静谧，于是，安静地行走在这乡间的小道上，黄昏时分独有的薄雾渐渐升起，村庄似仙境般神秘。忙碌了一天的老农，哼着小曲，荷锄而归；远处几只飞鸟结队而归，划过天际；嫩绿的小草，鲜艳的花朵，还有那茂盛的作物，轻轻摇曳在微风中。夕阳把我们一行人拖出长长的影子，脚下的小道上，铺满了细碎残阳。这就是农村特有的意境，我已然忘却城市的喧嚣，将自己与这祥和美好的一切，融为一体。

　　天色渐晚，远处一望无际的土地里散发着薄薄的雾气，在雾的深处，仔细看去，那原野里似漫步着等待归家的牛羊，虽夜幕已渐垂，安逸却丝毫没有被打扰，一片祥和宁寂。一缕缕炊烟升起在傍晚村子的上空。不时有一群群孩子嬉戏打闹着从身边跑过。推开一扇陈旧的布满缝隙的木门，门板上赫然写着"红旗人家"的字样，小房子里漏出来橘黄色的灯光，不太亮但充满温馨的韵味。家里只有女主人在家，男主人外出打工，孩子在外求学，桌子上摆着简单的饭菜。老乡亲切地招呼我们喝茶，聊天，不过是家长里短，却充满亲切感。

　　月亮渐渐地从东边山顶升起，月光洒到村子里，朦胧而缥缈。不一会，村子里的小广场上响起音乐，劳作了一天的村人们，吃过晚饭，等鸡进窝，把猪喂好，男女老少就相约来到这里，聊聊农活，讲讲趣事，抑或是跳跳广场舞，锻炼锻炼身体。小村子一下热闹了起来。老人讲着天上的故事，孩子们依偎在怀里，数着天上的星星。不时有孩子们的欢声笑语,穿过老树,穿过云层,穿过夜色,回绕在这天空里,田野里。夜色苍茫,大家便各自回家,村子又重回宁静。这里几乎都是独门独院,夜深人静时,大门一关,就剩下一家人的世界。我们也结束一天的行程,回到住处,与往日的失眠夜不同,在乡村的夜里,没有烦躁难耐,轻轻地闭上眼睛,静静地享受大自然的淳朴,慢慢地进入梦乡。

对于太和的清晨,我很难用文字来形容她的美妙。日出天明,天高云淡。太阳升起的那一刹,一缕白划破天际,为村子带来光明,阳光洒向大地,洒向田野,洒向房屋和老树,在一片金色中又开始了忙碌的一天。吃过早饭,重回太和,这感觉已不同昨日,像是在探访一位老朋友一般亲切。

村子背后群山环绕,站在半山腰上,便可以俯瞰村子的全貌。一棵棵百年以上的大树,繁茂的枝条,粗壮的树干,富有生气的叶子,在阳光下像是一双张开的臂膀守护着大地,守护着人家。在绿树的掩护下,一座座民房错落有致地排列在山冈上,偶尔一间土坯房映入眼帘,那是岁月留下来的沉淀。山里的一切都是很漂亮的,空气也是十分的清新,鸟叫蛙鸣,蝉曲虫唱,村里的小学堂也时而传出朗朗的读书声,阳光透过树的缝隙,在小石路上留下斑驳的痕迹,一切都是这么和谐融洽。

勤劳的村民们又开始了一天的劳作,人们来到田里,挥镰收割,虽然太阳灼着田野掀起一股股热浪,虽然脸上挂着晶莹的汗珠,但看着丰收的作物,心里也不免乐呵,疲劳也都抛到脑后。阳光是最好的证人,他见证着作物的生长,而此刻又见证着大地上金黄的麦粒。"唰唰"的翻麦子声就像是一首嘹亮的战歌。走在村子里,粮磨稳稳地伫立在那,忙碌季节即将来临,而此时它正享受着那一份短暂的宁静,像蓄势待发的将军,正在战场上准备,他身下的磨盘就是他的战场,战场自是打扫的彻底,甚是和平,甚是平静,一丝不苟,干干净净,一场战役即将打响。转眼看它又像一个备受敬重的老者,虽然在这机器时代里它不知还能存在多久,但历史在,故事在,骄傲在,所以它不担心何时会离去,它的从容,它的淡定,是来自那无数的收获,那是它的过去,是它的生平,是它的勋章。

山与水总是相傍相依,山青则水清。小山村后方便有一条潺潺小溪,世人往往偏爱名水山川,但我觉得这不知名的小溪也有着它独特的韵味。这小溪没有工业污染的丝毫痕迹,保持着它最原始的姿态,溪岸地势参差不齐,不知其源从何起,溪中鱼儿来往行动敏捷,仿佛与游人玩乐。溪水附近尽是茂盛的树木,丝毫没有夏日的炎热,清风拂面,挽起裤脚,我们脱鞋进入溪中,那水中捣蛋的螃蟹尽爱夹人的脚,我们互相泼水嬉戏,享受着小溪带给我们的"泼水节",像是回到童年那一段美好记忆。这小溪终日陪伴着村庄,陪伴着广袤的森林,陪伴着翠绿的草地,潺潺的流水,像是村庄有力的心跳。

　　平凡的小山村啊,你尽情诠释着你的独特,诠释着山村美景,诠释着乡土人情,诠释着祥和与安宁,一片小小的绿叶,倏地掠过柔软发际,飘到温度回升的手心,我竟然永远把你留在了心里。

论当代乡土文化保护与传承

自动化 1502 班　管东方

一、"乡土"之追本溯源

1. 乡土

对于乡土的定义有多种说法,国内外许多学者曾在不同的研究领域里从不同的角度对其下了不同的定义,也因此产生了许多相近但仍有所差别的理解。仅从字面上理解,"乡"是指一个人生长的地方,有亲朋好友共居,人们相互交往并遵循各种生活习俗的地方;"土"即土地,是人的立地之处,也是人类生活的根据地。另外一层含义是本地的、地方性的。而"乡土"就是我们长期居住或者生活的地方,是人类居住的本乡土地,囊括了过去的历史文化、生活习俗、自然环境和社会习惯等。我国著名学者费孝通曾从社会学角度对乡村做了大量的调查和研究,并在《乡土中国》一书中指出中国社会是乡土性的,乡土社会是一个经验社会,它的联系是长期的,是靠长期的共同生活来配合各个相互的行为。作为个人可以相信自己的经验也可以相信前人流传下来的经验,"乡土社会是一个生于斯,长于斯的社会"[①]。

2. 乡土文化的概念

所谓乡土文化是指起源于农业文明社会,并在一定地域范围内衍生和发展的文化形态。在传统的农业社会形态里,乡土文化由乡村社会环境下的群体历经世代相互传承,形成一个系统、多样、内容丰富的文化脉络。它包含了个体和集体共同努力的成果,是一种带有强烈地方特色的文化积淀,也反映出在一定范围内的特定环境条件下人与自然、人与人之间相互依存的生存哲学;"包括物质性文化和非物质性文化两个层面,是物质文明、精神文明以及生态文明的总和"[②]。

3. 乡土文化的重要地位

乡土文化是中国传统文化的重要组成部分,也是一个民族区别于其他民族的一个重要特征。由于现代社会经济的高速发展,致使我们在生活中把更多的追求投放在物质文明的建设上,更加容易忽略传统文化的重要内容,因此最终导致我们城市建设常常带有"西方化"的色彩。中国古老悠久的文化在世界民族之林上具有重要的地位和影响,保护与传承中国乡土文化,也是使中国在"一带一路"上与世界快速接轨和发展的同时避免文化"趋同化"的重要途径之一。

二、乡土文化保护的困境

我国有数千年的农耕文明,数千年的乡土文化便是中华民族得以薪火相传的根本,这

---

① 陈崇贤《乡土文化在乡村景观规划设计中的保护与传承》,北京林业大学硕士学位论文,2011 年。
② 曹云、周冠辰《城镇化进程中乡土文化的保护困境与有效传承策略》,《现代城市研究》,2013 年第 6 期。

不仅是社会主义先进文化的重要组成部分,更是人类社会巨大的精神财富。从其涵盖的范畴来讲,它包括物质、精神、制度、行为四个文化层面,既有山水风貌、乡村建筑、乡村聚落、民间民俗工艺品;又有乡土生活习惯、传统文艺表演、传统节日;还有乡村生产生活组织方式、社会规范、乡约村规和宗族家族文化、乡土孝文化、宗教文化等等表现形式。"我国土地资源辽阔、民族众多,广大乡村存留了丰富的乡土文化资源,这种建立在千百年农耕文明基础上的、以村落为载体、自然形成的独特的村落文化,构成了中华民族草根信仰的基础,是传统文化的根基所在"[①]。但随着我国城市化、工业化进程逐渐加快,乡土文化的价值和内涵也逐渐消退,乡土文化的文化沉淀也正因为城镇化的建设而加快了消失的脚步。

1.国际化背景下的"趋同"作用,形成了对乡土文化的吞噬

现如今,全球化的速度正在逐步加快,随着我国"一带一路"政策的实施,又进一步加快了外国文化流入中国的步伐,人们的生活方式和价值观念发生了巨变,原有的乡村风貌和人际交往的规则已经发生了很大的改变,脱离了传统的风俗和契约关系的束缚,取而代之的是理性化的人际关系,以及时尚的消费文化,结果便是原有的乡土文化与现代社会形成了很多的冲突与不适,更有甚者,竟大肆推崇乡土文化"无用论",并伴随着国际化趋势的加深,人们开始发现乡土文化的逐渐缺席和整体上的脱离,随着乡土文化不断地被吞噬与冲击,变得越来越空心化、放任化。

2.市场经济条件下,功利心态对乡土文化的扭曲和扼杀

随着市场经济的繁荣和发展,越来越多的人意识到"文化打造"在服务城市经济发展当中的职能之后,乡土文化的传承、保护与建设的观念出现了严重的畸形,更加注重物质层面,而不是精神层面,使其失去了原有的朴素和内涵,走上了畸形的发展道路。例如,"青岛大虾"事件,"天价切糕"事件,民众大叹文化传承的畸形。很少有人对地区的老景观、老建筑、传统习俗、村落文化等乡土文化进行有效的保护,反而在重金打造具有浓郁商业气息的边缘文化。这不得不说是一种对传统乡土文化的扼杀。

3.国际化的盲目性和急功近利,冲击着"濒危"的乡土文化

国际化对乡土文化造成的影响无疑是双重的,一方面可以使更多西方国家的优秀文化传播到中国本土,"取其精华,去其糟粕",使得乡土文化更加博大精深,兼包并蓄。另一方面,在吸收外来文化的同时,急功近利的心态使得人们过分注重物质的追求和经济的建设,忽略了文化传承和精神建设的重要性,由此产生的技术泛滥、文化"趋同"和城市建设同质化问题,无疑使得原来朴素,宁静和特色鲜明的乡土文化逐渐脱离人们的视野,甚至导致了文化传承断裂、传统文化被逐渐解构、甚至泯灭的风险。

三、科学构建文化传承平台

乡土文化要传承发展,不仅需要人们的保护、民众的认同,还需要有媒介和平台作为支撑。进一步促进乡土文化与旅游资源相融合。要在继承乡土文化的基础上,不断创新,

---

① 卢渊、李颖、宋攀《乡土文化在"美丽乡村"建设中的保护与传承》,《西北农林科技大学学报(社会科学版)》,2016 第 3 期。

和市场相结合,通过创意、生产加工、营销,加快开发文化旅游产品,将乡土文化资源变成有生命力的文化产品,并为消费者所喜爱。乡土文化既要继承传统,保护好原生态乡土文化,也要适应现代生活的需求,创造新生态乡土文化。积极探索如何将文化资源优势变为文化产业优势,提升文化软实力,进而提升综合竞争实力,推动乡土文化大发展大繁荣。

1. 普及乡土文化,提升认知能力

教育机构要利用网络、博物院(所)、社会机构、高等院校培训和乡村旅游等各种渠道深入开展宣传,以此提升民众认知水平,使民众意识到失去乡土文化比失去土地更严重。文化部门要"把民间的文化艺术形式置于中华文化系统的脉络中予以高度重视,积极开展宣传、教育活动,使每一位乡村民众都意识到有责任、有义务去认知、传承、自觉保护原生态的民间文化艺术"①。乡土文化的感召力、生命力,成为乡村维系世代延续、善待苍生、和谐共生的重要精神支撑及心灵托付,国家应特别关注教育认知的观念,并给予政策的大力支持。政府还应不断完善管理制度和创新体制发展,以制度法规强化教育管理,提升管理人的能力。因此,强化社会教育认知,培育新型农民,是乡土文化传承的必要方式。

2. 培养乡土文化传承人才,提升对乡土文化的服务水平

政府要加强对乡土文化现有人才的利用,积极引导、疏导乡村人力有序转移的同时,还要留得住传承乡土文化的人才。国家要对民间口头文学、民间艺术、手工技艺的特殊人才,给予优待;科研、院校、文化工作机构要加大民间人才培育力度,善于发现人才、挖掘人才、培养人才,特别是高等院校要把民俗、民族、地域文化等人才的培养纳入高尖端、高前瞻的培养计划,形成人才储备与流动的良性互动;文化企业单位、民间组织要积极创办各种文化实体单位来进行文化会演、展示,积极提升培育人才。政府还要加大对农村文化工作站、城市社区等公共文化事业经费的投入,重点培养"民间艺人、文化能人、文化中心户"等乡村文化骨干;通过专业业务培训,搞好"传、帮、带";文艺院团、企事业单位要深化文化体制改革成果,加大对乡土文化的市场化运作,激发乡土文化人才的创造活力;文化部门要积极鼓励优秀文化工作者下基层挂职锻炼,选派优秀的文化管理人才到基层任职,提升乡土文化的管理层次和管理水平。同时,还要结合当地文化遗产申报、节庆活动、文化旅游,培育壮大人才队伍,让人才"红起来"。

四、构建立体化的乡土文化保护机制

1. 破除错误观念,消除文化偏见

城乡发展不平衡,乡村自我发展能力长期落后,比较容易受到轻视,处于不利的发展地位。因此,要重视乡土文化危机,重塑乡土文化情感。同时,在新型城镇化建设中,要通过教育、宣传等多种形式,培养公众对乡土文化的认同感,提高公众和全社会对乡土文化的重视程度和保护意识。

2. 加强政策支持,健全保护机制。

建立完善的乡土文化保护机制是必要的。加强相关立法,对破坏乡土文化的行为进行惩戒。同时,设置专项资金,确保关于乡土文化传承保护的各项工作能够顺利进行。对

---

① 王华斌《乡土文化传承:价值、约束因素及提升思路》,《理论探索》,2013年第2期。

物质文化和非物质文化遗产进行科学论证,并进行长远规划。

3. 构建人才队伍,强化传承培训

构建扎实的乡土文化保护人才队伍,聘请专家对乡土文化遗产保护进行指导,并举办省市县各级培训,培养乡土文化保护专业人才,使之能够有效管理、规划乡土文化保护传承的相关事宜。二是做好年迈的民间艺术项目优秀传承人的关爱工作,了解关心他们的生活情况,挖掘发挥他们的艺术潜能,资助鼓励他们培养传人。三是根据非物质文化遗产口口相传的特点,利用民俗活动和"非遗"展演活动进行培训传承。

4. 突出地方特色,打造乡土品牌

一是挖掘地方优秀文化遗产,做好文化遗产的展演、展示活动,保护好文化遗产搜集整理成果,建立民俗博物馆、民间美术厅和民间艺术资料库等,以公益形式免费对外开放。二是着力培育地方乡土文化产品服务品牌,把乡土文化融入乡村旅游之中,使乡土文化以生活化方式得到传承和保护。

在我国悠久的历史中,曾经经历了几千年的农耕时代。农村是中国基本的社会元,乡土文化具有很强的地域性,是对我国几千年农耕文明和乡村历史最好的记忆,如何对其进行保护是我们需要研究的重点课题。

对乡土文化的保护,不能仅仅依靠个人力量或政府部门的力量,"应当根据乡土文化保护的客观需要,明确乡土文化保护的重点内容,以及组织结构设置中的各项职责,确保各项保护措施的有效贯彻与落实,逐渐建立起立体化的乡土文化保护机制"[1]。综合协调各个团体复杂的利益关系,对当地所有对乡土文化造成干扰的工程和所有经济、社会结构的变化都应小心谨慎地加以控制,以保护自然环境中历史性乡村社区的完整性。例如,工业远迁、旧城改造、建立和完善保护制度等措施,并为乡土文化的有效传承与发展提供有力的保障。

结语:综上所述,随着我国"一带一路"的提出和与世界的快速接轨,虽然给乡土文化的传承与保护带来了很多机遇与挑战,但随着与外界交流的日益密切,我们也认识到了农村规划中乡土文化保护的重要性、紧迫性。对乡土文化的特色进行有效的传承和适度的创新,是中国在世界舞台上发展的必由之路,我们唯有实现乡土文化保护、传承与创新的有效统一,才能真正迎来中国的快速发展与乡土文化的"第二春"。

---

① 潘良蕾《唤醒乡土记忆 传承文化传统》,《联合时报》,2016-08-19。

考察主题：海草房及威海地区的民风
考察地点：山东省威海市荣成市港西镇巍巍村
考察时间：2017 年 5 月 1 日至 2017 年 5 月 3 日

海草房及威海地区的民风乡土记忆

测绘 1603 班　陈　曦

一、海草房

（一）概述

海草房是用原始石块或砖石块混合堆砌成墙面、有着高屋脊、陡坡度的房屋，并且屋顶是由特有的海带草苫成，质感蓬松。

（二）形成条件

海草房所在的胶东半岛地区，夏季气候潮湿多雨，太阳毒辣；冬季寒冷多雪。沿海地区的人民极具智慧，将自己本身所知的建筑经验运用在海草房的建造之上，防潮防晒，避冷温暖，这是居住环境的基本要求，他们将厚厚的石头堆砌成屋墙，又将天然的资源海草晒干，苫成海草房的屋顶，造就了冬暖夏凉、极具生态意义的海草房。

（三）民居分布及特点

海草房主要分布在胶东半岛的威海烟台等地，以荣成最为集中。据考证，海草房从秦开始流传并逐渐广泛形成规模，元明清则进入繁荣时期。

海草房以厚石为墙，干草为顶，外表古朴简洁甚至其貌不扬，却能保证冬暖夏凉。

（四）民居近况

荣成至今还保留着超过 200 年的海草房 20 几幢，爬满青苔、历经风霜的海草房仍在发挥着自己的作用，向人们诉说着历史的沧桑和自己的经久不衰。

随着社会的进步，时代的发展，一方面，沿海地区的海洋作物养殖越来越泛滥，渔网挡住了海草，人们也越来越难以捡到海草了。另一方面，社会进步使得新型建筑迅速发展，便捷干净的住房更加吸引着人们，城市的生活模式深入人心，海草房不再新建了，旧的海草房大多数也是弃之不用了，海草房在慢慢消失，随着社会的发展，改造后的海草房民居在特色民宿中占有一席之地，旅游业的发展让它转变了角色，发展前景更加良好。

虽然它再也回不到从前，数目的减少无可避免，但人们正在拯救它，让它保留，使它转型，不管最终它会有如何的命运，它在历史长河中留下了自己的痕迹，曾经给予人们一个温馨的港湾，为人们遮风挡雨，到现在仍旧发挥着自己的余热。

（五）建筑材料

并非所有海草都能制作海草房，而是必须选用长在 5～10 米浅海的大叶海苔等藻类，晒干后呈现紫褐色，柔软耐用。由于海草自身的成分使得其有防蛀虫防霉烂及经久不坏的特点,所建房屋冬暖夏凉,温和舒适,经久抗衰,也正是因为这些,使它在历史的长河中历久弥新,深受当地百姓的喜爱。

荣成等海域从前有很多合适建造海草房的海草,退潮之后,当地的居民便会收集海草晾干,但苫海草并不容易。一幢房子使用时间的长短,内在居住条件是否舒适,主要取决于海草苫的质量。人们盖房子时都要请代代相传、经验丰富的苫匠来负责自家的屋顶,三四个人都要十几天才能将屋顶苫好,屋顶要严实不透水,为了满足这个要求,要在海草中夹有麦秸,麦秸盖上之后还要再加上一层厚海草使它更加密实,最后再将废弃的渔网套在屋顶,最厚处的海草都有 4 米多深,建造一幢海草房要 5000 公斤以上的海草。

（六）民居背后的问题

近年来,随着社会进步和文化意识的苏醒,人们越来越关注海草房,但是它背后的问题亟待解决。

沿海村落的大量青壮年劳动力外出学习打工,一些村民为了改善生活搬离了这个村落,许多海草房人去屋空,得不到修缮,很多的海草房已经出现了严重的问题,甚至坍塌损毁。留下来居住的大多数是老人,他们多数人丧失了修缮房屋的能力,残破的海草房究竟能等来谁的修缮?

人们在为文化自豪骄傲的时候,到底有没有想过谁来保护它。如果大家都是冷漠相对,让大家自豪骄傲的胶东地区特色民居又能存在多久。海草房见证着胶东地区的历史沧桑,更是胶东人民智慧的结晶,即便饱受风雪的侵蚀,它仍然朴素踏实地站在那里,见证时代的变迁,经历的更是自己的消亡。世界上仅存不多的海草房叙说着文化,更是时代的遗产,值得人们去保护、去爱惜,青年人对其命运的关注其实正是对文化的传承。

（七）建筑的保护及发展

时代发展对于海草房的要求也越来越高,不再仅仅是冬暖夏凉。外部修缮亟待解决,但内部改造更是改变海草房命运的关键。现代化干净整洁的内部环境才能满足人们对于生活环境的基本诉求,对于海草房等传统建筑的创新,变革更有利于它们去适应这个社会。新型建筑建造的成功案例就在大家身边,由同济大学建筑规划学院和荣成建筑设计院共同设计,位于荣成市郊的"北斗山庄"称得上是对传统海草房继承和发展的典范。包括天枢居、天权居、玉衡居、开阳居在内的七座海草房院落别致小巧,更能算得上是一处风景,其按照北斗七星的布局依次排开,用红褐色的花岗岩砌墙,灰褐色的海草苫做顶,室内则以高档宾馆标准进行布置,形成一处极富地域情调的现代建筑群。建筑的改造颇为重要,不仅要赏心悦目,最重要的是改变命运,将这一传统建筑留在历史长河之中,而不是任之消亡殆尽。

走访的居民说,荣成市相关部门已经上报留有一块海域养殖海带,便于以后海草房的新建与修缮。政府的措施也让居民看到了海草房的未来,大家很是欣慰,对于调研也积极主动地提供建议。海草房修缮之后被改造成博物馆、酒店,甚至风景区,既能发挥它的人文价值也能发挥出它的经济价值,一举多得。

（八）苫匠刘玉启

年近 60 岁的憨厚汉子刘玉启因其在海草房修缮保护及建造方面的专长被任命为海

草房民居建筑技艺的传承人,任命的那年他已经 50 岁。他在采访时说,现在能够完成海草苫顶工作的人不足 5 人,曾经受人敬仰、靠手艺吃饭的苫匠面临着时代的危机,年岁的增长让很多人已经无法完成高空作业,青壮年劳力都已外出打工,他收的最年轻的徒弟也有 40 几岁,技艺也正在悄悄失传。苫匠的工作待遇不错,一人一天能有 100 元,这还不包括雇主为他们提供的伙食,现在他们仍在工作,为自己本村居民的海草房进行修缮,也为邻村等地工作。之前,荣成市修建了一批海草房建筑宾馆,也正是这帮苫匠的功劳,4 个人花费了将近 4 个月的时间才将宾馆建成。

海草房的苫顶工作全靠手工,一个新手至少需要 5 年的时间才能出徒,而海草房的好坏基本上全靠苫匠的手工,一位出色的苫匠能保证屋顶 50～100 年不损坏,而且外表整洁美观,否则一年之内就可能渗水漏雨。苫顶工作枯燥乏味,却也需要很大的耐心,专心致志,技艺高超,才能保证海草房的安全。

在刘玉启看来,海草房的好处实在太多了,冬暖夏凉,舒服怡人的海草房曾是海边村民能否娶上媳妇的必备条件,环保的建筑材料,对环境没有伤害,并且很少需要修整。沿海地区海风大,海水侵蚀作用强,而海草房能够很大程度上避免这个问题,几乎不会被大风损害,它的利用价值很高。

瓦匠、木匠、石匠和苫匠相互配合建造成的海草房是重要的文化遗产,在另一方面也是人与自然、人与人之间和谐相处的典范。"自然作为人类存在的一种空间,也是历史记忆的载体。人是一种自然存在物,无论人对自然的能动把握发展到什么程度,人永远不能超然于自然界之外或之上,人的活动不能超越自然所能接受的限度,不能违反自然规律。"①这一栋栋凝结着自然之物和人的智慧的海草房,正体现着自然和人的历史的完美融合。

（九）村民的采访

刚到这儿的时候,我便遇见了曾经的村长,他用淳朴的乡音说道:"人们都变了,你这个小娃娃也搬到城里和父母同住了,我不是不能去城里,儿女提过好多次了,我不愿意去呀,趁着现在我还没老,还能动,多在海草房里住住,不知道还能住多久了。可我就是愿意住在这儿,这儿有我的童年我的故乡,我舍不得呀。"一会儿又补充道"我原以为海草房要没了,要没了呀,这个时代变了,它也会随着我们这些老东西去了,没想到现在的年轻人还愿意关心它,政府也在保护它,我也就放心了。"

听到这个曾经威严的老头子透着无奈又欣慰的话,我感触颇深,到底什么才是我们心中的乡土记忆呢,可能就是寄托乡思的老屋、家人熟悉的饭菜和带着家乡味道的空气吧。

二、海草房背后的感情

沿海地区的人们对海草房的感情别人无法体会,那不仅仅是建筑,更是家,是港湾,是祖祖辈辈生活的地方,那里或许留存着童年快乐的记忆,或许留存着家庭团聚的温暖,或许那里曾经有你最爱的亲人。它值得被珍惜被疼爱被大家去保护,那不仅仅是文化的瑰宝,更是一种记忆,时代的记忆。村口的老人说,那是他祖祖辈辈生活的地方,他舍不得搬

---

① 张艳梅《文化伦理视阈下的中国现当代小说研究》,北京:中国社会科学出版社,2012 年版,第 143 页。

走,那儿才是家。

　　我沿着家乡的小路前行,路过街边的一砖一瓦,回想风雨留给它们的记忆,这是我祖辈生根发芽的地方,不只是家那么简单,那更是一种寄托一种依赖,无论你行走在何处,街头清新悦耳的乡音,熟悉不过的邻里,更有那古朴淳厚的海草房为伴,那便是家乡。海草房正是胶东半岛沿海人民的乡土记忆的一种寄托。

"乡土记忆·文化传承"

——论保留古建筑的意义

城规 1601 班　胡安婷

　　我本就是临沭县人,对于临沭县曹庄镇的朱村,那也自然是比较熟悉的。

　　朱村是一个历史悠久的小村庄,具有 500 多年的历史,在建村之初,因为这个小村的东边原有一沙丘,而其东西两边共有九条道路环绕,呈现出了九龙戏珠之势,所以起名为"珠村",而后来又因为这里历朝历代的村民们都崇尚朱子儒学,所以就正式将村名改为朱村。朱村现有住户 900 余户,所占耕地面积为 1200 余亩,这里的环境相当优美和谐,早在前些年就被评为了山东省"宜居村庄",是一个居住、旅游的好地点。

　　朱村坐落于临沭县曹庄镇的东南部,它的西边依靠着岌山,东边相邻着沭河,而且与大官庄水利枢纽遥相呼应,又与沭河古道、沭马风景区相互贯通,是个得天独厚的好地方,山水相映,村内河流纵横,又是三条溪流相汇之地,环境优美,土壤肥沃。而且这里向来人杰地灵,民风淳朴,革命战争年代时,朱村的村民们踊跃参军,并且早在 1939 年,这里就成立了临沭县最早的党支部;抗日战争时期,谷牧等同志都曾在朱村战斗生活过,这也使得朱村成为沂蒙区有名的红色村庄。2013 年 11 月 25 日,中共中央总书记、国家主席、中央军委主席习近平莅临临沭县曹庄镇朱村考察工作。当时我正在读高中,听闻这个消息,心中不免生出些许骄傲。总书记亲切地慰问了"老支前"王克昌同志,并且仔细叮嘱当地的干部,"让老区人民过上好日子,是我们党的庄严承诺,各级党委和政府要继续加大对革命老区的支持,要形成促进革命老区加快发展的强大合力。"

　　朱村是一个有故事的老村庄,在这里提到朱村,就免不了提一提它成规模的古建筑群。《江北水乡千年朱村》一文中就对朱村的古建筑群有较为详细的描写,"朱村清代古民居建筑群保存较为完好,算得上目前鲁东南一带唯一一处规模较大、影响较广的古民居建筑群。全村现保存完好的清代民居达 41 间。村里遗存下来的传统建筑呈庭院式组群布局,多采用砖木结构,砖雕、木雕、石雕、陶雕在建筑上得到广泛应用,飞檐斗拱,檐牙高啄,整个村落由此更显古朴典雅。"目前,该村以清代民居为代表的古建筑尚保存有 300 余间。我曾去那里游玩过,去感受了一下那里的老房子,虽然被时间冲刷得有些破旧,但是这些房子带给我一种记忆沉淀的感觉,住在房里面的多是一些老人,他们也都和这老房子一样,安静质朴,慈祥美好,充满岁月的沉淀感。但遗憾的是当时个人比较生涩,没能够拜访王克昌老爷爷,也没能够与当地的村民们有较为深入的交流。

　　我之前去朱村时,便被它闲适的环境和复古陈旧的建筑所打动,我并没有什么文采能够完美地形容出那古建筑的韵味,但是我能够清楚地表达出,身在那么一种情境下,心底涌出对历史、对传统文化的厚重感的深深感动。

　　因此,由朱村的游访为感,老建筑带给我们的不仅是视觉上的美感,更有对历史的回忆。它是历史的见证,是活的历史记忆,是中华传统文明的见证。朱村的老建筑尚是年轻,但也已经经历了上百年的风风雨雨,它也是我们对清代最直观的认知途径。不需要只言片语,我们可以通过这些老房子感受到那个时代的发展情况和人文记忆。

所以,我想要在这里谈一谈中国现代保留传统建筑的重要的意义。

在 20 世纪中叶,清华大学建筑学的教授梁思成和他的妻子林徽因,二人敢为天下先,有着建筑人敏锐的直觉和判断,带着堂吉诃德般的勇气,单枪匹马,与当时的紫禁城城墙拆迁人员做斗争,试图保护那北京的古城墙。但是,当时极少有人理解他们的良苦用心,所有人只看到了这紫禁城厚厚的城墙是封建主义社会的残余,却并没有能够感受到这是历史最真切的记录。半个多世纪过去了,北京作为国家首都已然变为国际大都市,经济发达,车水马龙,人头攒动,但当年他们曾经希望保留的城郭早已沧海桑田,不复存在了。当代的孩子可以从历史课本中听闻城墙的传说,却再也不能真切地感受到城墙的模样。而当时不理解他们的人,后来也开始懊悔,为什么没有将中国传统文化遗留下来的建筑保留下来呢,对呀,这都是真真切切的真古董啊,即使他们现在手中攥有大把大把的史料,能够建造出一堵与原来相差无几的城墙,那也只是一堵假的古城墙,没有时间的打磨,也没有记忆的沉淀,当人们参观游赏时,也能知道这是假的,不能给感官激起涟漪,更不能带来与历史交流的心灵的碰撞。朱村的清代民居虽没有什么建设性的特色,但来到这里的人们却都能真切地感受到:原来清代的普通农民的房子是这样,那每一砖,每一瓦,每一墙缝都是从历史中走过来的,散发着传统的气息,散发着时代的香气。而且,从历史的打磨之中保留下来的古建筑是最真切的历史资料,能够为当代建筑工作者提供以丰富且可触摸的考量。

所以我们需要保护古建筑,古建筑保留的意义是十分重大的,它有着很多重要的作用,具体表现在以下几个方面。

一、建筑是历史的载体,是文明的物证

传统民居见证着这段时期居住在这里面的人的历史,是社会历史发展的鲜活的见证,更是承载着不同地域文化的珍贵的财富。我国绵延几千年的文明变迁和文化发展,都浓缩在这些遗留下来的斑驳的建筑里。古代生产力以及材料运用远不及现代,古人更是不懂什么力学材料学,但一些伟大的建筑却能够屹立千年而不倒,这是怎样的文明展现啊。我们除了在喟叹古代匠人们精妙的智慧和手艺之外,更是惊叹中华文明发展的精妙。而且中国地大物博,地域广袤,不同地域不同文化都渗透在不同的传统民居之中,各地的特色传统民居都汇成一本厚厚的中华文明史册。这本史册人们读起来不会乏味,而且直观易懂,是历史文明极好的承载体。

二、从古建筑中能够充分了解传统文化,我们要巩固并且发展自己的文化,进而创造新的文化

保护传统民居不仅仅是保护建筑本身,更是保护和追忆我们的民族习俗、地域文化,以及对历史社会发展的进程有所了解,更是在当今社会对我们民族精神的传递。从心理学的角度来说明,民族文化是人们精神的支柱,更与人们内在的自信有着很大的关联。文化对于人们来说不仅是一种生存需要的工具或者技术,它提供一种民族自我认同和社会归属感。如果我们对自己的民族文化没有了解,也就不存在文化认同,那么我们的民族就会失去赖以生存的精神根基,那么民族自豪感更无从谈起。我们需要不断地深化自己的民族文化,巩固、发展我们的文化,才能有足够的底气抵制外来文化的入侵。当今的社会多元文化混合,面对西方发达国家建筑文化的冲击,中国建筑有些迷失方向,并且为了避免崇洋媚外的情绪和风气,实实在在的精美的传统建筑就是我们的底气,我们有着中华五千年的文化精髓,应当让它活生生地流传下去,让每一代人都能感受到沉积的传统文化。所以保存传统建筑只是第一步,却也是关键的一步,我们能够从古建筑中充分提取出我们伟大而光辉的历史文化,在本身具有充足的文化底蕴之下,我们才能更好地创造和发展更加具有时代效应的文化。古建筑就是历史文化最好、最直观的体现。

三、古建筑是中国匠人精神的载体

都说现代人聪明,穿越剧中普普通通的平凡人穿越到古代就能成为神仙一般上知天文下知地理的厉害人物。但我以为不然,我认为古人的智慧是大多数现代人远远不及的。一个国家,一个民族,要想挺胸抬头地屹立于世界,仅仅经济、军事上的强大是不够的,更要有文化艺术和匠人精神。中国作为世界大国,自然不会缺少文化艺术的发展,上下五千年的中国文化艺术包罗万象,中国古代匠人更是有着鬼斧神工之称,古代的匠人精神不言而喻,只是简单的土泥和木桩搭建起来的房子,怎么就能够存留上百上千年,这是怎样精巧的建筑手法。作为古建筑,能够在斗转星移里千百年地屹立着,那就能说明它是古代建筑中的精品,既然是精品,它的研究价值自然是极大的。金字塔的存在就能够使人惊异,在劳动力水平较低的古代,建筑的一砖一瓦都是由劳动人民堆砌的,这些劳动人民都是有匠人精神的。而且蕴含在传统民居中的历史文化是经过了历史沉积,积聚着中国民族文化的精华,散发着匠人精神的魅力。意识里的文化是看不见的,而建筑可以生动地展现文化进而证明文化的存在。文字的记载往往是抽象而具体的,但是建筑却可以承载文化的灵魂。因为人们可以在古建筑的环境中进行体会、理解文化内涵,感悟匠人精神的宝贵。这是文字无法达到的。所以,古建筑是中国传统匠人精神很好的载体,从古至今,大国工匠都是值得支持的存在。

四、带动旅游经济的发展,带动一部分人就业

保留古建筑,能够带来的最现实的利益就是能够带来足够的经济效益,尤其以旅游业为主。作为中国特色的传统建筑,它的美感是世界所共知的,极具韵味,每一年不仅在国内极有旅游市场,也不断吸引着来来往往的外国游客。北京的故宫、西藏的布达拉宫、湖北武昌的黄鹤楼以及湖南岳阳的岳阳楼等等,都是每年旅游的热点,旅游带来的当地经济收入是极其可观的,大大小小的古街古巷都是人们乐于游赏的旅游景点。而且不仅仅只有旅游门票,周围的餐饮、住宿、销售、治理、物业等等都能带动一系列的经济收入,更是提供了大量的就业岗位。

根据以上几点,保留古建筑不仅对文明文化巩固、发展有重要意义,对人文精神传递有着重要的作用,对树立民族特色、增强民族自尊心很有作用,而且对经济发展也有很好的助推作用。保存传统古建筑的意义重大,所以古建筑的保存是需要我们当代人以及后代人的重视,不要让现存的古建筑像以往的北京古城墙一样,失去了以后才令人扼腕叹息。

再祖遇，青州昭德古街区

测绘 1602 班　董　蕾

如今想来，这或许是我与青州在冥冥中注定的缘分，虽然我的出生地和祖籍都不是青州，但由于父母的缘故，我得以在青州生活了 6 年。这 6 年也是我开始主动探索这个世界的时期，不断地探索使我得到了很多回馈。

少年时期是一个人性格、思想、文化的养成阶段，而家人与乡土对该时期的我的影响是非常大的。我的性格里的沉稳与安静，思想中的深远与广泛，都与我那时生活的环境有着不可分割的联系。也恰是在这个时候，青州以它独特的魅力在我的生命中留下了些许或深或浅的印记，以至于后来每当我审视自己性格和思想的时候，青州便恰逢其时地在我脑海里浮现。

恰巧大学在淄博，离青州很近，回去看看的想法不时浮现在我的心头，不得不说现代的科技发展真快，从淄博到青州 19 分钟的高铁就准时到达。

记忆中的古城像一幅淡描的水墨画，烙印在我的脑海中，挥之不去。虽然离开这里已有几年，但这里给我的感觉丝毫未变，还是那么的熟悉，使我浮躁的心灵快速归于平静，我喜欢站在这古城门上一览古城的风光，鳞次栉比的房屋相连，屋檐与屋檐相接，我便在这热闹与深沉并存的青州古城区生活了 6 年时光。

再回古城，随着阅历的加深，心境有了些许的变化。在这狭长的街道里，轻抚历史留下来的印记。上午的天气晴朗舒适，太阳慵懒地从天空中撒下束束光芒，在明晃晃的阳光照耀下，谁又能想到在这现代建筑群林立的城市之中会有这么一片承载了满满历史气息的古街区呢。青州昭德古街的名字是由于街道中段有一座昭德阁而得名的，而现在人们说的昭德古街指的是包括昭德古街、东关街以及偶园街等街区在内的昭德古街区。但我和小时候的玩伴们不会这么叫，会叫它们"清真寺街""冯家街""园子街""葫芦街"等等。这些都是我们自己起的名字，比如偶园那个街就是园子街。偶园是小时候我和玩伴们的好去处，在这玩捉迷藏、跳房子等各种游戏。还有，葫芦街便是因为这条街有好几家卖葫芦的，有时候看我们可爱，还会送几个小葫芦给我们。我们当下便似如获至宝，还会学着西游记里面的银角大王喊："我叫你一声你敢答应吗？收！"虽然感觉这些个名字毫无特点，但确实是我们自己的"创意"，一种我们独家的记忆与乐趣，现在再回想也是十分美好。

古城并不大，横七竖八的就那几条街道，以至于在这生活时间长了，邻里之间便都互相认识了。城里谁家有个红白喜事，整个古城都会知道；你在街上走碰到的都是熟人，即使一时叫不上名字来但也都认识，都知道谁家住在哪个地方。值得一提的是这里也是回民聚集区，但这里的回民与汉民不分彼此，同样热情，没有隔阂，因此古城的民族关系十分融洽,氛围十分和谐。

古城周围有一条河,从儿时起,这条河就是我和小伙伴们玩耍的好地方。河的两岸绿草茵茵,树木挺拔苗壮,鸟儿在树梢欢快地叫着。清澈的河水在太阳的照耀下闪闪发光,隔着河水就能看见小鱼、小虾在河底游走。儿时最开心的就是捉鱼了,拿着小鱼网,小心翼翼地逃过父母的眼睛,一个下午能够捞起来那么几条小鱼小虾都能够兴奋得不行。童年的岁月总是在这欢笑中变得悠长深远令人陶醉。

回望故乡又怎么能忘掉故乡的美食呐。古城的回族人民擅长糕点制作,因此街道上各种各样的糕点店铺林立。小时候看见诱人的美食便千方百计地讨好妈妈,妈妈总是在我的一番努力之下,无可奈何地笑着给我些许零钱。美味的糕点以及香酥可口的青州小麻花极大地满足着我们的口腹,现在想想也是回味不已。

在古街生活的这几年我也潜移默化地了解了古街的由来与发展。还依稀记得这些事情是由街坊中的老爷爷零零碎碎地讲给我们听的。通过老人的讲解我也了解到青州昭德古街区的形成可谓源远流长。由于青州的交通十分便利,是连接半岛与内陆的重要接口,相传在春秋战国时期,在张骞打通丝绸之路之前,这里就与西域有通商往来。因此,青州成为古丝绸之路最早的发源地之一。丝绸之路打通之后,一些善于经商的回族人民就在青州做生意,并定居于此。在这些善于做生意的人经营下,青州集市异常繁盛,吸引着更多经商的人在这里发展,昭德古街也是在这个时候建立起来的。回族人民还在青州城内和东关一带,建起了穆斯林寺院,这里也逐渐地成为回族聚居区。这里保存下来的建筑大都是明清时期建设的,而昭德街上的石板路则是在光绪年间铺设,并一直保存到现在。从来都没有想到过,那些平常踏过的印有我足迹的石板路,还有那些被我留下过划痕的老房子,它们竟然都已存在了这么长的时间。

年代久远的石板路和建筑给了我清晰的历史厚重感,一种恍如隔世的感觉袭来,我想正是这些岁月积淀下来的东西影响了我吧,以至于无论面对什么样的情况我总能冷静下来,总能在这喧闹的世界里给自己保留一份宁静。这是古城的力量,亦是历史的力量、岁月的力量。一个人有了根,才能拥有安稳的、平和的、自信的力量,而古城便是我那

深入地下的根,它默默地支撑着我,给我力量。

古城在儿时的我们看来并没有特别之处。但是通过日复一日的接触,它却将历史的气息逐渐灌入了我的精神世界,我现在越发地觉得历史是沉稳厚重的,能给我一种心灵平和的力量。有人说,喜欢古物的人多是对不断流逝的时光留有一种怀念的,是心态在逐渐变老的一种表现。但我仍有一颗生命力旺盛、不安沉闷的心,一颗年轻的充满激情与活力的心。但是游走在这历史之间却给我带来了一种古朴的、令人心安的气息,还有一种诱导着人们去追寻、去探索它们背后故事的力量。历史的气息永远是那么平和却也是那么的有力,你在它面前感受到的是自己的渺小短暂,是那种人生一瞬和时光飞逝的感慨。

时光斑驳了过往,过往深刻了时光。岁月中总会有一些人、一些事、一寸光阴、一缕回忆、一段写下的文字,在某个时刻,那深藏在内心深处的情感总会被一阵雨,或一抹斜阳唤醒。在观察时光的流逝中,我们还可以看到时光之河流过之后,那些在河底熠熠发光的岁月结晶,承载着我们所有的美好。此刻连思想都因为沾染了时光之河的水汽而变得湿润起来。

那些整齐的石板路,吱吱响的木门;那些整齐的老房子,幽深的长巷;那些儿时的玩伴,熟悉的街坊四邻;那些同伴的友谊,父母的关怀;那些原以为会逐渐淡去的往事……忽然发现,它们是那么令人难以忘怀,掀开岁月的薄纱,一切又变得格外得清晰。

思绪徘徊在古城的小巷中,兴奋而又踌躇。人总是越发地远离才会越发地怀念,久别重逢之后才能感觉到一些事物在我的生命中是那么深刻又那么清晰。

青州古街啊,你承载了我多少的美好的回忆。你是我心中的故乡。穿越巷道,仿佛又听到了儿时吟唱的童谣在我耳旁回响,那么悠远,那么清晰。一种奇妙的感觉突然升起,分不清那是兴奋、欢畅抑或是忧伤、怅惘。再也无法找寻到青春的梦幻,一种莫名的失落感充满着我的心灵。

轻掬一束暖阳,笑迎一阵微风,聚拢一缕炊烟,拾取一段时光。长长的古巷化作一只梦幻斑斓的小船,载我进入年少的岁月。思绪不断,童年不舍,些许感伤,些许微凉。青州,青州,我的心将一直徘徊在你身旁,像无数寻家的浪子一样。

时间匆匆前行,身后的一切都变成了岁月的印记,但你在我心中的分量随着岁月的累积,愈发沉重。不经意间,你在我成长的道路上留下了最温润的一笔。

考察主题：乡村记忆与文化传承
考察地点：山东省滨州无棣县无棣镇城里村
考察时间：2017 年 4 月 4 日至 2017 年 4 月 5 日

回忆，时光不曾抹去的印记

城规 1601 班　吴立猛

　　2017 年的脚步匆匆，在乍暖还寒的清明我又回到了我的祖辈们世世代代生活过的地方。数年不曾在此长居，物是人非的伤感不禁涌上心头。无棣县属于山东省滨州市，位于中国山东省最北部，地处沿海，是黄河三角洲综合开发的重点区域，是"海上山东"建设的前沿阵地，也是京津塘和山东半岛两大经济区的交汇点，素有"冀鲁枢纽"和"齐燕要塞"之称。我的老家城里村就坐落在这片大地上。滔滔黄河水、片片渤海浪孕育了无棣悠久的历史和我对她难以割舍的情怀。再次回到这片土地感受到她的宁静与厚重，躁动的心灵再次回归平静，仿佛回到了那些年的旧时光。那些在我记忆潜藏的风景事物原来都不曾远去。时光流转，那些潜藏在记忆深处的光影，便会慢慢地泛起。

　　当我再一次走进古城，心底便产生一种自然而然的亲近感，或许是她依然存留的气息，或许是她所存在的地理位置，更重要的是她在我心底的烙印。扑面而来的朴素与宁静让我体会到了古人那种"宠辱不惊，看庭前花开花落；去留无意，望天上云卷云舒"的闲适心情。古旧村落虽然已不复存在，但在其旧址之上新建起的古城依然传承者她的灵魂。斑驳的古建筑依然屹立在原来的地方，让后来人还能依稀判别自己的所在，古城中的一草一木都成为"归乡者"茶余饭后的谈资；老城中凹凸不平的石板路在老者们的泪眼中延伸到时光深处……

　　沿着并不平整的道路进入古城，最先看到是依旧在村口站立的老槐树，那是儿时欢乐和甜蜜的所在，树杈上的秋千已经被人为摘除，粗糙的老树皮上已经钉上古树名木的牌子，还有树龄一栏上虚无缥缈的数字，虽然不知其是否真实，但它却实实在在陪伴我度过了整个童年时光。已是仲春时节，但树芽还未完全展开，槐花的香甜仿佛钻入鼻孔，树下的嬉闹声还萦绕在耳畔，期待卖爆米花开锅时的那声巨响以及夜晚在树下寻找肉蛋儿（蝉的幼虫）一闪一闪的灯光的幼年趣事都历历在目。城中几处未搬走的人家门前依然保留着自家的菜地，院中的绿植冲破院子的封锁为单调的仿古建筑群增添了一抹生机，一切的一切依然是时光深处的亲近，却又那么令人疏离。村外的荷花湾已被重新整治，山石树木环绕，完全不见当年的模样，记忆中冬天天然的溜冰场也已成为我与父亲最珍贵的回忆……游船划开水面的轰鸣和游人的欢声笑语将我拉回现实，巨大的改变不禁让我重新审视这记忆中的故乡。

　　城里村顾名思义就是在城中的村子，整个村子被包围在城中。穿过新建的城门便到了曾经村子的地界，朴实的城里村人世代居住在此地，村子虽然算不上大，但其风土人情依然醇厚。放眼望去那高耸的钟楼依然捍卫着这片土地。钟声虽已远去，但枯草与柱木依然在阳光下奕奕夺目。村中心的十字街依然是这古城的中心，路边的灯柱何处去了？

当年在你身下捉蛐蛐的孩子又回来了。和煦的风拂过面颊带来丝丝泥土气息,护城河边柳沾染点点绿意浮动的枝条在召唤远方的游子。灵动的水系和古朴的建筑,错落有致的假山怪石以及收拾得当的花草共同造就了这个俊秀的小城,在这里有种慵懒和古拙的气息,远离尘嚣让人久久流连。

　　因为是旅游的旺季,下午时分这里的游人依旧三两成群在城中游览着,我匆匆吃完晚饭便与父亲踏上这古城的石板古巷。夕阳的余温还在炙烤着大地,正适合在石板路上慵懒悠闲地踱步。风中飘来各种花香,小城已只剩下黑乎乎的一团,只有太阳为它镀的金边让游人依稀辨别出它的轮廓,街道两边印满旧时光的古建筑和那斑驳的大门以及墙根随意生长的花草都让人有一种温馨踏实的感觉。昏黄灯光里若隐若现的人影让我追忆起童年时的一些生活场景,慢慢就进入一种恍惚的状态,想着想着就有了一种最为熟悉的生活况味在心底泛起。独特的建筑格局和历经岁月洗礼的房屋形成这里独特的地域风景,它会演变成一种文化符号慢慢流入你的心房,刻在你脑海中。

　　华灯初上,月半弯,星几许,被灯光托起的古城,漾出了朦胧的暖昧。顺着大路就走到城南的吴氏与张氏的宅邸,大红的灯笼耀亮了鲫鱼背脊下的街巷,规模宏大的建筑群及气派的门房都显示出当年两大家族地位的显赫。冯安邦将军的故居也坐落在其中,门前还有连战为他题的词。风雨可以冲刷几代人的记忆,但带不走人们对英雄伟人的敬意,至今我还为我与他们生活在同一片土地上而感到无比自豪。

　　走出南城门便是一座石桥,黛青色的古城渐渐在月色中朦胧,月的倒影在护城河中,层层涟漪把月光揉碎在水中。对岸便是赫赫有名的大觉寺了,据说建于隋朝,距今有千年的历史。重叠的殿宇中还矗立着一座十三级的宝塔,名曰海丰塔,为唐贞观年间所建,塔底供奉有舍利,还有一眼传说为渤海之眼的井。围绕这座塔还有许多神话故事,因而这座寺庙能威名远播,至今香火鼎盛。寺庙建于水畔,倒影与实体交相辉映,有一种静谧的感觉。城外游人渐渐稀少,静谧的氛围更为这寺庙披上一层神秘的面纱。水鸟飞过枝丫,远处传来布谷鸟的叫声在回荡。老子有言:致虚极,守静笃。诸物芸芸,最终各归根。一切归根了,那就是大静。这座城外的庙宇,便是如此景致。

　　回程经过吴氏故居,循着小路进入宅邸,领略当年官宦世家的家风。曾经正堂中的科举殿试答卷和院落深处的琅琅读书声更是印证了这段历史的辉煌,历代名人也为这里留下了多诗篇。在这里,我仿佛穿过时空隧道来到吴式芬身边,与他把酒言歌谈论诗篇。至今他的事迹仍在传颂,他的灵魂依旧蛰伏在这片大地上,给人带来悠远的感受。月光如水,历史渐行渐远,但文人豪客们仿佛依旧在此等待与你神交。

　　走进县衙门前的戏台,一班吕剧爱好者还在咿呀地传唱来自百年前故事,足以让人沉醉其中。在县衙门前看天看水、看石看木、看花看墙,来来回回,绕而不蔓,有一种来自远古的肃穆之感。整座古城早已无多少人居住,但其世俗的烟火气息依然浓重并且历久弥新,远处又飘来了烧烤的烟火气息,细嗅却早已飘散。城里村虽早已不在了,但它哺育的人们将继续传承下去。

　　漫步于古城之上,有对原先村子的思念也有对新建设的建筑的惊叹,没有过多失落和感慨,只有对过去的怀念。夜渐渐深了,灯火阑珊,远处发黄而松散,最后都向夜色里慢慢地隐退,恍惚间升起的暖意却意犹未尽地蔓延出一种淡淡清愁……这是中国原始乡村味道,是大多数归乡人心底的那抹暖意,这就像国人餐桌上的三餐,每日在心尖提醒着我们:认清明日的去向,不忘昨日的来处。

拾光——我与西柴城的约会

化工 1502 班　刘彦伯、王凯龙、张岩、蔡泽晖、宋姝嬛

　　我的故乡在山东省泰安市楼德镇西柴城村，虽然我不是地地道道的山东人，但是跟随父母也算是回来过几次。确切地说，这里是我父亲的故乡，他在这里生活了近 20 年，之后跟随部队去了东北，后来与我的母亲一见钟情，之后便有了我。我对这里的感情不算深，但这里的的确确吸引着我，可能是那清早叽叽喳喳吵我起床的鸟叫声，或者是因为那飘香十里的煎饼香。

　　最近一次跟随我父母回去已是两年前的事情了，可能是这边的土地深深吸引着我，在东北高考的我阴差阳错地报考了山东理工大学，父亲很开心，当这是衣锦还乡，而我却有一丝丝地不情愿，直到我真正的来到了这里。泰安属于鲁西地区，而淄博地处鲁中，山东当地人都知道，虽然都在山东省但口音却差别很大，刚刚有一点适应淄博普通话的我，面对爷爷们讲的泰安话，还是有一点听不懂，好在有我大爷家的哥哥全程做翻译，我很快就适应了当地口音。

我们的村子不大，横横竖竖的就那几条路，好在这几年规划得好，主干路也已经是柏油马路了。不过，也有不少依然存在的石板路，说不清它们是哪一年有的，但确实已经存在很久了。村子里很多人家已经盖起了二层水泥小楼，村中已然是新农村的面貌了，但一些六七十年前用石头垒起来的老房子还是处处可见。虽然有些石头已经开始有了风化的迹象，但依然很结实。我的爷爷也住在这样一栋老房子里，就是这样的房子养育了我大爷、我父亲以及我三个姑姑。推开老房子的门，就是一棵香椿树，虽然已经过了采摘香椿芽的季节，但依旧有着十分浓郁的特殊香气，那便是春天的味道吧。这边习惯把香椿芽经油炸制成"香椿鱼"，而我却喜欢盐腌渍过后拌入洁白的老豆腐。在屋前还有一棵无花果树，每到"十一"前后，大量的无花果开始成熟，而最先发现果实成熟的，往往是那方圆十里的"小戳儿"（泰安方言，指麻雀），它们总是能准确地发现最红的、最甜的无花果，然后迅速地叼上一口再扬长而去。每次无花果成熟的时候，我都会和麻雀们进行无穷无尽的斗争，但令我有点哭笑不得的是，往往胜利的都不是我，因为我总是摘不到最高的果实，而最高处的果实往往是最甜的。在西柴城村，还有一种小虫子不得不提，那就是"知了龟儿"（泰安方言，指金蝉），油炸之后又用煎饼卷上，放肆咬一口的滋味，是其他任何美事都比不了的。除此之外，故乡还有很多地道的乡村美食。记得大娘总喜欢给我包包子吃，可能因为这里民风淳朴，人们都十分的朴实，以至于每次的包子都比我的拳头还要大出来一圈。这里的豆干更是有特点，不薄但豆香十足，与芫荽炒在一起，别

提多好吃了。

　　这次回到故乡，我的父亲带我来到了离家不远处的小山上，来给奶奶上坟。上山的路上杂草丛生，没有一条能好好走的像样的路。父亲说，这条路在他小时候 10 分钟就可以走个来回了，但如今对他来说却也十分艰难了。沿途我们发现不远处的一个坑，大爷说原来在这里的石头被卖掉了，所以才会留下一个大坑。大爷说得轻描淡写，但我却从他的眼神里看出了一丝落寞，毕竟这座山满是他们童年的回忆。不过好在，山枣还是原来的味道，那花开得也像小时候一样好看，淘气的我还为自己编制了一个花环，回家路上又碰巧摘到了路边的韭菜花，心里更加美滋滋了。

　　我大爷家的土地以种玉米、花生、小麦为主，新鲜刨出土的花生皮很软，凉凉的，一改干花生外皮的苦涩之味，吃起来感觉甜甜的，可能是因为没有成熟的缘故。大爷说，成熟的花生更适合用来榨油，花生炒出来的油才多，并且多了一分说不出的香味。大爷家的房后还种满了棉花，用新摘的棉花絮出来的被子据说非常暖和。我大姑家则以种植苹果树为主，硕大的苹果真想咬上一口。我二姑家以摊煎饼为主，二姑夫是个手艺人，摊煎饼在我们村很有名气，早些年还是用传统的"鏊子"来制作，用木柴烧火，现在主要是机器半自动生产，不过自家吃食还是会用鏊子来做，自家吃的煎饼似乎多了一些烟熏的味道，比起买的机器制作的煎饼要好吃很多，我想那便是家乡的味道吧。

　　现在城镇的规划越来越好，镇上很多楼房也盖了起来，不过鲜有人问津，也很少有人购买。或许大家还是喜欢门前一棵树、门后一片地，拿着蒲扇扇着风，村头一起"拉拉呱"，饿了的时候掀起一张刚摊好还脆着的煎饼，再顺手从地里拔起一根葱卷着就吃的生活吧。虽然城市化步步逼近，但这份朴素的生活却又让人无法割舍得下。只希望多年之后，我可以带着我的孩子回到这里，和他讲"瞧，这是妈妈小时候，我的父亲带我摘过无花果的那棵树"。

故乡的槐

测绘 1601 班　王美娟

又过了一年，又一个春天，又一次槐花盛开，又一次回忆起故乡和故乡的槐。五月的风温柔地拂过我的脸庞，夹杂着槐花的芳香。不禁让我想起我的家乡和那里的旧人旧事。今年我离开了生活了十几年的小县城——寿光，独自一人去另一个城市上大学，可是无论我走多远，都会记得我的故乡，和故乡的槐。

还记得爷爷说过的那棵古槐树的故事。故城村庄的一条公路中央有一株 600 年历史的古槐树，百年来不知经历了多少磨难，依然屹立不倒。人们说这古槐树已经修炼成精。折断它的枝干会有鲜红的汁液流出，像是流淌的血液。然而这只是人们茶余饭后的无稽之谈，是大人们哄小孩的话，小时候我还亲自去验证了。这槐树是真的高大，茂密的树叶在烈日下撑起一片阴凉。然而，折断它的枝干竟没有红色的树汁流出，从那之后古槐树的传说我也就不再相信了。但是在 2012 年一个漫天大雾的冬夜，一辆行驶的大货车撞到这棵老槐树上，顿时树干断裂，整棵树被连根拔起，只剩下主干，这棵历经数百年的古树竟惨遭灭顶厄运。天亮之后，它所在的东头村以及附近的王高村、常家庄等许多村落的村民在第一时间赶到现场，为老槐树送行。

然而令人意想不到的是，2013 年，这棵被重新埋进土里的古槐树，却在奇迹般地躲过另一起车祸之后，从树根处重新萌发新枝。人们又开始传颂古槐树的传奇故事，一代又一代地带着敬畏和神秘传颂下去。理性地想来，这大树可能是树根在土里汲取了足够的营养后重新生长了，但是我更想赞同老一辈人所说的，这树是有神灵的，轻易死不了。小时候的我，听着大人说古槐的传奇，对它敬畏又好奇，等我知道了古槐树不会流血时却不再敬畏了。可是，长大了的我再回到故乡看到这断了枝干却又坚强地生长下去的古槐树时，我再次对它心生敬佩，敬佩于它生命的韧性。一棵经历了百年风霜雨雪的槐树，即使折断了主干，只要根基还在，就不能倒下，就应该重新开始成长。我想故乡的古槐大概是生命的象征吧，它就像我们农村老一辈人一样，承受着生活的种种磨难和困苦，仍然顽强地生活着，怀着希望，抱着热情。

我至今都难以忘记爷爷做的槐花饼的味道。清水冲洗干净，和着面粉和鸡蛋，在热油的平底锅上煎得两面金黄。新鲜的槐花做的饼带着甜甜的槐花香味，让人一吃就难以忘怀。记忆中爷爷做的槐花饼尤其好吃，遗憾的是我再也没有机会吃到了。同样也再不能在家里的小院子里陪爷爷喝茶下棋、吹清风看星空了。也许很多人会觉得槐花饼并没有我所说的那么美味，但是槐花饼对我来说却有着亲人的味道，故乡的味道，是人间难得几回的美味。每年春末夏初槐花盛开的时候，我都会回到家里来摘槐花烙饼，即使从前陪你一起在夕阳下摘槐花的人已经不在了。今年离开家去上大学之前，我特意叮嘱了妈妈说，槐花开的时候一定要告诉我，我一定要回家。我想每年都要看一眼家乡的槐花，吃家人做的槐花饼。当然，今年我又如愿了。这次我不是一个人去摘的槐花，我带上了家里最酷又最萌的狗狗，一路上也就不再那么孤单了。说真的，摘槐花在我看来是有趣的。一人一狗，一前一后，气氛极为和谐。傍晚的风不急不躁，温和轻柔，带着槐花的香气拂过你的脸庞，让人心里不由得明朗了，于是便脚步轻快地走进长着高矮不一、形态各异的槐树林里。这次的槐花饼是我自己做的，也是第一次做。请教了老妈，又百度了做法，费了可大的劲儿，结果样子还好，但是始终没有爷爷做的味道。然而我还是开心的，兴奋得把我第一次做的槐花饼拍照分享给了我亲爱的大学同学们。让我吃惊的是好多人居然不知道这是什么东西。突然感觉自己吃过并做过槐花饼很骄傲，因为这是我故乡的美好，我乡愁的寄托，是我记忆深处的温情。

　　还记得爷爷陪我亲手栽的槐树。小时候家里住的土坯房破烂不堪了，只好借钱盖新房。盖新房子借了不少钱，爷爷便不舍得买棵新树苗种在新房子周围。某天我在新房子里看电视看得兴起时，爷爷问我明天早上要不要早起去挖树苗，我一听觉得挺好玩的，自己挖树自己种，就随口答应了。谁想，第二天天蒙蒙亮，爷爷就叫醒了还在睡梦中的我，拿着锄头等用具去我经常和小伙伴们玩耍的小树林。这里的树没人管也没人要，多年来随天意生长，各种树都有，然而最多的却是槐树。爷爷在小树林里看了一会儿，最终选定了几棵小槐树。起初我还一股干劲儿地挖树，可没过一会儿就累得不行了。树很小，然而根基却很深，我觉得我怎么都挖不到底，就对它没什么兴趣了。对于在田地里劳作了一辈子的爷爷来说挖个树简直不算什么，不一会儿就挖完了。迎着刚升起的太阳，趁微风不燥，我俩把树栽在了我家屋后。小树苗活了，来年五月就开满了槐花。那时候我总是很自豪地告诉小伙伴们，那棵我跟爷爷亲手栽的树的故事，那时候觉得这些树上的槐花格外香、分外甜。原以为这些槐树会在我家屋后生长百年，可是谁知几年后正值槐花盛开的时节，它们其中最高大的一棵被大风吹倒了。不知为何这棵树的根部烂掉了，没了根基，风来了便再也立不住了。让我叹息的是虽然它的树根都毁了，却依旧开满了槐花，难道这是它对我们最后的奉献？就在爷爷种的槐树倒了的那年冬天，从小看护我、疼爱我的爷爷也因重病离开了人世间。从此以后，爷爷做的槐花饼的味道就只能在我的回忆里回味了，院里饮茶闲谈的悠闲时光也只剩下我一人享受。我不愿为爷爷的离开难过，因为我知道他这辈子受的苦难太多了，老天爷要早早地叫他去过好日子，只是偶尔看到槐树，脑海里总是会浮现出爷爷的笑容，思念便如潮水般涌上心头，禁不住地难受。今年屋后的槐树因为乡里的规划被砍掉，换上了统一发放的树苗，然而我还是习惯性地到屋后摘槐花，仿佛忘记了屋后已经没有了我熟悉的槐花树，只是在我看到那些刚生芽的新树苗时不禁有点遗憾伤感。

　　我的故乡很小很旧，没有什么名人古迹。只有这贴近我生活的槐树让我永生不忘。槐树是坚韧的，即使主干断了也不甘死亡，倔强生长。槐花是醉人的，最喜欢让花香伴着微风撩拨你的心弦。这是你们说的普普通通的树，这是你们眼里简简单单的花，但在我眼里却是如此最珍贵难得。大概就是因为槐树是我乡愁的寄托吧。我曾为繁华都市的灯红酒绿而沉醉，也曾游览过俊秀山川，领略过江海壮阔，可是无论走到哪里，不管我身在何方，在我心中最美的永远是我的故乡，记忆最深处的永远是旧城的槐树。多么多么希望，每年的春末我都以看一眼槐花盛开的样子，再轻叹一声，花儿真美真香！

　　谁陪我建永恒的故居，

　　在岁月里跑来跑去太容易疲倦，

　　我想找的一种感觉叫属于，

　　陪我美丽地老去。

树下的人

测绘 1601 班　于　梦

所谓乡土，不过是那块盛满了我们不舍记忆的土地，我们在那里成长，在那里玩耍，最后默默离开。那块土地见证了我们的每一次成长，见证了我们或委屈或快乐的泪水，亦见证了一个小小孩童成长为少年，风姿绰约的少妇步入中年，它就那样默默看着，细心收藏我们的每一份记忆，让远游的孩子有一个永远的家。

记不清有多久没有细心地看过这个村子了，大概是从学业变得繁忙而人也长大了开始吧，只隐隐约约记得村口的大柳树和树下那些可爱的人了，那些看着我长大的人啊，已经在不知不觉间离我很远了，只剩那棵大树在村子里站成了永恒，即使经过了风雨的侵蚀，即使只剩空空的树皮，即使粗壮的树干已经变细，它依然站在那里，为我们奉献一片阴凉，为我们留住一片记忆。

我们的村子位于山东省青岛市黄岛区张家楼镇秋七园村，村子不大，只寥寥 300 多户人家，村子里不曾有过城市的繁华，却也不缺质朴的风俗；没有路不拾遗的高尚品行，却也极少出现偷鸡摸狗的事情；虽日子不能过得大富大贵，却足以让孩子们健康长大。通向村子的桥是最近刚翻修的，村子里没什么景点，如果硬要说有什么好看的地方，那不妨去田野里看看吧，每个季节有每个季节的景色，即使是冬天，你也可以看见绿色的小麦，初春的时候满眼是桃花，夏天也可以看到金灿灿的小麦低下了头，秋天更不用说，在那个充满收获气息的季节，你可以看见的是红彤彤的苹果。一年四季田地里不缺的是美景，同样不缺的是劳作的人。为了抢收，他们可以在夏天大汗淋漓，也可以在冬天挥汗如雨。那些勤劳的人，也许没有漂亮的脸孔，没有精美的衣服，但他们有着最宝贵的精神，他们对土地有着最深的敬畏和感情，他们用每一个春夏秋冬去倾听大地的声音，敬畏着并深爱着。我们村子里有很多姓氏，据老一辈的人说是很多地方的人组成的，或是逃难，或是投奔亲戚。谁又能具体知晓呢，随着老一辈人的离去，这些故事也渐渐遗失在了历史的长河中，或许只有村头的大柳树默默记住了这些故事，只是没有人能够读懂它的语言。

村头的柳树很早之前便有了，犹记得孩童时和伙伴们在树下玩耍，几个人都合抱不过这一棵大柳树。夏天的时候孩子们在树下玩耍，老人们在树下乘凉，一片其乐融融。但是历经风雨的侵蚀和岁月的变迁之后，这棵树也已经老了，原本粗硬的枝干已经干瘪，只剩苍老的树皮在苦苦支撑，但即使这样它也努力

绽放出一片绿意,为远归的游子和迟暮的老人提供一片阴凉,也为我们这些在老树下长大的人留一份念想。抚摸它的树干,便能忆起那些曾经陪我们长大却又渐渐远去的人,便可记起他们的音容笑貌,便可忆起他们的点点滴滴,再看那大树的树干,从中间"剖开",无时无刻不展示着它的伤疤,亦是岁月留给它的勋章。

虽说村子里的人大多不是同姓,但却有各种各样的亲戚关系,平常的时候看不出来,到过节的时候可就热闹了。过年的时候,我们的习俗是大年初一在村子里走亲访友,初二以后才出门走各种亲戚。初一大概是最热闹的时候了,孩子跟着父母去各种亲戚家,这个婶子给一把糖,那个奶奶给一把枣,真真儿是甜到了心里。虽然在每家都坐不了多长时间,但要串的门子数量多,不快点走的话可能一天之内会走不完。贪玩的孩子走几家就会留下找小伙伴玩,家长也不会太管,辈分比较高的人家一般不轻易出门,因为小辈会上门拜年。

端午的时候我们会在自己家包粽子,山上采的粽叶,河里割了芦苇晒干当作系粽子的线,既绿色又健康。粽子也有各种口味,黄米糯米随你挑,如果你不喜欢花生的话,还可以在粽子里加咸鸭蛋黄、红枣、腊肉等各种好吃的,能包进粽子里的好吃的多到数不清。煮粽子的锅里总是会加很多的鸡蛋、鸭蛋,煮出来的蛋颜色就像茶叶蛋,但比茶叶蛋多了一股粽香,也不是咸的,据说粽子锅里的鸭蛋蘸蜂蜜吃不"苦夏",谁知道呢,反正是好吃的、有益身体健康的。按照习俗,我们煮出来的粽子不光自家吃,还要分给亲戚,大多是住在城里的已不再会

包粽子的亲戚,或多或少都是一份心意,也像春节串门子一样,增进着彼此之间的感情,更能使人体会到节日的人情味。

随着越来越多的工厂建立,大量的外来人口涌入了我们这个小村子。靠着打工、出租房屋、售卖粮食,村子也渐渐地富裕了起来。村里的房子也从以前低矮的石头房渐渐变成了高大宽敞的砖瓦房,从前不被注意的卫生情况被提上了日程,街道整齐明亮,街道两面的墙上画上了各种富有教育意义的小插画。村子富起来之后,各种以前没敢想的电器都进入了村子,像空调、冰箱、洗衣机几乎家家必备,小汽车也走进了越来越多人的家中,不再被列为奢侈品。在不断发展的过程中,越来越快的是人们匆匆的脚步,但在匆忙前进的过程中,人们也不曾忘记关注身边的风景。农忙时人们的身影依旧随处可见,夏天时,柳树下依然有他们纳凉的身影,四季依然有它们各自的魅力,我们的村庄并没有因现代文明的进入而放弃聆听土地的声音。

也许,你会觉得这样一个几百户人家的村子不值得一提,也许你会觉得这样一个村子发展缓慢,没有什么进步空间,比不上大城市的繁华,又拼不过其他以自然风景取胜的山村的美丽,这只是一个普通的村子,但它却是我心中最特别的村子。我们离海近却又不靠海,离山不远却又不靠山,不靠山不靠水,似乎没什么可以倚靠的东西,能靠的便只能是人了。但又很矛盾的是,村子里的人如果过于向往繁华的都市生活,便不会有这个纯朴的小

村子了,没有了淳朴的小村庄也就失去了我童年最美好的经历,因为我最爱的便是这个村庄的那一份淳朴。

我们村里的人们,他们也许不够优秀,但他们足够努力,他们在用自己的力量改变这个村子,让这个村子变得更好,这力量虽然细微,但水滴石穿,只要每天进步,总有一天,我们会冲破牢笼,绽出属于我们的一片绿意。家乡这片充满了我们记忆的土地,总是不断给我们惊喜,给我们问候。那棵坚强生活的大柳树,更是承载了我美好的孩童时代,承载了那些远去的人们所带给我的感动与悲伤,正是这些记忆伴我成长,引我开怀。

最是难忘,不过是曾经的笑脸与眼泪;最是深刻,不过是熟悉的乡土人情。

考察主题:乡村记忆与文化传承
考察地点:山东省临沂市费县马庄镇西荆湾村
考察时间:2017 年 4 月 29 日

青山依旧在,归去几度春

测绘 1603 班　张　璐

春末夏初,空气里已经褪去了初春时的那股清爽,增添了一些炎热与干燥。虽然阳光还不比盛夏时期灼人,但也是透亮得让人眯起双眼。厌倦了城市聒噪的人们,借着节假日,带着一家老小如同去追寻灵魂似的奔向农村,热情与欢畅好像要从车子里溢出来。沿路风景,就已经将人迷个半醉。

正值油菜花盛开的时节,伴着淡淡的风和恰到好处的光,向远处望去,先是土地的黄棕色,再是油菜茎由深至浅的渐变绿,到达油菜花的黄色,再转变成天和云相互混合的蓝白色,已是成景。孩子们从车上蹦下来,钻进那一幅画中,而大人们也急忙拿出相机,将这片刻存档。但是总有一些事情是不完整的,人不能将心仪的景色带走,景色也无法将一面之缘的人们留住,甚至于景色也无法自保,过了几天便成了另一模样。汽车依旧卷起滚滚沙尘,惹得那麻雀在路旁纷飞。路上经过一片核桃园,因为不是核桃成熟的季节,树上还有些光秃秃的,在满山的黛绿色与灰色的水泥公路之间,着实显得有些突兀了。

我来到的这个地方,是一个并不太大的村子,甚至有些隐蔽,四面环山,该地位于山东省临沂市费县马庄镇西荆湾村,在马庄镇西北方向的万亩核桃园内。在寻找村子的过程

中,路两旁也不乏石质房屋。在西荆湾村里,石块垒成的墙壁、房屋亦是随处可见。池塘边的路和与水分离的壁面也是由石块拼凑而成,壁面上也就顺着修了条路。村口处的河还是干枯的,石块拼凑而成的桥孤零零地端坐在那里,只有几棵树的陪伴,仔细看会发现其中一棵树是歪着脖子从石头缝里钻出来的,将枝干向空中展开。

在盘山公路上绕了很久,看不见尽头,路很平稳,心思却已然飞出了车窗。踩在这边山的背上,望着对面此起彼伏的山峰,虽是晴天,却依然有些朦胧缥缈的感觉。天上的云像小时候吃的棉花糖

抽了丝，一缕一缕地挂在远方；地上的田野与小路纵横交错，俨然是自古至今没被改变多少的格局。我们到达那里时，在村子里来来往往的人并不算多，不知谁家的孩童从家里钻了出来，虽迷茫地看着我们这些陌生的面孔，却是毫无顾忌，自由烂漫。只怪我们来的季节不太对，若是有几只蝴蝶，画面可能另有一番滋味。往村子深处走一走，看见一位妇女正坐在塘边的石头上，浣洗着一盆衣物。我无意之间与她相对视，她笑笑说道："来了呀！"可能是见多了城市里的匆匆身影，她简单的三个字竟让我觉得心中有一股暖流涌上。令我疑惑的是，池塘中的水为什么是那么的绿，那么绿的水为什么可以用来洗衣服，或者难道这就是真实存在的山青水绿。

经过村子的一处，看见一口四四方方的井，井上方北面的墙里有一个石碑，上面记载着井建成的时间和这样一句话："自力更生艰苦奋斗，水利是农业的命脉。"在路上的时候，经过一处改成农家乐的村子时，也有一口井坐落在村口，外围是多边形，内圈则是一个正圆，不知原来是不是一口真的用于村民生活的井，如今因为旅游景点的设置而经过一些改造之后，它已经不再被使用了。在

村子里还见到两个"石碾子"，根据它的状况来看，村民们依旧保留着它的实用价值，这种传统的用人力或畜力把高粱、谷物、稻子等谷物脱壳或把米碾碎成碴子或面粉的石制工具，在电气化以前的农村很常见，而现在因为机械化的发展，它的"用武之地"已经渐渐缩小。

整个村子的后面就是山，或者说整个村子就是架在山上的。顺着村子里的小路走不了多远，就能看到村民们在山上分成一块一块的农地，这一层层也是用石头垒起来的，错落别致，像是电影里的模样。

一辈子依靠着土地生长起来的人们，可能在骨子里就有一种乐观的态度，他们可以在平凡之中寻找生活的乐趣。在不久之前，我刚刚读了萧红的《呼兰河传》，其中描述了东北地区农民最真实，也是最平凡、最普通的生活，其中有悲惨、有温暖、有生离、有死别。小说来源于现实，现实却是更加生动、更加丰富。我们经过村子的一处时，一位60岁左右的村民端着一把类似二胡的乐器向我们这些

陌生人走来，他布满皱纹的黝黑的面孔上，满满是岁月与风霜的积累，却毫不吝啬地将笑容展现。他不太高壮的身体里却仿佛隐藏着不为人知的力量。我们在村子里逛完，临走之前，他已经坐在石头上唱起了他的歌，他邀请我们听他一曲，遗憾的是因为时间原因，我们没能与他交流几句，便匆匆离开了。

　　穿过时间的缝隙，从古至今的记忆都被封存在时代之中，有些乡村随着变革转化成灯红酒绿的大都市，而有些乡村依旧保持着它们最为质朴、最为真实的一面。泥土在城市中，被做成水泥石浆，筑造起层层高厦，而在乡村中则是农作物扎根生存的基底。城市中的水通过管道被送往千家万户，人们接触到的已经是经过层层工序加工过的水；乡村中的水来自山中，不加处理，保持着原有的风貌和纯澈。不知你是否尝过煮沸杀菌后的山泉。煮沸后的山泉水，在山风中渐渐失去温度，入口清冽而有一丝甘甜。人们常说，靠山吃山，靠水吃水。那住在山中的人们，享受着那山间的自在与无争，生活虽然时有不易，却依然乐观坚强。

　　走在乡间的石板路上，旁边是高低起伏的房屋，在这里的我们被山峦怀抱，自然的气息就环绕在身边，心境甚至也莫名开阔了起来，仿佛已是万物皆空……

考察主题：乡土记忆与文化传承
考察地点：山东省潍坊市寒亭区西杨家埠村
考察时间：2017 年 5 月 1 日

且行，追忆似水年华

城规 1602 班 范炳娜

人们常说，乡情是最柔软的情结。背起行囊远走，日不见太阳的暖，夜不见月光的凉，多想落叶归根，坠在你心间。之前我一直不懂这种感情，直到和西杨家埠村相遇，我才隐约地感受到，有关家乡的记忆和情怀，竟是那么的震动人心。与你相遇，好幸运。

初次听人提起西杨家埠村，已经记不起是什么时候了。我出生在潍坊诸城，自小对西杨家埠村有着别样的情怀，总觉得这里有老一辈留下的剪影，你只管在村落里走一走，便觉浑身沾满文气。所以，有的时候切实体会到缘分真的是一种说不清道不明的东西。你见或者不见，它就在那里，不来不去。

稍稍长大一点，就听爷爷说起过西杨家埠村，这个村子的名气可不是一般大。记忆零星点点，能记住的大概就是西杨家埠村的木版年画和风筝，出身于年画世家的杨伯达从四川迁到山东，重操祖业，结合了山东习俗创造出杨家埠木版年画。老一辈的人总是对风筝和木版年画有着格外深的感情，我们也不例外，还记得小时候，一到草长莺飞的季节，总是无比欢欣地到田野里放风筝，看着风筝越飞越高，仿佛自己的梦想寄托在它身上一起飞上了蓝天。那时候的愿望简单而单纯，能放各种各样的风筝，已是足够开心很久的事情了。年画就更是常见，逢年过节，集市上准是花式不同的木版年画：风俗民情、神话传说、风景花卉、小说书法……小时候的家里，只有在窗户上门上贴上年画才有热闹的气氛。历史发展潮流下，买卖年画的人越来越少，可是并不代表它应该消失了，它同样是我们力争保护的文化，在 2006 年，木版年画和风筝被双双列入首批国家级非物质文化遗产名录。

虽然从小就有耳闻，但真正去到西杨家埠村还是头一次。想来也是惭愧，闲暇时间只去追求熙熙攘攘的景区，却不曾想到这同样也是值得我们驻足停留的地方。西杨家埠村位于山东省潍坊市寒亭区寒亭街道，一去到这里，自觉身心舒畅。如今的西杨家埠村，摇身一变成了民俗旅游热点村，颇有当年"户户印年画，家家扎风筝""画店百家，画样千种，画版上万"的景象。杨家埠村有一大批杰出的年画风筝艺人，早有耳闻的是杨家埠风筝传承人杨红卫。她被称为"杨门女将"，在 1986 年第三届潍坊国际风筝会上，他的祖父制作的龙头蜈蚣风筝震撼国内外，人称中国"风筝王"。杨红卫以女性对风筝的独到理解来制作风筝，也让带有自己风格的风筝名扬海内外，实实在在，长长久久。他们目光专注，为了艺术奉献着自己的青春与热血。风筝和年画静静地挂在墙上，诉说着历史，艺人们手中的刻刀细细雕琢，任时光流逝，带不走的仍旧是对祖辈们手艺的爱惜。我感慨很深，风筝和年画早已成了潍坊的明信片，不管我离家多远，只要让我看到风筝，我便能记起我的家乡，记起曾经无数个岁月里，我和爸爸妈妈奔跑着放飞风筝，看着风筝越飞越高开怀大笑；只要让我看到年画，就会记起逝去的年华里，每一个画面都有它的存在。这深深触碰着我的灵魂,让我怀念远方,怀念亲人,怀念美好的回忆。

关于风筝和年画,其中使我感慨最深的,还是它们的制作过程。以前自己喜欢看爷爷做风筝,虽然简易,但却能飞翔很久,也是因为这样,我觉得亲眼看到风筝的制作过程然后放飞才有感情,从集市上买来的不管多好看,对我而言都没有多大成就感。这次来到西杨家埠村,有幸看到了风筝和年画的制作过程,心里顿时涌出了温暖。扎骨架,糊纸,绑拴提线,试飞,着色……一步步有条不紊地进行着,艺人的手时而伸出,时而打转,灵活优美。年画做得就更具艺术感了,艺人们大多自画自刻,刻版时先刻线版,然后复印数张做底版,手工印刷,烘货点胭。看着看着,我已经沉浸在了其中,不禁想到这样娴熟的技术需要练习多少年又或是从多小的时候就开始学习,我从心底觉得震撼。要不是亲眼所见,我还不会了解到它们的制作过程有多么在意细节。细节决定成败,老一辈人总会专注于一些小细节,让做出的成品对得起付出的时间与精力。

一个离家远去的游子,回到家乡看到这样的景象总是格外激动。要有多喜欢,才会这般的想念,要有多想念,才会这般不顾一切扑向家乡的怀抱。以前总觉得外面的世界很精彩,有我不曾领略过的山山水水,我拼尽了力气想要去看看,慢慢却发现外面的世界很无奈,不管走多远,看过多少美景,记住了多少地图上的风和日丽,我们心底里还是系着故乡。乡情,虽说是看不见摸不着的感情,却是无法抗拒的。在西杨家埠村我猛然发现,自己忽略了家乡的美丽,因为常见,因为理所当然,我自然而然地把它排除在美丽的行列之外,我现在明白,美丽的定义并非稀缺,即使最普通的事物,也会因为某种特殊的感情,变得魅力十足。西杨家埠村有着独特的浓郁的乡土气息,淳朴鲜明的艺术风格,足以值得我们称道。我希望在当今飞速发展的时代,这样的文化宝库能以最大的限度完好保存下来,这样的手艺也能够传给下一代,因为我们的文化足够有魅力。

多想陪你找回,曾经的朝气与蓬勃;多想伴你一同,领略自然的美丽;又想着,罢了,你此刻的样子足够好看,能依偎在你怀中,已是幸运至极。

几分忧郁,几分孤单,再回到这里,都心甘情愿。

我的爱像落叶归根,家,唯独在你身边。

考察主题：追逐乡土之情
考察地点：山东省昌邑市绿博园民间收藏博物馆；山东省章丘市朱家峪
考察时间：2017 年 5 月 27 日至 2017 年 5 月 30 日

觅一僻静安我萧心

电科 1501 班　黎欣楠

一晃我已经是 20 岁的大人了，心里装的东西比起十几年前多了、燥了、闹了。但我的心总想找个时间，找个地方，推开这些繁杂的琐事出来透透气。常常一个人在校园里走着的时候，渴望将心透透气，找个地方安放一下。时不待我，迫不及待地将手里的事情放下，我到了昌邑。大概是这样了，乡村才是我的心最好的归属。乡村宁静中透露着田野的顽皮，些许的热闹是入夜后幽静的序幕。我在乡野小路上，一点点推开往日里的繁杂，感受自然的气息，怦怦跳动的心和我觊觎已久的宁静重重包围了我，我浅浅地笑，我为重回宁静感到高兴。

昌邑这儿有一处绿博园，乍一听我以为是专为绿色植物搭建的平台，任由它们在这儿骄傲与烂漫。然而其实是一个综合性的公园罢了，和友人约了在下午去瞧瞧。这当头的景区是民俗古典园，可以说是昌邑民俗的一个小型的集中展示吧，昌邑虽说是一个小山村，却也有着自己独特的文化内涵，我想我国乡村文化的特点就在于每个乡村都有它独特的魅力吧。走过朝阳广场，出了会展中心，往主展区西门走去，一条主干道连接着古典园林区和品种展示区。我在古典园林区停留比较久，典雅的绿植、幽静的气息使我万分陶醉，平常学习与工作让我不得一点儿放松的机会，在这我完全卸下了负担，心灵便是完全放开了去汲取周遭的养分来滋润自己。下午的阳光很好，道路两旁立着些白玉兰，典雅的白总是让我感到愉悦，路边又时不时有一些不知名的艳丽的花朵在阳光下摇摆，好不自在。

再往前走，一个十字路口处，有一茗香亭。我着实很喜欢这个名字，有茗花者，香气四溢也。想到前面的花花草草，莞尔一笑。亭子对过有一展示武将风采的雕像，铜马上翘首远望的将军神情肃穆，面部雕琢的还算精细，可以从眉目中看出边关将领的思愁，下沉的大刀，扬起的披风，还有那翘起前腿的战马，我不禁感觉这是从远处而来急忙在我面前停下的一位将军。读过面前的石碑才知道，将军叫宋占魁，昌邑王珂村人,武状元,曾被慈禧太后赐花翎,任过太原总兵。

别过将军像,将要入崇圣塔前,遇到一个"中国戏曲百丑人物雕塑馆"。为得这"百丑"二字,我兴起入馆观看,这一个个的白脸丑角,神情狡猾诡秘,是有点儿瘆人了。玩味了一番便往塔处走去。

入塔前,我在外观看了一下整体,六层的崇圣塔倒是使得我想起了托塔李天王的宝塔,又想起《仙剑奇侠传》里的镇妖塔,我没见过太多塔,也不敢说所有的塔都是差不多的。

一步一步爬上了顶层,入眼的便是开头那幅图。大半个绿博园尽收眼底,围着走了一遭,手撑在栏杆上,居然有了一种辛弃疾的"把栏杆拍遍"的愁思。然而我此刻并不为天下而愁,只是这乡村的幽静与美好,我知道是片刻的,待我离开这儿,一切喧闹与繁杂又回到我的心头,我大概又会闷闷不乐。为这当下的乡村之美沁润心头而享受吧。

这段追寻自然与自由的旅程还没结束,离开昌邑绿博园,我还要随朋友们去下一处——章丘市朱家峪参观。经过了绿博园的一番洗礼后,我对去往朱家峪更加期待了。对于乡村气息与乡土之情所蕴含的那种纯美,让我感到如此陶醉。朋友们给我介绍说,朱家峪被誉为"齐鲁第一古村,江北第一标本",主要是因为它完整保存着原来的建筑格局,这种古韵使它得到了这种名号,如今凭借着这一点作为旅游景区开放着。

到了门口,赫然立着几块石碑,写着"中国历史名村""国家4A级旅游景区""中国最美休闲乡村"等一系列称号。想来也是,这样偏远的乡村,如果不做这样的宣传,是鲜有人了解并且愿意前往的。

不过令我感到欣慰的是村子里面并没有太多的人,这倒是让我感到很舒服。我确实是一个喜欢僻静的人,况且时下我正需要这样的心境。我进了村子,乘着天色还尚早,自己游逛了起来。我在一处清末民初风格的民宿游赏了一会儿。说实话,我并不是一个喜欢这种风格的人,我更喜欢细致典雅的南方水乡情调。可是不知道为何,大概是我就站在这其中吧,站在院落中间,我仿佛能看见那个时候的人在这里进进出出,过着自己的生活。管他国家变革,管他政权更替,我有着这一小院过着自己的生活就够了。这样一想,倒又有了几分潇洒的感觉。

整个院落的风格就是朴实、素净,没有那么多细节。很简单的屋子,很实用的院落。不由让我想起《白鹿原》中的那种陕秦风格。当然这是在山东,自然与那是不同的,但本质上是一样的,乡土的情怀与气质固化在这些建筑中,虽然我说不上来是什么,可它确实在我心里到过了。

出了村子,在院落外往里面望,觉得这一处的僻静相比起绿植园来说,多了一些风土

人情在里面，让你把思绪放进了乡村生活中去了。绿植园更多的是文化展示，比如塔楼、古代人物雕像，更多的历史情怀。而在朱家峪，它的主题是以乡村为主，以展示这些古代民居为主。它的代入感更强烈，更能让你切实想象生活中的一切，把情绪放到里面去，渐渐地，你的头脑便离开了现实，也放开了这些繁杂。

看完所有院子，不觉已经到了该走的时候了。在回途的路上，心里面是很满足的。我想要的僻静与幽静我都找到了。更让我觉得有收获的是我如此切实地体会了一次乡土之情。但望这些回味能长在，不为城市所摧毁。

往事回首，情怀依旧

——细数乡村记忆与往日情怀

法本 1603 班　李　阳

　　以前我一直以为我是农村户口，因为自己居住的地方离城里还是有一段距离的。后来查过户口本才知道，我竟然是城市户口，不过我家这里可算不上城市，比城市稍逊，比郊区略强。处在一个城乡结合的地方，离乡村还是比较远，不过我的记忆中，总还是多少有些乡土的影子。

　　每逢佳节，身边的人们总问回不回老家这个问题。对于我来说，从未离开过老家。自出生到现在，也不知自己的老家在何方。我曾问过我的长辈们，他们说我们就是本地人，老家就是这里。据奶奶说，我老爷爷家的旧宅子可认为是老家。与那些还有农村老家的人们相比而言，我从未产生过回归老家的情愫，不过回老家想来也是件幸福的事情。回老家，特别是农村老家，再次见到父老乡亲，不禁感叹世事变迁，自己归乡的幸福感也油然而生，就像游玩了许久的孩子，回到家见到母亲的亲切与温馨。

　　乡土，乡村与土地。离我很远，离许多人都很远。不过我们都是农民的儿子，要是追根溯源，谁家祖先不曾是农民呢？很庆幸的是我们依旧保留着祖先的许多生活习俗，这些都是先辈们总结的宝贵生活经验，流传至今，造福了我们无数的后人。不幸的是，我们许多人早已远离了农村，不再忙于土地，少了许多与天地对话的机会。乡土一词于我而言，可能更多的是记忆中的只字片语、残影缺像。

　　很小的时候，我并没有去过什么农村。记忆中的乡土情怀也就是和奶奶一起看的许多农村电视剧，像《篱笆女人和狗》，没有切身体验。后来曾在村里走了走，见到了许多大石头和黄土结合而成的房屋，如今还保存着老巷子的风貌。其实令我印象最深的，还是我姥姥姥爷家的旧房子的模样，有矮小的房子、漆黑的厨房、浸满油渍的漏斗、烧得炭黑的炉子还有临近火车道的猪圈。听我妈妈说，以前姥姥姥爷家还养过许多小动物，还有一头牛，那个矮小的房子以前是养牛用的。我是没见过了，不过在现存的照片里，可以看到茅草屋的影子、黄土墙和富有时代气息的壁纸、布帘和家具。以前很多东西都变化了，现在的人们都是住楼房了，不过我爷爷奶奶家还住着宅基地上自己新建的房子。

　　小时候，我的奶奶经常带着我去她的娘家，看望她的妈妈，也就是我的老姥姥。我的老姥姥在我的印象中，经常戴着毛线织的帽子，双目早已经失明了。每次去，老姥姥都会用她满是褶皱的手握住我的手。突然发现，我妈妈的手也是粗糙了许多，天下的母亲都是伟大的女人。我小时候，坐在奶奶的洋车上，那个车是小型车，还有车梁，会买一些东西，然后去看望我的老姥姥。奶奶会给老姥姥买一双新鞋，老姥姥在世时是裹过小脚的，是封建残余的受害者。奶奶告诉我，老姥姥年轻的时候，曾亲眼见过日本人闯入民宅，公然抢劫，是真实经历过战争的。

　　前些日子，清明节放假的时候，我曾回家问爷爷家谱的事情，爷爷说早就失传了，如今后代们起名早已没了依据，从爷爷这一辈就不再按照祖宗规矩来了。爷爷告诉我，大户人家还会留有家谱，会记录下家史和家族中的每一代的子嗣。而我们家没有那么好的条件，如今即便追溯，也只能找到我爷爷的老爷爷那一辈，之前曾经历过大迁居，再往前找，早就荡然无存了。

　　以前的时候，我爷爷的一个同事曾在爷爷家做客，这位姓宋的爷爷曾做过一个县书记的秘书，很有文化，看过很多书。那天我特意向宋爷爷请教他所记得的历史，着重谈了一些"文革"时期的事情，其实到现在想起来，那个时候我还真是经历了一次口述历史的调查。令我倍感崇敬的是，宋爷爷可以背出以前书上的原文，"高举毛主席思想的伟大红旗"等类似的话，他当时说出来时，我仿佛回到了那个时代，不禁感叹那个时代的老百姓真是淳朴，真是品质高尚、思想纯洁。如果想去了解最真实历史，真的应该去做口述历史的调查，那些活着的历史见证者们，实在是难能可贵。

　　我记忆中的乡土，是静静地躺在我早先儿时的记忆中的。许多往事，会寄存在老照片上，也会隐藏在长辈们的心中，一旦回味，情怀依旧。希望尚有乡土记忆的人们，能够及时地抓住时间，别让珍贵的记忆流逝在时间的河流中，消失于这个世界，请好好保护和传承它们。虽然我未能白天农作于乡田，夜晚栖息于黄土，但是我终归是要依偎于乡野之旁，隐逝于泥土之中。

考察主题：古街老屋散发的历史韵味
考察地点：山东省淄博市博山区山头街道河南东村古窑村
考察时间：2017年4月29日到2017年5月1日

老味道——回不去的旧时光

服饰1501班 刘 慧

2017年"五一"假期，我和同学结伴去了博山。跟大城市相比，博山可能就像个袖珍城市，可是它有山有水还是个比较有特点的地方。它的特点在于房屋建筑上，虽然没有徽式建筑的名气大，也不是那么古老，但是在山东省内也算是独树一帜。博山的建筑不像现在抬头望去的高楼大厦那么显眼，它们就像是那个旧时代里的美人，散发着属于自己的独特韵味，年代赋予了它们沧桑，它们也见证了这个时代的变迁和城市的进步。让人难过的是，现在这些房屋很多已经摇摇欲坠，甚至有的已经被拆除，消失在人们的记忆里。

总是觉得博山有着自己独特的韵味和属于它自己的味道，它与生俱来的亲切感，那种让人放松舒服的感觉，让人愿意去停留，去欣赏，愿意探听见证属于它的故事和它的文化。之前一直听说博山菜非常出名，却不知那里拥有着许多古街老屋的村落竟然更具一番滋味，更让人回味无穷。

博山素有"陶瓷之乡"之称，而我们这次去到的这个有着悠久历史的博山山头街道河南东村古窑村，曾经是中国最大陶瓷生产厂家的驻地，现在依然可以看到有很多不同时期的代表性陶瓷古窑，这些是只属于历史长河以及博山的独特印记。听那里的村民讲，白衣庙窑炉和山头明清民居建筑群都是市级文物保护单位。这些有着悠久历史与文化的地方更是让我非常好奇。山头明清民居建筑群外都有牌子，上面写着编号、类别以及它的颁发时期。这里的房屋排列整齐，就像是在接受岁月洗礼的老兵，它们得到了属于它们的奖章，它们的荣誉。我觉得住在这里的居民可能会很幸福吧。

穿梭在各个小胡同里，欣赏着属于那里的安静淳朴，那里的美好。门外时不时传来小狗的叫声，厨房里锅碗瓢盆的"演奏曲"，小孩子的嬉笑声，这些都是生活的声音。不得不说我真的是很喜欢那里的街道,很干净而且窄长,小胡同的道路都是石头铺成的,和那些司空见惯的油柏马路不同,这些由石头组成的小路更有质感、情调,在石头缝里生长着的小草更是给这街道焕发了勃勃的生机。小路旁的房屋墙面也是形状不一的石头或者砖头建造。都说博山不缺石,今天我是真正体会到了。还有更老的房屋,它们的窗户是可以挑开的,就像电视剧里的那样。那里的房屋都还是以木头门为主,还是用着我们平常已经难见到的老式锁匙,有的门上挂着门牌号几家几号,还有很多墙面上都有青苔或者做饭烧柴留下的黑色印记。胡同里电线杆分散,各路电线就经过每家每户的墙上,很多电线扯着缠着,扯得不只是电线更像是邻居的情谊,毕竟串串门,各个邻居聚在一起说说家常,诉说今日的趣事,这是住在楼房的我们羡慕不来的情谊。

　　看着这些房屋院落,看到它们都各具千秋,各有特色。那些乱石铺成的地面,时间久了,经过人车碾压早已失修,坑洼错落,在这破损里见古意。欣赏这些院落、这些胡同就像是读着属于它的故事,更觉得这里的一砖一瓦都有自己独特的魅力。博山石头很多,可在机器并不高效高端的情况下,是那里的人民用自己的聪明才智以及勤劳能干才造就现在这些房屋。多么庆幸我可以目睹并且在这里留下脚印,也留下了赞叹与祝愿。

　　在胡同小道中遇到了几个过往的村民,在他们身上看到了山村人特有的那种朴实、真诚。他们对陌生人可以报以微笑点头,他们土生土长于此,这个地方也赋予了他们朴实、踏实的态度。其中遇到了一位老奶奶,向她打听那里老屋的时候她把我们很热情地招呼进门,还打趣似的说房子年岁比她自己都大。听她说这个老屋从她嫁过来住到现在,房屋是有感情的,就像是一个人的根。在这位老人眼里我看到了岁月带给她的磨砺,就像这个老屋也是历经沧桑洗礼,脸上已经刻出一条条皱纹,但是依然有着它自己的故事,也承载着老奶奶的家和人生的故事。更幸运的是在老奶奶家看到了曾经博山的老照片,时间真的是个磨人的东西,谁都无法阻止时间带来的惊喜以及它的变化。

　　心中念老房,一柱一老梁。一门几扇窗,样样不能忘。一座一座的老屋组成了一个村庄,一条条的胡同街道又把两旁的居民连成一串,而一个村庄就是人生百态。

　　在这里总是觉得时间过得很慢,就像是日出而作,日落而息,抛去了嘈杂与浮华才更容易发现美的事物,心才会变得更静。我们从早上一直溜达到傍晚依然没觉得疲惫,后来还品尝了美味的博山菜。

这里的安逸让人忘记了时间,经过这次游历,我也终于可以理解为什么摄影师、画家、作家在需要灵感与思路时会到一个安静的山村或者海边待一段时间了。毕竟在一个安逸的地方,你的想法和心情也会豁然开朗。回到学校看到在博山拍的那些老屋、街道,还是忍不住想要留下这种美丽,所以我自己画了老房子的一角,希望可以留住这个美丽。

　　在历史的舞台上,有很多东西不断被抛弃、被破坏、被掩盖,像这些老的窑洞、老的房屋可能也有一天会消失不见，但是却没有人能否认它们的存在，它们曾经在历史上的价值以及它们所带给这个社会的文化和它们的内涵。可能对于我们而言，去到某个地方看到一些老的房屋、树木、祠堂等等这些历史古迹，我们可能更多地感悟到的是它们现在开始没落开始消失的现实，可是对于世世代代生活在那里的人们来说，那里就是他们的家和他们生活、情感的寄托。希望我们每个人都学会尊重这些真正有魅力的事物，而不单单是停留在报道上、手机上，应该趁着它们还存在的时候，真真正正地去感受它们带给我们的视觉震撼，去感受历史岁月流逝的痕迹。

考察主题:乡村记忆
考察地点:山东省泰安市宁阳县东庄乡北葛家圈村
考察时间:2017 年 4 月 29 日至 2017 年 5 月 1 日

重读家乡,体味乡情

化工 1501 班　孙哲、王名、许坤、蒋文、李月坤、苏亚楠

清晨入古寺,初日照高林。曲径通幽处,禅房花木深。唐代诗人常建这首《题破山寺后禅院》已是耳熟能详,而这前四句尤其可以表现出诗人寄于山水的隐逸胸怀。即使时光荏苒,转眼便到了几千年后的今天,人们对山水之景的喜爱依旧没有变,而对于我来说,有一个地方不仅风景如画,让人流连忘返,而且我人生中最重要也最珍贵的记忆也留在那里。这个地方就是一个坐落于泰安市宁阳县的小村庄,那里没有车水马龙的繁华街道,也不是高楼林立的城市中心,但是在我内心总是感觉她很美,那里有我抹不去的记忆。

谈起乡村记忆,首先映入我脑海的,便是我的家乡。

清晨起来,你会发现这里的淳朴和属于那个时代特有的气息,缕缕炊烟在各家的屋顶飘出,阵阵鸡鸣宣告着这个村庄已经醒来,人们的一天也就开始了。没有闹铃叫你起床,也没有旁人会来催促你,仿佛有一种魔力,使你会自然而然地醒来,在日光刚刚破出天际的那一刻,你会迫不及待地起来感受这里的山水树木。

漫步于这个村庄,你会发现村子并不是很大,但是总有东西会吸引着你。早市上卖泰安火烧的小贩,蹬着小三轮车,吆喝着他自己特殊的"歌曲"。当盖着泰安火烧的那层白布缓缓掀开,飘出浓浓的香气,那家乡火烧独特的气味使你流连忘返。相比于城市的喧嚣,这份静谧与淳朴更显得难能可贵。

在村子里转上一转,放眼望去这里的房屋充满着童年的味道。瓦片有的是红瓦,有的还是青石瓦片,村里茅草屋大多是废弃了的,已经没有人住了,和土坯房屋一样,成了一种记忆,伫立在村庄里,同样伫立在村民的心里,尤其是留在村里的老人心中。每次与他们交谈时,总是避免不了回忆以前的种种。我们有乡村的记忆,他们也有,而且比我们更难忘记。那个时候除了少数的茅草屋,最多的是用山上的青石盖起来的房子。

打眼望去,总是觉得那时的房屋比起如今那些高楼大厦显得更亲切,更厚重,可能是因为老一辈的人为了建造这个"庞然大物"流下了太多的汗水吧。

从我家的那个小胡同出来,一路向东,会看见路边的一口井。小时候调皮,总是说那口井是自己家的,还不准别人用。井的周边有大大小小的石板铺着,井里面大概有七八米深,为了防止坍塌,周围都有石头砌在上面。这种古老的感觉随处都能感觉得到。沿着这条路继续向东走,在路口处堆放着大大小小的磨盘。从前家家户户磨面的时候,这些磨盘

可帮了不少的忙,现在这些磨盘已经不用了,唯一留着一处磨面的大磨在村子的东北方向,磨盘很大,和成年人的双手张开差不多,满满都是乡村特有的味道,特有的记忆。

社会在发展,时代在进步。有些东西为了适应这个社会,也就没有了存在的价值。比如那些为了建高楼而拆掉的村庄,比如那些为了修路而埋掉的小河,庆幸的是家乡的小河并没有被填掉,流淌在我家旁边的那条小河也依然存在。雨季没来时,河水很少,刚刚没过半条小腿,可以趟过去。河水很清凉,和小伙伴一起抓鱼,一起捉螃蟹,是我那时候最快乐的事情。河边长满了绿油油的小草,顺着小河,一直到另一村的水库。在这些草里,有许许多多的蚂蚱,没事的时候我便去捉,放在瓶子里,有些会拿来喂鸡,有些就都给小猫吃了。在河边的草丛里有一种很常见的植物,这种植物就叫磨盘草,顾名思义,它的果实长得很像一个微型的磨盘。秋天的时候,磨盘草的小果实是绿色的,我和小伙伴们经常摘了放在嘴里嚼啊嚼,这种植物还具有药用价值,用途颇为广泛。这些河流花草充满了儿时的欢声笑语,也是我对乡村的一种记忆。不过我在这片草地上可不光是玩耍,还要忙自己的"工作",也就是和邻居家的哥哥一起放羊。下午天不是很热了就出发,拿着一个小鞭子,赶着四五只羊去吃草,把领头的羊拴在一片草多的地方,其他的羊也就乖乖地听话,就在附近吃,也不用费很大的劲去看着。但是如果领头的羊挣开跑了,那就麻烦了。我们好几个人去追赶,要费好大的劲才能追回来。不过大多数的情况不会这样,所以放羊的过程也是充满笑声的。也许是那片草地有着一种让人情不自禁开心的魔力,也许是幼时的我没有那么多忧愁,总之,那里的乡村记忆是很快乐的。

如果提起乡村,那村里的农活、地里种的农菜等等农村特有的事情也一定要说一说的。在我们这个村庄,由于土质的问题,只能种一些特定的蔬菜和粮食。所以农作物大都是花生、玉米还有小麦。在这里时间还是像古时候一样,节奏是缓慢的。家家户户还是日出而作,日落而息,而且这些农作物在平常不需要经常打理,所以有很多时候,村里人很清闲。

提起家乡的农作物,最难忘的并不是这些,而是山豆角。山豆角一般长在砂石地,而砂石地在村子周围的山上又比较常见,所以家家户户都把它种在山上,这样也可以留出其他的好地种粮食。这些山豆角不会很多,在旺季会择一些去卖,但是基本上是种了自己吃。我尤其喜欢这个菜,所以它给我留下了很深的印象。它味道鲜美,有着农村特有的味道,不同于饭店里的大鱼大肉,这份清新淳朴的味道更让我回味。

在村子的北面也有两座小山，一个叫北山，一个叫葫芦山。北山上是大片大片的墓地，故去的村民都埋葬在这。而葫芦山因山形酷似一个葫芦故名葫芦山，而相传山上有一个大脚印是二郎神留下的，现在也可以看到那个脚印，也给这座山增添了不少神秘感。每一个村子都有它独特的风貌，都有很多东西给人留下许多独特的记忆，这些个零零散散的小山也承载了其中不少的记忆。

长相思，长相思，若问相思甚了期，除非相见时。

长相思，长相思，欲把相思说似谁，浅情人不知。

相思因为记忆，因为记得所以不忘，因为不忘所以相思，我总觉得家乡这个小乡村，像是个老情人，留下了太多的回忆，心里有很多关于她的情愫，不想抹去，也抹不去，不论是清晨的缕缕青烟与小贩的吆喝声，还是草地上的欢声笑语和青石瓦片的年代感，都是这个村庄留给我的记忆，而我坚信不论时代怎么发展，终究都会返璞归真，而这些记忆也必会代代相传。

结语： 费孝通先生的《乡土中国》开篇曾写到"从基层上看去，中国社会是乡土性的"。改革开放以来，中国的经济迅猛发展，中国的社会经济结构也在发生着巨大的变化，因此，中国农村面貌也在跟随着时代不断地变化。与此同时，中国农村社会的乡土气息在短短的 20 多年里发生了巨大的变化。农村社会"差序格局"开始松动，宗族之间的关系也开始有了淡化的倾向，尤其对我们这些 90 年代以后出生的年轻人来说，宗族观念已经很淡了。传统风俗习惯也从烦琐趋于简化。传统开始消失，现代化的习俗开始普及起来。且随着农村人均收入的提高和农村现代化的进行，农村人民的家庭观、教育观、婚姻观、乡土观和消费观发生了巨大的变化，也越来越向城镇靠拢。"乡土"与"现代"不应该是单纯的对立，传统的非物质文化遗产可以通过现代的方式（如网络、电视）来获得传承和发扬。我们缅怀过去，但不代表我们愿意回到过去。随着农村的发展，以一些外国发达国家为榜样的话，在未来，农村会成为我们向往的地方，农村会有城市所没有的清洁的空气、干净的水源、通畅的交通、清净的环境，未来农村将是非常良好的居住地点。

考察主题：地方美食——单县羊肉汤
考察地点：山东省菏泽市单县浮岗镇耿刘庄村
考察时间：2017 年 1 月 20 日至 2017 年 1 月 27 日

味至浓时即乡土

化工 1602 班　刘　玉

乡愁是什么？

乡愁是故乡园中的那棵百年孤独的槐花树，每逢四月，那树上便顺应时节开出洁白无瑕、沁人心脾的槐花，像一颗颗饱满温润的白珍珠挂在枝繁叶茂、葱葱郁郁的枝头。槐花树的根已深深扎入泥土，而相思也随之深植于游子的心头。乡愁也是故乡的月，在每个想家的夜里，朝向家乡的方向，凝望那轮月，时而皎洁通亮，时而黯淡无光。明月千里寄相思，而月是故乡明。

也许乡愁就是对故乡一草一木、一星一月，抑或是一人一物的思念，只是思念寄托在了不同的事物中。北宋丞相王安石的乡愁融入了"春风又绿江南岸，明月何时照我还"的诗句里，当代诗人、散文家余光中的乡愁寄托在了那弯浅浅的海峡，而我的乡愁凝聚在了一份美食——单县羊肉汤里，深深地烙在了我的心底，此应所谓味之浓时即乡土。

我的家乡单县位于中国山东省西南部，是菏泽市所辖的一个县。仲夏时节在这里的乡间漫步，两边总是翠绿成行，青草遍地生，富有勃勃生机。单县羊肉汤在这里已有数千年的历史。相传在原始社会的末期，舜的老师单卷及其部落就生活在单县一带，他们过着半耕半渔半牧的生活。当时饲养的家畜主要就是青山羊，而羊的吃法由烧烤演变为吃肉喝汤。单县羊肉汤经过几千年的改进，制作工艺越来越完善，现已成为当地家家户户餐桌上一道必不可少的过年菜，被誉为"天下第一汤"。

每逢过年，按照习俗大家一致停工，更不许动刀，所以年菜事实上就是年前炖煮的大锅菜。大锅的炖肉，大锅的炖鸡，经过炖煮后放在盆子里，此后随取随吃，足以吃过元宵节了。而其中单县羊肉汤是道必不可少的硬菜。过年前几天，每家每户都在为年货忙碌着，蒸馒头、做炖肉，当然少不了杀头羊、做一锅羊肉汤。于我而言杀羊总是充满血腥的，让人充满一种罪恶感。每逢此时，我总会躲到奶奶家去，听奶奶讲一些过年的故事。奶奶经常会给我讲一些关于单县羊肉汤的事情。其中印象最深刻的是单县羊肉汤的独特性。单县羊肉汤可以在众多特色的羊肉美食中脱颖而出，不仅因其独特的制作工艺，还得益于天然的地域优势。所谓一方水土养一方物，单县本土产的天然青山羊只有经本土水的熬煮才会有正宗的味道。所以如若不亲临单县，恐难品味羊肉汤的正宗滋味。以前的自己并不太懂得其中蕴含的道理，只是简单地以为这就是过年的一部分，每个新年都会重复做的美食，也不会想着自己会离开家乡，会在异地想念这个家乡的味道。此时离家在外的我在所到之处不免会看到各式各样的羊肉汤馆，但这并不是家乡的味道。记得有次看到了一个"单县羊肉汤馆",心头猛得一惊,便毫不犹豫地踏入,点了一份羊肉汤,迫不及待地尝了尝,滋味可谓相差甚远。这时才想到了奶奶曾说过的话,走出了家乡便不会有家乡的羊肉汤的味道了,它是不可复制的。这应该是梁实秋先生所提到的"滋味浓时即家乡"。

如今,单县羊肉汤虽未走出单县,却风靡于单县的大街小巷,在空气中总是飘着满满的香气。出现在市面上得到改良的羊肉汤总是色白似奶、水脂交融、鲜而不腥、香而不腻,而农家人的做法总有些与众不同,或许是因为在从前,穷苦人家一般只有在过年时才能喝到一碗羊肉汤,所以为了映衬过年的气氛,人们总是将羊肉汤做成"红油"羊肉汤,这种"红油"是由羊油和红辣椒进行充分混合而成的,其中制作红油最常用的工具是石臼子。所以在乡下过年的前几天,总能听到人们使用石臼子的砰砰声,这已成为我家乡过年声的一部分。在小时候,我总是会和妈妈一起到邻居家用石臼子捣羊油和红辣椒。但是随着时代的发展,机器总会渐渐代替手工,如今人们大多使用机器做这一工作,捣石臼子的声音也渐渐消失了,只剩下过年用柴锅煮一锅羊肉汤的习俗仍未改变。每逢春节,无论家境如何,家乡的每家每户都会共同完成这一项美食的制作,这是一个春节不可分割的一部分。它已深入人心,成为家乡的味道,而这项技艺则成为家家户户必备的一门手艺。在我们家,全家会一起参与到煮羊汤的工作中,父亲作为我们家的主厨,掌控着主要工序,其他人则是打下手,母亲负责制作"红油",奶奶负责烧柴,而我则是个到处跑腿的捣蛋鬼。全家老老少少聚在一起,忙于制作美食,这也许蕴含着春节乃至中国传统节日的含义,没有单人旅行,没有惬意放松,只有团聚的一家人、忙碌的一家人、幸福的一家人。清朝诗人杨静亭在《都门杂咏》中这要写道:"煨羊肥嫩数京中,酱用清汤色煮红,日午烧来焦且烂,喜无膻味腻喉咙。"这应该能比较全面地描绘出农家羊肉汤的特点。在一口普通的大柴锅中,锅下是燃烧的柴火,锅中是咕咕咚咚、热气腾腾的热汤,锅旁是忙忙碌碌、进进出出的朴实人。曾经有一次在家品尝羊肉汤时,我询问起母亲为何几乎家家户户都可以煮一锅美味的羊肉汤,母亲笑了笑,说道:"这就是技艺传承,如同人们对羊肉汤的钟爱,经久不衰。"

家乡的那棵百年槐花树不久之后会孤独终老,乡间泥泞的小道也终会被宽敞平坦的柏油路所覆盖,而人的乡愁如月亮一般时明时暗,却总闪耀在游子心中。于我而言,乡愁寄托在了这样一碗羊肉汤中,味道浓浓淡淡,却总是挥之不去,而味之浓时即是重返家乡之时。

考察主题：乡土记忆
考察地点：陕西省宝鸡市陈仓区钓渭镇北村四组
考察时间：2017 年 4 月 28 日至 2017 年 5 月 2 日

乡愁是最沉重的爱

化工 1603 班　刘新月

磨人的秋天

落叶是疲倦的蝴蝶，夕阳老去，西风渐紧。

夜落了，秋就乘着落叶来了，秋来了，人就随着秋瘦了，随着秋愁了。自古以来，秋天就是多愁多思的季节，有多少古代诗人将乡愁寄予了明月，寄予了大雁，寄予了乡愁最重的秋天。乡愁是最沉重的爱，有多少远离家乡的游子回不到自己梦寐以求的家乡，又有多少游子因为生活的无奈而选择离开自己的家乡，落叶归根，可是有的根本就没有归到自己的家乡，而是永远地留在了异乡。就像诗中写的那样"独在异乡为异客，每逢佳节倍思亲"。是啊，每到佳节的时候不仅是你思念家乡的时候，你有看到过父母那期待的眼神吗？每次期待有多大，失望就有多大，在你打电话说自己不回来的时候，你又知道父母的心里有多凉吗？所以有时间还是多回家看看。其实长大之后才明白，每一件事都不是像自己想的那么顺心，毕竟整个社会都在变。不是因为自己不想回家，而是真的太远了。久而久之，回家的愿望也就慢慢变淡了，但家乡这个字眼却在我心里留下了深深的烙印，以至于我每次听到这个词的时候都特别敏感，突然间就感觉自己特别脆弱，特别无助。但是金黄的落叶给了我坚强的勇气，因为它懂得如何在秋风中安慰自己，它知道自己的沉睡将会迎来新的一年。

走在学校的知学路树荫下，看着充满青春气息的操场，抬头仰望湛蓝的天空，看着洋洋洒洒的金黄色的叶子，一幕幕暖心的情景在我的脑海中浮现，我努力回忆着家乡林荫小道上，那棵茁壮成长的百年老槐，那大手牵小手的背影，那时的你，那时的我，你高大又温暖，我天真烂漫，就这样我们刚刚好，这是我最喜欢的秋天，最喜欢的颜色，最喜欢的落叶。在这里，我听着踩着落叶发出的刷刷的响声，牵着老爸布满双茧的手，尽情地享受父女之间的亲情，回过神来，才发现原来我独自一人来到了离家 1000 多公里的陌生城市，来寻找自己的梦，寻找自己的那一份责任，我要把对家乡的思念，对朋友亲人的思念埋藏在内心深处，任其带着家乡的气息生根发芽。

现在再回家乡的时候，我看到了家乡的窑洞，只是少了小时候见到的人，而外面也破败不堪；看到了一坡又一坡的柿子树，依稀记得，每次去外婆家的时候都会情不自禁地跳起来摘几颗柿子尝尝，再跑到崖边去摘几颗酸溜溜的野生枣，这些都被姥爷知道了，于是他自己去崖边给我摘那些野生枣，所以以后每次去的时候都能吃到姥爷摘的柿子和枣；在坡上也能看到几缕青烟，那不是因为游子的归来而是因为砖厂烧砖或者烧瓷所冒出来的青烟。

沉淀的历史

我还看到了小时候我家的土坯平房以及自己搭建的棚子,每逢夏天下暴雨的时候都能感觉到妈妈心神不安的样子,因为那时候我家的房子会漏水,炕上放满了盆盆罐罐,不是用来做饭的而是用来接雨水的,就像杜甫写的"床头屋漏无干处"。每年夏天妈妈总会把我送到小姨家去,让我避暑,我看到了爸爸因为我们一家人的生计而忙碌奔波的样子,看到了他们在庄稼地里起早贪黑的背影,看到了爸爸因为我没有给他送水而给我讲道理的样子,每当自己做错事情时,受到的不是批评,而是他们语重心长的教导。

渐渐地我们长大了,我们的家乡也有了天翻地覆的变化,昔日里那些泥泞不堪的土路变成了水泥路,如今的家乡变得那样的美,而我们却选择远离家乡,去追寻自己的梦想,只能在远处默默地关注着它的一切。此时此刻我只能说,乡愁真的是一种沉重的爱,是学校里日夜盼望回家的心情,是火车上彻夜长谈的激动,是回到家中顿顿丰盛的晚餐,是爷爷奶奶摸摸头的喜爱,这时我觉得那才是我的家,一个温暖的家,一个充满风土人情的家乡,一个充满古代气息的家乡。说到古代气息我得说说我家乡的历史了,我是陕西的,大家可能会想到秦兵马俑,黄土高坡,以及"双十二"事变等,其中我印象最深刻的可能就是著名的兵马俑了。说到兵马俑大家首先想到的就会是秦始皇了,在那个朝代他很无情,但却让我们现代人牢牢地记住了他。秦兵马俑位于陕西省西安市临潼区,它是古代墓葬雕塑的一个类别,古代实行真人陪殉,奴隶是奴隶主生前的附属品,奴隶主死后奴隶要作为殉葬品为奴隶主陪葬。所以在秦始皇登基开始他就大规模的为自己修建陵墓,修建期间花费了不少的人力物力,他不仅从全国调来 70 多万"刑徒",还从山东、河南等地征来大量民夫。修建期间,秦始皇还下诏令李斯提前征集数千对童男童女准备为他殉葬。但是他的这一想法被李斯婉言拒绝了,他想到了用陶殉的办法,这样既可以安定民心,又可以维护秦始皇在人们心中的地位,所以秦始皇也就爽快地答应了。但要求就是烧出来的陶人和陶马要和真人真马的尺寸差不多,这可谓是一项巨大的工程,那些可怜的工匠也因为一些技术的问题而被无情地砍了头,他们不得不使出自己的"洪荒之力"去解决这些问题,最终他们凭借自己的聪明才智想出了单窑单俑分段烧制的办法,成型后再重新组合,然后再排成整齐的队形,就这样他们齐心协力,夜以继日,终于完成了这一伟大的工程,但可恨的是,在秦始皇驾崩以后,秦二世害怕那些工匠们泄漏墓中的秘密,于是把秦始皇的灵柩偷偷地运进了墓中,并以看戏、发赏金为由,将那些朴实勤劳的工匠推进了一去不回的火坑,他们当中除了一个人逃出来,其余的都被活生生地困在墓中,也就成了真正的"陶兵陶马"。而我们就是在这片充满古代劳动人民智慧的土地上,一步步成长成才,来发扬他们的精神,传承他们的文明。这段历史不仅仅是一个省的,而是全中国的,甚至于是全世界的。

熟悉的背影

叶落归根,难道真的是因为我们长大了,我们成熟了吗? 我们花了很长时间去追求我们想要的,却没有时间去享受我们所得到的,我们有了越来越大的房子,住的人却越来越少了,我们一心想要征服外面的世界,对自己的内心却一无所知,远行的人啊,是什么声音使你销声匿迹,是什么风将你吹到异乡? 秋就是这样将叶子抖落,把人的思念挂在枝头,是该回去了,去看那棵大树,还有落叶里沉睡的爷爷,当我匆匆赶回去的时候还是没能见到你最后一面,你知道我当时有多自责和内疚吗? 其实人就是如此后知后觉,总是在失去了之后才懂得珍惜,总是在失去了之后才懂得当初拥有的重要,总是在失去了之后才知道自己要什么。每次回家路口总有熟悉的身影,那才是我至亲至爱的家人,身在异乡的我,偶尔会给他们打个电话,问问他们最近怎么样,要注意身体别太劳累了,可这些只是嘴上说说而已……再次看着那日渐消瘦的身影,那棵百年老槐时,我意识到我长大了,应该担起属于自己的那份责任了。只是身在异乡的女儿现在还不能为你们做什么,希望你们一切安好,我要把最沉重的爱转化成对你们最真挚的爱。加油,我的家乡。加油,我的祖国。带着乡愁一路前进,一路欢声,一路歌唱。追逐梦想,奔向远方,永不妥协,一路向前!

枣儿虽小,情意很浓。枣儿虽酸,让人舒服。我的家人,我的朋友,有你们,真幸运。

回忆过去和故乡的时光

化工 1603 班　秦程程

我的故乡在鲁西北平原上,她的名字叫聊城。

记得那是一天早上,天还蒙蒙亮,我便踏上了离乡的路途。我知道我离家越来越远了,越来越远了……但是距离并不能阻断我思乡的道路。我对故乡的记忆也不会随时间而消退,反而越来越清晰,越来越清晰……"云海落日飘忽柔曼,美国的落日眨眼就落下,而只有故乡的落日才最能打动人的心。"这说法一点也没错,确实是只有故乡的落日才是最能打动人心啊!在异乡看落日,不由得勾起了我的回忆。

聊城,一个古运河流过的地方,河上曾驶过长长的船队,那是当年繁荣的景象。屹立的铁塔,是我们心中不变的信仰。巍峨的古楼,引起我们无数的遐想。碧波荡漾的东昌湖水,宛若聊城女子含情脉脉的眼眸。聊城,一个运河孕育的城市,承载着一代又一代人的希望。我的家在聊城边界的一个小县城的小村庄里。小时候的我常常站在门口,眺望着远方,在我家门口有着似乎望不到头的麦田。清晨,一声鸡啼划破天际,叫醒了勤劳的人们;傍晚,袅袅炊烟冉冉升起,无限柔情笼罩着我们的小村庄;晚上,满天的繁星对着我们眨眼睛。对于故乡的记忆好似一个水坝,即使开一个小口也能决堤。

时光如流水般一去不复返,现在的家乡发生了翻天覆地的变化,让我猝不及防,来不及去思考。而我还总是沉浸在过去的回忆里,无法自拔。年复一年,日复一日,虽然时间改变了你的容颜,但对于我来说你却永远是一副慈祥的模样。小时候的泥巴路到现在的柏油公路,小时候的老土屋到现在的红砖绿瓦,小时候常爬的小土丘早已被夷为平地。小时候蹦蹦跳跳地在林荫路上玩耍嬉戏,白天在草地里逮蚂蚱,晚上跟着小伙伴一起抓知了,那是我的童年,是我最快乐的一段时光。那时候的家乡虽然没有现在整齐划一,但是她的那种错落有致却是我们对家的向往。那时候的家乡虽然没有现在的科技发达、道路顺畅,但是我们时常聚在一起,讲述着我们的新鲜事。而现在我们每天捧着我们的手机,在手机里看家乡,毫无感觉,反倒有一种落寞。现在的家乡林荫还在,只是再也找不回当年的乐趣,家乡的路也不再泥泞,这可能是为离家的游子铺设的回家之路。

小时候,我的小村庄是那样的宁静、和谐、美好。日出而作,日落而息。生活平静而又美好。小时候的天也是格外湛蓝,白云也是那样的洁白无瑕,鸟儿自由自在地在天空飞翔,鱼儿在水里欢快地游着,就连路边的杂草也是绿得发亮。白天人们辛苦劳作,夏天的晚上吃完晚饭,大人们都带着小马扎,手里拿着蒲扇,我依偎在妈妈的怀里听着她们讲着各种好玩的故事,然后慢慢进入梦乡。一觉醒来又是美好的一天。

记得爷爷家的小土屋,冬暖夏凉。可是岁月的力量是不可抵挡的,最终小土屋在岁月的侵蚀下变得斑驳。记得老院后面的一片苹果树,夏天苹果树开着白色的小花,格外美丽。还记得老院里的那棵老枣树,她陪着我长大,陪着我度过每一个春夏秋冬。小时候在树下乘凉,在树上荡秋千,看着枣树发芽、长叶、开花、结果。嫩绿的叶子,软软的摸上去很舒服,很舒服……慢慢地小小的枣一点一点长大,由红变绿,由涩变甜。看着小枣慢慢长大心里很快乐,很满足。但是现在树还在,而我们却再也没有时间在树下嬉戏玩耍。

以前,小村庄里还是坑坑洼洼的小土路,虽然路不平,但是在我心里却是最好的。那时候的我们,都是爸爸妈妈骑自行车去送我上学,坐在自行车后座上,享受着大自然带给我的乐趣,感受着爸爸妈妈的浓浓爱意。走在羊肠小路上,虽然颠簸,但是开心。后来渐渐地长大了,就自己骑车上学,不论春夏秋冬,不论刮风下雨,那时候的我们骑得飞快,十分享受那种自由自在的感觉。那是我童年的记忆,那是和朋友们一起度过的快乐日子。直到现在我都会想起小小的身影渐渐消失在那个羊肠小路上。那时候家门前的空地上总是会有一垛一垛的麦秸,淘气的我们就在上面掏洞,玩着过家家。想象着长大以后我要这样或者那样。现在真的长大以后,感觉小时候的我们真是天真。唉,时间过了这么久,这么久,久到都快想不起了。我想就算时间是杀手,除掉我脑中储存的知识,它也永远夺不走我在内心深处对故乡的记忆。

现在我依然记得村口的那条弯弯的小河,弯弯曲曲地承载着的是我对家乡的思念;依然记得父亲做给我的木质匕首,那不仅是一把匕首,而且还承载着父亲对我的爱;依然记得家里的大黑狗,它从小跟我一起长大,是我儿时的伙伴,但不幸的是我都没能见到它最后一面,如果它能听到我的话,我想告诉它,我真的很想它,它是我心头永远的痛。时间能使鲜花凋谢枯萎,能使容颜衰老,能使沧海变桑田,但它却风化不了我对故乡的无限眷恋。

比起现在鳞次栉比的高楼大厦,我反而更加喜欢故乡田野上那一望无际的自由、随意。我并不是说那时候的大自然很美,只是想说那时候的大自然可以让我心神安宁,让我放空自我,让我感到自由。现在中规中矩的规划,虽然整齐了但是却少了错落有致的静谧与美好。以前至少在那里我真正能感受到那"天圆地方""水天一线",虽然空气中常会弥漫着炊烟和烟气的味道,但那却是我最爱的。

其实想故乡便是想童年,我从出生以来在那里不长不短刚好18年。那里有我曾经儿时的伙伴,我曾经游戏的场所,还有老屋、老人、老树,那都是自己曾经最喜欢的,只是岁月无情,不经我的允许,便将他们掩埋在历史的长河里。到头来,我唯一能做的只是慨叹"一寸光阴一寸金,寸金难买寸光阴"。

童年我们向往自由自在,就和我现在还在追求的一样,但只是不同意义的自由而已。现在想起来如果我还能欣赏着故乡的美景,聆听着小鸟的美妙歌声还有那蟋蟀动人的弹奏声。蝴蝶在花丛中采蜜,知了热得在树林中叫着,而我们还能在广阔的草坪上跟着它们一起嬉戏玩耍,那该有多好。

故乡,我永远的梦啊。我真的好想你。我想如果我是散落的蒲公英、飞舞的秋蓬、流浪的苍子,那故乡的记忆就是我重归大地的力量。时间会使水变成冰、变成气,但它却不能阻止冰化成水、气凝成水、再次重回大地。当雨点骄傲地对大地说"我是你千万次放逐又千万次唤回的孩子"时,时间只能默默地叹息,因为在对故乡的记忆面前,它无能为力。时间只会风化人们的容颜,却不会风化人们对故乡的记忆,不然怎么会有卢纶"家在梦中何日到,春来江上几人还"的郁郁低吟和王维"独在异乡为异客,每逢佳节倍思亲"的无限惆怅。羁鸟恋旧林,池鱼思故乡。故乡的记忆也许会因我们年迈而变得模糊,但是我们对故乡的那份深情却是岁月永远抹杀不了的。

如今,当我站在故乡之外,站在淄博的土地上,我发现自己的身影依然飘荡在这片熟悉而又陌生的土地上。我记得艾青曾写过"为什么我的眼里常含泪水,因为我对这土地爱得深沉"。是啊,我对这土地爱得太深沉了。以至于在异乡土地的我望着天空发呆,不断想起故乡的回忆。

故乡这片并不肥沃的土地养育了我,培养了我,给了我最好的资源。都说"滴水之恩,当涌泉相报",可是我又该如何回报你,我又如何能回报得了你? 我的故乡啊,我何时才能回到你的怀抱,什么时候才能再见一眼你。虽然你改变了容颜,但我还是爱你,爱你的一切。我的家呀,我的故乡啊,我真的好想你呀! 亲爱的故乡,不知如何再向你表达我对你的情感,只能简单地说一下我对你的思念。虽然我知道语言的力量是苍白的,根本无法完全表达我对故乡的情感,但我还是忍不住要记录下我对故乡的思念。

"举头望明月,低头思故乡",在外的我,永远不会忘记回家的路,也永远不会忘记故乡和我的点点滴滴。

考察主题:高密的传统文化
考察地点:山东省高密市
考察时间:2017 年 5 月 21 日

烙入生命的故乡之城

化工 1604 班　高奥桐

有一片土地,不管从多远回来,踏上它便格外亲切;有一个名字,不管身在何方,喊起它便格外熟悉;有一种文化,不管历经多长岁月,都彰显着浓厚的底蕴。只因它是高密——那座烙入我生命的故乡之城。

进入大学后,我渐渐地远离故乡。当大学时第一次回家,刚下火车,内心便涌来温暖,眼睛莫名地湿润,忽然我深刻体会到艾青的诗句"为什么我的眼里常含泪水,因为我对这土地爱得深沉"中所表达的情感。蓝蓝的天,碧绿的水,枝头的小鸟欢快地叫着,一切映照在我眼里都是那么可爱与亲切。

走在故乡的街道上,我细细地数着地上的水泥砖,一块又一块;看着路旁的特色建筑,一栋又一栋,思绪渐渐飘回了以前⋯⋯

我慢慢地想起家乡的好,仿佛一个刚离家的孩子思念母亲一样。从小爷爷和我说过,家乡是著名的民间艺术之乡,历经五千年,有着丰富的文化积淀和多彩的民间艺术。

高密的传统文化源远流长,从古代起就是大禹封国。相传为纪念大禹成功治水的伟绩,将大禹的字"高密"命名为其国,逐渐演化成现在的地名,并且高密的一条河也被命名为高密水,后简称密水。高密民间艺术种类繁多,最有名的是被誉为"四宝"的扑灰年画、泥塑、剪纸和茂腔,并被国家列入首批和第二批非物质文化遗产保护名录。

记得小时候奶奶教我剪纸,只需一张红纸,一把剪刀,一会儿一个小兔子就活灵活现地出现了。经过奶奶魔法棒般的剪刀,各种各样的剪纸瞬间变幻成形,形状各有不同,有飞禽走兽、有日月河山。每到逢年过节,故乡大街小巷的墙上、窗户上、门上张贴着迷人的剪纸。小时候我不懂剪纸的寓意,只是喜欢趴在窗前去静静地看,觉得剪纸神奇又好看。现在我明白了,在以前朴素的岁月里,它不仅是简单的装饰品,也承载着一段段红红火火的日子,体现对美好

明天的向往期待。无论是蝈蝈出笼、老鼠娶亲,还是金鸡报晓、鲤鱼跃龙门,这些或造型夸张,或古朴典雅又富有浪漫色彩的剪纸,蕴含了故乡人的灵性和品质。

泥塑也是存在我脑海中美好的童年回忆。现在大街小巷中仍然流传着"孩子哭,找妈妈,妈妈捏个泥娃娃,两个娃娃乐哈哈"的民谣。以前,古朴稚拙的泥玩具最受大人小孩欢

迎。小小的泥塑经过民间艺人的一番拿捏,炉火淬炼,彩绘外形,摇身一变,就化身为形神兼备、古朴生动的艺术品。小时候如果能拿着这样一个花里花哨的泥老虎,就是最开心的事情。我总是和小伙伴一起摇动泥老虎的身体,比谁的老虎吼声大。形状各异的泥塑,兔子,小猴,老马,它们惟妙惟肖,将一把泥土赋予了生命的意义,传递着欢快的气息,而它诞生于故乡的土地,又丰富了故乡的韵味。

扑灰年画,历经打稿、起稿、扑抹、复印、描金、勾线等多部程序的艺术品,代表着故乡人的高雅情操与艺术气息。巧手的画匠在上面画着故乡的蓝天白云、雄壮的山川河流、多彩的花卉鱼鸟、古老的神话传说和传奇人物,其画面栩栩如生、古朴清新,构图简约,手法巧妙,他们描绘的是高密朴实的红高粱之地,呈现的是故乡经久不息的人文历史。高密茂腔委婉动听,乡人站在自搭的简单的戏台上,着装简朴,表情到位,真情流露,用心吟唱。一字一句,字正腔圆;曲调质朴,余音绕梁。处处彰显着他们的朴素、和谐、恬静。他们从不奢求功名利禄,只过属于自己简单快乐的日子,他们只用悠缓的唱腔,吟唱生活的悲欢离合。

除了四宝,高密还是"三贤故里",是春秋名相晏婴、东汉大经学家郑玄、清代大学士刘墉的家乡,更是诺贝尔文学奖获得者莫言的家乡。小学时我就听老师讲过《晏婴使楚》的典故:一次晏婴出使楚国,楚王想侮辱晏子,但晏子以其聪明才智,反驳了楚王,维护了国家尊严。晏婴一生为国为民,多次直言敢谏,他崇尚节俭,反对奢华,表现出很高的道德情操。这种操守也表现出高密作为一个文化之乡的深厚传统。现在,著名作家莫言在高密这片乡土之上,将民间故事、历史与当代社会融合在一起,创作出魔幻现实主义的文学作品,将高密历史与文化传播到更多地方。随着我渐渐了解这些贤人与著名作家,走进他们的故事,被他们的崇高品质所感染,我便更加庆幸自己是高密人。有他们做榜样,我的内心充满了浓浓的自豪感。

拥有了一座城,注定要拥有一段情。漫步在这座城的大街小巷,听着路边小摊的叫卖声,看着母亲领着孩子的手,观赏着四宝明贤的迷人之处,领略着传统文化的无限魅力,深深地感受到属于这座城的人文情怀。

或许如今,当传统文化碰撞上互联网时代,高密的这些特点不再那么熠熠生辉。或许人们更喜欢用圣诞树、照片来装饰房间而不再贴红彤彤的剪纸;或许小孩更喜欢打游戏和遥控小汽车,而不再喜欢玩泥玩具;或许学校里又掀起一股学习国画、油画、水彩画的热潮而渐渐遗忘扑灰年画;或许人们更喜欢坐在电脑前听音乐而不喜欢听那清婉悠缓的茂腔曲调……那这些文化的精髓又能去哪里? 当下,我们需要去传承它们,去仔细地品味它们，去发自内心地欣赏它们。这些民间艺术是故乡人智慧的结晶，是他们高雅情怀的体现。它们传承的意义，是高密民风民俗的代代相传，更是博大精深的传统文化的发扬。

有时候我总在想，一座城市的魅力到底是什么，在于林立的高楼大厦还是拥挤的车水马龙？随着我慢慢长大，我品尝着岁月滋味，才深感原来一座城市最大的魅力在于历史的积淀与文化的底蕴，这些人文情怀如水一般，越过心底的每一个角落，润泽方寸。而这种载着历史文化的情怀必将延续下去。

对于一座城，尤其是故乡之城，总会有一种心灵的触动，从熟悉到热爱再到留恋不舍。高密这座城中的风景里，有着岁月的沉淀，也有着历史的情韵，更有着属于这个城市独特的传统文化。我潜移默化地被其中越发醇厚幽香的人文情怀感染熏陶，再慢慢地将其烙入生命，融入灵魂。

考察主题：灵性的滋养
考察地点：山东省淄博市周村区古商城
考察时间：2017 年 5 月 1 日

灵性的滋养

——活着的周村古商城

中教 1601 班　王金悦

　　石板铺就的大街，青砖古瓦的店铺，牌匾上烫金的老字号，虽然历经岁月的风吹雨淋和多年战乱的破坏，但一切都依稀在诉说着这里曾经的繁华与喧嚣。在周村古城的院子里，泡一碗新茶，听着古城的蝉鸣，漫步汇龙湖畔，呼吸久违的新鲜空气，感悟"人间有味是清欢"，寻找心灵的智慧，笑看浮华背后的淳朴，固守精神的一方净土。心灵受灵性滋养，愈从容，愈清净。

　　第一次走进周村古商城，宛如隔了几个时代，来到了一处古代的热闹街市，恍惚间有前生今世的感觉。闲庭漫步，不经意间，就会感受到隐藏在古城角落里历史的气息，感受到这个活着的千年古商城的独特魅力。来过周村古商城的人说，这里完全可以和云南的丽江、江西的平遥相媲美。

　　周村是美丽的。她的美在于苍老，在于韵味，在于后现代的深化。中国很大，保留下来的古建筑群却不多，说得出名号的寥寥无几。如果说平遥古城之美在于她的霸气，那么周村古商城之美就在于她的柔美。走在周村古商城的街道，丝毫感觉不出凌乱和匆忙，如果赶上细雨迷蒙的傍晚，撑着伞走在华灯初上的街道上，一种久违的寂寞或者恬静就会让你深刻地体会到这座城市的苍老与魔力。不论是在大街还是丝市街，这种古朴的烟雨之感，不仅

仅是江南水乡的专利，同样也在这个北方之地焕发出她独有的色彩和魅力。或许，正是这种"水利万物而不争"的性格，使得古商城在红红火火的城市进程中并没有化为尘土，相反，成为一座城市中独特的历史地标。它卓然而立，成为现实人们游历、拜访、静心的好去处。

　　古朴典雅、宁静端庄自然不能将她诠释。道边很多卖小东西的商贩，糖画、瓷盘、旗袍以及小孩子玩的玩具遍地都是。孩子们拿着糖葫芦，跳着，笑着，叫着，由大人抱着。卖明信片的店里随处可见挽着手臂卿卿我我的情侣的身影，有人一定会觉得这是不符合古商城那端庄的气氛的，虽然我不否认，但我却感觉这是她的另一种情感表达——甜蜜与依靠尚存，这也就是"俗即雅"的道理吧。当古朴与时尚融合，无比的繁华是可见的，这重新赋予了古商城生机，好像还原了旧时的情景。我仿佛看到穿着布衣的小商贩坐在路边，吆喝

叫卖着他刚出炉的香酥烧饼；留着长辫子的书生眉头微蹙，坐在木凳上忘情的琅琅苦读；仿佛听见织布机"吱呀，吱呀"的欢叫声，闻到染坊那微微刺鼻的染料气息……

周村古街，始建于明永乐年间，明崇祯九年初步奠定了大街雏形。它南起丝市街、银子市街交口，北至朔易门，长约两华里。北极阁拦腰横跨中间，把大街分为南北两段，现状保留的基本为南段，全长 400 米。清朝后期，"八大祥号"先后来这里营业，远近富商巨贾云集，大街逐渐成为布行、杂货行汇聚的商贸中心。清光绪三十年后，周村辟为商埠，商贸范围进一步扩大。近如青岛、济南，远至北京、天津、上海、广州的商号，都与这里有生意往来，大街发展进入了鼎盛时期。

张艺谋在拍《活着》的时候，他站在传说乾隆皇帝当年御赐"天下第一村"的大街隅头，用苛刻的目光审视这以丝绸享誉天下并以特有的文化色彩著称的古老街市时，他的眼睛真不够用了。这里有飞檐斗拱的传统建筑，也有外来阿拉伯风格的商店遗存，又有清末中国洋务派改革的痕迹。那错落有致的格局，变化多端的门市，还有丰富多彩的匾额和招牌，许多东西简直是典型中国古商业街的活标本。据说他当即表示：这样的街市，全国只有这一处了。简直不亚于哥伦布发现了新大陆。周村的古街经历过兴盛，也经历过衰败，她一直在成长，像我们一样。

古与今在这里没有太明显的界限，时间仿佛在这里停住了脚步，一切还是千年前的模样。周村古城在经历了岁月的沧桑和时代的变迁后，它的创新与发展无时无刻不让人感受着新鲜与活力。古色古香的街道配合着现代气息的装点，黛瓦粉墙见证流转时光，各类新老店铺林立，青石板、旧牌楼、砖瓦房，一句当地的吆喝声都能让自己陶醉其中。

在这新与旧的融合、繁华与古朴的交替中，一切时间的限制仿佛化为乌有，只有古商城还在。她是民族的传承，是历史的见证，无论封建与民主，无论复古与时尚，甚至于连对与错、善与恶的界线都已模糊，留与人们的只有寥寥残留的记忆，但她终究不朽，鹤立于天下之东方，有如一朵高洁绽放永开不败的端庄的中华牡丹，抛掷给世界以傲然的目光。作为一个周村人，周村古商城之于我而言是深厚情感的寄托之处。她对我来说是陪伴，不论是考试失意的时候，压力过大的时候，还是与家人争吵的时候……她总是用洗尽铅华后婉约的静谧来拥抱我，让古道亲吻我的脚尖，让青墙给我安慰的倚靠，让我每一个失意、浮杂、寻梦的时刻，都可以在她的怀抱里找到心灵的归宿。

我感激周村，它用一场苍山夜雨唤醒了我内心深处很多东西，文学、艺术、潜藏于生活中的细节、创作的灵感、朴素的追求等等，她让我去思考长久深远的人生命题，也让我意识到在拥挤而缺乏创造力的城市空间中，这种灵性的滋养是多么重要。精神力的不济将会是之后人生需要不断面对的困境，而我们每个人，都需要去找到一座与自己脾性相投的城市，在此地，抑或是他乡。

　　周村古商城的形象也构建于很多的文学作品与电影之上。这些文艺作品，酿造了一座城市最初的气味与性格，使之成为历史之外的另一种关照。对于周村，我听说过很多的故事，知道发生在她身上的爱恨情仇，仅凭听说就让我感到我似乎经历过她凛冽的戒严时代和温暖的现代。所以对于她，是有种近乡情怯的知觉的。这种体会从未发生于任何一座城市，因为世界上的城市有千千万万，而周村只有一个。

　　最近一次到周村古商城是我同男朋友一起去的，这一次与往日心情不同，我完全放松，单纯想当一名合格的导游，想与他在我的家乡留下最美好的回忆，这古城永远都是我最终的归宿。

心灵深处的乡村记忆

能动 1602 班　矫旭升

一座城,蕴含一种风情,展现一种魅力,孕育一种文化。

青岛百年之前还是海滨的一个小渔村。1891 年,清朝大臣李鸿章来到青岛视察,并奏请清廷颁发"上谕",决议在青岛设防。翌年,登州镇总兵章高元奉命率兵进驻胶澳,从此揭开了青岛建置新纪元。1897 年,德国以"巨野教案"为借口侵占青岛,青岛沦为殖民地。1914 年,第一次世界大战爆发,日本取代德国占领青岛。1919 年,以青岛主权为导火索,爆发了"五四运动"。

而现在,青岛已经从当初的一个小渔村发展到现在的国际化大都市。林立耸峙的高楼大厦,徐徐吹来的海风,蓝天白云下海鸥的翱翔鸣叫,浩瀚的黄海,游客流连忘返的栈桥,永远眺望远方的石老人,满足味蕾的海鲜大餐和烧烤,带着麦香味的青岛一厂的扎啤……

12 岁那年,是我第一次坐火车,也是我第一次亲近这座城市。一下车便被这热情的海风挑逗,不知怎的变得很兴奋,牵着爸爸的手冲向那一片在阳光下闪闪耀眼的沙滩,恨不得拥抱那海天相吻的广阔海洋。那是我第一次真真切切地看见大海,竟真的感受到文人笔下的心旷神怡。那时我正处在天真烂漫的年纪,在五四广场放风筝,在中山公园野餐,在海水浴场挽着裤腿追逐着扑来的海浪,现在回忆起来仍能让我嘴角上扬,或许从那时开始我对大海便有了难以割舍的情结。

20 岁的我,现在可以自己独自去寻找那片海,去捡拾那片天真记忆。在同样的地点拍同样的动作照片,感慨时过境迁。我在成长,青岛也在发展变化。通过这次新的旅程,真切地了解了自己的变化,更深入地了解了青岛的文化。我开始探索这座城市,远离游客喜欢的著名景点,走在具有青岛特色的街头小巷,它们总是高高低低,让我爬上爬下,路边总是葱葱郁郁或在花季看见各种花儿缀满的墙,那些小路人很少,安安静静,很是惬意,路边总是会有小小的书店和咖啡屋,小小的却有着主人精心的装饰,体现着每一个书屋主人的情怀。我不自觉地被吸引,驻足仔细打量,忍不住点一杯咖啡挑一本书,几个小时竟也飞一般的逝去。我也会被街头充满创意的酒吧吸引,但还是不敢进去,等过几年一定进去一探究竟。若是有时间,一定再去青岛的街头小巷走走,就算漫无目的,他也总会不经意间给你惊喜。

我在成长,所以可以每次都看到不同的风景。

我家在远离市区的一个小村庄,我的奶奶已经 100 岁了,是这个村庄最年长的人了,她的眼睛看见了历史。我是奶奶带大的,奶奶最爱给我讲各种故事,我小时候听的儿歌也是奶奶那个年代流行的民谣和顺口溜。小小的我就那样跟着奶奶唱,殊不知我嘴中的就是历史;再大点,爸爸和奶奶会告诉我有关爷爷的故事,爷爷在这个家的各个角落的身影,为了这个家他都做过什么;后来我会问爷爷走了,是去哪了,奶奶第一次告诉我什么是"走了";长大后奶奶会讲她经历的抗日战争,她口中的"日本鬼子",她说日本人闯进我们家时,她年纪还很小,非常害怕地缩在家里的一个角落,具体日本人都来干了什么记不太清,似乎打了人，抢了一些吃食。奶奶讲文化大革命，爷爷读过几天书，每天都担惊受怕，害怕自己会被"扣帽子"，而且爷爷也不让姑姑继续上学了，爸爸也是在文化大革命结束后恢复高考才继续上学；奶奶讲"大跃进"，村里来人把家里所有的铁都没收了，奶奶还心疼地说自己的嫁妆箱子上的两对铁片也被撬出来带走了，至今那个嫁妆箱子我仍能看见明显的撬痕；奶奶讲那个时候买东西要各种票，粮票、布票，爸爸结婚时买电视机都是需要票的；奶奶会讲爸爸姑姑小时候调皮挨打的情景，说那个时候孩子多，只能打着养；我好奇奶奶的脚，奶奶会给我讲裹脚的故事，讲每天都要用白布裹得紧紧的，再痛也不能拆开，以前基本不能走路，奶奶穿的鞋也和我们现在的不一样，现在想给奶奶买鞋也是很难才能找到，其实真正明白为什么要裹脚还是在历史课老师讲过之后。

奶奶会讲我没经过的历史，我会带着奶奶认识现代的东西，以前在村部看集体大电影，现在在家里就可以看电视机，我教会了奶奶怎么开关电视机，怎么使用遥控器。以前全村只有一个电话，现在家家户户一个座机，我教会了奶奶怎么打电话，但奶奶对手机还是一窍不通，手机对她来说一直是个神奇的东西，但是给她拍照时她也会可爱的摆个动作，认真地对着你笑。

奶奶就是一个纯粹的农村妇女，一直到现在都守着那些农村风俗、待客礼仪，即使有些迷信，但不失她的淳朴，即使时代在变，她不会变。

青岛，这座城的记忆是我自己一直在探寻的，它让我的心灵每一处都洒满阳光，都有海风拥抱。上学前所有的历史都是从奶奶口中得到的，那些小时候的事情我会忘记，但奶奶都会替我记得，无论我多大，奶奶都会耐心地给我讲过去的故事，讲我们的乡村记忆。

多彩的记忆，浓浓的情怀

食品 1602 班　宋雪纯

在我们这个年纪，大多数人的童年都是在爷爷奶奶家或者姥姥姥爷家度过的。我很庆幸，能够在海阳这样一个美丽的乡村度过自己美好的童年，同时也亲眼见证了农村的变迁。

起初，那只是一个普通的小乡村，和其他村庄相比，似乎并没有什么特别，但是在我心里，它却是全世界最棒的地方。打远处看一幢幢平房整齐地排列着，再往旁边看，就可以看到绿油油的庄稼在微风的吹拂下摇曳着。那时候的天空总是蓝蓝的，大片大片的云慵懒地在天空中飘着，让看到这美景的人也不自觉地犯困。

那个时候，乡村的小路大多是泥土路，因为这个原因，路面没有那么平整，但是却十分干净。道路旁边绿草丛生，中间夹杂着野花朵朵，看上去生机勃勃的样子，时不时还会有蜜蜂在中间飞来飞去。那种远离城市喧嚣的美好，拥有着让人过目不忘的魔力，所以尽管过了这么长时间，那风轻云淡、晴好无比的日子依然藏在我记忆深处，为我的童年增添了一抹大自然特有的韵味。为我的童年增添了一抹奇妙的色彩。

那时候，一到夏天，就会有街坊邻居在晚饭后三五成群地坐在一起话家常，伴着蝉声和青蛙呱呱的声音。奶奶手里摇着的蒲扇仿佛也有魔力一般，总是可以为我驱走蚊虫，让我在晚上睡得格外安稳。路边流浪猫、流浪狗也欢快地奔跑，那可爱的模样经常惹得旁观者一阵一阵地发笑。那画面，现在想想都觉得很温馨。

那时候邻居也十分懂得分享，这家包了饺子，那家做了海鲜，自家总是不会先吃，反而是送给邻居先尝尝。记得那时奶奶的邻居包饺子特别好吃，每次他们家包饺子都会被鼻子尖的我发现，而那位奶奶也从不吝啬，每次都会送一些过来给我，待我如同亲孙女一般。那时的邻里关系也是现在住在高楼大厦中的人无法享受的，如此想来，不失为一种遗憾。

如果一定要说什么是我记忆最深刻的，我想应该是那种不掺任何虚假的人情味，那种农民骨子里的淳朴。正是因为他们的这种淳朴，让我童年的天空多了一片洁白无瑕的云，也给我未来的生活更多的启迪。

长大之后，常听爷爷奶奶说起我以前的事，然后就会感觉童年已经离我那么遥远，但是又好像离我那么近，故事好像就发生在昨天一样，我还是那个站在蓝天白云下的孩子，依然那么单纯不谙世事，依然在心里构想美好的以后。

如今生活在钢筋水泥的世界中，快节奏的生活推着我们向前，我似乎已经很长时间没有像小时候那样悠闲地走在乡间小路了，没有时间再去听爷爷奶奶眯着眼睛抬头看着天空回忆以前那段岁月，跟我讲着以前那些故事了，那种单纯美好的生活像是发生在昨天，但是确实已经离我越来越遥远了。

因为奶奶家离得比较远，所以一年也回不去几次，每次回去吃完晚饭话完家常，还没等余出时间去想那些好久没有想过的事，就已经到要回家的时间了。作为长辈，似乎早就习惯了子女这般匆匆来匆匆去；作为晚辈，我们同样也因为各种原因不能再像以前那样无忧无虑，整日伴在长辈身边了，想到这里，不由觉得心酸。

乡村的记忆已经离我越来越遥远，但是乡村留给我的宝贵财富却一直留在我心中，不知不觉影响着我现在的生活。是那群勤劳朴实的农民告诉我做人要诚实，要懂得分享，更要懂得感谢生活。童年能够生活在这样幸福的乡村中，不得不说，这是我的幸运。

随着时代的发展，奶奶家的那个小村庄也开始了新农村建设，小小的村庄有了翻天覆地的变化。之前的泥泞小路已经消失不见，笔直整洁而又平整的水泥路在平房之间穿梭着。原来村中只有小卖部，现在不仅设有大型超市，而且还有图书馆等设施，墙壁也被粉刷的焕然一新。值得一提的是墙壁上画着各种象征中国传统文化的壁画，走在路上，就会让人不由得惊叹这个小村落这几年的飞速发展。另外，村子虽不算大，但是加起来一共有5处健身场地，散落在村子的各个角落，一股现代化的气息开始弥漫，乡村中的生活也确实不输城里。

除了这些硬件设施，家家户户的生活也都有了很大的改善。除了村中原来的老人，很多年轻人选择留在家乡发展。有的在生活中发现商机，种植各种有机瓜果，有的则是开店，一边努力经营店面，一边勤勤恳恳经营生活。村里有车的年轻人越来越多，二层小楼也一幢一幢地盖了起来，乡亲们的生活目标从之前的解决温饱变成如今的过健康生活，诸多改变都让我看到了这个小乡村的成长。细细想来，仅用了不到20年的时间，一个小乡村竟有了如此大的改变，不得不让人感叹现代社会的飞速发展。

我想，改变得再多，也只是那些外在的东西，乡亲们的淳朴善良不会和这些外在设施一起改变，那些留在我记忆中美好的点滴，不会随着时间而褪色，只会因为时间而被雕琢得更加生动有韵味。那些美好的记忆像开在心底的花，时间越久，花开得越艳，味道就弥散得越远，乡村的记忆虽然已经离我越来越遥远，但是那份美好的感情会一直留在我心底，开成最美的花，在通往未来的路上沿途绽放，为我的未来增添颜色。那些美好朴素的感情，那些善良和勇敢，淳朴与温暖，更让我在未来成为更好的我。希望家乡的发展越来越好，如同一棵参天大树，一直向着最高的地方生长，指向苍穹，没有穷尽。

童年乡情忆旧

食品 1604 班　吴萌硕

面对着乡村记忆的主题,我想起了一些事情,一些沉埋于记忆深处的那些事。

一、文化宫

我以前生活在宁夏回族自治区石嘴山市大武口区西北煤机二厂。在我小时候的记忆里,那是一个繁华的地方。逢年过节在文化宫都会有演出,有舞狮,有彩灯,十分热闹。基本每一次我都会和我的小伙伴一起去玩,去看节目。不光是逢年过节,平时也是如此。晚上写完了作业,我就会找几个小伙伴,或者跟着爸爸妈妈一起去文化宫玩耍,去散步,或者搞破坏。抑或者去找几个成熟的葡萄,逮几只雨后的蜗牛,好不快活。尤其是雨过天晴之后,那里的蜗牛就成堆成堆的出现,我经常逮一盒子,用叶子喂它们,把它们放到同一起跑线上,让它们赛跑;或者拿到家里放一晚上,它们就和你玩起了捉迷藏的游戏,第二天早上起来四处追寻它们的踪迹。这也是一种乐趣,一种独属于小孩子的乐趣,一种独属于童年的美好。我想,这是每一个过去的二厂的孩子都拥有的童年记忆。而如今,时光一去不复返了,过去的美好时光,已经不会回来了。每次想到这,都让我不禁有些伤感。然而过去的,终究是过去了,我们生活在当下,需要展望未来。

二、怀念的大街

二厂的街道在过去也是很热闹的。车辆来来往往,人群熙熙攘攘。虽然说不上车水马龙,但也差不了多少。毕竟在过去,二厂的人还是很多的。不像现在,大部分的人都搬走了。现在在二厂住着的,就只有少数的人了。因为有能力的都搬家了,他们中的大部分都搬到了大武口。正如我前一阵晚上骑车回去时看到的,就只有三三两两个别的几个人。就连过去热闹的文化宫,如今也是"人迹罕至",基本没有人去散步了。白天或许还好点,大街上应该偶尔会有出来买菜的人。一到晚上,就十分的冷清了,外面根本不会有人。所以我那次回去,就感到无比荒凉。试想,在一条街道上,没有路灯,没有月光,就只有两个骑车的人。那种感觉,虽是故地,却还是心生悲凉。

说句心里话吧,我那次回去,真的很心痛。毕竟那里是我过去生活的地方,曾经有多么繁华,我是知道的。而现在什么都没有了。过去,真的成了过去。那段回忆,或许只能永久的埋藏在心底了。在几十年后,你只能拿着照片,对着你的孙子说,"看,这是你爷爷过去生活的地方,那里曾是一个经比 XX 还要繁华的地方。如今,却消散在了历史的长河里。它消失了,永久地消失了。"然后再默默地流下两行泪。一切的一切,只有自己知道。这种感觉,也只有自己的心里清楚。而别人,没有过同样体验的旁人,却不会跟着你的讲述而深陷其中。因为他们没有体验过。没有体验过,就不能感同身受。

三、二厂的房子

现在大家住的,想必都是那些高楼大厦。而在二厂,有一大部分人住的还都是老房子,也就是平房。这些房子,一般都会带一个大院子,里面有各种菜地,还种有果树。我奶奶家便是如此。一个大大的院子,奶奶会种上各种蔬菜,就等着成熟后给我们做成美食。不光如此,还有各种果树:杏树、桃树、樱桃树、苹果树、枣树、葡萄树。这些有相当一部分都会进入我的肚子。往年每到十一假期,我们大一家子人都会聚在一起打枣子。这时候往往都是我最开心的时候。因为只要干完活,我的奶奶就会做一大桌子菜来犒劳我们的肚子。

如今因为政府的整体规划,奶奶家的老房子被拆掉了。一个有着老人 29 年记忆的房子,转眼成了一片废墟。不光老人心痛,我也是。前不久,我的奶奶回去看了一眼被拆掉的老房子,顿时就哭了出来,看得我们很心疼。一个平时不会去掉眼泪的老人,就因为这个,哭了。这究竟是谁的错? 孰是孰非,安能辨清。29 年的记忆,就只能存放在内心深处了。或许只有在触碰到一些情景,她才能再次记起这些。

多么令人伤感的一幕。老房子里有着我童年的记忆,有着老人家大半辈子的生活痕迹,就这么说没就没了。想想换作谁,心里都会不是滋味。我的记忆不过十几年,都这么难受。更何况一个对房子有着 29 年记忆的老人呢? 然而现实不可能回转,就像时光并不能倒流。生活无论如何还是要继续,我们都只能将对老的乡村、故土的记忆埋藏在心底,然后上路,或许,这就是它最好的归宿了。

乡村,正在逐渐远离我们。随着城市的发展,有越来越多的乡村都会消失,会淡出我们的视线。或许,这就是中国不可更改的进程吧。一旦进入新的时代,过去的一切都会被抹去。哪怕它曾经很辉煌。不论哪个王朝的建立,都会摧毁旧的一切。难道现在也还是如此吗? 一定要将旧的一切抹掉,让它们淡出我们的视线,甚至彻底地消失在历史长河里吗?

就拿二厂来说吧,过去那么繁华,现在虽然冷清了,人少了,但也不至于摧毁吧。拆迁虽然有一定的补偿。可这仅仅是经济上的补偿,而不是精神上的。一个老人,即便要养老,又能花多少钱呢? 他们要的,不仅仅是钱,而是心灵慰藉。老人们一辈子的记忆都在那里,而那里却要拆迁,这不就相当于毁了老人们的精神寄托吗? 我的奶奶便是如此:见到自己生活了 29 年的房子,消失了。这对她的打击是巨大的。那里,寄托了我奶奶 29 年的感情。一个一辈子都不会轻易流泪的人。在那一刻,却……

乡村记忆,记忆乡村。我们的乡村,我们的童年,我们最初始的记忆,都只能埋藏在心里了。或许多年以后,就只能通过那些照片,来进行回忆了。又或许多年以后,自己的儿孙会看到这些照片,他们会问,会好奇。我们作为长辈,给他们讲述过去的故事。他们只会觉得很新奇,很好玩。而不会同我们一样,把它们记在心里。又或许,我们消失在了世界上,我们的儿孙,会给他们的儿孙看照片,但却讲不出任何东西。我觉得,这就是一个悲剧,一个时代的悲剧。一个新时代的到来,掩盖了旧的时代的一切。

乡村记忆,记忆的是过去,是一代人的童年,甚至是,一代人的一生。

大爷的剃头刀

服饰 1501 班　曹秀慧

　　村子里面的人,都有一副好手艺。他们面朝黄土背朝天,没有自己独到的手艺,都不好意思搁村子里面溜达。

　　我从小就在水泥马路上瞎玩,后来有点印象的就是那仅有的两次回奶奶家,在金黄色的麦田里疯跑。金黄色的麦子有着尖尖的麦芒,我嫩白的胳膊也变得像漆黑的夜,上面布满了红色的小点点,都是大自然给我的关怀。那时候我大概 4 岁,也是我仅此一次看到人工割麦子。每次《舌尖上的中国》有割麦子的镜头,我总是使劲地想以前割麦子的场景,那场景模糊又清晰。爸爸熟练的程度,就像这辈子没有离开过这个村子一样。城市没有带给他什么特别的记忆,但是乡土的记忆却是时刻体现的。我一个半米高的小人儿,在起伏不定的麦秸秆地里捡拾着他们掉落的"粒粒皆辛苦"的粮食。我跑得踉踉跄跄,却一点不怕磕倒在地上。不过,自此之后我对乡土的记忆就少了。好像没有什么能够代表了,割麦子我再也见不着了,地也没有了。

　　在土泉村赶集的时候,看到在桥底下给客人剃头的大爷,我就像没见过世面的"土鳖",十分地惊奇,惊奇到让周围的朋友都笑话我,说我没见识。我想说,我真的是没见识,以前古老的手艺我见过得太少太少。水泥地上的生活让我丧失了本质。大爷,手起刀落,头发丝丝飘落,手法老到。两个大爷挨在一起,在桥下面,没有目光的交流,却像在比试功夫一样。那把拿在手里的剃刀,黑漆漆的是岁月的痕迹。但是刀刃闪亮如白光,挥手间,头发便一丝丝、一团团地飘落,可见持刀人手上功夫了得。一个铁盆,几把暖壶,一个高的马扎子,和一个一身功夫的大爷,以及大爷手里的老朋友——剃刀。那把剃刀就像是一位好朋友,在大爷的手上灵活地动来动去。时间在大爷们的身上留下了痕迹,但是手艺也是岁月的给予。时间对得起任何人。

　　岁月长河无休无止,人的思想或高或低。秦牧的《艺海拾贝·"果王"的美号》中说,"有时郊区农民在集市上出卖熟木瓜,就喊着'果王,果王'。"走在集市上的时候,我经常会想起这吆喝着"果王"的一段,想着这其中的生活气息。我们的历史中早早就有了集市,也早早就有了叫喊叫卖。如此这般热闹非凡,才是集市该有的样子。老一辈传承的东西实在太多太多,就像打小我就知道,有敲竹筒似的声音,就是卖豆腐的来了。

　　为数不多的在奶奶家的闲散日子,在院子里仰着脑袋瓜,静静地听那风吹大树,树被吹变形,可是心里的滋味没有变。"采菊东篱下,悠然见南山"。闲云野鹤,我要是在古代,肯定是山中的隐士,毫无满腔抱负,终日与山光月影相伴。或者,像徐霞客那样周游山水。

叫卖的吆喝声，集市熙熙攘攘。赶集，虽然没有时间限定，但一般也是上午去。村子里的人一般都起大早，顺便去集市上吃个早饭。集市里卖早点的有不少，特别是有一家开着农用车，卖馄饨和烧饼。当然，除了学校食堂，我就没见过那么便宜的馄饨。虽然都是面皮，基

本上没有馅，还烫得不得了。头顶着早上的大太阳，让馄饨一直凉不下来。烧饼倒是顶好的烧饼，香、脆。光顾的人络绎不绝。周围的顾客换了一波又一波，让吃不了烫东西的我，使劲地吸溜馄饨汤，生怕占着地方，让后面来的人享受不了早点。虽然馄饨不好吃，但是坐在集市中，头顶太阳，晒得背热腾腾的，刺得眼睛不能全睁开，吃着馄饨，使劲地咬一口手里的烧饼。周围热热闹闹，各种声音嘈杂，小桌子上都是各种油污，小马扎有高有矮，还不算稳当。但是啊，出来赶集的人心情都是好的。虽然是个村子，可是水果各种各样，蔬菜也是品种繁多，不论什么反季节还是当季水果。集市的另一头，有很多卖熟食的，还有海产品，但是好像以晒干的腌制品为主。还有特别多卖小零食、小点心的。而占据集市另一边的是生活日用品，衣物和鞋子。从衣服真的是可以看出来这是个农村的集市，都是为了能够方便干活，以轻快便捷朴素为主要风格。

整个集市，可以说是该有的都有。从衣食住行各个方面，可以说是面面俱到。从这些方面看，城市和农村没什么大的区别。国家的政策支持农村的建设。可以说，现在农村的建设速度和进步水平，都大大快于城市。而且农村有土地，有山有水，是自然的支撑，是自然的馈赠，是遗留下来的乡土的记忆。阿米尔汗的电影里有一句话，"要对大地有敬畏之心，你越是敬畏，给予你的就更多。"这句话不只是适用于电影里在泥土里摔跤的场面，更适合每一个人。土地承载的是历史的传承，是一点点日积月累的培育。老人经常说"靠山吃山，靠海吃海"。这是从古到今，劳动人民的智慧结晶，是对生活的尊重。我们认真地对待遗留下来的智慧，就是对历史的尊重，对劳动的尊重。

我相信集市上的大爷一开始不是剃头匠，或许他内心波涛汹涌，趁着年轻气盛，想离开大山。但是大山的孩子啊，生在大山里，有着十几年的大山情怀。或许他真的已经背起了行囊，也或许他已经离开，但是又回来了。外面的生活很精彩，外面的生活很无奈。背井离乡，自然不如山里的日子自在。晚上坐在自家的院子里乘凉，听习习风声。沙拉拉，沙拉拉。

又或许，他打小习得一手好手艺。村子里那么多人，总得有人懂得。或者就像一条无形的规定，大家默默地又各司其职。你会这个我会那个，不出村子，我也可以简单地生活，什么都不怕，也什么都不缺。没见过城市的繁华，但是没见过就没想法，日子自然简单。毕竟简单的反面可能是无尽的烦琐和浮夸。手艺人打小学习手艺，跟着师傅。就像电视剧里，小伙计用冬瓜练手。我看到大爷的剃刀不止剃头还修面，活活像一个美容院。只不过价格公道得不像话。我估计有很多都是回头客，或者半辈子都是找这个老师傅修整下来的。

集市上，我发现好多老板不是来卖东西的，像是来联系感情的。几个小老太太坐在一起，聊聊家常，聊聊里短。或者八卦八卦附近村子的趣事，说说谁家孩子娶了什么样的媳妇，谁家又盖了房子。就像是闺蜜好姐妹一样，老了老了，也有亲近的好朋友，也有可以说话的人。集市也就成了一个交流的场所，一个人们见面的借口。

我时常在想，为什么大家都向往城市。一个城市的发展，它磨灭了历史的痕迹。我向往农村的青山黛瓦，自由自在。全国所有的农村，我最喜欢的要数安徽江浙一带，白色的高墙，青黑的瓦，像活在画里。那些古村，那样的环境，不是哪个城市都可以比拟的。而北方的红瓦，在深秋也漂亮得厉害。

乡土，那么浓烈又那么缥缈。不是每个人能够发现，也不是每个人愿意去留心。但是，几乎每个中国人上去三代，基本上都是农民，所以做人不能有那么多优越感。人心太浮躁，但是也没办法抚平。记忆里家乡是游子的盼望，和不能提及的事情。《于成龙》里面主人公一捧乡土，让人感动落泪。离乡数十年，就那么一捧沙土，却成了思念的寄托，连这个年纪的我都被感染。爸爸已经泪眼婆娑，他说这辈子后悔离开老家，怎么活都是一辈子，为什么他不留在家乡，留在奶奶身边。对于游子不能提的就是父母和家乡。太伤感太难过，而又无能为力。都说走路去大理，大理是最能寄托乡愁的地方。那家乡呢，家乡才是寄托。我在南方待了两年，当时周围的北方朋友，最想吃的是馒头。我记得我一回来，在大排档那里吃饭，眼睛就没离开师傅的炒菜锅，毕竟大火爆炒、油烟和炝锅的样子才是家乡该有的味道。那一瞬间，我才觉得自己回来了，到家了。高楼大厦哪里都一样，但是味道不一样。

乡土记忆，是应该深深刻在脑海的样子，是潜移默化而成的一瞬间。有次我从杭州回来，我的老师也一块回来了，他说十几年没在那个时候回来了，感觉已经忘了北方的模样。那时候是深秋，马上到冬天。天已经萧瑟，马上就是严寒。当火车驶入山东的境内，窗外的景色都不一样了，枯枝落叶，万里无云，干爽晴朗。本来说笑了一路，但是进入山东之后，他越来越严肃，眼睛都不一样了。老师虽然本身才比我大 10 岁，但是他十几岁就自己去了杭州，十几年没有回家过年。越是想念，越是不敢。虽然夏天有回来过，但是夏天看不出区别。冬天的南北方差异一目了然，纵使南方大雪纷飞，那也是落在绿色的叶子上，转瞬即逝。北方萧瑟的样子真的很能让多愁善感的他哭上一阵子。那年他回家过年了，也不怕村子里的人那些烦琐的问题了。他明白了，纵使他没有成功、没有出人头地，村子里的人也不会难为他，也会觉得他是有出息的，因为他在大城市。村里好多人可是看着他长大的，怎么会对他不好呢。我们又回杭州之后，他整个人好像都轻松了。可能是他骨子里藏起来的北方人性子全都显露出来了。

真怕，那些乡土，朴素的东西，被时代所掩埋。我想躺在奶奶家的院子里，看夕阳西下，天空退尽颜色，最后没落成一片漆黑，但又突然被那些星星点亮，一闪一闪。风吹过了，带走身体的燥热。手里晃悠着扇子，好不惬意。

记忆中的童年

化工 1502 班　王婷婷、王雅琪、王翠兰、李守真

我小时候的乡村总是热闹的,儿时的记忆是幸福的、快乐的、奔跑的,是和姥姥在一起的,我常常坐在树下听她讲鬼故事,就像龙应台的那句话"所谓父女母子一场,只不过意味着,你和他的缘分就是今生今世不断地在目送他的背影渐行渐远。"我与姥姥也是这样,细想来,我与家乡也是如此。

门前的老树又长起了新的枝芽,冬天已经过去了,万物复苏,杨柳吐绿,河道中冰雪已经融化,我仍清晰地记得那年冬季在河畔的嬉笑玩耍,与伙伴愉悦的时光。河道弯曲,坡度较陡,自上而下好似过山车那般爽快,冰十分坚硬,并不需要担心会掉入河里,只需担心别让周围的枯树划破了衣衫,只可惜那般无忧无虑的时光已经一去不复返。时间推移,经济发展,河道被占,加上现在环境的恶化,河流已经干枯,周围杂草丛生,垃圾满天飞。它已经不是我儿时记忆中的那条河了,它甚至没有了躯壳,那段时光留下的只是回忆。

回忆总是像电影那般一点一点侵蚀你的脑海。沿着这条路不知不觉走到了儿时我躲猫猫的地方,那时我并没有嫌弃它脏臭,不会嫌弃它的笨重,不会嫌弃它的暗无天日;只知道那里我可以躲藏,可以寄托,可以有自己的小秘密。其实它只是一个大铁桶,至今它的作用我仍然不知晓,以前它的位置并不在这里,后来需要场地,它慢慢被遗忘,被搬到了这里,而它原来的位置则盖成了大棚,用来收苹果,我们也慢慢忘了它,上学的上学,工作的工作,好像都商量好了一样,再也没有人光顾它。顺着这条路向上走去就是我的幼儿园,它并不像现在的幼儿园一样,它是很特别的,有些别样的门,它也并不像现在的幼儿园那样充满着色彩,它是很朴素的。那里占据着我童年大部分的时间,小时候被爸爸打着上学,被老师叫起来回答问题答不对后被打手心,跟着老师学跳舞参加比赛。我们只有一个老师,他一个人却负责着我们十里八村的所有小朋友。就在这个大胡同里面有着一件十分有趣的事,是我在最开始时对于学习的印象,是我对那个小胡同的唯一记忆。我也曾有一群很要好的小伙伴,虽然有很多现在已经不联系了,但是我依然记得那时候她爱谈天我爱笑的样子。记得幼儿园刚下课,我总是和一群男孩子出去疯玩,现在的我依然记得他们

的笑脸,他们咋呼着"XX,你快回去看看现在上课了吗?"我迅速地跑回去看,老师早已经开始讲拼音了,可是我们玩得正在兴头上,我可不想回去。于是我就兴冲冲地跑回去,兴高采烈得告诉我的小伙伴们:"还没上课呢,继续玩。"就这样,我们又忘了上课的事儿,一直在户外玩耍。最后,老师还是发现了,把我们叫了回去。那些小伙伴们在老师的"严刑逼供"下"出卖"了我,老师为了惩罚我就让我独自在教室外自己玩,玩够了到放学就可以让父母领回去,最后回到家就被我姥姥教训了一顿。

现在回想小时候自己被打得满村子里乱跑,被家里的老人护在背后,集万千宠爱于一身的我们,经历了这个时代的变迁,看到了祖国的发展速度之快,也感触于中国拥有我们这样的经历了高速发展的一代人。每当我们看过了高楼大厦后再看见一排排在时光的历练下仍然屹立不倒的老房子;看见小院里从我还没出生就有的一棵槐花树,每年的夏初仍然生机勃勃;看见儿时曾经玩的小玩具在老房子的角落里,回忆着曾经拥有的欢笑;看见曾经一起玩耍的小伙伴,总有些话说不出口,有的好多年都不见,有的早已为人父母,各奔东西地忙碌,也只有每年的春节才看见彼此的身影。生活的打磨让我们有了坚强的臂膀,有了未曾体会过的烦恼,还有了小时候那个时期从未有过的艰辛。乡村——对我们的含义不仅仅是我们现在拥有的,现在也许又多了一个我们曾经拥有的。也许现在的我们忙着追逐梦想,也许早已不是自己儿时想要成为的自己,但是这个小村落带给我们的记忆是永远割舍不掉的,它带给我们的情愫是永远忘不掉的,有一天愿我能站在滋养了我的那片天地里拥有更简单更纯洁的快乐。

其实小时候,还有很多让人哭笑不得的事,还有很多很幼稚、很天真的故事。仔细想想没有什么可以憎恨或者什么值得自己去怀念的事情,全部是那些让人哭笑不得的故事,相比现在,我们在那样的环境中成长是幸运的,小时候的哭与笑才是最珍贵的。

这是一种回忆,也是一种别样的记忆。它好比山涧的清水缓缓流淌,沁人心脾。孩童时的天真永远存在于你的脑海中,那些一去不复返的日子才是最珍贵的东西。

考察主题:寻觅乡土记忆,重返那些年
考察地点:山东省临沂市沂水县四十里镇
考察时间:2017 年 4 月 29 日至 2017 年 5 月 1 日

寻觅乡土记忆

化工 1503 班　杨立喜、郭旭、张琪、唐泽坤、苏力、牟永飞、李玉龙、刘昊明

风轻扬,夏未央,为寻觅乡土记忆,重拾淳朴的民间生活,我们一行 8 人来到了山东省临沂市沂水县四十里镇。

顺着导航,目的地越来越近,乡下与众不同的生活就要出现在眼前,每个人都变得欣喜起来。道路越来越窄,擦肩而过的只有几辆自行车或是满载一桶桶水的三轮车,仿佛喧闹城市中的人行横线和马路栏杆都随着周边的寂静而隐身了。抬头望,豁然开朗。绿油油的农作物似海浪一般随着风在摆动。

怀着期待我们下了车。等真正走进了这个静谧的小村庄,首先感受到的就是村内清新的空气,像是村民用来欢迎远来客人的礼物,我们丝毫不用想到回报,大口吸着,感到了浓浓的善意。虽然是四五月份,城中的温度却早已到了 30 多度,但村内却异常的凉爽,随心种植的各种绿化树木,像是把整个村子遮在一大块绿荫下。伴着犬吠与槐花香,我们拐进一条小胡同,随处可见的是用篱笆围起来的自留园,种花的、种菜的、种树的……每个园子都尽力发挥了自己的能力,点缀了整个村庄。时间更迭了回忆,门前的梧桐树却见证了历史,自古代山西洪洞县迁移至此,这个村子已存在数百年了。倚门回首,却把槐花嗅。在这里,家家户户都种着几棵树,门的一侧长起来十米高的槐树,这个季节,花已经开了。有的是为了等待它硕果累累了好引来馋嘴的小孩嬉戏的枣树和石榴树,有的是为了孩子考上大学做纪念而特意栽种的榆钱树,有的或许是为了夏日到来时为人们提供一块清凉的绿荫,总之这里的绿化做得很好,满巷充溢着恬淡的气息,让人流连忘返。

我们有幸受到一户人家的邀请,在农家院里小住几天,细细品味这里独特的滋味。在这里,我们真真切切地生活了,并体验了这里的风土人情。这里的居民热情好客,热心招待我们之余,还带我们参观这个村庄的许多特色地方,讲述他们的生活故事。这里的房屋建造有着典型的北方特色,坐北朝南,一进门是一个俗称大门洞子的建筑。它带来的效应可不小,除了可供乘凉以及用作停车场外,还有一个作用就是农忙的时候,邻里几家各执马扎坐在一起边聊家常边干活。在这里,大家乐此不疲地忙碌着,快乐着。除此之外,是一堵迎门墙。发展到现在,它经不再为了阻挡行人的视线而存在,在墙下可种植葡萄等可爬蔓的植物,在春节来临之际,将一个倒福张贴在墙上,寓意明显,为节日平添喜庆。这

些看起来奇葩的建筑风格,已延续数千年,依旧没有丝毫过时的征兆。这是农家小院本来的模样,是真实的田园生活。

入乡随俗,在这家人的热情带领下,我们见识了在书上和网上能见到的一种神器——石碾子,磨米磨面它都不在话下。带上簸箕和笤帚,拿着粮食,就可以出发了。在电气化之前这是用来将各种粮食磨成粉末的一种器具,而如今石碾子就像乡村的老人日渐淡出了人们的视野。原来石碾子工作是用小毛驴拉着拉杠,将麦粒倒在碾盘上,然后一圈一圈转动,人们就跟随着牲畜边走边用扫帚往里扫着粮食,直到碾的东西真正达到想要的样子。有时候,人们也会亲自去拉动它,一只手推着,一只手清扫着,经历过岁月的磨炼,动作娴熟到没有一粒小麦会飞扬起来,就像是石碾子都被驯服了,必须要乖乖听话。

石碾子并不会因为风吹雨淋或烈日暴晒而变得陈旧脏乱,而是更显岁月流过后的老练。谷物与石碾相互摩擦发出的咯吱咯吱响声以及农民的欢笑声是此时最动听最和谐的音符。这是劳动后即将收获的幸福,是各司其职的喜悦,是淳朴的乡情。微风拂过,带走麦皮等没有食用价值的杂物,那些最终留在碾盘上的,倒像是对人们的馈赠,喷香沁人心脾。

另外一件现如今也要销声匿迹的物品是煤油灯,它制作简单,一个玻璃瓶、一根绳、一个瓶盖、些许煤油,就足够制作一个简易的煤油灯了。煤油灯的光线还可以调节强弱,点燃的绳子犹如精灵般让灯熠熠生辉,摇曳的灯火是人们努力学习的挚友,是数年后人们谈论起来会觉得幸福的一段回忆。不得不说,人类的智慧无穷,从古就有造纸术、指南针、火药和活字印刷四大发明。其实在许多平常人家,由于煤油物资匮乏,通常只有在非常需要或者孩子读书学习时才会使用。煤油灯燃烧还会散发出煤油的气味,当孩子伏案疾书时,窗外的微风吹动灯上的火焰,再加上笔尖触碰纸张的沙沙声响,浑然一部灵动的交响乐。夜深了,一切都显得格外起眼。仿佛周围的一切都停驻下来,全神贯注地欣赏这一美妙的天人合作。

村落虽小,五脏俱全。柳暗花明的小巷,"采菊东篱下,悠然见南山"的农家院,聚集幸福劳作的石碾子,陪伴学子的益友老煤油灯……这里质朴的生活,给人心灵的净化,使人不禁要放慢节奏,享受当下。两耳不闻窗外事,这里的乡土记忆返璞归真,在这里的生活也让人受益匪浅。正是长时间快节奏的都市生活让我们来到农村时,才有这么强烈的感受,才更明白了农村生活的简单和质朴。让我想要在老年之后,寻找一个世外桃源来去过简单的农村生活。

看 戏

化工 1604 班 陈 达

跟奶奶打电话的时候，又听到"咿呀咿呀"的戏腔，每句简短、明快，语调铿锵、有气力，像锤子砸在铁块上。她带着很缠人的妹妹，静静坐在大集广场的南面，戏班子们早早地搭好了场子，但并没有开演，他们跟观众们逗笑着，用花腔应和，或高或低，可能在练着嗓子。那货车后面的铁架子就是他们的移动舞台——在这里演了一遭，又得赶往下一个地方。我们可能一年数个月见一次他们，像川端康成笔下的巡回演员，他们每年来到这里，带着一帮老戏迷寄托的情感，和较少的演出

费，来回奔波。奶奶不断地提醒我："各了搁崇阳，搁是我个了搁老古董。"（方言，意思是：在崇阳这里，黄梅戏是我们的老古董）

说起来有一些惭愧，可能最早对于看戏，我印象最深的还是凉凉的冰棍，大人们为了不让我们烦闷，带孩子们去看戏之前总是左右叮嘱：不能乱逛，不能中途离席，不能跟陌生人说话。甚至做出一些有趣的承诺：你今天乖乖把这戏看完了，我就给你买冰棍（玩具）。这样的责任感，在看戏途中，会随着年龄的增大而下降得更快。老人们看得入迷了，孙女

跑到戏班子后台，出现在舞台上才知道。这时演员们也不恼怒，大笑着用戏腔应答："这是哪儿的水灵丫头哦，咋个跑到了我家台上了哟。"蒲扇和藤椅是要带的东西，藤椅搬不去就搬一个矮脚小椅子，我记得我家里的小椅子是爷爷自己做的，迄今已经有七八年之久，从漂亮的明黄，像刨花一样的颜色，到现在的发黑暗沉，依旧牢固坚实。

看戏离不开唱词，但极为有意思的是：我们年轻人讲的崇阳话已经让人头昏眼花了（我总是很难向我的室友解释我的方言）。小时候看的戏，我自己能听懂的也少。到今天我查起提琴戏的主腔、唱腔、正板、原板、急板、栖头导板，阴调、哀调、梦调、换子、一字调等，仍旧让我一头雾水，问了一下父亲，他笑着说小时候看戏也不知看的什么玩意儿。稍大一点的时候，有一次奶奶拉我去看戏，我们站在台子下面跟一个老人家搭话，他长着一副和善的面容，很仔细地给我们指了路，顺便跟奶奶交换一下家庭住址（崇阳人的习惯，地方小，人就亲，整个崇阳找不到两个丝毫没有关系的人），问了庄家的收成，和近来的天气状况。我们在台子下面站着等开场的时候，那老人家噌地一下就大踏步走上去了，我们吃惊地看着他演老生，戴三绺的黑胡子，唱词朗朗，声音洪亮，该怒之时自然

雷霆万钧,震得我抖都抖了几下。老人家下台之后依旧找我奶奶聊天,说到最后甚至想让奶奶带我去一趟他家堂屋玩。

端午节的时候我没有时间回去,看着妈发来的图片里的腊肉粽子直流口水。于是在食堂里吃了两个蜜枣、两个白糖的粽子,但总是觉得少一点味道。我问了问周围的朋友,才知道山东这边没有腊肉,有的话可能也只是腌肉,腌肉干涩难啃、咸腻,而腊肉油光亮亮、不咸不淡、容易下口,煮水甚至有鲜味。我联想起来儿童时代对于腊肉粽子的讨厌(小孩子的口味)以及现在的望眼欲穿,感叹自己真是没有福分,转而又去食堂吃一顿孤零

零零的饭。如果换成在家里,水煮的腊肉和蘸糖粽子,还有清淡的蒸鱼,或者是奶奶特制的烧鱼糕,兄弟姐妹、叔婶姨婆,一大家子聚在一起,酒也不像这边的逢席便上,该喝的喝,该吃的吃,喝酒的划拳谈笑,吃饭的孩子们狼吞虎咽,想跟着旁边的哥哥姐姐一同出去玩。吃饱喝足就要去划龙舟了,各家出一个年轻男子或者壮年,锣声一响、主舵一唱,随着“我哥回”的声声呼唤,四乡八里的人们便聚集到了南门河两岸,用划龙舟这种最古老最隆重的方式纪念屈原。划完龙舟就可以上山了,主要是去剁菖蒲,菖蒲是五瑞之首,象征驱除不祥的宝剑。插或悬在门上。山东没有湖北的大端午和小端午之说,小端午为每年农历五月初五,大端午为每年农历五月十五日。小端午和大端午都有家里的聚会,但是各种活动只是在大端午过,大端午有避五毒之说,燃烧青菖蒲散发的烟气把堂屋里里外外熏上一遍。各种活儿终于做完了,一天也来到了傍晚,孩子们玩乏了,大人们做累了,于是趁着天亮,三三两两各屋各户结伴,歇息了一会儿,往外边走,像黑夜里的萤火虫聚集起来,仍然朝着有光亮的地方、有声音的戏台子去了。

身为小孩子的我们仍然对唱戏很是感兴趣,我们感兴趣的还有黑夜地里的西瓜、昨晚放的罾子。一群人带上一个两个手电筒,蹚着水过去泥巴地,踩着水草和各样的小虫子,稻田里多得是水螺子,有些硌脚。先去看一下网子,大多是龙虾、小鱼或者螃蟹,有时候甚至能看到乌龟,能卖上一个好价钱,去好好“潇洒”一把,现在小动物见得少了,可能是土地改迁的问题。莲子也很受我们的欢迎,但莲地又踩不进去,我们想了许多办法,最后还是得用最笨的:个子高的站前面,手拉着后面的,一个接一个地把人递到中间去。这样就算陷进去也能及时拉出来,也算幸运,从来没有人受伤,毕竟小时候我们玩过的游戏中有一些是比较危险的。偷完莲子了,鞋子总不能用了吧,泥巴粘在整条小腿上,蹑手蹑脚地回到家里,先是没有冲洗完就被刚看戏回来的奶奶拎着数落一顿,被罚在一边听着大人们谈天上地下、人情世故、传奇演义,最后总是以一声悠长的叹息结束。

　　至于后面离开湖北，离开自己生长了十几年的小县城，刚开始的几个月里，我总是兴奋的。一开始的时候压根体会不到学长所说的，到外地读书的苦。等到长夜漫漫，形单影只的时候，我才渐渐想着家里饭菜的鲜香，想着第一次来学校时找不到米饭的尴尬，想着里头放糖的豆腐脑，想着早晨过早（吃早饭）时的热干面。想了许多，却让肠胃越来越饿。我又听到奶奶给我讲的那些戏，不禁失落异常。

　　自小到大，我总是在看别人的戏，无论是美丽悲哀的《双合莲》，还是周折经转的《慈母泪》。等到年纪大了一点，知道看自己的戏了，也就愈加怀念家乡。

　　麻花、桂花、柴火腊肉、雷竹笋、用拖鞋铁器换的打糖、月牙糖。洪下竹海、青山水库、桂花泉乡。这些名字想起来如此熟悉悦耳，在当时看起来确实稀疏平常。时间能把那些旧时令人讨厌的东西，变成另一种可爱的东西。小时候总是想着一定要走出这样一个镇子，走出这样一个小地方，可是到了外地，却发现一切也不如自己所想，不如意十之八九，无人可疏。我倒羡慕那时候能大大方方、坦坦荡荡叹气的那些宿老了。都是看完自己演的戏，心智通明、知冷知热、了无遗憾的人啊。

考察主题：乡土的记忆
考察地点：山东省东营市广饶县大王镇吴家村
考察时间：2017 年 5 月 1 日至 2017 年 5 月 5 日

四季乡土，最美的故事

化工 1603 班　卜传刚

从小生活在农村的我一直向往外面的生活，殊不知出来以后才发现最美的是乡土。

乡土的记忆是一组文雅的诗篇，漂浮在朦胧的春雨中，滴落在清澈的村东小湾，带着复苏的清风，独特的泥土气息，唤醒沉睡的记忆。

小时候，春雨淅淅沥沥，一个人站在街头，映入眼帘的是泥泞的土路，是绿草和小花。有对春的惊喜，也有盼望。盼望有燕子到自家的屋檐下搭巢，盼望新的生命。果然雨后就有燕子"笃笃"地筑着新巢，热闹了整个家，对乡土地记忆中还有那么一句儿歌，"小燕子穿花衣年年春天来这里"，令人欣喜。浓郁的阳光在流淌，流到树梢变成了嫩的出水的绿叶，流到人的身上变成了亮丽的新装，流到巢穴，成了一声脆鸣。万物都显现出明亮、柔润、鲜艳的色彩。家里头的生姜、蒜开始长了绿芽，这时候妈妈总是说种下去，而奶奶就说拔掉芽子吃掉……

整个春天，新鲜的空气混着独有的泥土气息，浓郁温暖的阳光，带着露珠的嫩叶，各种各样的叫不上名字的小花开了，虽然渺小但是牢牢抓住了我的嗅觉味觉……一切都深深印在我的脑海中，这就是乡土。

乡土的记忆是一些斑斓的故事，藏在静谧的夏夜下，躲在叽叽喳喳的虫鸣小咬中，在大雨滂沱的泥土地上，不思量，自难忘。

记忆中最难忘的是那时的人，那是属于我们的时刻：炎炎夏日呼唤三五好友，康子、德栋等一群人来到家中来打那种插卡的小霸王机。"上上下下左右左右 BABA，哈哈哈我有三十条命了"，争着抢着笑着闹着的游戏时光令人难忘。我们还成群结队地出去游玩，一会去村东河里蹚水抓鱼，一会就去田里抓蚂蚱，晚一点就去大队里看戏……乡村里的童年生活总不缺各种可以玩耍的地方和方式。

乡土记忆中的夏日午后，我总喜欢躺在树荫底下遥望着天，那时候天总是那么蓝，偶尔有一朵云飘过一只燕子飞过，留下一个淡淡的影子和阴影。

乡土记忆中的大雨倾盆，我喜欢冒着哗哗的雨去踩水，喜欢看那溅起的水花，喜欢去捉树下刚钻出的蝉，喜欢去抓那些有着硬壳的蜗牛。当然每个男孩子心目中都还想着会有一个小女孩，她会穿着白衣裙走到你的身边，看你的顽皮与胡闹。

记忆中的乡土夏天，是整片金闪闪的麦子。收割麦子、装袋等，忙起来的时候我总是打着作业没写玩的名义来逃避。当然大一些后就被强制派来装袋，先拿铁耙将麦子堆成长直三角形麦堆，再拿扫帚去清扫那些余下的，之后就是装袋，用小推车推入车库了。那时候小就知道玩，干到一半就说肚子痛去厕所，然后就是逃一下午了，家人也不多加追究。

记忆中不能忘怀的还有农忙后的聚餐，一家子人都在谈论着收成，而我们几个小家伙吃一点就饱了,就偷偷拿东西去喂家里的狗猫,然后换来一条巷子的犬吠猫叫。

乡土的记忆是幽长的小巷,夕阳西下,小巷深处飘来几声犬吠,伴着村间的炊烟袅袅。乡土的记忆也是夕阳西下后,太阳给万物镶上的一道金边,似要燃尽最后一丝热,散去最后一丝光。

记忆中最忙碌的是秋天,但秋天却是我们小孩子最高兴的时候。村头的老树上挂满了枣,但凡看到有渗着一点红的青枣,我们一群小孩子就已经准备去摘了,有爬上树的,有拿竿子打的,枣滚落一地,拾起来咬一口很甜,甜了我们这帮小孩子一个秋天的味蕾。还有大舅家的巧克力柿子树,那时候每年都去摘,可甜了,甜到心窝里也不为过。

记忆中的乡土,还有中秋团聚时的欣喜。那时候的月饼还是那种用泛着黄的白油纸包着,里边是白砂糖馅的,咬一口下去那种甜不似如今的华而不实。在圆圆的月光下,一家子人品尝着收获的瓜果,谈论着收获,一边赏月,一边思念着身处异乡的亲人朋友,正应了那句古话"每逢佳节倍思亲"。

记忆中的乡土,是满田野的金灿灿,是树叶换了秋装,是燕子们向南飞去。乡土,除了回想起的愉快还有一种淡淡的忧伤,"谁怜一片影,相失万重云",悲凉的诗句映衬了金秋的凄凉,也唤醒了内心的感慨。

乡土的记忆是漫天飘零的雪花,洋洋洒洒地落在田间、屋顶,停驻在屋檐上,绽放在那时的我的手心中。

记忆中的乡土的冬天,凌烈而凄凉,冷风一直地吹,让我无法走出家门,只好窝在自己独有的小空间里看着书。透过窗的阳光洒落在书桌上,安静而舒适。因为无人打扰,我就静静地一直读下去,一直读了很多书。

记忆中的乡土的冬天,雪覆盖了整个田野,像是披上了大衣;村东的小河也结了一层薄薄的冰,像是用一层面纱盖住了美妙的躯体。

记忆中的乡土的冬天,雪花总是洋洋洒洒地飘,如绽放的花朵,如轻缓的音乐。想要用手捧住那晶莹剔透的杰作,想要有个梦想中穿着白色衣服的女孩子能够踏雪来寻自己,想要长大独闯世界。

记忆中的乡土的冬天,在稍微大一点敢喝酒后,便想着像古人张岱那样,在大雪夜晚,"挐一小舟,拥毳衣炉火",单独一人"往湖心亭看雪",更想见到金陵客人"强饮三大白",然而我们那里没有水,只有那种白酒,喝下一杯就感觉肚子里撑不住了,更不用说接着酒劲去做什么张狂或浪漫的事情了。

记忆中的乡土的冬天,燕子窝被麻雀给占了,村头的老枣树也褪去了繁叶,整个村庄都显得肃静了很多,一幕幕一景景都化成了我对家乡独特记忆。

最美的是乡土,最令人着迷的是乡土间来来去去的人。时间一直在走,物景也在变换,沧海桑田。村东的小河早已经被污染,老枣树也因为盖屋而被砍掉了,那一群小时候一起玩耍的家伙们也都进了不同的大学,去了不同的地方,只有在假期还能再见面。我想也只有在夜深人静的夜晚,在事业、学业、生活上有点失意的时候,或者真的"强饮三大白"之后,才能在如今的忙碌之中得空再细细回想那片我曾经生长过的土地和那片土地上的人了吧。

考察主题：家乡的风土乡情
考察地点：山东省滨州市博兴县吕艺镇新村
考察时间：2017 年 5 月 27 日

我的家乡，心的归宿

化工 1604 班　朱媛媛

不管走得多远，家乡永远是我们最眷恋的归宿。

我生在农村，长在农村，那一方小小的净土记载着我的童年，见证着我的成长。听，那家门前的小路上还回荡着阵阵悦耳的笑声；看，那村口的大树下还隐约有着我小时候荡秋千的身影。

梦回童年，还记得爷爷亲手为我做的秋千，奶奶背着我哄我吃饭睡觉，姥姥和姥爷骑着三轮车带我下地或赶集。也还记得那一堆堆的麦垛，傍晚时分，一群群小伙伴们聚在一块玩捉迷藏，麦垛就成了最佳的藏身之地，尽管浑身会粘得脏兮兮的，可我们依旧笑着，跑着，四处躲藏着。在家里或者胡同里，偶尔抬头，就会看到房檐下或树枝上的马蜂窝，这时你的心里会有一个小恶魔怂恿着你去做"坏事"，而结果却往往是惨烈的，即使被蜇得像猪头一样，几天过后，依旧是好了伤疤忘了疼，总忍不住再对那蜂窝下手。

小时候村里家家户户都养蚕，我们家也不例外。蚕从蚂蚁般大小长成小拇指般大小，然后吐丝，最终变成蚕茧，展现了一段奇妙的生命历程。中期的蚕最不好惹，爱抓住人不放。我小时候最喜欢的就是成熟的蚕宝宝了，透明的，软软的，那触感简直舒服极了。养蚕，不可缺少的就是桑树了，穿梭于桑树间，一个个的桑

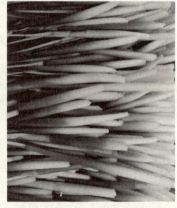

葚散发着甜甜的气息，你可以边吃边逛，也许会有意外惊喜等着你，这惊喜就是鸟窝，如果里边有鸟蛋或有羽翼未丰的鸟宝宝，都会使你兴奋不已。另一大童年趣事就是和小伙伴们去河边拔古蒂（方言，长在河边，是芦草里的一种草，甜滋滋的），大家伙一个人拿着一个方便袋，争先恐后地往前跑，心里想着自己一定要比他们拔得多。去的时候干干净净的，回家的时候手和脸上便脏兮兮的，大家也不在意，相视一笑后便慢悠悠地往回走，边吃边聊天，现在想起来还觉得无比享受。

家乡很小很小，我一直觉得她是一个世外桃源。家乡四周被一排排的杨树包围，再外一圈，打眼望去，除了广阔的田野，能看到的也就只有蓝天了。曾听爷爷讲起过，原本我们这儿没有村庄，是老一辈人从各地搬迁过来而形成的，这个村子还不满 100 岁。虽然她很小，而且有些偏僻，但我非常庆幸自己可以生在这里，长在这里。在这儿，你可以抛开一切

杂念，忘掉一切烦恼，搬个小凳子，在河边钓钓鱼，捕捕虾，也可以采一点野菜，无论做什么都惬意十足。

当清晨的第一缕阳光射向大地，鸟儿们开始出门觅食。然而比鸟儿还勤劳的是家乡可爱的人们，他们踩着黑夜的尾巴，踏向那充满希望的田野。都说日出而作，日落而息，可我看到的是比太阳还兢兢业业的淳朴农民，他们用勤劳的双手，担负起了家的重任。

呼吸着清晨的新鲜空气，感觉体内的每个细胞都在蠢蠢欲动，整个人都充满了活力。抬头望天空，也许是长期在学校，被高楼遮挡住了视线，又或许是城市污染太严重，遮住了天空本来的颜色，在这家乡的早晨，我突然发现，树好绿好绿，天好蓝好蓝。

在家里，其实没什么好玩的，唯一可以去的地方也就是田地了。穿上长袖长裤，换上一双深颜色的鞋，然后你就可以去地里游逛了，这样既不用怕被小虫子咬，也不用担心鞋子沾上泥。在地里，张开双臂，闭上眼睛，深吸一口空气，满满的都是绿色的味道，放空身心，静静聆听耳畔传来的浅浅虫鸣与阵阵蛙声，你会发现自然如此美好。

静静地看着夕阳西下，劳作了一天的人们相继回家，家家户户的烟囱冒出缕缕炊烟。农村不比城市和学校生活规律，吃完晚饭已经八九点了，不过比较好的一点就是饭后的休闲时间，农村可比繁华拥挤的城市好太多了。伴随着星星的出现，路灯悄悄亮起，只见相邻的住户拿着小马扎渐渐出现在十字路口，男男女女，老老少少，围成一圈，一起聊聊家常，或是自己听到的一些琐事。这就是邻里，没事时一起喝茶打牌，有事时一起出力帮忙，远比被冷冰冰的铁门隔绝的城市人好得多。都说远亲不如近邻，在村里，邻里才是最强大的依靠。

近些年来，我的家乡发生了翻天覆地的变化。首先变的就是路，原先都是土路，经过的车子都会披上一层灰蒙蒙的土衣，最怕的就是下雨天，泥泞不堪。再就是村里的房子近两年都翻新了一遍，原来的土房砖房不见了，水泥墙开始竖起，二层小楼房也渐露头角。之后就是一些基础设施发生了很大的变化，记得前几年村民们还推着水桶、穿着雨鞋去村子的西南角接水，现在几乎都换成了地下水管，用水越来越方便。另外，村委在原先接水的地方修建了一个小小的广场，供人们休闲娱乐。虽然不大，但依旧成了孩子们打篮球和老人们活动筋骨的好去处。

另外，村里还有一个新的好去处——博兴水库。作为南水北调的一部分，博兴水库自2015年8月份开工建设，占地6300余亩。这个庞大的工程就在我们村后，这也是家乡最大的变化了。眼看着6000多亩麦田被挖，一排排杨树被砍倒，我是不舍的，不过，我也非常期待它蓄水之后又会是一番怎样的情景。可是，都说水库旁边不能住人，我又很怕真的让我们搬走。其实,村里好多人都想搬去楼房,毕竟这里交通不方便,而且离学校太远,但我就是不想搬。这里承载着我太多美好的回忆,是我从小长大的地方。城市虽然便利,但"金窝银窝不如自己的狗窝",再说了,家乡空气那么好,乡民们又熟识、和睦,能够待在家乡对我来说更多的是一种心理的安全感和舒适感。

日升日落,风来雨去,我的家乡在这儿静静地驻足,看着几代人出生、成长、成家、老去,她默默地记录着我们成长的痕迹,仔细地呵护着每一个人。虽然这几年家乡换了容貌,但她依旧是那个纯净而又和谐的她,是我生命中最美的风景。不论她变成什么样,都是我最难以割舍的记忆。都说家是避风的港湾,不管未来我走向何方,遇到何种挫折,而当我想起她的时候,能够嘴角挂笑,坦然面对一切。我的家乡,即是我心的归宿。

魂牵梦萦，故乡情

化工 1605 班　李　慧

忘不掉的是那段无忧无虑的年少时光，放不下的是那份对家乡浓浓思念的情感。都说岁月最是无情，带走了年华，冲淡了过往，殊不知岁月带不走回忆，却酿浓了思念，思念的源泉是家乡的一切，回得到的地方，回不到的从前，只能让思念不断蔓延。

阳光明媚，春意正浓

阳春三月，草长莺飞，正是万物复苏的时节。小草长出了嫩叶，柳树抽出了新芽，孩子们也脱掉厚重的棉衣，穿上简便的服装，嬉戏在室外的草坪。依稀记得，每到这个时节，上课前我总是会紧张兮兮地打开课本，生怕里面会被调皮的男孩子放进令女孩子闻之色变的"毛毛虫"（学名杨树花）。但不管我怎么防范，它总是会在我最意想不到的时间，在我最意想不到的地点，以我最意想不到的方式，突然出现在我面前或衣领里，而我也是每次都不出意料得被吓到。

与我的态度不同，爷爷对这种有着可怕外貌的花却喜爱得很，因为它可以做成一道老人们喜欢的佳肴，而老人们也总喜欢称它为"故事猫"。小时候听到这个名字总感觉它背后一定有一个属于自己的故事，也问过爷爷，但爷爷说他也不知道这个名字的来历，只是祖辈们一直这样叫，所以这个名字就慢慢流传下来。

爷爷也总是在无事的下午，去杨树林里捡一箩筐的"故事猫"，每每这个时候，看到爷爷的战利品，我总是避之如蛇蝎，用无法理解的眼神盯着爷爷看大半天，爷爷却丝毫不在意我的眼神，总是乐呵呵地将它们洗净，然后放在一个漆黑的瓷罐里腌制一个晚上，等到第二天，餐桌上就会多出一道不知名的菜肴。兴许是因为对它源自内心的恐惧，我一直没勇气去尝尝它的味道，说起来也是童年的一大遗憾。春风轻轻拂过河面，消融了冰雪，唤醒了沉睡的鱼虾，为小小的村落带来了丝丝暖意，也为我的心田带来一丝光亮，家乡的味道开始在心田慢慢扩散。

鸟语蝉鸣，万木葱茏

骄阳似火，挥汗如雨，炎热的夏季紧跟着春风的步伐悄悄到来。清澈的河水，灵动的游鱼，柔软的柳枝，还有河边洗衣的母亲，构成了一幅静谧的河边洗衣图，只是河里嬉戏喧闹的我们打破了这份静谧。

光着脚丫，轻轻踩在河底的沙石上，流动的河水轻吻过滚烫的皮肤，一丝惬意慢慢爬上心头。咦，前面有条看起来蠢蠢的呆鱼，悄悄过去，一定可以把它抓回家，哈哈，晚上有鱼汤喝咯。心动不如行动，顺着水流的方向，我慢慢走向鱼的位置，为了避免"打草惊鱼"，我屏住呼吸，慢慢弯下腰，将手缓缓伸向鱼的方向。啊，一不小心用力过度，鱼没抓到，自己整个人却是完全跌进了水里。怕被母亲责备，我不敢继续在水里继续胡作非为，只好匆忙上岸，同时在心里默默祈求阳光再强烈些，唉，毕竟热是小事，赶紧把衣服晒干才是大事,都怪那条蠢鱼,自己蠢还连累我,哼,下次见到你一定把你抓回家炖汤喝。

随着夜幕的降临,全副武装(其实就带了一个小桶和手电筒)的我早已迫不及待的出门,走在我"发家致富"的路上——抓"结了龟"(学名蝉猴)卖钱。"结了龟"因为营养价值高,所以收购价格自然也高,至少在年幼的我眼里,这可是一笔大财富呐。直到现在我仍然清晰地记得那可是我小时候一年零花钱的重要来源,为了自己的小金库,只能爆发自己的"小宇宙",就这样,在漆黑的夜晚,我时常满怀斗志地去寻找刚爬出地面的"结了龟"。

诸如此类的事不断在年幼的我身上上演,现在想想那时的自己还真是天真可爱,多想再回到从前,只是时光早已翩然轻擦,空留下回忆的痕迹。

天高云淡,秋色宜人

秋风过处,五谷飘香,又是一年丰收季。金黄的小麦,一眼望不到边际的麦田,每一次站在小麦丛中,就感觉自己就是麦田的守望者,守护着这片得之不易的果实。秋天,对于大人们来说是一个忙碌的季节,就连许多出门在外打拼的人也回到家里迎接即将到来的农忙。然而对于孩子来说,一个玩耍的季节即将到来。

每次父母去田地里做农活,我总是兴致勃勃地跟在他们身后,去田野抓各种各样的昆虫,当然,抓的最多的还是蟋蟀。小时候毕竟不懂事,不知道分蟋蟀的品种,总是把扁头的蟋蟀当作"警察"(当时真心觉得它头部的形状和警察的帽子特别像),圆头的蟋蟀当作"小偷",把它们放到一个小盒子里,然后搬着小板凳坐在一旁,想要静静欣赏"警察抓小偷"的好戏,只是可惜大部分情况下,它们的表现都让我们哭笑不得——"警察""小偷"和平共处在同一间"房"。尽管两只蟋蟀打斗的现象不是经常出现,但我依旧会兴高采烈地寻找最具战斗力的"警察"蟋蟀,想要在小伙伴面前好好耀武扬威,但结果总是不遂人愿,每次我都是铩羽而归。但即使是这样,我还是一直坚信,绝对是因为我抓虫技术太高明,一不小心走漏了风声,所以蟋蟀见到我都是绕道而行,不然,很难解释为什么每次我一只蟋蟀也抓不到,只是弟弟那眼神是怎么回事?难道是被我高超的智商震惊得眼神都变了,唉,有个这样的弟弟,真是让人头疼的一件事呢。

渐渐枯黄的小草,片片飘零的落叶带走了秋天的气息,都说秋水无情,秋云无心,其实不然,所有的情感,所有的过往,都早已在心底珍藏,尘封。

寒冬腊月,瑞雪纷飞

银装素裹,千里冰封,我们即将迎来一个冰雪的王国。雪花飘飘,飘在寒风阵阵的路上,飘进路上行人的心里。像王国的帝王一般,用霸道的方式宣布冬天的来临,宣告世人,它的王国即将建立,不管是对大人还是小孩来说,这都是一个安逸的王国,因为这是一个安逸的季节。

大人们忙完农田里的一切,就在家里过起休闲的生活,至于孩子,想也知道家门怎么能关住这群调皮的小恶魔。一场大雪过后,再凛冽的寒风也吹不灭心中那份对雪的热爱,话不多说,收拾东西,即刻出门。一串串的脚印,一声声的欢笑,一点点的努力,终于一个漂亮的雪娃娃在我们的齐心协力之下即将完工。"诶,你干吗拿雪打我?""谁打你了,你有看到我动手吗?"年少的我们总是冲动的,一言不合就开打,就这样一场惊心动魄的打雪仗拉开了序幕。"哈哈,打中了,真是旗开得胜啊!"话音还没落下,一个雪球就迎面而来,躲之不及,只能结结实实地挨了一球,失算失算。"谁打的? 别跑,我要重振雄威。"一群孩子的你追我赶、嬉笑怒骂是家乡冬季常见的场景。

我也曾学过鲁迅先生在书中写的捕鸟方法,准备好小箩筐、树枝,还有绳子,放上玉米,然后悄悄躲到屋内,静静观察有没有饥饿的鸟儿前来觅食,功夫不负有心人,最终我抓到了一只小麻雀,心里还在嘀咕,它一定是饿了好几天了,不然怎么会被笨笨的我抓到。本是满心喜悦地想带它去父母面前邀功,但是在看到它那无助的眼神时,我内心深处又充斥着满满的罪恶感。纠结了好久之后,最终我还是松开了双手,还它一片自由的天空。只是它毫不留恋,头也不回地直奔天空了,这真是让我很怀疑刚刚的决定。

青草早已枯萎,河水早已结冰,鱼儿也深藏水底,世界又开始慢慢安静。在即将进入梦乡的那一刻,我与回忆许下诺言,不管流年多漫长,不管岁月多无情,今生今世,我定不离不弃。

时间一点点凝成记忆的触角,在掌心不断蔓延、交错,一点点刻下属于自己的痕迹,斑驳的纹路,斑驳的回忆,却成了心底最亮丽的风景,即使人不身处家乡,记忆里也满是家乡的模样。

考察主题：乡村记忆与文化传承
考察地点：山东省莱芜市莱城区苗山镇南文字村
考察时间：2017 年 5 月 1 日至 2017 年 5 月 3 日

漫步乡村，感悟文化

城规 1601 班　孙启扬、吴骥

今天，陪朋友重回故里，习惯了城市的高楼大厦，朴实无华的乡村让我感受到浓浓的历史文化的气息。没有城市的喧嚣，没有城市的繁华，更没有城市的污浊。在这里，我感受到了久违的宁静和朴素。这里让我浮躁的内心逐渐平静下来，没有喧闹，只有宁静，更让我感受到古人那种坐看云卷云舒的意境。

南文字村历史悠久，人才辈出，有着浓浓的历史文化气息。据村碑记载：后魏、北齐、隋为嬴县治所。民国二十四年《续修莱芜县志》载：后魏嬴县古城在县东北八十里今文字现，唐大和元年（1827 年），至金代为莱芜县治所。又因址在汶河、淄河分水岭，曾名汶淄限，后演变成文字现，自 1958 年改称南文字。村名的由来还有一说法，因村庄东西各有河流一条，向南流淌交汇于三元宫后的响水湾中。村北有小北山，山前有一宽阔的通道，故象形于"文"字，谐音"文字现"表示"文字出现之意"。根据村碑可以看出南文字村有源远流长的历史底蕴。那些略显破败的老房子，更让我感受到了岁月的沉淀。

踏入乡村，一股浓厚的岁月气息迎面而来。道路起起伏伏，没有城市道路的整洁平稳。但是，这道路却让我感受到了浓浓的乡土气息，儿时的记忆不自觉地浮现在我的脑海里。我小时候在乡村长大，乡村承载了我儿时美好的回忆、我的童年。可是，随着经济的发展，儿时的乡村渐渐离我远去，再没有了乡村古道，也没有了朴素的古屋。乡村逐渐变成了城镇，变得与其他城市一样，千篇一律。虽然，人们的生活变得更加方便了，但是，故乡的灵魂却仿佛失去了，而我的童年记忆再也寻不见现实的对照和载体。今天，在南文字村前，眼前的画面与我脑海中的回忆又逐渐重合了。我的眼前慢慢浮现出儿时与伙伴们嬉戏打闹的情景，也是这样的古道，也是这样的古屋，朴实无华，但却承载了太多人的回忆，记录着太多人的童年。这样的乡村，大巧若拙，没有华丽的外表，但却有着浓厚的历史内涵。这一砖一瓦经历了太多太多的风雨，庇护了人们一个又一个春秋。

我们沿着古道前行，在一个交叉口，看到了一个石磨。这石磨承载了太多岁月，充满了时光的痕迹，满满地承载着乡村过往的记忆。在过去，人们日出而作，日落而息，每天都靠双手养活自己一家。而石磨是粮食到食物所必须经历的过程。人们辛苦劳作，因此知道食物的来之不易，所以人们特别珍惜每一粒粮食。而随着时代和经济的发展，粮食与食物之间的联系被斩断了，人们只能看到食物，而不会经历辛苦的劳作。因此，才会出现浪

费食物的现象。而在这里依旧有一个石磨,虽然早已经废弃不用了,但是却依旧保留了下来,时刻提醒着人们不要忘记过去,不要忘记劳作的辛苦,更不能忘记食物的来之不易,督促着人们珍惜食物。并且,这个石磨是一个老物件,它帮助人们加工食物,历经风雨,虽然现在已经不用了,但是它曾经承载着人们的希望。如今看到这个石磨,还能看出它经历过很多的风雨。

沿着道路前行,漫步在这充满岁月气息的道路上,看着周围的老房子,还有那一棵棵老树,平时浮躁的内心也不自觉地平静了。漫步在这村庄里,不自觉地就沉浸在这安宁的环境中。不经意抬头,看到那老房子的屋檐和装饰,也觉得是如此华美。在这古朴的村落里,屋檐和雕饰却显现出人们技艺的高超。而这些不仅仅是装饰,它们的作用也非常重要。这屋檐既减少了质量,同时也保证了安全牢固,并且还能保证排水,防止积水。这是中国先民千年来智慧的结晶。既保证作用,还美观大方。虽然没有办法与城市里的特色建筑的精细相比,但是它有自己独特的历史美感。老房子与周围的树木互相映衬,浑然一体,更显出那种乡村独特的古朴自然美。树木因为

有了老房子的衬托,更显得生机勃勃。而老房子在树木的对比下,显得更加古朴大气。两者互相衬托,相互对比,各自突出了自身的特色。但是两者组合在一起又毫不违和,两者相互统一,组成了一幅美丽的田园画。

漫步在这乡村里,远离城市的喧闹,四下宁静,让我沉浸在这美好之中。呼吸这里清新的空气,体会着宁静。没有车水马龙,没有纷纷扰扰。快节奏的生活也渐渐地慢了下来。习惯了城市里那种节奏,突然慢下来,回乡村走走,是如此惬意的享受。

在这里,古风盎然,有着悠远的历史文化。在这一砖一瓦之上,有着岁月的沉淀,历史的凝聚。这里的一砖一瓦,一草一木,都是如此的自然、朴素。

可是,在这宁静背后,也有它的无奈。乡村中宁静,但缺少生机。这里只有老人,而缺少青壮年。与老人们聊天时,他们也有着深深的无奈。乡村里生活条件不好,又赚不到钱。因此,越来越多的人离开了乡村,村子里的人越来越少。留下来的都是一些老年人,一些不想离开家乡和不能离开家乡的人。乡村养育了太多人,但现在它也已经步入暮年,缺少了生机和人气。

并且,这里有太多的古建筑由于年久失修,已经逐渐破败,长满了杂草,墙壁也快坍塌了。这些古建筑都是历史的证明、文化的沉淀。我们本应该好好保护,不应该让这些建筑随着时间的流逝而消失在历史的长河里。就像我们应该好好发展乡村,不要放任它们逐渐老去。因为这里有着太多人的记忆和童年,这里是我们的根,这里是一切的基石,承载着独一无二的乡村记忆和文化。

汶水河畔的汤汤情思

纺织 1501 班　李　华

儿时斑驳细碎的记忆片段零零散散，想来已有 20 多年的岁月光阴，都说时间是一条泛着金色光波却吞噬着无数命运的长河，确实如此，弹指之间我们已经见证了一条养育着一方水土、传承着一片情思、蕴含着一份乡情的母亲河——汶河的美丽蜕变。

携着古时人类文明起源发祥地的辉煌成就，怀抱着人类历史文化萌芽的陶罐器皿，你以一位饱含智慧与财富、传递世代精神与物质精华的文化传播者的形象，孕育千年的不朽与传奇，以别样的面貌培育了一代代你的子孙。斗转星移，日月交互，时间的年轮漫长而又倔强的蠕动着，任岁月无情的风霜如何拍打，任人类冒昧的行为如何进犯，你依然坚守着母亲河的神圣使命——守护家园与子孙。

一、儿时，是梦的摇篮

很幸运可以降临到汶河母亲的怀抱，一开始从家人温暖而又自豪的言语中我懵懂地获知了你伟大的存在，你是我们安稳长大的守护神，为我们遮风挡雨、向我们伸开你坚实有力的臂膀、给我们成长的勇气与力量，有了你，我们总能踏实安心地走向远方。孩童被誉为纯真与圣洁的象征，想象着一双双清澈如水的眸子好奇而又贪婪地望着无边无际的不时泛起涟漪的汶河水面，该是多么安详美好的画面。婴儿与汶河的对视，是希望与未来的短暂握手，是希望与智慧的微妙碰撞，是伟大的母亲给予孩子最深切的祝福和祈祷。

在汶河母亲宽容善良的怀抱里，接纳着来自四面八方天真无邪的孩子们，无论你是享受父母呵护幸福成长的幸运儿，或是亲情未满渴望被疼爱的幼小孩童；无论你是品学兼优的朝气少年，或是叛逆无知的调皮学生；无论你是怎样的人，汶河母亲总会以一如既往的和蔼面容和宽广怀抱来抚慰着每一个需要保护的孩子的心灵。

儿时，就像古诗里的"春江潮水连海平，海上明月共潮生"所描绘的场景，明月、海水、星光，交相辉映，共同谱画出一幅美感交织、仙境渺渺的人生胜景图。夜里，在万家灯火升起来的时候，枕在汶河母亲的摇篮里安稳入睡，是每一个在汶河边长大的孩子最香甜的梦境，点亮一盏希望与未来的汶河星光，便会有一夜好梦。

二、成长，是梦的身影

数十年来，我眼里的汶河，你的深情、你的饱经沧桑、你的无奈变迁，你始终不改的责任与守护,这么多年从未变过,无论从一开始你的无限生机与青葱勃发,到后来你的沟壑纵横与荒凉渐显,以至于不久前你的满目疮痍与无可奈何,作为你一直尽力呵护长大的孩子,我隐约能读懂来自你内心断断续续的声音,不悲痛是因为已经伤心到极点不求被救赎,抑或是你从一开始就明白社会要发展、人类要进步,总要有牺牲,总有无法把握分寸的无情和难以被制止的伤害。当我们的高楼大厦已经拔地而起,道路上车水马龙,人们口中所谓的标志着文明与进步的、冒着不知名的难闻气味的发动机车辆络绎不绝,当我们步履匆匆的节奏取代了静谧悠远的闲暇时光,当柳叶浮动的岸边传来了机器轰隆的声音,我们是否觉得工业化蓬勃发展的现状与汶河母亲的初衷格格不入,汶河母亲是否已经在人类无知而又幼稚的行为面前变了面容?

时间从不会给人辩驳的机会,随着人们追求文明与发展的脚步不断加快,人们或许已经渐渐忘了当初那位庇护他们长大的汶河母亲,这么多年,求发展、求财富、求文明,源源不断向汶河索取着生命资源,从一开始的小需求小动作渐渐演变成无休止无穷尽的开采占用,在人心已被金钱泡沫所蒙蔽时,我们是否可以用人心不古来潦草概括,儿时那些无忧的汶河时光难道只能是摇篮里梦境的一个幻影吗?

三、未来,是梦的寄托

赞美家乡的诗歌里有这样一句话:穿一千只纸鸢给蓝天,轻轻放飞童年的第一个梦想,每一个人无论走到哪都会有斩不断的乡土情思。今日,人们或许从现代文明中觉察到了自然因果循环往复的意味,往日里冒昧欠妥的行为逐渐褪去,换之以温和取用的开发方式,填土修林、植树种花、雕凿历史文人雕像传承悠久文化、修建博物馆陈列历史文物。今时今日再次踏上汶河的土地,一股夹杂着青草泥土的自然气味扑面而来,我们或许已在岁月的长河里幡然醒悟,应该秉承着汶河母亲所带给我们的责任与使命,为后代子孙留下些什么。我们有着史册上都有记载的古人类起源文明,有原始人历尽智慧制造的劳动耕作的器具,有流经之地必有人烟的汤汤汶水,有政治文化名人所留下的深刻足迹,有席卷着历史气息饱含深情缓缓走来的汶河土地,这一切,是自然与历史赋予我们的精神和物质财富,是世世代代都应继承和发扬的文化精华。

未来的路还很长,汶河经历了数十年的蜕变,已然与汶河人融为一体,儿时汶河梦的摇篮与成长时汶河梦的身影都会是历史长河不经意的浪花,未来将会是汶河最美丽的发展之路。

古诗云,春风又绿江南岸。当一年又一年的光阴流转,汶水河畔潮起又潮落,浪花被拍打在沙滩转瞬即逝,人们逐渐陌生的踉跄脚步来了又去,汶河母亲是不是能在每年明媚的春季绽放舒心的笑容呢?遥想古今,每一次自然与发展的冲突都要以人们固执狭隘的胜利行为而告终,希望更多的人能够明白:"人与自然的关系始终是世界的核心和生命演进的纽带,在正常的平衡状态下,人的生命将获得最大限度的自由,这种自由是与世界和谐地成为一个整体而达到的。而一旦突破人与自然的和谐,必然导致外在世界的失序,以及人的内心世界的分裂。自然和文化的真谛就在于自我的这种他在性,在于我们是参与到一个共同的生命流程之中的,自我是这生命流程的一个有机的组成部分,但又只是暂时体现着生命自身的意志。每个人都不可避免地要置身于支撑着自己的自然之中,并对此自然的感受性做出理性的反应。"①也希望此时此刻在汶河母亲庇护下长大的人们能够明白,唯有人与自然和谐共处,唯有时刻谨记的感恩之心才能守护这来之不易的美好家园,无数游子才能在踏上回乡归途的那一刻明白乡愁从未散去,它深刻、明晰、浓重又真实,是我们与赖以生存的乡土最难以割舍的精神纽带和思念的桥梁。

---

① 张艳梅《文化伦理视阈下的中国现当代小说研究》,北京:中国社会科学出版社,2012年版,第243页。

考察主题:传承茶文化

考察地点:山东省青岛市黄岛区海青镇后河西村

考察时间:2017 年 4 月 29 日至 2017 年 5 月 1 日

品茶香,享茶韵,不负好时光

服饰 1501 班　李松云

　　我心中永远铭记这样一句话:心安即是家。这也让我想起苏东坡的"此心安处是吾乡"。的确,不管是海角天涯,只有心之所系的地方才是家乡。家总会有万般情愫牵动着你的心,而让我为之怀念的莫过于家乡的茶,一片嫩绿的茶叶,一颗漂浮的心,让人为之驻足。饭后沏一杯茶,使工作疲惫的身心彻底放轻松,茶香四溢,扑面而来,沁入心田。在余秋雨的《两方茶语》中写道:"中国喝茶的诗意是中国文化的产物,不管是绿茶娇嫩的诗意还是乌龙绵长的诗意都由来已久。即便不说陆羽的《茶经》,从一般诗文中总能频频嗅到茶香。据我认识的一位中国茶文化研究者说,茶文化最精致的部位也最难保存,每每毁于兵荒马乱之中,后来又从解渴的原始起点上重新种植和焙制,不知断了多少回,死了多少回,但由于那些诗文在,喝茶的诗意却没有断,没有死。"我曾去过许多地方的茶园,但这些只是一段路途中轻描淡写的记忆,令我难以忘怀,难以抹去的始终还是家乡的茶,它是我听闻铭感于心的一首歌,也是惊鸿一瞥的一缕芬芳。我带着这样的心情走在家乡的茶园里,去捕捉这里的光影与记忆。

　　这些年虽然在家乡的时间越来越短,甚至与之相隔千里,但却从来没有间断过喝家乡的茶,这已经成了我生活中的一个习惯。总会在饭后来上一杯老家的茶,尤其是绿茶,那味道沁人心脾,没有喝过的人没法体会个中滋味。离家在外我也曾想过入乡随俗,尝过无数茶,但却怎么也喝不出老家茶香的醇厚。不久前我回家时,正好赶上产茶的时节,这时的茶是最嫩最香的时候,也正值采茶卖茶的好时节,整个茶园都是茶农忙碌的身影。鲜茶叶经过采摘、销售、加工等过程,最终形成我们现在喝的干茶,这里面汇集和凝聚了茶农的辛勤和汗水,没有亲眼看到采摘茶叶的过程就无法体会到个中的辛苦与付出,也无法想象,要想收获百斤茶叶,需要只身在烈日炎炎之下,戴着斗笠,挎着篮子或拿着袋子,弯着身子,在一排排不到半米高的茂密茶园里来回穿梭,不断重复着同一个动作,用布满茧的双手细心地摘下那一片片寄托着美好希望的嫩芽。听家里老人常说:"一斤碧螺春,四万春树芽。"意思是要想制得一斤的碧螺春茶,就需要采摘到四万个茶叶芽,更有甚者需六万或七万个才能制成。原来,这给人们带来的每一杯芬芳清新的茶水与每一缕的浓郁茶香都源自农民们最普通却又不平凡的汗水。

　　老家的绿茶不仅仅是好喝,它更代表了一种文化——中国茶文化。尤其是近几年,家乡海青小镇的茶叶不断发展,海青这座具有特色茶文化的小镇,在发生着日新月异的变

化。不断加大旅游投入，以茶园为主体，结合青山绿水竹林等自然资源优势，进行生态、旅游、观光、农业综合开发，形成"竹风茶韵、魅力海青"的独特旅游品牌，其中绿洲茶叶精品园被评为"国家级农业旅游示范点"。更让我引以为傲的是我的家乡后河西村被评为山东省级乡村旅游特色村，江北绿茶小镇魅力初显。这种整合与融合的发展思路在海青已成为一种文化理念。而做这一切的最终目的都是为传承中国的文化，发展中国特色文化，保护好中国祖先遗留下来的美好宝贵的宝藏。茶，生于天地之间，以南方茶居多，但就在老家这位于北方的一方土地上，孕育出如此的一片茶园，它没有南方茶的高大粗壮，却能生长出让人味觉一震的茶叶。它采集这里的天地灵气，吸收其日月精华，静静地坐于这片土地之上，如抚日托月，如捧着千山万水，给生活在这里的我们带来视觉与味觉的享受。

漫步在蓝天绿茶相融的茶园里，与自然相契合，阳光洒落在茶叶上，蒸腾着，飘散着，洋溢着阵阵茶香。茶，它既是温馨芬芳的故乡，又是清洗心灵的地方。这里不仅仅有茶的陪伴，更有"茶圣"陆羽的守护。登上茶园的石道，两边有凉亭矗立，红砖绿瓦，青石小道，别有一番风情。在茶山的最高处安放着陆羽的雕像，他仿佛用目光凝视眼下的一切，守护着这百亩茶园。沿着清幽的石阶小道下来，继续往前行，茶园在一片青山中被包围着，四周竹林环绕，湖水相伴，水波荡漾，湖光相映。进入竹林里别有一番洞天，我带着轻盈的步伐行走在铺满鹅卵石的小路上，这里正适合人们饭后慵懒、安静地散步，或许这也是我们对老家茶的一种情结。小桥、流水、飞鸟、石凳……如仙境般飘飘乎，林中竹叶婆娑，人影斑驳，让我沉醉其中。

夜幕下的茶园更是让人心之动容。在轻雾缭绕中，茶叶如一个个安静而又等待绽放的花苞，时不时一股股清香流溢而来，让人的精神充盈。踩着轻快的步调，仿佛穿过时空的隧道来到这桃花源般的净土，没有失落与难过，有的只是思绪与味蕾的碰撞。

不同季节又或一日之中不同的时间，有着不同的茶，就像我们人生中的冷与暖的时光，但与之大相径庭的是，生命之中还是平淡的生活最多，当心如茶水平静下来时，总能品出茶中滋味。

古话总说：人生如茶。人们总会把人生与茶联系在一起，茶入口虽苦，但苦是茶的真味，也是生命的真正滋味，一杯好的茶入口总是会先苦涩而后甘甜，人生亦是如此，甘苦交叠，苦尽甘来。如《金陵琐事》中说："凡茶叶肥厚的，味道很甜但不香；茶叶瘦小的显苦涩，而苦的则香。"《茶经》也说："啜苦咽甘，茶也。"茶无完茶，人无完人。不完美的茶可以泡一段完美的人生时光；不完美的人也能懂得欣赏

自己与一段不完美的生命旅程。故乡的茶，我从未忘记你的味道与模样，你承载了太多我对故乡的爱，我虽不懂喝茶的茶道，但你在我心中永远存在着一种独特的心情与味道。我泡在茶里的是快乐，喝出的是幸福与温暖，只愿把人生所有的苦都煮沸，换来一杯甘甜清香的茶。爸爸总会时常教导我说，茶其本身不在于独饮，而是分享。分享你的人生，你的品位以及你在寻茶的过程里面对人生的一些体会，使文化扩散出去。这也是在留住祖祖辈辈的心血，不管是现在还是将来都可以使茶文化不断地延续传承下去，更让这美好的乡村记忆永存。

考察主题：寻找那片湖的记忆
考察地点：山东省泰安市东平县
考察时间：2017 年 5 月 28 日至 2017 年 5 月 30 日

穿越历史的长河，追寻那湖的踪迹

中教 1601 班　吴奇敏

在这个满是收获的季节里，我和家人来到了家乡的东平湖，即使空气中充满了炎热的气息，但是转身看到这一片湖景时，心中也会顿时生起一丝丝的凉意。

东平湖，古时称蓼儿洼、大野泽、巨野泽、梁山泊、安山湖，到清朝咸丰年间才定名为东平湖，它是《水浒传》中八百里水泊唯一遗存水域。东平湖历史悠久，最早可以追溯至大野泽时期，且据《尚书·禹贡》记载："大野既潴，东原底平。"所以，可以推断，大野泽最早要出现在夏代以前。大野泽时期之后，便是梁山泊时期以及安山湖时期。就这样，东平湖的历史从未间断却也悠久。除历史悠久之外，它的景色也为世人称赞。

湖边，大大小小的石头不规则地躺着，与其身旁的草以及与远处的树木、人家交相辉映，一幅东平湖的自然美景图尽显眼前。在湖边搭乘一叶小舟向湖心划去，不远处有一荷塘。在这儿，"荷叶罗裙一色裁，芙蓉向脸两边开。乱入池中看不见，闻歌始觉有人来。"就像一群在湖中采莲的少女，她们的裙子绿得像荷叶一样，红润的脸颊与盛开的荷花相得益彰，多么美妙的一副采莲图。而望着这湖中充满着绿意的荷叶，人也顿时清爽很多。

"荷"又称"芙蓉""芙蕖""莲"以及"朱华"，历史上不少文人雅士都对它有着难以消减的热忱之情，就像李白的"涉江玩秋水，爱此红蕖鲜。"温庭筠的"绿塘摇滟接星津，轧轧兰桡入白苹。应为洛神波上袜，至今莲蕊有香尘。"郑板桥的"最怜红粉几条痕，水外桥边小竹门。照影自惊还自惜，西施原住苎萝村。"我也是极爱荷的，如果说这一方水土养育了我，这是我的故乡，而这"荷"就是我心灵的故乡，它总是能在我迷茫无助之际给予我心灵的慰藉。

临近着荷塘，有一芦苇荡。虽不及白洋淀"汪洋浩渺，势连天际"的宏大景象。但不时飞来的鸟儿、蜻蜓，游来的野鸭以及水中的荷花，都会让你应接不暇。除此之外，更有昔日的水浒好汉阮氏三兄弟出没在这芦苇荡之中与官兵斗智斗勇,尽显水浒好汉的义胆云天。这芦苇荡里,历史与传奇历历在目。

如《相思》所言,蒹葭者,芦苇也,飘零之物,随风而荡,而牵挂于根。而我的思绪也像这芦苇般于风中飘零,因为古往今来,这一片土地变化了许多,原始的容貌正渐渐地消失在风中。但只要我还记得这里是我的根之所在,记得这里有往日的记忆,有我的乡情,我便还会找到心灵的皈依。

离开芦苇荡,划一叶小舟返回,已然到了落日的时刻,这时候不妨静静地等待片刻,一会儿的工夫,夕阳的余晖便能把这湖面填满。在夕阳余晖的映照下,晚霞绚烂耀眼,水天相接,一幅"天光云影共徘徊"图呈现在眼前。而你就置身其中,是那画中人,站在小舟中,一手持竿,静静地欣赏这来之不易的自然之景。看远处的湖面上,站立着已飘零多时的芦苇(抑或称之为蒹葭),不禁心头生起悲凉之感,就好似家乡、这湖在痛苦地呼唤着她的孩子们,希望她的子孙们莫要忘记这是他们的乡土,这有他们的记忆。落日和夕阳为这自然之景增添了一份哀愁和悲凉,想必,大多数人应该会喜爱日出,但这也并不代表日落就会被人遗忘。有李商隐"夕阳无限好,只是近黄昏"的千古绝唱,除此之外,在西方,日落更是和忧郁等一些感情联系在一起,最具有突出代表性的就是圣·埃克苏佩里在《小王子》中说出"人在苦闷时总是爱看日落的"。是的,人在苦闷的时候总是爱看日落的,而我的苦闷则是因为我对这湖、这乡土爱得深沉,不想她就此飘零在风中,而是希望她可以像太阳一样,即使日落但也会有冉冉升起的时刻。

如今的喧嚣替代了往日的那一份纯净自然之美,一些各式各样的人工亭榭在已然飘零、孤苦无依的芦苇身躯之上搭建并完工。虽然较之以前简陋的环境,现在的环境便捷许多,美丽很多,但更多的是"人工之美",不再是她本初的模样,没有了以往的自然,而那灵气几乎也被人们雕磨殆尽,原有的自然之气也不会回来了。更甚,一些在许多人眼中豪华的游轮乘着"胜利的汽笛声"肆无忌惮地"炫耀"着。汽笛声过后,又留下了什么,那漂浮在湖面上的各种颜色的包装袋想必会告诉我们答案。

东平湖,这个满载着我故乡回忆的地方,不仅仅是一片湖,还是我故乡存在的地方,是我心灵的皈依之所。她就像母亲一样,而作为她的孩子,我真的不希望她受到伤害,我希望她原本美丽的容貌不会改变。

古时,还被时人唤作大野泽的东平湖就已经滋养孕育了数万的子民,为她的子民提供生计来源,她就是我们的母亲,而作为她子民的我们应该对她心存感念,而不只是一切只以利益为出发点,毫无顾忌地伤害她。如果我们人人都去保护她,那么她就会和以前一样美好:水天一色、波光粼粼,还会有美如西湖般"水光潋滟晴方好,山色空蒙雨亦奇"的景色。而且我们要深刻记住,这是一片存在于我们心灵上的湖泊,是满载着乡土记忆的湖泊。芦苇焉知有根方有家,而我们人亦不能忘记这里就埋藏着我们的"根",不然,就会像芦苇一样飘零自若无所依靠。所以,莫将此刻的乡土记忆变成那郁结心中的乡愁,快快回归我们的乡土吧,快快去拥抱我们的母亲湖吧!

探民俗丹青上壁,访幽谷记忆乡村

服饰 1501 班　赵　谦

若是有一阵时间看不到我,朋友们就都知道我一定是去博山画墙去了。

是的,我会画墙,画墙算一门手艺,画墙也不是仅仅是在墙上画画那么简单。要在墙上画画首先要有专门的材料跟工具,更要有专业的态度。诚然,艺术创造也需要这些专业的手段跟态度,但我觉得我做的墙绘更多的像是手艺而不是艺术。艺术创造讲求突破,手工艺重在传承。艺术创作注重艺术家个体的真实感受,手工艺作品直接面对的是老百姓的日常生活。艺术创作其实是可以不讲求品质,杜尚把小便池起个《泉》的名字就可以送去参展,并由此开了观念艺术之先河。艺术创作是注重精神层次的突破,画得再让人看不懂也不需要解释。手工艺不可以,手工艺讲求作品的品质,材料要好、工艺要精。老百姓看不懂手工艺,这门手艺也就传不下去了。

尤其是博山的老百姓特别懂手工艺,老百姓能说出个名堂,会欣赏手艺人的技术,更能体恤手艺人的不容易。那是因为博山的民俗跟别处自有不同。俗话说,没有君子不养艺人。同样的,没有民俗文化也就没有手工艺。

我自小在周村长大,今天的周村古商城其实是在有"东方商人"称号的章丘商人孟洛川入主后才发展起来的。在我的家乡,大家一提起章丘人,就会说章丘人"小气抠门"。其实这个说法也带了点眼红的意思,暗示章丘人精明是真的。周村人拿着章丘人的"抠门小气"调侃的同时,无形中也受到了他们的影响。山东人吃得了苦,在外开办各种商店,有的还从事力所能及的济贫事业,普遍具有勤劳、仗义、精打细算等品质特征。[①] 周村大街的民居格局小,商户鳞次栉比,有些像上海的里弄,不是没钱,而是实用。博山就不同,博山比周村更加浪漫。大部分的周村老百姓起早贪黑、知足常乐,一年中看一场芯子、一场花灯,也就知足。博山人爱玩,文姜庙会前后能持续一个月。每年的农历五月最后一天接颜神开始,六月的最后一天送颜神结束。五月到六月,不年不节,前后不靠,博山人愣是把这个节过得比新年一点不差。周村就没有类似颜文姜这样的传说吗? 其实也是有的,但是在周村,就算过这种节,顶多三两天。没有君子不养艺人,其实是没有玩家不养艺人。什么样的民俗养什么样的手艺人。

放在以前,不用多,20 年前,在淄博画墙这事是没有的。那个时候淄博的农村流行的是在影壁墙上贴瓷板画,这里面不乏陶瓷绘画的高手,我小时候走家串户地玩耍,就爱看每家的影壁墙。现在的家居风格越来越欧化,这种影壁墙见不太到新的了,但依然还有留存下来的瓷板画影壁墙让我眼前一亮,单是画得好还容易,以前的瓷板画烧制起来也是有难度的,瓷板画风格脱胎自国画,例如梅兰竹菊、山水田园等,偶尔也有年画风格的,如年年有余、福禄寿喜等。瓷板的精致洁白搭配上青砖灰瓦的粗糙灰暗相得益彰。四合院配

---

① 张钟月《清代以来鸭绿江流域移民研究(1644—1931)》,济南:山东人民出版社,第 134~135 页。

上这种风格的瓷板画,民俗文化是什么样的审美呢?再没有比这个更加直观有力的说明。

我去博山画墙,也是为了寻找和留住这种审美。

我去的那个地方叫作幽幽谷。当然在地图上那个地方,是叫博山区池上镇中郝峪村,这个村子这几年把博山民俗跟乡村旅游结合了起来,在中央电视台扬了名。不过我最早去的时候,幽幽谷还不是今天这个样子,当时度假村的经理打算在村里搞有特色的农家乐,每一家都要配上相应的图文,这些图文就是画在影壁墙上。墙画由三个部分组成,第一部分是煎饼的制作过程的步骤图。每一个步骤由村里的吉祥物"小猪笃笃"来示范。第二部分是每家的主妇的画像。第三部分是乡村记忆、童年时光主题的插图。除了老梁煎饼坊的画像不是我负责之外,其他八个院子几乎都是我画完的。算上后来又加上的张家的"出溜香"面条的墙画,前后我一共参与完成了九家农家乐的墙画。对我来说,画完了放下笔那一刻,也并不意味着就是解脱,相反,对于传统民俗的了解才刚开始。

九家农家乐。所做的美食基本上就包含了博山比较出名的特色民俗小吃,大碗茶、出溜香面条、豆腐箱子、博山豆腐脑等。在正常的农家乐的业务范围之外他们还加入了体验环节,每个来农家乐吃饭的顾客都可以动手做一下试试。制作的时候我所画的步骤图就起作用了。游客看着墙上的步骤图加上村民的讲解,整个过程一目了然。

婆媳元宝坊。那组墙画反映的是幽幽谷和谐的婆媳关系,同时,也反映了博山人待客的周到与人情,元宝坊里的元宝指的就是博山的特色水饺,博山的水饺做法不同于别处,水饺包的就像是一个一个的金元宝一样,北方普遍有送客饺子迎客面的说法,客人来家里,请客人吃面,是因为面条像绳子,主人希望拴住客人的脚让客人多住几天。送客人离别的时候吃饺子,是因为饺子像元宝,让客人讨个好彩头,送客人大元宝,也是取了团团美美的寓意,这些都是古代劳动人民的智慧。

从饮食看民俗。你会发现,民间的小吃里,很少有非常奢侈的吃法,大多民间的小吃都是在物质条件并不好的前提下产生的,民间主妇变废为宝,把一些本来不能吃的食材变成了一道佳肴。北方常见的筋头巴脑、羊蝎子便是这样的例子。博山自然也有这样的做法。"炸猴子"便是。筋头巴脑、卤煮,甚至周村的煮锅是把一些猪牛羊的不值钱、不新鲜的"下水",通过卤制、火锅的方式掩盖食物的缺陷。博山是通过油炸,博山的"油炸猴子",跟日本的天妇罗其实有点像。在中日两国的历史上,油炸都不是用来处理优质食材的方式。但在民间,油炸这种方式非常的受欢迎。

在我的记忆里,过年的时候家家户户都支起油锅,把过年备下的食物裹上面糊炸个不亦乐乎。孩子们知道过年了,那个时候偷吃点东西大人也不会介意。在我的童年记忆里,也经常是一边假装帮大人打下手,备炸货,一边偷着往嘴里塞着炸肉、炸鱼。所以这种食品又叫"馋嘴猴子",画"馋嘴猴子"那家的影壁墙时,童年的记忆也满血复活了。

也许民俗就是每一代人心里面共同的童年回忆,是每一代人心头难解的关于乡愁的那些难以名状的情绪。

丈母娘大碗茶,跟婆媳元宝坊是相互照应的关系。婆媳元宝坊讲的是婆媳创业这个故事,这个故事在博山的民间是有相当深厚的基础的。颜文姜的故事里,婆婆的形象被塑造得太过险恶,淄博五音戏、山东吕剧里,都有关于"恶婆婆、婆婆王"这样难以相处的婆婆的形象。但是在我们的民间传说中,丈母娘的形象就和蔼慈祥得多。丈母娘跟女婿的关系明显比婆媳间的关系融洽。"一个女婿半个儿"的说法在中国北方是大家共同的认识。

丈母娘大碗茶其实不是茶,而是粥,具体的做法非常简单,各种五谷杂粮放在一个锅里,长时间的熬煮,让各种味道彼此融合。其实这是民间粗粮细作的习惯做法,老梁煎饼坊里的煎饼是一样的。粗粮营养价值高,但是口感不好,长时间地熬煮,或者磨细了加工,就解决了这个问题。民俗的态度放在食物上是粗粮细做,放在人身上看就是粗中有细。民间的精神财富比我们想象得要丰富。

画完了九家农家乐以后,等待我的是一个为全村绘制地图的任务。负责人提了两个要求,首先这个地图要让游客能找到所有他们想去的幽幽谷内的景点;其次,景点跟农家乐不能只用文字代替,要画出来,让人一望便知。为此,我跟我的小伙伴来来回回走了不知多少遍。按照负责人的要求,村里的每户农家乐,每个景点,甚至每个石磨,每个碾子,都要在地图上呈现出来。

民俗从来不是一成不变的,随着时代的发展,人们对于过去习俗的解释与看法也会有崭新的意义与理解。我想,民俗存在的首要意义就是让大家在物质生活被满足的同时,也在精神上找到自己内心的归属吧。物质生活不发达的年代,人们的精神生活不容易得到满足,却没有停止对心灵归宿的追寻。①

直观感受起来最明显的就是我的这些叔叔、阿姨、婶婶、大娘们脸上的表情。毕竟这里是一年比一年富了,虽说住在山沟里,出行多少有些不方便,但是大家对于城里来的客

---

① 张钟月《清代以来鸭绿江流域移民研究(1644—1931)》,济南:山东人民出版社,第189~191页。

人,却少了很多羡慕的表情,反而神情里会流露出因为觉得城里人享受不到自然的馈赠与恩惠而有些同情。热情好客的农家人,带着丰富的情感,淳朴的民风,自觉弘扬和传承来自乡土的记忆和文化,给我们留下一份宝贵的精神财富。[①] 不管是哪家的客人,都是村里的客人,山上的水果都是大家一起分享的,山里的桃子好吃而且有桃味,就像这里的人情味,那么浓。尤其是夏天的时候,见面聊天,大家都会对客人说,多住几天吧,山下没有凉快天……山里的天是凉快,晚上甚至有些微冷,但是山里人的心肠是滚烫的,每每使我流连忘返,以为这里就是家里。这里是一片和谐的景象,和谐社会并不远,也许就是一个转身的距离。

① 张钟月《清代以来鸭绿江流域移民研究(1644—1931)》,济南:山东人民出版社,第 187～189 页。

下篇

教师主题教学研究论文

乡土文化资源在高校思想政治理论课教学中的运用

刘 芹

乡土一般是指人们出生或久居的故乡，它由乡土结构、乡土经验和乡土意识等构成。乡土文化资源是指一定区域的人类历史遗产，包括本地的物质文化遗产和非物质文化遗产，也包括一定区域的历史名人、历史遗迹、遗址、博物馆、纪念馆、档案馆、爱国主义教育基地等，皆是乡土文化资源的重要内涵。[①] 乡土文化资源蕴含着丰富的思想政治理论课教育内容，可以整合为自然资源、人文资源、社会资源等方面，在思想政治理论课教学中起到重要的助力作用，它可以增进人们的家国情怀与乡土意识，增强社会凝聚力和对乡土地域文化的归属感、自豪感，有利于提升增强思想政治理论课课程实效性和吸引力。

一、乡土文化资源对思想政治理论课的助力作用

乡土文化资源具有丰富的文化价值和教育功能，属于学生直接经验范畴和生活的现实世界的一部分。一定意义上讲，一个国家的社会活力与其固有的民族文化密切相关。[②] 因此，我们可以说，乡土文化资源具有丰富思想政治理论课教学内容、激发学生学习兴趣、延展课内课堂教学和激发爱国情感等功能，对思想政治理论课课程教学起到辅助手段和助力作用。

（一）丰富课程教学内容，增强思想政治理论课教材内容和吸引力

高校思想政治理论课在对大学生进行理想信念教育、历史观教育、国情国史教育、形势政策教育时，其知识性、逻辑性与理论性教学内容较多，理论教育体系的宏观性概括性较强。结合地域性乡土文化资源，对学生辅助于乡土教育，实现思想政治理论课堂教学与学生现实生活世界的密切衔接，促进思政课教学资源生活化与大众化，提升思想政治理论课程的吸引力。案例性、实证性、直观性乡土文化资源教学内容的增加，可以丰富补充丰满鲜活的教材内容，有效地促进思想政治理论课程教学的教材体系向教学体系、知识体系向信仰体系转化。如对学生进行中国基本国情教育，《毛泽东思想和中国特色社会主义理论体系概论》课程中将中国社会分为政治、经济、文化、生态、社会、外交等章节，以整体全面系统的课程体系形式展示给学生。为增强课程体系的感染力和吸引力，我们可以将乡土文化资源中的自然、地理、历史、人文和社会等各方面资源与高校思想政治理论课联系起来，使具有宏大叙事的课程体系中的教学内容变得更为细致化、具体化和实在化。这样做既能够使课程体系中的教学内容更具有立体感，同时又拉近了学生的时空距离和心理距离，使其对课程教学内容产生一种亲切感和现实感，有利于提升思想政治理论课的针对性和实效性。

---

① 何峰《淮军与刘铭传研究：2013·（合肥）海峡两岸首届淮军与刘铭传学术研讨会论文集》，合肥：合肥工业大学出版社，2014 年版，第 197 页。

② 李建民《日本战略文化与"普通国家化"问题研究》，北京：中国社会科学出版社，2015 年版，第 58 页。

（二）激发学生学习兴趣，提高思想政治理论课教学质量和实效性

思想政治理论课作为国家统一编写的必修课教材，目的是帮助大学生树立正确的世界观、人生观、价值观，坚定共产主义远大理想信念和中国特色社会主义共同理想。在对学生进行党的基本理论、基本路线、基本纲领和基本经验教育时，为增强学生的亲身体验感认知和身临其境的现场感，乡土文化资源可以提供一种较好的教学素材支撑。因为乡土是蕴含人类家园情怀的精神空间，乡土文化的实质是向赖以生存的土地寻求归属感；同时乡土文化又意味着一种生活方式，一种生存信仰。[①] 在这个意义上我们可以认为，乡土教育是国情教育的一个重要组成部分。充分挖掘乡土文化资源中的地域特点、乡土特色和文化特征，整合各种乡土文化资源形式，将思想政治理论课堂教学变成大学生可以感受到的、可以触摸到的形象化、直观化与具体化的带有浓浓乡土气息的教学资源，能够增强思想政治理论课的吸引力和形象性。特别是充分利用大学生生源多样化特征，让来自不同地域的学生调研各自家乡在新时期改革开放前后三十多年来的社会发展变迁，记录家乡在乡情、镇情、县情、省情等各方面的辉煌成就及发展中出现的问题，体验改革开放三十多年来党的富民惠民政策给家乡带来的变化和成就，能够使学生亲身感受到中国共产党团结带领全国各族人民实现中华民族复兴大业和中国梦的历史重任以及改革开放三十多年来所取得的辉煌成就，增强学生利用马克思主义历史唯物主义和辩证唯物主义的立场、观点来认识问题、分析问题、解决问题能力，达到学以致用的目的。

（三）拓展课堂教学宽度，培养学生实践能力和综合素质

乡土文化资源具有实践性较强的特点。通过学生主体积极参与的教学活动，使其在身临其境的体验感悟活动中获取理性认识，能够更为有效地提升学生思想认识，陶冶情操，增强政治认同，坚定理想信念。充分发挥乡土文化资源中为课堂教学的辅助与服务作用，作为活动主体的学生能够从乡土文化资源的实践教学过程中体验体会到，源远流长的中华民族灿烂文化，由衷地产生一种民族自豪感和文化自信心，延展在思想政治理论课程教学中的教学效果，起到相辅相成之功效，增强思想政治理论课达到入脑入心的实效性。与学生们关联度较为密切的乡土文化资源表现在与学生亲身生活、学习以及经历过的一些具体实在的地方，也是他们生发产生乡土经验性及乡土意识之地，相对于他们相对而言较为熟悉，容易激发他们强烈的兴趣和旺盛的求知欲。将乡土地域特色的历史名人、风土人情、社会结构等乡土文化资源渗透到思想政治理论课堂教学中，可以直观地、形象地拉近理论知识的时空距离感，消除理论知识与现实生活世界的疏离感，提升思想政治理论课程课堂教学的针对性和实效性。如学生通过调查家乡的乡土文化资源、参观历史文化遗存，采访社区老人口述等形式，都能起到辅助课堂教学，延伸课堂教学链，起到增长知识、开阔视野、丰富经历、锻炼能力的作用。学生以撰写读书笔记、作业等形式，拓展学生学习与实践的长度、宽度、厚度与跨度等多维视角层次，使其在学习过程中学会理性分析与综合归纳，拓展学生能力，提升学生人文素养，培养其历史情怀与家国意识，增强对国家民族社会人民的认同感与凝聚力。

---

① 张艳梅《文化伦理视阈下的中国现当代小说研究》，北京：中国社会科学出版社，2012年版，第176～177页。

（四）激发爱国情感，提升学生政治认同和文化认同

文化是一个民族在特定自然条件下形成的生活方式的总和，是一个关于人类与自然打交道方式的概念。① 这一特点决定了乡土文化资源与学生的生活世界紧密相连。从理论上看，人的认同或忠诚是多层次的，既有对家的认同或忠诚，也有对所生活的村庄的认同或忠诚，还有对国家的认同或忠诚，不同层次的认同或忠诚之间存在转移的可能性。② 因此，如何通过一定的手段或途径使人的不同层次的认同或忠诚保持一致，达到爱国主义的教育效果至关重要。乡土教育就是这样一种不错的教育方式。可以说，把乡土记忆与文化传承结合起来，是对学生进行爱国主义教育的一种有效途径：通过让学生们对自己生活成长的故土家乡的关注、体验与感悟，能够培养他们爱家、爱乡、爱国的情感体验和家国情怀。在进行《思想道德修养与法律基础》课程的爱国主义及新时期的爱国主义教育授课时，在展现我国 960 多万平方公里国土的广袤辽阔、宏大壮观、美丽富饶等优势的同时，结合学生们熟悉熟知的乡土文化资源，让学生展示出不同时空语境下的自己或祖辈们生活之地的空间地域结构、自然资源、历史资源、人文资源及社会资源，呈现他们曾经生活奋斗的经历及经验，以及围绕着乡土而衍生出的情感、价值意义等诸多丰富精神层面内容。"学生爱祖国的感情，是从爱家庭，爱学校，爱故乡，爱集体农庄，爱工厂。爱祖国语言开始的。"③"他从直接表达爱家庭，爱学校，爱故乡的感情，逐渐过渡到认识更加深刻的社会关系，从理性上认识祖国的概念。学生的周围世界，就是祖国的一部分。"④学生们在这种移情作用下建构出属于自身的家国情怀与爱国主义情感，"鼓励青年以及一切教育者和受教育者，以研究地方乡土为出发点，进而认识本国、认识世界，认识整个宇宙。"⑤这种在潜移默化教育过程中产生对国家、民族、家乡的归属感、荣誉感、自豪感和尊严感，有利于学生们树立起正确的历史观、民族观、国家观和文化观，有利于他们建构新时代以民族精神为核心的爱国主义情怀和以改革创新为特征的时代精神。

二、乡土文化资源在思想政治理论课中的运用原则

乡土文化资源在表现形式、构成种类、功能价值等方面具有认识维度与解释向度的多样化特征，因而在思想政治理论课教学中的利用开发传播时就需要加以甄别方可以使用。为增强思想政治理论课课程的实效性和吸引力，应坚持以马克思主义为指导，做到其思想性和教育性相结合、理论性与实践性相结合及原则性与灵活性相结合等原则。

（一）思想性与教育性相结合原则

将乡土文化资源应用到思想政治理论课教学过程中，必须将思想性和教育性原则相统一。在乡土文化资源选择过程中，应该注重挖掘那些与学生贴近的、相联系的、具有正能量的乡土文化资源，主要侧重于那些体现推动社会发展与进步，促进国家、社会、民族的

---

① 李建民《日本战略文化与"普通国家化"问题研究》，北京：中国社会科学出版社，2015 年版，第 64 页。
② 王在亮《改革开放以来中国区域合作理论研究》，北京：中国社会科学出版社，2016 年版，第 128 页。
③ 〔苏〕苏霍姆林斯基《培养学生的爱国主义精神》，尹曙初、刘尚勋译，长沙：湖南教育出版社，1984 年版，第 5 页。
④ 〔苏〕苏霍姆林斯基《培养学生的爱国主义精神》，尹曙初、刘尚勋译，长沙：湖南教育出版社，1984 年版，第 6 页。
⑤ 湖南省长沙师范学校编《徐特立文集》，长沙：湖南人民出版社，1980 年版，第 415 页。

统一与凝聚力的增强,能够代表历史与社会发展大趋势的重要人物与重大事实等。只有做到思想性与教育性的统一,才能有效地实现思想政治理论课的教学目标和要求。乡土文化资源集中表现为优秀传统文化资源、红色革命文化资源等乡土历史及文化资源,在对学生进行中国革命、建设和改革开放的历史观、国情观、文化观教育时,《中国近现代史纲要》课程展现了中国共产党领导团结带领中国人民经过 28 年艰苦卓绝奋斗,终于建立了新中国,确立了社会主义制度,走上了社会主义道路,再到改革开放 30 多年的辉煌成就,让学生了解体会感悟近现代以来,中国人民与历史是如何选择马克思主义、中国共产党、社会主义和改革开放四个节点,以及建立在基本的历史事实、历史事件、历史人物基础知识之上的宏观历史发展基本规律及基本进程教育。对荣誉与名誉的高度关注构成了文化的底层。① 通过适当引用加入乡土文化资源,能够增强学生对中国共产党的信任、对国家政府的信赖、对共产主义的理想信念和中国特色社会主义道路理论制度文化的信心,进而增强思想政治理论课程的实效性与立体感。

(二)理论性与实践性相结合原则

高校大学生思政课课堂教学体系是以马克思主义列宁主义、毛泽东思想和中国特色社会主义理论体系为指导,并将其贯穿到具体教学过程中,其课程教学内容理论性、逻辑性比较强,因而在将乡土文化资源运用到高校思想政治理论课教学实践中时,必须使具体的课程教学做到具有一定的可操作性、可推广性及实用性,保持思想政治理论课教学的理论性、逻辑性与实践性相统一,实现马克思主义中国化、大众化、时代化的教育目的。同时在理论与实践的知行之间,既要重视理论知识传播,更要注重学生实践技能培养,乡土文化资源正好为学生的思想政治理论课学习提供了平台与支撑的可能性。实践教学活动中,可以将思想政治理论课教学中的理论知识传授,通过课堂内外的课程延伸,变为学生们自己动手搜集资料,进行实地调查,完成由低到高不断扩大的社情、乡情、镇情、县情、市情、省情及国情调研,以此提升思想政治理论课教学的吸引力和实效性。如有学生参与家乡的经济发展调研时,将他们所学到的经济学理论用来解释家乡近些年的环境治理与变化,边学边用,做到学以致用,收到学用结合效果,做到学生本专业专业课程与思想政治理论课相结合,使学生加深了对 21 世纪当代中国社会的理解与体验,达到多方任务驱动下知行合一之成效。

(三)原则性与灵活性相结合原则

利用乡土文化资源在具体教学过程中时,必须要体现出原则性和灵活性相结合原则。高校思想政治理论课以马克思主义为指导,社会主义核心价值观为核心,担负有培育提升学生对国家民族社会文化的政治认同、历史认同、文化认同与价值认同的教育教学重任,体现着国家主流意识形态价值观的要求。也就是说,思想政治理论课教学既具有理论知识性教学的求真求实特点,又兼具思想政治理论课的求信求用求信仰特征。当代社会发展出现了多元多样多变等发展趋向,培养学生具有坚定正确的政治立场和政治方向,树立科学正确的世界观、人生观、价值观教育,培育社会主义核心价值观,就必须坚持政治原则

---

① 李建民《日本战略文化与"普通国家化"问题研究》,北京:中国社会科学出版社,2015 年版,第 117 页。

性和灵活性相统一。可以说,任何形式都是为主体和主题服务的,不能因为形式上的花哨和花样而忽视内容与目的。"乡土记忆与文化传承"主题教学的目的是为了提高思想政治理论课的针对性与实效性。由于以实用主义为特征的"实效性"属于"问题导向型"思维模式,不充分关注思想或者行动的"体系化"[①],因此选择乡土文化资源运用于思想政治理论课教学时,必须坚持本课程马克思主义理论学科属性特点为主导、主体和主题原则,能和则和,不能违背思想政治理论课的课程教学规律和教学规则,而出现牵强附会、生拉硬拽、无原则地结合的现象。特别是要认识到,在思政课中利用乡土文化要实现的教学目的是达成中国优秀传统文化与马克思主义的统一。而随着传统农业生活向现代工业社会的发展,特别是城市化的快速推进,乡土"沦陷"已经是一种客观现实:这种"沦陷"不仅是农村生存的自然条件与社会环境的"沦陷",更意味着一种温情的行为准则、生活方式的"沦陷"。[②] 这就提醒我们,乡土文化资源在思政课教学中的运用必然带来传统与现代的冲突问题,因此其教学设计也不宜太多、太乱:在设计时既要坚持原则,又要对教材进行灵活的把握与处理,不能与思政课的课程教学体系设置出现违和感;同时也不能因为乡土文化资源的运用,而冲淡了思想政治理论课教学主体与主题作用的发挥。这是不能忽视的原则性问题。

三、乡土文化资源在思想政治理论课教学中的具体运用

乡土文化资源在思想政治理论课的课程教学过程中,有效地分析挖掘利用乡土资源的目标、内容、原则、途径、方法以及乡土资源与思想政治理论课程的关联度,在教学过程中运用乡土文化资源时,主要采用嵌入式、探究式、实践性与情境式教学设计方式,以增强思想政治理论课的实效性和吸引力。

(一)嵌入式教学设计

高校思想政治理论课是国家指定的统编必修教材,嵌入式教学设计就是在思想政治理论课教学过程中,在不改变原有的基本教学框架下,嵌入乡土文化资源与思想政治理论课相关章节内容融合度、吻合度、关联度较强的教学资源,做到一种无意识或无缝连接。这种有机融入与整合能够充分体现乡土文化资源作为辅助手段,来支撑思想政治理论课教材体系的功能与作用,有效增强思想政治理论课课程教学的吸引力。但这绝不是将一些乡土文化资源的知识简单机械地植入高校思想政治理论课教学过程之中,而是要总体考虑乡土文化资源与现有高校思想政治理论课的教学内容、教学体系的有机结合与融合,避免生搬硬套、机械割裂,在能结合、可相融、有特色、效果好上多做文章、多下功夫。《中国近现代史纲要》课程体系有十章内容,通过分析教材内容找出其与乡土文化资源的连接部位,如注重能够反映中华民族独特的民族心理、道德伦理、精神气质、价值取向和审美情趣等深层次底蕴,集中体现中华民族独特文化的总主题和社会主义核心价值观等精神风尚的乡土文化资源,通过微课件、微视频、微教案等多种形式教学资源展示,在具体授课时灵活机动地穿插、嵌入具体的课堂教学过程之中。如让学生们自己搜集整理的家乡先辈

① 李建民《日本战略文化与"普通国家化"问题研究》,北京:中国社会科学出版社,2015年版,第104页。
② 张艳梅《文化伦理视阈下的中国现当代小说研究》,北京:中国社会科学出版社,2012年版,第178页。

们在近现代中国社会革命、建设、改革时期的不同经历,搜集乡邦先贤及英雄先进人物事迹,让学生们感受在不同历史时期仁人志士、英雄先烈为实现中华民族复兴和中国梦的奉献与付出,体会新中国的来之不易,国家统一、社会稳定是经过中国人民奋斗努力换来的,帮助学生建构正确的历史观、国家观、民族观和文化观,服务于社会主义核心价值体系的培育和中国特色社会主义的建设。

(二)探究式教学设计

乡土文化资源很多是以原生态的形式呈现的,这种真实的、多因多果的、复杂的情境课程资源以及文本性课程资源,不仅丰富着学生的学习方式,同时也为学生的探究性学习方式提供了现实的可能性。[①] 结合乡土文化为主题的研究式学习,一般步骤是观察发现问题,搜集资料,提出假设,验证假设。在这种探究式学习过程中,可以充分调动学生学习的积极性、主体性、自觉性和主动性。在思想政治理论课程教学中,将乡土文化资源与高校思想政治理论课结合,可以让学生从自己比较亲近熟悉的乡土文化资源入手,发挥其参与学习的积极性、主动性和自觉性,提升他们对思想政治理论课的认同感。几乎每个中国人"都会感到他的根扎在家里,不管是在遥远的异国受苦受累,还是在离家很远的地方商旅迢迢,他都是父母之族的一分子"。中国人的文化传统具有家国同构之特征,爱恋乡土,进而爱恋祖国,"中国人是一个酷爱自己家乡的民族,虽然他们许多人漂泊流落于世界各地,忍受种种饥寒交迫、虐待凌辱和艰难险阻,但他们也仅仅是漂泊流浪而已。他们最热切的期盼和刻骨铭心的追求,就是最终要回归故里,与自己的家人安度晚年;还有最重要的一点,就是在百年之后,他们要与自己的先祖们归葬在一起。"[②]如通过让学生撰写自己家族的家族树、家族史、家谱等内容,使其了解自己的家族发展史以及个人、家庭、家族与家乡的互动关系;通过让学生编写家乡变迁史,采访老辈人,查找家乡自然生态和文化生态方面的各种数据材料,包括乡土地理、民风习俗、传统文化、生产和生活经验等,由此建构成一部家乡发展变迁史,使学生从中感悟体会"小家乡——大国家"之间的密切关系,接受认同爱国主义教育。

(三)实践性教学设计

具有现实与时代的深切关注和关怀,是每一位公民应有的历史责任感与社会担当意识。经世致用与学以致用是相统一的。高校思想政治理论课实践是一项系统工程,乡土文化资源可以为思想政治理论课教学实践提供较多的支撑、辅助与可能的条件。与乡土文化资源结合的思想政治理论课程实践活动具有直观性、形象性、交互性和研究性,可以充分发挥教为主导学为主体的双主体作用,充分调动学生的主体参与热情、学习主动自觉性和自主研究的积极性。课堂教学实践过程中,以乡土文化资源为依托基础和取材,以观察、发现、体验为方式手段,让学生自己动手搜集资料,运用其所学知识,锻炼其理性分析、比较、综合能力,将学中做与做中学相结合,在动手实践过程中,使其获取丰富的历史发展情感和乡土文化情怀的体验与感悟,培养大学生们以爱国主义为核心的民族精神和改革创新的时代精神汇总而成的中国精神,有利于实现社会主义和谐社会和中国梦。人是社

---

① 宋林飞《乡土课程理论与实践》,上海:上海教育出版社,2011 年版,第 18 页。
② 汪涌豪《文明的垂顾:汪涌豪人文演讲录》,上海:中西书局,2014 年版,第 138～139 页。

会性的动物,文化是经由社会化过程得以延续的。① 从这个意义上讲,老家故乡就是刻写在每一个人身上的名片和符号,它深深地埋藏在每一个人的记忆之中。每一位乡邦先贤或英雄人物都有着其独特的经历,而大学学生生源决定他们来自不同的家乡地域。充分利用这一有利条件,要求学生在其制作课件和撰写小论文时反映自己家乡的乡土文化资源,让学生通过个人或小组作业将这些丰富而又丰满的乡土文化资源充分展现出来以供大家资源共享,能够使其受到深刻的乡土教育、国情教育及社会主义核心价值观教育,收到良好的实践教学效果。

(四)情境式教学设计

作为人们相互实践产物的交往是人的社会性得以产生和发展的前提②,因此通过"情境建构"这种现实交往方式,可以推动学生形成对中华民族的历史认同感。"情境建构"是通过语言等形式建构一个情境以便说服对话让对方产生认同感的技术与过程。它是在既定情境存在的前提下,情境中的行动者努力改变和重构情境的过程,也可以看作是一种情境的再生产的过程。③ 根据思想政治理论课程教学内容要求,结合乡土文化资源,创设一种适合于思想政治理论教学的情境氛围而使学生身临其境,有助于帮助学生形成正确的认知,激发学生的情绪情感,启发学生的思维,引起学生的联想,调动学生的学习积极性。只有获得这种亲临其境条件下的现场感与在场感,才能让学生更好感悟体验所学的思想政治理论课的理论知识。乡土文化资源教学,一方面可以利用具有乡土性的历史教科书、通俗历史读物、历史档案、历史文献资料、地方志、家谱、族谱以及当地历史人物的回忆录等文本资料,另一方面也可以组织学生参观家乡的厂矿企业、博物馆等能够反映社会生产、生活实践与社会变化发展等场所,让学生亲临其境地体验一种乡土文化资源的形态、意义以及其所建构的价值意义等丰富内涵。因而可以利用引出问题的智力情境、身临其境的操作环境、和谐愉快的情绪情境、成功的需要情境等多种情景模拟方式,来创设思想政治理论课教学情境设计。在我校大学生暑期思想政治理论课社会实践,结合乡土文化资源中的中华优秀传统文化资源、丰富的历史文化资源、红色的革命文化资源等优秀文化资源,引导大学生对进行实地社会调研与考察,深层次分析挖掘这些资源与中华民族传统文化、当代中国社会之关系,形成社会实践调查报告,增强大学生对中华民族的历史认同感,提升中华民族向心力凝聚力和国家文化发展软实力。

总之,将乡土文化资源运用于思想政治理论课教学是非常必要而又切实可行的,也是一种我们需要加强重视的、可有效利用的教育资源。"最原始的,最基本的,最唯物的教材,就是乡土教材。""乡土和学校周围的事物不仅可作教科书的补充,同时它本身就是现实的、活生生的教科书。"④乡土文化资源是一本具有可开发价值的、蕴含有丰富教学资源的教科书,充分利用乡土文化资源作为高校思想政治理论课课程教学的辅助手段,是激发学生学习兴趣和动力,提升高校思想政治理论课课程教学实效性的重要途径。

---

①　李建民《日本战略文化与"普通国家化"问题研究》,北京:中国社会科学出版社,2015 年版,第 77 页。
②　王在亮《改革开放以来中国区域合作理论研究》,北京:中国社会科学出版社,2016 年版,第 82 页。
③　费爱华《话语交易:乡村社会及其治理中的人际传播》,杭州:浙江大学出版社,2013 年版,第 224 页。
④　湖南省长沙师范学校编《徐特立文集》,长沙:湖南人民出版社,1980 年版,第 414 页。

社会性别视阈下高校思政课教学中的乡土文化资源融入问题

张钟月

社会性别(Gender)作为"西方女性主义基于男女两性权力关系结构视角,分析妇女/性别问题的重要方法"①,意在强调男女两性各自承担的性别角色及地位、社会对性别角色的期待和评价、关于性别成见和对性别差异的社会认识等等,并非两性生理特征决定,而是受后天条件制约、由特定社会文化制度建构而成,并在国家参与运作下通过宗教、教育、法律、社会机制被规范化、制度化、模式化而得以重构。正是鉴于社会性别这种透视社会关系和社会制度根源和本质的强大工具功能,第四届世界妇女大会明确将"社会性别主流化"作为提高两性平等的一项全球性策略,呼吁政府注重妇女在社会性别发展中的作用,有责任也有可能在各项决策中引入社会性别意识,"使男女双方的关注和经验成为设计、实施、监督和评判政治、经济和社会领域所有政策方案的有机组成部分,从而使男女双方受益均等,不再有不平等发生。纳入主流的最终目标是实现男女平等。"近年我国政府积极响应这一号召,逐步将社会性别观点纳入决策主流并作为发展战略广泛推行。但目前高校思想政治理论课教学中却仍普遍缺乏社会性别机制的积极介入,而基于社会性别视角,深入系统挖掘蕴涵在乡土文化资源中的女性素材,并将其有机融入思政课教学之中,不失为解决高校思政课教学这一性别利益遮蔽问题的一种可行而又必要的现实路径。具体而言,其现实意义如下。

一、加强思政课教学资源建设、提升思政课教学实效性的需要

作为大学生思想政治教育主阵地的高校思政课,并非仅囿于一般性的专业知识传授,而是更多地依托鲜活丰富的资源载体和专业知识,通过行之有效的思想启迪、价值引导和道德涵育,帮助大学生坚定理想信念、提升思想素质,力促每个大学生都能获得健康全面发展的人格。认知心理学认为,有效教学应当关注学习内容与学生认知结构中的知识经验的相关性。而囊括民俗风情、传说故事、古建遗存、名人传记、村规民约、家族族谱以及在"存真史,存信史"原则下由各地乡邦先贤搜集整理编纂的著述②等要素的乡土文化作为人们长期生活中撷取和养成的、具有鲜明地域特征的物质文明和精神文明的总和,是特定区域共性文化积淀的集中体现,对于生活其中的个体生命的发展极具"根"之意蕴,因此,对乡土知识、乡土情感的充分发掘,势必会对大学生产生不可或缺的浸润与熏陶作用,进而有助于使思政课成为真正深入人心的有"根"的言语。

要充分开发和利用乡土文化资源并将其融入思政课教学中,不能也不应忽视社会性别视角,因为"无论一个社会进化到什么程度,人们的生活质量和生存品质总是具体地通

---

① 鹿锦秋《南希·哈索克的马克思主义女性主义研究》,北京:中国社会科学出版社,2015年版,第294页。

② 刘芹《王树楠史学研究》,天津:天津人民出版社,2012年版,第229页。

过其性别身份表现出来"①,在乡土文化资源中,女性同样渗透到诸多领域。例如,自 20 世纪二三十年代开始,中国文坛上就活跃着一批既保留了中国传统文化的深刻烙印同时又接受了西方先进文化的女性作家。在她们的努力下,部分中国女性开始探求个性解放、自我存在的价值和人生意义。② 虽然就历史而言,女性往往是被表述和被压抑的,不过女性作家秉承各自的文化理念与历史观,记录了不同地域、不同时代、不同文化的生存和生活,是我们了解乡土文化的重要资源。③ 但在强调思政课程和课程思政双向互动的今天,目前高校思想政治教育教学资源建设对类似这样的女性素材资源重视普遍不够。就近年全国各高校利用乡土文化充实思想政治教育资源、增强教学实效性的实践和研究状况而言,鲜有社会性别视角的教研论文发表;就近年国内出版的各类思政课教辅材料(教学设计、参考资料及习题集等)而言,关于对女性素材的利用更是极少出现。归根结底,这种乡土文化资源开发中社会性别视角的缺失现象,凸显了思政课教学资源建设对先进性别文化整合的严重不足,这既是思政课教学忽视教育对象主体本质及对新资源整合能力低下所致,也与先进性别文化渗透力不强、高校性别教育阵地构建不全有关。先进性别文化作为社会主义先进文化的重要组成部分,无疑是提升高校思政课教学质量、落实以人为本教学理念的必然要求。如果高校思政课乡土文化资源建设有意无意地无视或漠视女性素材教育价值,就可以被理解为与当今致力于社会主义先进文化建设的大学时代精神明显相悖。因此,立足社会性别视角,充分发掘乡土文化资源的女性素材,大力拓展思政课教学资源建设视野,积极推广和开展能与社会性别教育接轨、体现先进性别文化的思想政治教育,既是以此为契机丰富高校思政课教学内容、形式和方法和提升高校思政课政治性、思想性、趣味性、实效性,并进而切实发挥高校思政课"使人成为人"的健全人格教育功能的必要路径,也是为弘扬先进性别文化、传播性别平等理念、推进两性和谐发展构造良好条件的有效手段。

二、增强思政课教师社会性别意识、推进高校社会性别主流化进程的需要

高校思政课教师既是"党的理论、路线、方针、政策的学习者、研究者和宣讲者",又是"高校思想政治理论课教育教学和马克思主义理论学科建设的主要承担者"④,这就必然要求思政课教师既要在宣传、研究党的系列理论、路线、方针、政策过程中及时解放思想、破旧立新,适应新形势、新任务,又要在思政课教育教学实践中不断与时俱进、顺势而为、学以致用。面对当今世界大势所趋的社会性别主流化潮流,2001 年国务院发布《中国妇女发展纲要(2001—2010 年)》提出,应将妇女教育的主要目标纳入国家的教育规划,在课堂教育内容和教学方法改革中,把社会性别意识纳入教师培训课程,并将性别平等意识纳入教育内容。高校思政理论课作为宣传、研究国家意识形态的主阵地和传播新观念的主场所,更应充分利用多种渠道、以多种形式积极响应党的这一号召,帮助思政课教师增强社会性

① 杨萍《超越界限:乡土课程资源开发的性别思考》,《教育理论与实践》,2007 年第 24 期。
② 张艳梅《文化伦理视阈下的中国现当代小说研究》,北京:中国社会科学出版社,2012 年版,第 386 页。
③ 张艳梅《文化伦理视阈下的中国现当代小说研究》,北京:中国社会科学出版社,2012 年版,第 415 页。
④ 陈占安《关于进一步加强思想政治理论课教师队伍建设的思考——写在思想政治理论课"05 方案"实施五周年之际》,《思想理论教育》,2010 年 11 期。

别意识、树立先进性别理念、消除传统性别观念消极影响,将社会性别意识贯彻落实到思政课课程建设、理论研究及教学实践等各个环节中去,以推进社会性别意识在高校实现主流化的进程。尽管近年各高校马克思主义学院及妇联等相关机构对妇女、社会性别意识研究给予了一定支持和关注,但距离中央实现社会性别意识在高校思政课中主流化的要求仍旧差距甚远,思政课教师仍旧在教育教学过程中普遍缺乏社会性别分析视角,比如:性别观念上,有的思政课教师或者传统性别观念思想仍旧根深蒂固,或者不能把握性别平等及社会性别主流化的理论内涵和根本要义,错误地将法律规定的男女平等完全等同于现实中男女的事实平等,认为法律早已明确规定男女平等了,这个问题在我国已经得到解决而没必要加强关注,或者不能正确理解"人是自然、文化等各种因素综合作用下的集合体"①的观念,割裂了生理性别和社会性别之间对立统一关系,要么以"男女有别"过于强调男、女师生之间的区别,仍秉持"男主外、女主内"刻板标准,有意无意地将女博士妖魔化、不分青红皂白地抹杀事业型女教师的家庭贡献,要么片面强调社会性别的社会建构作用,对男女生理特征差异缺乏应有的关注和尊重;现实生活中,受市场经济转型、就业压力增大、全面"二孩"政策实施等因素影响,近年来传统性别观念在我国有所回潮,尤其是"男外女内"社会期待抬头趋势有所加强,许多女教师因缺乏正确的性别平等观,而对此不能进行正确科学、理性分析,因而不可避免地陷入事业和家庭的冲突境地而承受着比男教师更沉重的工作、生活和精神压力;教育教学过程中,许多思政课教师不仅在教学内容的整合、教学方法的运用上缺乏性别视角,也不能有选择的因"性"施教,更不能及时关注女性大学生成长发展中的焦点问题和热点问题,致使教学育人效果大大降低。总之,如果作为教育者、引导者、宣传者的思政课教师自身都缺乏先进性别观念,则必然会对学生性别平等意识的培育以及思政课教育教学实效性的增强形成严重制约。因此,当前形势下将社会性别理念纳入思政课教学过程极具必要性和迫切性。

女性乡土文化资源的系统发掘、利用作为将社会性别理念纳入思政课教学的一种可行性途径,必然会对增强思政课教师社会性别意识、推进高校社会性别主流化进程有所贡献。比如:课程培训上,通过组织思政课教师对乡土文化进行实地考察、举办专题讲座普及妇女、性别研究理论及研究方法等举措,引发思政课教师将社会性别理论分别纳入各门思政课教学内容及过程的意识及兴趣;科学研究上,通过组织申报与女性乡土文化主题相关的各层次科研和教研课题、鼓励思政课教师撰写女性乡土文化与思政课教学相结合的研究论文、学术著述等举措,帮助思政课教师基于乡土文化女性素材的开发,自觉运用社会性别视角审视千百年来中国妇女走过的坎坷历程,尤其是百余年来不同阶层、不同民族妇女为中华民族独立复兴、国家民主富强和妇女解放发展做出的不懈努力、英勇牺牲和卓越贡献,从中"准确把握阶级、政党、民族、地域和性别的关系"②,切实感悟乡土文化资源蕴涵的妇女地位、作用的发展变化及其自身感受到的进步和困惑,系统了解国家不同时期的法律、政策、措施对男女两性的不同影响和作用,不断增强自身对性别问题的敏感度及对性别偏见、歧视现象的辨识意识及抵御能力;教育教学上,思政课教师将女性乡土文化资

① 鹿锦秋《南希·哈索克的马克思主义女性主义研究》,北京:中国社会科学出版社,2015年版,第201页。
② 顾秀莲主编《20世纪中国妇女运动史(上卷)》,北京:中国妇女出版社,2008年版,前言第4页。

源有意识地、有机系统地整合进各门思政课课程资源建设、教学内容设置及实施方案等环节的全程教学实践过程,在积极培育大学生性别平等意识的同时,也进而也强化了教师自身对性别平等的概念内涵、发展历程的深刻把握,增强了将先进性别观念融入思政课教学的信心和能力。

三、激发女性大学生主体意识觉醒、促进大学生两性和谐发展的需要

五四运动之后,将追求女性"个性解放"与肩负社会"道济天下"的责任统一起来就成为部分现代女性的一种自觉行为。① 但是,这种部分人的自觉并没有成为女性整体的文化自觉。当代女性大学生迅速崛起之时也面临社会激变带来的诸多性别困扰和困惑,激烈的竞争和性别偏见使她们面临前所未有的就业压力;"男外女内""男强女弱"等传统性别角色和观念潜在瓦解着女性大学生的自信心和意志力,使她们"普遍缺乏职业成就动机,缺乏平等参与、谋求发展的积极心态以及独立自强意识和拼搏奋斗的精神";许多女生甚至秉持"干得好不如嫁得好""愿嫁富二代""只要有房,宁当小三"的婚恋观等等,归根结底,这些"走捷径"的生活选择无疑表明女生"主体意识"和先进性别观念的严重缺失,其结果必然使女生为适应和依附男性,认同自己"在社会关系中处于从属性或依附性的他者位置"②,而最终导致人格退化与裂变。

社会性别理论认为,女性主体"体现了从属性与能动性的辩证统一,亦即是被动性向能动性的转化,这也是女性争取解放的重要条件"③,女性主体意识作为先进性别文化的重要构成,意指"女性作为主体在客观世界中的地位、作用和价值的自觉意识"④,是激发女生克服自身依赖性和盲从性,追求独立自主、发挥主观能动性和创造性,使其能够直面人生和社会、勇于进取并不断超越自我的内在动力,是女生"积极争取自身权益、获得全面自由发展的不可或缺的主观因素"⑤。因此,通过各种路径给予女性大学生性别关怀,帮助她们树立以"女性主体意识"为核心的先进性别理念并促其全面健康发展是高校各部门不可推卸的责任。而将女性乡土文化资源纳入思政课教学便是高校思政课教师推进先进性别文化建设进程的不可忽视的现实渠道。一是通过将增强女生主体意识、培育先进性别理念设置为女性乡土文化资源融入各门思政课课程建设的总体目标之一,有助于为科学合理、有序推进先进性别理念教育、促进两性和谐发展提供明确的行动依据;二是将充分发掘的女性乡土文化资源有机纳入各门思政课的课堂教学内容,有助于激发女生主体意识、传播先进性别观念。如《中国近现代史纲要》课对冯婉贞、郭俊卿等在救亡图存探索中实现妇女自身解放的山东女英雄素材的利用,可以在增强女生爱乡爱国热忱和民族自豪感的同时,提升其勇于战胜一切困难的自信心和主体意识;《毛泽东思想和中国特色社会主义理论体系概论》中讲述社会主义核心观的"平等"内涵时,利用当地乡土文化中"妇女缠足到放足"再到五六十年代独立能干的"铁姑娘"、改革开放时期女性性别平等新诉求等资源,

① 张艳梅《文化伦理视阈下的中国现当代小说研究》,北京:中国社会科学出版社,2012 年版,第 389 页。
② 鹿锦秋《南希·哈索克的马克思主义女性主义研究》,北京:中国社会科学出版社,2015 年版,第 177 页。
③ 鹿锦秋《南希·哈索克的马克思主义女性主义研究》,北京:中国社会科学出版社,2015 年版,第 179 页。
④ 胡晓红《略论思想政治教育的性别关怀》,《长春师范学院学报(人文社会科学版)》,2011 年第 3 期。
⑤ 鹿锦秋《南希·哈索克的马克思主义女性主义研究》,北京:中国社会科学出版社,2015 年版,第 297 页。

从社会性别视角阐明我国"性别平等"概念内涵的演变过程,则有助于使学生认识到性别平等是在尊重性别差异基础上的平等,女性应该积极争取应有权利,也有助于提升女生对各种性别偏见、歧视现象的批判及抵御能力;三是实地参观、社会调研、体验式教学等形式多样的课外实践教学活动,有助于使女生对先进性别文化理念由感知到认同再到内化为自身素质,并自觉加以运用外化为实际行动。特别是在分类教学过程中,例如对文学专业的学生,就完全可以将女性文学的发展历程与思想政治理论课的价值引领功能有机结合起来。因为百年女性写作历程,女性小说创作中所呈现出的情感体验、生命意识、伦理态度与文化立场,真实再现了现代女性自我寻找、自我发现、自我认同的思想演进过程。[①] 对思政课而言,这是一个很好的乡土文化素材。可以说,这一案例告诉我们,充分发挥女性乡土文化资源立德树人及先进性别文化教育中的独特作用和感召力,对帮助女大学生走出性别困惑、克服各种性别偏见不良影响并实现成才目标的重要意义显而易见。

　　总之,社会性别主流化思潮大势所趋背景下,充分发掘、开发和利用乡土文化资源中丰富的女性素材,并将其有机整合进高校思政课课程资源建设、教学内容设计、课外实践教学等各个环节,不论是对完善思政课课程建设、增强思政课教学实效性,对提升师生社会性别意识、培育先进性别文化理念,还是对消除高校思政课教学性别视阈的缺失、带动高校社会性别主流化进程的整体推进,都具有不容忽视的重要现实意义。

[①]　张艳梅《文化伦理视阈下的中国现当代小说研究》,北京:中国社会科学出版社,2012年版,第385页。

乡土文化融入思想政治理论课教学的思考

张慎霞

乡土文化是民族传统文化的重要载体,是养育人的精神之源和文化之根。但是,文化并不是凌驾于社会之上的静态实体,能够指导行为而本身不受特定社会、经济与政治因素的影响。[①] 随着城镇化、工业化与现代化进程的发展,乡土文化逐步走向没落,甚至出现了退化和断层的文化危机。如今的大学生大都不太了解家乡的人文历史、独特民俗、传统技艺,这是现代教育的缺失和遗憾。在大学生中进行乡土文化教育,对培养大学生的家国情怀、责任担当意识,传承优秀传统文化具有重要意义。高校思想政治理论课作为大学生思想政治教育的主渠道,承担着培养大学生的文化自信、引导其树立正确人生价值观的任务,可以尝试将乡土文化教育融入思政课教学,既能增强思政课的实效性,又可弘扬与传承优秀乡土文化。

一、乡土文化融入思政课教学的可能性

首先,乡土文化与思政课的教育功能有相同之处。文化具有重要的教化功能,教化是政教风化、教育感化之意,重视对社会成员的思想政治教育功能,使他们具有史鉴意识,明辨是非,弃恶扬善,树立道德自律原则,完成对社会成员的政治社会化任务。[②] 乡土文化是人类经过几千年历史创造和积淀的,具有教育人、塑造人和培养人的属性和功能。从根本上说,人类所受的教育,也就是文化的教育,尤其是优秀传统文化的教育,而乡土文化是中国文化的根。思政课教学应与宽广深厚的历史文化背景相辅相成,要渗透中国传统文化的精华,大学生作为优秀传统文化的接受者,将乡土文化在内的优秀传统文化融入思政课教学中能产生事半功倍的效果。

其次,乡土文化与思政课的教育目标有相通之处。《高等学校马克思主义学院建设标准(2017)》中要求,思政课要"帮助学生树立正确的世界观、人生观、价值观,不断提高学生的思想水平、政治觉悟、道德品质、文化素养,坚定中国特色社会主义道路自信、理论自信、制度自信、文化自信。"[③]乡土文化在培养大学生的文化自信、形成优秀道德品质、树立正确人生价值观等方面与思政课的教育教学目标有相通之处。

二、乡土文化融入思政课教学的意义

首先,乡土文化融入思政课可以丰富思政课的教学资源。从精神文化层面看,乡土文

---

① 〔美〕彼得·卡赞斯坦《国家安全的文化:世界政治的规范和认同》,宋伟等译,北京:北京大学出版社,2009年版,第307页。

② 刘芹《王树楠史学研究》,天津:天津人民出版社,2012年版,第240~241页。

③ 教育部《高等学校马克思主义学院建设标准》〔EB/OL〕. http://www.moe.gov.cn/srcsite/A13/s7061/201709/t20170926_315339.html,2017-09-15。

化包括宗族文化、宗教文化、孝道文化、民俗文化等传统文化,这些乡土文化是乡村社会的文化基因和精神内核,其中包含着积极向上的思想和价值追求。"中国传统文化的价值判断往往与伦理道德密切相关。"①教育部印发的《完善中华优秀传统文化教育指导纲要》(教社科〔2014〕3 号)指出,"加强对青少年学生的中华优秀传统文化教育,要以弘扬爱国主义精神为核心,以家国情怀教育、社会关爱教育和人格修养教育为重点,着力完善青少年学生的道德品质,培育理想人格,提升政治素养。"②乡土文化能够提供爱国、处世、修身三个层面上的教育资源,可以为大学生的世界观、人生观和价值观教育提供文化资源支撑。

其次,乡土文化融入思政课可以提高思政课的教学实效性。家乡故土是每个人生命存在和发展的起点,人们总是对自己出生和成长之地有着终生难忘的记忆与情怀,"由此而形成的宁静安适的一首田园牧歌,都是对人类理想的生存状态和价值秩序的思索与探寻。"③在高校思政课教学中融入与大学生生活、成长密切相关的乡土文化,能使思政课教学贴近生活、贴近实际,贴近大学生,更加接地气,让理论得到乡土事实的印证而使大学生更加自觉地接受和认同。这样,思政课教学就更具感染力、吸引力和说服力,能够更好地实现思政课的教学目标。

再次,乡土文化融入思政课有利于乡土文化的传承。伴随中国城市化、工业化、市场化的进程,加剧了阶层分化、社会流动、文化转型等,破坏了乡土文化赖以生存的文化空间和社会土壤,使乡土文化陷入了生存危机的尴尬境遇之中。在经济发展过程中,虽然城市与乡村之间可能存在互为依赖的关系,乡村为城市提供了腹地,④但城市较少反哺乡村,在文化发展上也逐渐表现出一定的差距。在应试教育体制和功利主义理念影响下,乡村教育完全沦为城市文明和应试教育的附庸,弱化了乡村教育的文化传承功能,带来了乡土文化传承的割裂和断代。在一些偏远地区,城乡教育的发展更为缓慢,或很不平衡,受经济与社会变革的影响较深。⑤ 在这种背景下成长起来的大学生,在城市生活、城市文化的影响下,对乡土的情感日渐疏离,对乡土文化的认同感也逐渐消失。"文化重建是一个大命题,且在不同历史语境中,文化所指、重建方向皆差异甚巨。"⑥乡土文化融入思政课能够唤起大学生的家国情怀,激发大学生了解家乡、爱家乡爱国家的热情,也有利于乡土文化的传承。

三、教学中应注意的几个问题

首先是教学内容的取舍问题。不同的自然和风土环境会培育出不同的文化。⑦ 思政课有明确的教育教学目标和任务,为了实现教育目的,必须立足于思政课教学目标来选择乡土文化的内容。应当本着"贴近实际、贴近生活、贴近学生"的原则,为实现思政课教学

① 张艳梅《文化伦理视阈下的中国现当代小说研究》,北京:中国社会科学出版社,2012 年版,第 5 页。
② 教育部《完善中华优秀传统文化教育指导纲要》[EB/OL]. http://old. moe. gov. cn//publicfiles/business/htmlfiles/moe/s7061/201404/166543. html,2014-3-26.
③ 张艳梅《文化伦理视阈下的中国现当代小说研究》,北京:中国社会科学出版社,2012 年版,第 137 页。
④ 张钟月《清代以来鸭绿江流域移民研究(1644—1931)》,济南:山东人民出版社,2017 年版,第 184 页。
⑤ 张钟月《清代以来鸭绿江流域移民研究(1644—1931)》,济南:山东人民出版社,2017 年版,第 137~140 页。
⑥ 张艳梅《文化伦理视阈下的中国现当代小说研究》,北京:中国社会科学出版社,2012 年版,第 159 页。
⑦ 李建民《日本战略文化与"普通国家化"问题研究》,北京:中国社会科学出版社,2015 年版,第 64 页。

目标服务。而且并不是所有的乡土文化都是精华，教师要对各种繁杂、良莠不齐的乡土资料去粗取精、剔除糟粕，精选能够反映乡土社会本质、最具典型性、最能影响大学生思想实际的优秀乡土文化。在价值判断、选择的过程中，既要考虑到共性与个性的关系，又要处理好主流文化与乡土文化的结合问题。由于乡土文化具有地域性的特点，而高校的生源是全国性的，所以在内容的选择上应注意差别性。对地方高校而言，大学生大部分来自本地省市及地区，地域分布相对集中，应以共性的内容为主。乡土文化是民族传统文化的根，在爱国、处世、修身等层面上二者的价值追求是一致的，在教学内容选择时应将主流文化与乡土文化结合起来。

其次是融入的方式方法问题。有教学资源，然后从思政课的角度使用这些资源，避免生搬硬套、机械割裂，在能结合、可相融、有特色、效果好上做文章、下功夫。既要适度，又要注意主辅关系。乡土文化无论以何种方式融入思政课，都要避免主次不分或喧宾夺主。理论教学中可采取案例教学法、课堂讨论、演讲、辩论等方法将相关乡土文化内容融入思政课教学中；实践教学中可让学生到现场就乡土文化进行了解认识、体验、调研等等。例如，本校在概论课和纲要课的 1846 名学生中进行了"乡土记忆与文化传承"主题教学活动，鼓励学生利用节假日返家或旅游及探亲访友过程中，通过对首批列入山东省"乡村记忆"工程文化遗产名单的村镇或自己家乡的观察，以调研报告、论文、散文、随笔、诗歌、摄影照片等形式记录下来，以阐明一个道理，传递一种情感，改变某种行为。大家在课堂上分享各自的体会与感悟，分享不同的乡土文化。

再次是教学保障问题。乡土文化融入思政课只靠个别教师个人的兴趣和努力是远远不够的，推动这项工作需要学校和马克思主义学院的重视，要做好顶层设计。首先是师资培训，整体上看思政课教师对乡土文化的研究并不深入，甚至不怎么了解，所以首先是学习和研究的过程，至少要使思政课教师对乡土文化有较深的认识和了解。然后才谈得上教学内容的选择、教学方法的运用等，这需要组建教学团队进行教学研究与攻关，精选教学资源，进行教学设计，组织教学实施，等等。可见，这是一项艰巨的教学改革任务，必须得到学校及马克思主义学院的支持才能向前推进。学校和学院应在教育教学改革的经费投入、教学工作量的核算、教学改革成果的认定等方面制定配套制度支持，以激励教师投入到教育教学改革中，达到改革的目的和效果。

总之，乡土文化融入思想政治理论课是有价值和现实意义的工作，对提高思政课的实效性和传承优秀乡土文化是双赢的选择。但是，由于制度环境、师资条件等的限制，达到改革的目的和效果仍然任重道远。

文化传承视阈中的高校思想政治教育

王在亮

习近平总书记指出,思想政治工作从根本上说是做人的工作,必须围绕学生、关照学生、服务学生,不断提高学生思想水平、政治觉悟、道德品质、文化素养,让学生成为德才兼备、全面发展的人才。毫无疑问,高校思想政治教育是一项总体性的伟大事业,涉及怎样培养人,培养什么样的人的问题,从根本意义上说,关涉到中华民族复兴的大问题。很显然,高校思想政治教育不光是教育学生具有扎实的专业知识,更为重要的是,还要具有高尚的思想境界、坚定的共产主义信仰、优良的道德品质、丰厚的文化修养、创新的内在精神等等。应当说,高校文化传承和创新是高校思想政治教育的基础性问题,或者说,高校文化传承和创新与高校思想政治教育是辩证地有机地统一,彼此相互促进。显而易见,从根本意义上说,文化传承和创新在高校思想政治教育中占有十分重要的地位,是高校思想政治教育的生命线。在我们看来,文化传承和创新视阈中的高校思想政治教育的主要内涵有以下五点。

第一,高校思想政治教育要"真"。高校思想政治教育只有把"真"作为根本,才能真正具有实效性。这里的"真",是指以真理本身为对象。真理探讨本身应该是合乎真理的;合乎真理的,不仅要立足于当下的社会现实,而且还要具有继承和创新传统文化。真理的各个分散环节最终都相互结合在一起。真理探讨的方式应该随着对象的改变而改变。[①] 应该看到,中华民族在五千年的文明历程中所形成的克己复礼、天人合一、和而不同、己所不欲勿施于人、天下大同的思想境界,是我们宝贵的精神财富。无疑,对这些精神财富,我们既要继承,又要创新。高校思想政治教育不是空洞、教条、抽象地说教,而是把传统文化的继承和创新作为思想政治教育的切入点和立足点,使高校思想政治教育成为有血有肉的真,而不是空洞、虚无缥缈的虚。真正说来,高校思想政治教育需要不断地在传统文化的继承和创新中,吸取营养和新鲜血液,从而把思想政治教育做真,真正培养大学生成为德才兼备的人才。

还需要指出的是,高校思想政治教育做"真",应该把传统和社会现实结合起来;传统与社会现实不是对立的,而是辩证统一的。黑格尔曾经说过,传统并不仅仅是一个管家婆,只是把她所接受过来的忠实地保存着,然后毫不改变地保持着并传给后代;传统不是一尊不动的石像,而是生命洋溢的,有如一道洪流,离开他的源头越远,它就膨胀得越大。这意味着,真正具有生命力的传统,是与社会现实生活相容的。这就深刻地启发我们,在高校思想政治教育中,必须把文化传统的继承和创新与当代中国的社会实践结合起来,对历史文化传承下来的道德风范,要坚持创新继承,古为今用,才能使高校思想政治教育始终朝着正确的政治方向,从根本上抵制极端个人主义、自由主义、实用主义和各种虚无主

---

①　孙民《马克思元素及其当代意义》,北京:人民出版社,2016 年版,第 111 页。

义的侵袭。一言以蔽之,高校思想政治教育的"真",就是把中华民族的优秀文化作为高校思想政治教育的意蕴,并在实践中发扬光大,始终在中华民族文化的继承和创新中融入思想政治教育。与此同时,在高校思想政治教育中,始终把中华民族的文化传承与创新作为底蕴,始终做到二者相互支持、相互贯通。

第二,高校思想政治教育要"实"。高校思想政治教育的主要目标是让大学生弘扬社会主义核心价值观,也就是从思想上和行动上践行社会主义核心价值观。社会主义核心价值观与中国的文化传统一脉相承,是对传统文化的发扬和光大,这表明,高校思想政治教育的"实"就是切实让学生掌握传统文化的精髓,从而把社会主义核心价值观作为思想和行动的向导。"中国文化中道德理想对于人生的约束和引导,意味着伦理规范的不断叠加。"① 毋庸置疑,中华民族的传统文化是我们的精神家园,是我们安身立命的根,如果传统文化丢失了,我们就失去了自己的精神家园。经验表明,历史和文化对国家战略选择具有重要影响。② 犹太人由于种种原因,2000多年来没有国家。但是,犹太民族不但没有消失,而且还成为世界上最具有创新精神的民族之一,根本原因在于犹太人不仅继承自己的传统文化,而且还不断地进行文化创新。这就提示我们,社会主义核心价值观是我们在继承、创新传统文化的结晶,是中国特色社会主义的文化表征,它的理论品质是马克思主义哲学的内在精神。马克思主义实践观,不仅具有当下的现实性,而且还寄寓着超越当下的理想性,也就是说,马克思主义实践观付诸实践批判并且本身就贯彻在当代人类实践的伟大历史进程之中。③ 马克思主义哲学具有理论品质、实践品质和创新品质,理论品质、实践品质和创新品质相互依赖、相互支持,共同彰显马克思主义哲学的本质精神。马克思主义哲学的本质精神是超越资本逻辑及其所代表的哲学精神,从而实现无产阶级和人类的解放,这是马克思主义哲学作为"时代精神的精华"和"人类文明的活的灵魂"的根据所在。④从最本质的意义上说,社会主义核心价值观是当代中国马克思主义中国化的最新形态,体现了马克思主义与中国传统文化创新结合;所以,高校思想政治教育只有把社会主义核心价值观作为灵魂,才能真正把高校思想政治教育做实。

第三,高校思想政治教育要"理"。高校思想政治教育要讲理,只有讲理,才能使学生内心里信服。高校思想政治教育的"理"体现在让学生树立为中华民族伟大复兴而奋斗的信念。关键的问题是,让学生深谙中华民族伟大复兴的深刻内涵及其时代意义。中华民族的伟大复兴,不仅要实现物质文明,而且还要实现精神文明,物质文明和精神文明的内在统一才是我们的奋斗目标。习近平总书记指出,中华民族的先人们早就向往物质生活充实无忧、道德境界充分升华的大同世界。中华文明历来把人的精神生活纳入人生和社会理想之中。记得黑格尔说过,一个民族需要仰望的人。从大处说,一个国家、民族,没有理想,是不可能实现自己的伟大复兴的;从小处说,一个人没有理想,是不可能成就大的事业的。马克思在中学时代就立下了为人类幸福而工作的志向,正是这个崇高而伟大理想,使马克思为人类做出了巨大的贡献。历史与现实启示我们,物质上的强大对一个国家和

---

① 张艳梅《文化伦理视阈下的中国现当代小说研究》,北京:中国社会科学出版社,2012年版,第5页。
② 李建民《日本战略文化与"普通国家化"问题研究》,北京:中国社会科学出版社,2015年版,第67页。
③ 孙民《马克思元素及其当代意义》,北京:人民出版社,2016年版,第102页。
④ 孙民《马克思元素及其当代意义》,北京:人民出版社,2016年版,第112页。

民族必不可少,精神上的强大同样必不可少。这就告诉我们,高校思想政治教育要"理",这里的理既是道理,又是理想。换言之,道理与理想是内在统一的、不可分割的,否则,理想就会变为空想,道理就会变为非理。高校思想政治教育要"理",理扎根于中国传统文化和时代的对话之中,扎根于社会现实生活之中,扎根于中国特色社会主义伟大实践之中。①在这个意义上说,高校思想政治教育就要把文化的传承与创新和社会现实生活结合起来。

最近公布的"双一流"学校和学科,强调知识能力的创新,这固然很重要。事实上,"双一流"还应该具有更加深刻的内涵,也就是说,它必须立足于中国的社会现实生活,其底蕴必须是中国的文化传承和创新。这就启发我们,一方面,建设"双一流"的关键不仅要有一流的老师,更为重要的是,要有一流的学生。所谓一流的学生不仅具有传统意义上所强调的素质,更为关键的是,"双一流"的学生具有胸怀世界、心系祖国、坚定的理想信念,即是说,具有为祖国、为人民、为人类的幸福而担当的志向和抱负,这正是高校思想政治教育的根本使命。

第四,高校思想政治教育要"情"。文化对国家战略或者国家行为的选择来说并不是一种可有可无的变量,它是决定国家行为的基本要素。②中国在"十三五"规划中已经明确将塑造国际秩序规则作为战略目标之一。在国外对中国未来发展存有疑虑的现实背景下,我们迫切需要做好文化传承工作,实现优秀传统文化的创造性发展、创新性转化。这样,一方面可以增强民众的认同感与获得感,同时也能够通过中国文化传统的国际传播,让世界其他国家相信中国走的将是一条和平发展的道路。正因为如此,习近平总书记指出,对中华民族的传统文化和光荣历史,要加大正面宣传力度,通过学校教育、理论研究、历史研究、影视作品、文化作品等多种形式,加强爱国主义、集体主义、社会主义教育,引导我国人民树立和坚持正确的历史观、民族观、国家观、文化观,增强中国人民的骨气和底气。认真贯彻习近平总书记的讲话精神,是做好高校思想政治教育的根本。复旦大学陈思和先生说,一个知识分子,如果对当代生活没有激情、没有热望、没有痛苦、没有难言的苦衷,那么,他的学问、他的才华,都会成为没有生命力的碎片。高校思想政治教育不能冷若冰霜,要把热情和激情融入其中,时时处处让学生感到我们民族文化的深厚意蕴,我们祖国的伟大而神圣,我们的事业光荣而崇高,我们的理想执着而坚韧。"理想的社会生活是每个生存个体都能积极有序地生活,并且自主决定个体命运,这就关乎个人如何面对他人、自我和人自然。"③毋庸置疑,高校思想政治教育既要从宏观讲情,又要从微观讲情。所谓从微观讲情,是指通过社会调查,体验社会生活,诸如对故乡的怀恋、祖国大好河山的眷恋以及挖掘它们的文化意蕴,激发民族的自豪感。在这个意义上说,细微深处见真情,这本身就是文化魅力的彰显,需要我们融入高校思想政治教育之中。

第五,高校思想政治教育要"信"。高校思想政治教育的主要功能是教育大学生牢固树立中国特色社会主义道路自信及其树立正确的世界观、价值观和人生观。要让大学生真信,力戒空洞、抽象的说教。这意味着,必须让大学生真实了解中国特色社会主义具有

---

① 孙民《马克思元素及其当代意义》,北京:人民出版社,2016年版,第210页。
② 李建民《日本战略文化与"普通国家化"问题研究》,北京:中国社会科学出版社,2015年版,第195~196页。
③ 张艳梅《文化伦理视阈下的中国现当代小说研究》,北京:中国社会科学出版社,2012年版,第18页。

深厚的历史渊源和现实基础。所谓历史渊源就是扎根于中国文化的传承和创新之中,所谓现实基础就是马克思主义与中国文化的结合形成当代中国的马克思主义新形态,它是时代的眼睛,时代的真理,是中国特色社会主义理论指南。[①] 这表明,高校思想政治教育只有牢固树立当代中国的马克思主义新形态,从思想上掌握它的实质和灵魂,才能真正达到实效性。"作为和外在世界的关联方式,文化是一种物化的状态;而对于自我的调整,文化往往体现为一种精神信仰。"[②]无疑,当代中国的马克思主义新形态是最具科学性和包容性的思想,因为它不仅吸收了中国传统文化的优秀元素,而且还吸收了人类文明的一切优秀成果,它还始终坚持创新的理论自觉。"自大与愚蠢是病态的民族主义感觉的诱因与残渣。在意识形态繁荣的年代里,情感、冲动表现为各种思想理论。连最起码的道德观甚至礼仪普遍不能接受的做法也可以披上民族主义华丽的外衣,变得道貌岸然。"[③]这就深刻地启示我们,高校思想政治教育要有理、讲理、信理,当代中国的马克思主义新形态正是这个理的根据,更是我们"信"的理论根据。

总而言之,文化传承与创新对于高校思想政治教育具有极为重要的意义。高校思想政治教育是伟大而崇高的事业。这就需要我们站在马克思主义立场、观点和方法上,提升文化继承和创新的广度和深度,并且把它融入高校思想政治教育之中,真正使学生成为德才兼备、全面发展的人才。这是真正的希望工程。

---

① 孙民《马克思元素及其当代意义》,北京:人民出版社,2016 年版,第 112 页。
② 张艳梅《文化伦理视阈下的中国现当代小说研究》,北京:中国社会科学出版社,2012 年版,第 4 页。
③ 〔法〕吉尔·德拉诺瓦《民族与民族主义》,郑文彬、洪晖译,三联书店,2005 年版,第 123 页。

中华优秀传统文化与思想政治理论课教学融合的思考

付安玲

思想政治理论课对大学生的世界观、人生观和价值观具有重要影响。将中华优秀传统文化融入思想政治理论课教学,既可以充实思想政治理论的教学内容,也可以达到弘扬中华优秀传统文化的目的。本文试以思想政治理论课课程实践为基础,从指导思想,素材整理,实现路径等方面研究如何在思想政治理论课教学中融合中华优秀传统文化。

一、古为今用、推陈出新

中华优秀传统文化以儒家学说为主流,汉代以后,在意识形态领域,儒家学说占据统治地位[①],但在将儒家学说融入思想政治理论课时,从素材整理到实现路径都要以马克思主义理论为指导思想。

毛泽东在《实践论》中指出:"一切真知都是从直接经验发源的。但人不能事事直接经验,事实上多数的知识都是间接经验的东西,这就是一切古代的和外域的知识。"[②]素材整理需要以马克思主义理论作为指导思想,无论是"读古之万卷书"这一获取间接经验的途径,还是"行今之万里路"这一获得直接经验的途径,均需要在马克思主义理论的指导下进行。

实现路径是完成思想政治理论课教学与中华优秀传统文化的融合这一任务的关键点,必须在马克思主义理论的指导思想下完成。实现思想政治理论课教学与中华优秀传统文化的融合,辩证的否定观的实质"扬弃"当是指导思想,即既克服又保留,即根据时代特点和时代要求,在思想政治理论课教学中融入中华优秀传统文化。

总之,在思想政治理论课教学中融入中华优秀传统文化时,要做到以马克思主义理论为指导思想,既不能厚古薄今,也不能厚今薄古,需古为今用、推陈出新。

二、读万卷书,行万里路

1. 文献阅读

生活可以产生思想,思想同样是产生思想的重要途径。[③] 这一结论告诉我们,要实现中华优秀传统文化与马克思主义的有机结合,促成大学生思维方式与行为模式的改变,大量阅读经典文献这一思想传播的载体是必不可少的手段。阅读文献包括马克思主义理论的经典著作、中国基本古籍以及思想政治理论课与传统文化相融合的研究论文。

阅读马克思主义理论的经典文献。广泛深入地研读马克思主义理论的经典文献是最基础的训练,缺乏这方面的训练,就无法真正地在实践中坚持马克思主义,无法在课堂上

---

① 刘芳《道教与唐代科技》,北京:中国社会科学出版社,2016 年版,第 96 页。
② 《毛泽东选集》第 1 卷,北京:人民出版社,1991 年版,第 100~101 页。
③ 李建民《日本战略文化与"普通国家化"问题研究》,北京:中国社会科学出版社,2015 年版,第 78 页。

把课本上的理论和现实中的问题讲透,亦无法有效地将中华优秀传统文化融入高校思政课教学中。因此,在高校思政课(特别是马克思主义理论课)教学中融入中华优秀传统文化,必要的前提是广泛而深入地研读马克思主义理论的经典文献。

阅读中国基本古籍。中国传统文化博大精深,除了对文本进行深入研究之外,欲在思想政治理论课教学中融入中华优秀传统文化,必须用中华优秀传统文化的研究方法作为指导,这样才能使古籍里的文字"活"起来。著名哲学家冯契教授说:"我能与古人为友,对古人的生活、思想及其所处的时代条件有同情的了解,我才能对古代作品作出比较客观的评价。"[①]英国哲学家罗素认为:"研究一个哲学家的时候,正确的态度既不是尊崇也不是蔑视,而是应该首先要有一种假设的同情,直到可能知道在他的理论里有些什么东西大概是可以相信的为止;唯有到了这个时候才可以重新采取批判的态度,这种批判的态度应该尽可能地类似于一个人放弃了他所一直坚持的意见之后的那种精神状态。蔑视便妨害了这一过程的前一部分,而尊重便妨害了这一过程的后一部分。"[②]针对中国的道教,鲁迅先生在《致许寿裳》中写道:"中国根柢全在道教,此说近颇广行。以此读史,有许多问题可以迎刃而解。"[③]可见,整理古籍中有关传统文化的素材时,需要注意研究传统文化的方法问题,既不能有盲目崇拜的思想,亦不能有全盘否定的思想。

阅读思想政治理论课与传统文化相融合的研究论文,关注最新研究成果。任何时候都必须高度重视前人研究。阅读有价值的,且和思想政治理论课与传统文化融合相关的研究论文,将会对目前的教学研究产生事半功倍的效果。著名科学家牛顿尚且说,如果说我看得比别人更远些,那是因为我站在巨人的肩膀上。因此,在思想政治理论课教学中融入中华优秀传统文化,阅读与之相关的研究论文必不可缺。

2. 国情调研

从认识到实践,是认识过程的第二次能动的飞跃。在思想政治理论课教学中融入中华优秀传统文化,通过国情调研的检验,能够得到进一步的发展和完善。国情调研包括两个方面:一方面是对在校大学生调查研究,通过调查问卷的方式,主要调查大学生对中华优秀传统文化的了解程度,对国家提倡弘扬中华优秀传统文化的观点,以及对在思想政治理论课教学中融入中华优秀传统文化的欢迎程度等。另一方面是对老百姓的文化传承进行调查研究,通过走访、现场采访、个人交谈以及网络提问等方式,主要调查当今社会中华传统文化的传承情况。在民间信仰方面,还需注意到农村供奉神祇的杂糅化与个人信仰的多元化特点,并对民间信仰的起源有一定的客观认识。[④] 因此,在调查农村老百姓的文化传承情况时,不仅要注意儒家文化的传承,更要注意道教文化的传承,因其在诞生之初就与中国下层劳动人民结下了不解之缘,是老百姓日常生活的指南,而且是老百姓精神的重要组成部分。[⑤] 国情调研是检验在思想政治理论课教学中融入中华优秀传统文化正确与否的有效方式。

---

① 冯契《冯契文集》第 3 卷,上海:华东师范大学出版社,1996 年版,第 97 页。
② 罗素《西方哲学史》上卷,北京:商务印书馆,2015 年版,第 48 页。
③ 刘芳《道教与唐代科技》,北京:中国社会科学出版社,2016 年版,第 2 页。
④ 张钟月《清代以来鸭绿江流域移民研究(1644—1931)》,济南:山东人民出版社,2017 年版,第 185~186 页。
⑤ 刘芳《道教与唐代科技》,北京:中国社会科学出版社,2016 年版,第 102 页。

三、扬弃——既克服又保留

实现中华优秀传统文化与思想政治理论课中的融合,必须对中华优秀传统文化的创造性转化和创新性发展。创造性转化,就是要按照时代特点和要求,对那些至今仍有借鉴价值的内涵和陈旧的表现形式加以改造,赋予其新的时代内涵和现代表达形式,激活其生命力。创新性发展,就是要按照时代的新进步新进展,对中华优秀传统文化的内涵加以补充、拓展、完善,增强其影响力和感召力。[①] 任何个人对历史事件的记忆都具有社会性,某个群体当中对某一事件的记忆大体上是相同的,这种记忆具有传承性和延续性,是一个传承、延续的过程。[②] 而实现对中华优秀传统文化的创造性转化和创新性发展的依据则是:社会存在决定社会意识。中国传统社会小农经济占据主导地位,皇权至上的等级制度统治着人们的思想,如唐代统治者,出于政治的需要,在意识形态领域采取了一项重要举措——一度尊道教为先[③]。当今处于现代工业社会的中国乃是人民当家做主,作为执政党的中国共产党始终代表中国最广大人民的根本利益。因此,在思想政治理论课教学中融入中华优秀传统文化的实现路径,即是立足时代要求,让中华优秀传统文化接受当今时代实际的鉴别。

朱贻庭认为,弘扬中华优秀传统文化,实际上是对传统的现代价值的再创造,他认为:面对传统的"民本"思想,要用马克思主义的观点和方法进行科学的鉴别和扬弃。在对"民"的社会地位上,由被统治的"臣民"转化为权利平等的社会主人——"公民";在对"民"的价值观上,由"工具"意义转化为"目的"意义,进而对传统的"民本"思想作出创造性转化……基于宗法等级制的社会存在,传统的义利观显然缺乏权利或权利平等的观念和法制保障……必须注入现代的权利意识和权利平等的价值。[④] 在思想政治理论课教学中融入中华优秀传统文化,即是对传统的现代价值的再创造过程。然而需要注意的是中华优秀传统文化的现代价值的再创造和再转化,而不是仅仅局限于传统文化与马克思主义的契合和相通之处。

四、睁开眼睛看世界

中华民族是一个兼容并蓄、海纳百川的民族。建设新文化,梁启超认为:"一曰淬厉其所本有而新之;二曰采补其所本无而新之。"[⑤]建设社会主义新文化,既要做到古为今用,亦要做到洋为中用,以实现古今融合、中西会通的目的。因此,在坚持民族文化主体性立场的基础上,批判的吸收包括西方文化在内的一切人类文化的优秀成果。

佛教作为外来文化,自汉代传入中国以来,实现了儒佛道三教合流,在合流过程中对我国的医药学做出了许多贡献[⑥],已经成为中华文化的重要组成部分。建设社会主义新文

---

① 中共中央宣传部《习近平总书记系列重要讲话读本》,北京:学习出版社、人民出版社,2014年版,第101页。
② 刘芹《王树楠史学研究》,天津:天津人民出版社,2012年版,第245页。
③ 刘芳《道教与唐代科技》,北京:中国社会科学出版社,2016年版,第125页。
④ 朱贻庭《"源原之辨"与传统的继承和发展》,《道德与文明》,2014年第5期。
⑤ 梁启超《新民说·释新民主义说》,《饮冰室合集·专集(四)》,北京:中华书局,1989年版,第5页。
⑥ 刘芳《道教与唐代科技》,北京:中国社会科学出版社,2016年版,第29页。

化,需要对不同的文化持包容态度,作为兼容并蓄、海纳百川的民族,必须吸取人类所创造的优秀的文化成果。

在思想政治理论课教学中融入中华优秀传统文化,并不意味着排斥西方的优秀文化,而是要做到睁开眼睛看世界,吸收世界文明的有益成果。在思想政治理论课教学中融入中华优秀传统文化,不仅需要客观地对待中国古代传统文化,亦需要吸收借鉴世界各国人民创造的优秀文明成果。

建构主义理论视域下"乡土记忆"主题教学的文化意义阐释

孙　民

乡土记忆是一种抽象的、符号化的、带有主观色彩的客观存在形式[①]，主要来自乡村人们通过长期劳动和生活实践形成的劳作工具技能和逐渐累积起来的相对稳定的乡村风俗人情等物化载体。由于来自不同国家和不同地域、使用不同语言的人们的乡土记忆千差万别，因此，乡土记忆在农耕文明时代占据绝对主流地位。这一事实也说明，经济对文化的发展具有重要催化作用。[②] 也正是由于这一原因，近现代以来，随着工业化和城市化进程从西欧开始向全世界范围内开启，工业文明和城市文明的影响范围和影响人群不断扩大，成为世界主流文化形式，农耕文明则逐渐被边缘化。当乡村的人们通过长期劳动和生活实践形成的劳作工具技能和逐渐累积起来的相对稳定的乡村风俗人情等逐渐淡化的时候，乡土记忆也就慢慢失去了赖以存在的物化载体而逐渐模糊，直至最终消失。

这一现象被越来越多的学者关注和研究，不同领域的学者有着不同的视角和观点。在这其中，来自社会学领域的学者提出了建构主义理论，对乡土记忆议题提供了一个较为合理的解释框架和解决路径。建构主义理论认为，我们的世界从整体上看是一种结构，而这种结构的存在价值主要是由观念、规范、文化等因素诠释的，人类行为体与这种观念性结构存在相互建构意义。[③] 在这个意义上，包括乡土记忆、农耕文明、工业文明、城市文明等在内的事物都是人类历史实践的产物，即由人类行为体在社会不断互动过程中形成的"共识性知识"[④]。这种通过人类行为体的交往互动而形成的乡土记忆的发展脉络不是单一发展向度的和线性发展趋向的，而是既可以被解构，也可以被重新塑造的。也就是说，文化有历史延续性，但它并不是一个固定的、僵化不变的存在，会通过社会化过程进行传承并使其自身带有新的特点。[⑤] 乡土记忆因为工业化和城市化进程而逐渐模糊和消失实际上就是一个乡土记忆逐渐被解构的进程，那么，应当如何使经过长期的工业化和城市化进程而逐渐模糊和消失的乡土记忆失而复得，从而得到重新塑造和建构呢？首先，应当在全社会范围内建构起一种以"保护乡土记忆"为主导思想的共识性文化。这就需要充分发挥各级政府和各级相关职能部门的资源整合和宏观调控能力。2013 年，习近平总书记在全国城镇化工作会议上明确提出，要让居民在新型城镇化进程中"望得见山、看得见水、留得住乡愁"，从 2014 年开始，山东省政府就提出"加强文化遗产保护，实施'乡村记忆'工程"，到 2017 年，山东省更进一步提出编制"乡村记忆"工程总体实施规划的要求，目标是要在 2020 年保护恢复设立 100 个左右的"乡村记忆"博物馆、1000 个左右的"乡村记忆村

---

① 王在亮《改革开放以来中国区域合作理论研究》，北京：中国社会科学出版社，2016 年版，第 59 页。
② 李建民《日本战略文化与"普通国家化"问题研究》，北京：中国社会科学出版社，2015 年版，第 70 页。
③ 王在亮《改革开放以来中国区域合作理论研究》，北京：中国社会科学出版社，2016 年版，第 160 页。
④ 〔美〕亚历山大·温特《国际政治的社会理论》，秦亚青译，上海：上海世纪出版集团，2008 年版，第 139 页。
⑤ 李建民《日本战略文化与"普通国家化"问题研究》，北京：中国社会科学出版社，2015 年版，第 77 页。

落(街区)"、10000 个左右的"乡村记忆"居民。所以说,从整体上看,当前以"保护乡土记忆"为主导思想的共有知识体系初步形成。在这种共识性文化环境熏陶下,以政府、企业、个人等为代表的绝大部分的行为体在进行互动的时候,不仅会考虑自己的个体利益,也会照顾到其他行为体的个体利益,乃至整个社会的集体利益。随着互动程度的不断加深和日益长期化,一个制度化的、以"保护乡土记忆"为主导思想的共有知识及其影响下的行动自觉就会全面实现。

当然,在现实生活中,不同的行为体对"保护乡土记忆"的共有知识的内化程度是不一样的。有些行为体可能从"现代化"的视角出发,试图通过启蒙实现乡土文化向现代性的转换,也就是所谓的"反乡土"。[①] 有些行为体可能会因为保护乡土记忆对自己的利益需求没有好处而不是很情愿,因此需要采取一定的外部压力,甚至惩罚性措施,强迫其遵守。如果不这样做的话,越来越多的行为体可能会放弃、甚至违反"保护乡土记忆"的共有知识。也有部分行为体会积极践行"保护乡土记忆"的共有知识,但其出发点存在比较浓厚的"工具主义"色彩,[②]认为这样做带来的好处超过成本和代价。还有部分行为体对"保护乡土记忆"的共有知识高度认可,认为保护乡土记忆是合理的、理所当然的。

从思想政治理论课教学的视角看,通过学校教育的手段,将乡土记忆素材主动融入现有的思想政治理论课教学内容和教学过程,重新建构学生对乡土记忆的观念认知结构,可以进一步增强学生对乡土记忆的情感认可度,形成普遍的情感共鸣,最终实现学生践行保护乡土记忆的行动自觉。这对于实现大学生对"保护乡土记忆"的共有知识的内化程度从强迫遵守层面和利己驱动层面进一步上升到高度认可的合法化阶段,具有重要的现实意义。

那么,应当如何在思想政治理论课教学过程中,实现乡土记忆与马克思主义价值认同的高度融合和统一呢?"乡土记忆与传统文化"主题实践教学,做出了一个有益的探索和尝试。下面从几个方面来论述如何在思想政治理论课主题教学过程中融入乡土记忆和传统文化。

第一,从整体上看,要制定科学、合理、可操作性强的主题教学方案设计方案,从思想政治理论课教师、教材、教学过程、课程考核、教学研究等各个方面,重点突出和有机结合乡土记忆的目标要求,并且要根据实际情况的变化不断改进。

第二,在思想政治理论课教师方面,要通过集体培训和自我学习等多种学习方式,不断建构自己的乡土记忆基本素养,如果教师本身都无法充分了解和认同乡土记忆的话,无法真正调动学生参与乡土记忆主题教学的积极性。所以说,思想政治理论课教师对乡土记忆的自我建构和认同,是开展"乡土记忆与传统文化"主题实践教学的前提和基础,对于"乡土记忆与传统文化"主题实践教学的预定目标达成起到重要作用。

第三,在思想政治理论课教材方面,教师可以深入研究教材,将教材中可以与乡土记忆联系起来的知识点全部挖掘出来,然后把相关理论知识与乡土记忆有机结合起来,制作相关专题教学内容,以此融入课堂教学中。"惟乡土之事为耳所习闻,目所常见……一经

---

① 张艳梅《文化伦理视阈下的中国现当代小说研究》,北京:中国社会科学出版社,2012 年版,第 56~57 页。

② 王在亮《改革开放以来中国区域合作理论研究》,北京:中国社会科学出版社,2016 年版,第 165 页。

指点,皆成学问"。如果是将乡土记忆中的"乡土之大端故事""本地古先名人之事实""乡土之道里建置""本地先贤之祠庙遗迹"等乡土文化资源①,与思想政治理论课教学知识点结合起来,可以有效提升思想政治理论课的实效性和针对性。

第四,在思想政治理论课教学过程方面,多管齐下。在课堂教学中,与学生多交流、沟通,充分利用学生相对熟知的乡土记忆知识来给学生讲解抽象难懂的相关理论知识。比如爱国主义精神,可以通过课堂讨论、课堂演讲等丰富多彩的方式鼓励学生参与到课堂中,激发学生对乡土记忆知识的参与热情和学习积极性。在实践教学中,鼓励学生在日常生活中、社团活动中,以及节假日返家或旅游及探亲访友过程中,通过对首批列入山东省"乡村记忆"工程文化遗产名单的村镇的观察,或者自己认为有启迪意义的人和事的文字或者影像记录,让学生亲身去体验平时不太关注或接触不到的乡土记忆,感受探究乡土记忆传递给他们的快乐,从而改变学生的某种行为。

第五,在思想政治理论课教学评价方面,突出评价结果的形成性特征,避免单一向度评价。在学生评价上,着重看作为主体的学生是否通过乡土记忆实践活动中的互动和建构掌握了教学内容,提升了能力,升华了情感。在教师评价上,着重突出教师的过程教学的主动性、准确性、对学生积极性的调动程度,以及学生的收获感等指标。

现代化进程是一个传统因素的瓦解、消失和被淘汰的过程,同时也是一个现代因素的产生、形成和发挥作用的过程,二者并不是同步同比例发展的。随着城市化进程的加快,城乡生存的差异和文化冲突得到了人们的普遍关注。② 在这种情况下,如何建构一种科学合理的价值理念,特别是如何定位乡土文化成为全社会瞩目的问题,也是我们必须做出回答的一个问题。文化是民族的血脉,是人民的精神家园。现在,很多国家都把具有自身"乡土"特点的传统文化遗存保护提升到了维系本土文化独立性的战略高度。对中国来说,乡土记忆同样是一种宝贵的中华优秀传统文化资源,如何有效保护和传承同样是一个比较紧迫和重要的显性课题,直接关系到民族文化自信能否建立。思想政治理论课在培养中国特色社会主义合格建设者和可靠接班人中发挥着不可替代的主渠道作用。通过思想政治理论课主题教学模式的改革,合理利用乡土记忆资源,将其有机融入教学过程中,不仅激发了学生的课堂参与热情和学习积极性,同时也让学生更多地更深入地了解乡土记忆知识,从而自觉转化为保护和传承乡土记忆的有效行动。

---

①　刘芹《王树楠史学研究》,天津:天津人民出版社,2012年版,第149页。
②　张艳梅《文化伦理视阈下的中国现当代小说研究》,北京:中国社会科学出版社,2012年版,第185页。

大数据时代思想政治理论课文化传承功能的实现

刘　芳

大数据一词源于西方学界,由麦肯锡公司(MGI)最早提出,是新的生产力增长的代表。[①] 所谓的大数据就是指海量的、多样化的、呈现爆炸式增长的数据,它的集成、存储和分析已经超越了传统的技术范围。[②] 如今,大数据作为一种战略资源,在各行各业普遍使用,深刻改变了人们的生活方式和价值观念,加之西方国家利用大数据技术和资本优势对我国进行的文化渗透,使我国的传统文化在器物层面、制度层面、观念层面和价值层都面临"被虚无"的危险。大学生们对传统文化的态度往往处于一种"有意识的疏离"或"无意识的盲从"状态,传统文化的传承生态面临着挑战与机遇并存的双重境遇。以马克思主义为指导,深刻把握大数据特征与传统文化传承的基本契合点,将传统文化融入高校思想政治理论课教学中,促使其文化传承功能的实现,对于培养大学生的传统文化认同感和自豪感、提升思想政治理论课的实效性、巩固大数据时代我国的意识形态工作和维护国家的文化安全都具有重要的战略意义。

一、大数据为思想政治理论课实现传统文化传承功能带来难得的机遇

第一,大数据拓展了承载传统文化的思想政治教育数据载体。大数据时代,各种文化教育资源可以依托大数据和"云计算"等技术存储于"云空间"。无论文本、视频、音频还是Flash动画,各种电子书籍、数据信息库的出现,让大学生们利用在线阅读进行的泛在学习成为可能。目前兼具开放性和共享性的微课、慕课等网络课程,极大地丰富了思想政治理论课传承优秀传统文化的载体。

第二,大数据使思想政治理论课的教育载体更具规模性。比尔·弗兰克斯指出:"当你在处理大数据时,你并不仅仅是拿到了一堆数据而已,大数据正在以复杂的格式,从不同的数据源高速地朝你奔涌而来。"[③]这些信息承载了人们真实可靠的学习理念和行为方式等,通过各种终端不断涌现,为思想政治理论课教学提供了全方位、原生态、全程化的数据源。

第三,大数据提高了思想政治理论课教育载体的利用率。随着"云计算"和物联网的发展,每个人都可以实时在线,将信息与互联网即时紧密相连。通过对海量数据的关联分析,研判教育状态,及时调整输出,提高教育载体的利用率。

第四,大数据丰富了思想政治理论课文化传承的数据类型。大数据的显著特点之一就是多类型性,有结构化数据、半结构化数据和非结构化数据,即"数据来源多样、种类繁多、结构复杂、多元多变"[④]。文字、图片、音视频等各种类型的数据打破了传统单一的文化

---

① 付安玲、张耀灿《大数据助力网络意识形态治理及提升路径》,《马克思主义研究》2016年第5期。
② 付安玲、张耀灿《大数据助力网络意识形态治理及提升路径》,《马克思主义研究》2016年第5期。
③ 〔美〕比尔·弗兰克斯《驾驭大数据》,黄海、车皓阳等译,北京:人民邮电出版社,2013年版,第5页。
④ 付安玲、张耀灿《大数据助力网络意识形态治理及提升路径》,《马克思主义研究》2016年第5期。

符号一统天下的局面,使传统文化传承进入全新世界。① 丰富了思想政治理论课文化传承的数据类型。

第五,大数据提高了思想政治理论课文化传承的精准性。大数据可以通过对人们的网络购物、日志、微信等各种上网数据进行分析,了解他们的兴趣爱好、情感需求和价值取向,②根据数据信息的关联性,建立数据库,提供针对性的传播方案,提高传承的精准性。

二、大数据为思想政治理论课文化传承带来挑战

第一,数据来源的民间化使传统文化的传承生态更加复杂。"大数据时代信息发布人人可为"③,信息发布门槛的降低,使任何人都可以将各种非标准化的传统文化数据上传至传感器,增加了思想政治理论课对传统文化解读的复杂性和难度。

第二,数据来源的多样性加剧了优秀传统文化获取的难度。海量数据的实时不断呈现,使一些优秀传统文化信息被淹没在浩如烟海的数据中,面对鱼龙混杂的海量数据信息,大学生如果缺乏甄别能力,很难在短时间内快速有效的获取到真正有用的内容,增加了获得有效数据信息的难度。

第三,大数据是一把双刃剑,在带来思想政治理论课思维变革的同时,也增加了传统文化传承的难度。可以说,围绕信息安全加强人才培养和体制完善工作,在国家安全和危机管理上越来越重要,也是需要我们着力培养的一种战略思维能力。④ 因此,必须抓住大数据机遇,直面大数据挑战,利用大数据思维,以马克思主义理论为指导,将优秀传统文化融入思想政治理论课教学,提高思想政治理论课在文化传承中的价值引领作用,是实现思想政治理论课文化传承功能的重要课题。

三、利用大数据促进思想政治理论课文化传承功能实现的路径

第一,以马克思主义理论指导,引领大学生形成正确的传统文化观。马克思主义与中华优秀传统文化具有相互契合性。中国哲学社会科学的发展,需要融通马克思主义与中华优秀传统文化资源,这本身就是马克思主义中国化的重要组成部分。一方面,思想政治理论课教师作为教育者,首先要正确对待我国传统文化,认识到优秀传统文化对"靠吸引而不是强制"达到预期目标的⑤国家文化软实力的产生具有重要的支撑作用,要不断学习传统文化经典,逐步完善知识结构。更重要的是,要提高自身的马克思主义理论水平,自觉抵御历史虚无主义、新自由主义等西方各种不良思潮的影响,树立正确的传统文化观;另一方面,大学生作为受教育者,要在思想政治理论课教师引导下,正确看待传统文化,取其精华去其糟粕,形成对传统文化的正确认识,增强对优秀传统文化的认同感。

第二,把优秀文化经典融入思想政治理论课教学内容中。现代化进程中充满了冲突和裂

---

① 卓雅《大数据时代传统文化的网络化生存新态》,《三峡大学学报》(人文社会科学版),2015 年第 4 期。
② 付安玲、张耀灿《大数据助力网络意识形态治理及提升路径》,《马克思主义研究》,2016 年第 5 期。
③ 付安玲、张耀灿《大数据助力网络意识形态治理及提升路径》,《马克思主义研究》,2016 年第 5 期。
④ 李建民《日本战略文化与"普通国家化"问题研究》,北京:中国社会科学出版社,2015 年版,第 268 页。
⑤ 王在亮《改革开放以来中国区域合作理论研究》,北京:中国社会科学出版社,2016 年版,第 60 页。

变,导致文化价值立场的多元化。① 因此,在思想政治理论课的教学计划中应设计传统文化教育,利用大数据技术分析大学生日常生活兴趣点和需求点,对他们关注的热点问题和面临的实际问题进行精准定位,将优秀文化的内容渗透与解决大学生的实际问题相结合,实现传统文化的现代转化,形成有效的教学内容体系。比如,在实践教学环节,鼓励学生在日常生活中,尤其是节假日返家或旅游及探亲访友过程中,通过对自己家乡非物质文化遗产名单的村镇的观察,或者自己认为有启迪意义的人和事的文字或者影像记录,来阐明一个道理,传递一种情感,改变某种行为。使大学生了解传统文化精华,产生强烈的文化认同,坚定文化自信。

第三,用大数据技术创新传统文化融入思想政治理论课的教学方法。充分利用大数据时代的各种现代网络技术和自媒体平台,在思想政治理论课中宣传和阐释优秀传统文化精华。大数据具有的开放性使数据呈现几何式增长,引起的"数字海啸"使传统的教学方式面临变革,思想政治理论课不再局限于传统课堂,电子书包、云课桌、慕课等各种数字平台的开发和利用,为将传统文化教育融入思想政治理论课教学提供了技术保障,使融汇了传统文化精髓的思想政治理论课的泛在性学习成为可能。特别是全息技术的情境化艺术化教学、私人订制的个性化方案、娱乐游戏化的随堂测验、智能化动态化的互评机制等使泛在学习更具趣味性,使思想政治理论课打破时空界限,更具开放性和包容性。这种教学方法,由于更尊重大学生的主体性,将传统的简单"灌输"变为无处不在的潜移默化的影响。将显性教育与隐性教育相结合,"化有形于无形"中,实现传统文化"以文育人",不仅提高了思想政治理论课的实效性,更促进了传统文化的传承。

第四,利用各种网络新媒体平台,拓宽优秀传统文化的传播渠道,丰富思想政治理论课教学的载体。一方面,利用大数据的开放性和共享性特征,为思想政治理论课教学搭建数字平台,使传统文化的优秀内容在网络思想政治理论课中得以有效利用。另一方面,各种网络平台具有的虚拟性特点,使每个人都可以隐藏真实身份,反而消除了人们在现实交往中的戒备心理,袒露心声。对于思想政治教育者来说,可以借助大数据技术分析和研判大学生们在对待传统文化资源方面的真实态度和价值诉求,并较为准确地把握他们的思想动态,有的放矢地根据他们的真实需求,设计相关的教学环节和教学内容等,有助于增强思想政治理论课的针对性和实效性。

此外,利用大数据的可视化,使思想政治理论课中的传统文化教育更具形象性和直观性。大数据的可视化是指采用图像、图表或地图等形式,将数据以视觉形式呈现出来,数据可视化能够充分展示数据动态变化趋势等,揭示事物发展变化的趋势,进而帮助人们更直观、更形象地了解规律。数据的可视划分为静态可视化(如图表、地图等)和交互可视化(如 Flash 动画、GIF 动画等)两种形式。可视化技术能够将承载传统文化价值的经典故事、名人典故等做成一个个简单的"Package",这样的"微内容"适合在网上传播、在朋友圈分享,扩大了信息传播的范围,实现传播的广覆盖,创设了思想政治理论课传统文化育人的虚拟现实,不仅营造了浓厚的文化氛围,而且增强了思想政治理论课的渗透力。

概言之,只有充分把握大数据时代特征,运用大数据思维,结合大学生的思想特点、价值诉求,将传统文化精髓融入其中,才能促进思想政治理论课的文化传承功能最大限度的实现。

---

① 张艳梅《文化伦理视阈下的中国现当代小说研究》,北京:中国社会科学出版社,2012 年版,第 189 页。

融"情"沁心扉，巧"引"文入胜

——用乡土意识打造《中国近现代史纲要》课程教学特色

鹿锦秋

"乡土记忆与文化传承"主题教学作为思想政治理论课教学模式的一种尝试，教师在教学过程中着重凸显以下两方面的特色：一是重视"情"的投入，一是强调"引"的作用。融"情"于教学之中，传递一种来自传统文化中的中国人特有的乡土意识与情怀，轻触心灵，打开心扉；用心牵"引"学生在乡情中畅游、在乡愁里思索，在书写记忆的过程中主动接受传统文化对自己潜移默化的影响，实现以细节入胜和长久的心灵共鸣。

一、书写记忆，融乡情于教学之中

乡土史教学应当是高校《中国近现代史纲要》（以下简称《纲要》）课程教学中，尤其是国情教育的重要组成部分。[①] 本课程在 2016 级大一新生的授课过程中，尝试更新教学方法，鼓励学生大胆地表达自己的历史态度，用乡土意识书写记忆、抒发情怀。在《纲要》课程教学过程中发现，大学生普遍怀有较强的责任感，但对历史细节的认知不够清晰。如"反对外国侵略的斗争"中"军事侵略"这一部分，对于日俄战争及东北沦陷，不少同学的认知停留在知识点本身或历史现象的表面。缺乏感同身受，则难以深刻领会教学要求。清末以来，我国东北边境形势严峻，社会动乱，移民此起彼伏。[②] 这些具体问题都有待学生回忆历史，带着真情深入探讨，从而加深对国情的理解。蒋廷黻先生有言：我民族要图生存绝不可以开倒车。[③] 因此，要让学生重视这一问题，就要突出乡情教育、强调国家安全意识，以回顾家乡历史变迁的方式，激发学生的责任感和代入感，明确近代以来，各不同阶层仁人志士的奋斗及其深层次的原因，深刻领会《纲要》课教学的主题和主线。

在《纲要》课课堂上不仅要让学生掌握相关理论，更需要学生有真实、深切的体悟。乡土记忆可以从细节展示特定的一幕幕场景，配合教学。例如，有的同学仅停留在自己家乡即某个东北省会城市的刻板化印象，没有深入了解其文化风俗，对于城市文化及其发展缺乏真情实感。他并不知道，近代移民的迁入从经济和文化层次上都促进了当地的开发，同时使东北地区的文化风俗更具有特色。[④] 通过启发，用生动形象的细节来引发共同的情感，使其增强亲切感，或产生对一些看起来普通的问题的好奇心，拓宽知识面。又如，由于人口迁徙频繁，迁入地区的方言词汇带有浓郁的地方特色。[⑤] 学生对富于地方特色的文化比较感兴趣，教师应从兴趣入手，加入地区方言等因素，激发其内在的乡情和乡土意识、乡

---

① 王作仁《历史教育学概论》，北京：民族出版社，1995 年版，第 118 页。
② 张钟月《清代以来鸭绿江流域移民研究（1644—1931）》，济南：山东人民出版社，2017 年版，第 117～118 页。
③ 蒋廷黻《中国近代史》，上海：上海古籍出版社，2014 年版，第 153 页。
④ 张钟月《清代以来鸭绿江流域移民研究（1644—1931）》，济南：山东人民出版社，2017 年版，第 163 页。
⑤ 张钟月《清代以来鸭绿江流域移民研究（1644—1931）》，济南：山东人民出版社，2017 年版，第 187 页。

土情怀,会使学生乐于接受有关的知识点。中国的农村特别是农民既是传统文化幽暗的负载者,又是现代社会光明的见证者。[①] 由于山东理工大学的学生多数来自乡村,因此很多学生选择的是比较有代表性的祖辈的故事,如一位老人的人生历程,一个家庭的经历等等。这些案例一定程度上可以反映一个时代的变迁。而学生对自己家庭的故事更容易产生真情,更容易对背后的问题产生共鸣。上述带有浓厚亲情、乡情、国情的记录,对学生今后的学习和成长当具有特殊的重要意义。

教师投入无限的深情,学生一定能领悟到教师的真诚和用心,必然以真情回馈教师。良性的教学循环,有助于实现单一的课堂教学所不能满足的教学需求与教学效果。

二、潜移默化,引导学生渐入佳境

传统文化融入思政课教学是一项长期的工程,需要在教学实践中重视潜移默化的功用。在教学方法上,《纲要》课因教学时长和场地限制等因素的影响,表现力略显不足,学生对历史事件和历史人物的评价准确有余,可惜不够丰满。其实,学生有着潜在的积极性和主动性,通过传统文化融入教学活动,教学方法更为灵活,让学生主动去认识和了解历史。教育触动心灵,学生方能产生主动参与教学的意识,达到互相交流、教学相长的长远目的。

例如,通过写评语的方式,于无声处倾听彼此的心声,拉近距离,也不吝惜溢美之词,鼓励学生的学习热情。有的学生文字功底不是很强,但有侠义思想,赞同他有一颗柔软的心,鼓励他多做观察和比较,从侠义精神入手,推荐阅读中国传统文化经典;有的学生有感而发,写道:"涛声依旧人不同,乡土海风情长久",当予以赞赏,并借此深思历史沉淀下来了什么,鼓励学生主动认识历史问题;有的学生生活阅历比较丰富,又比较敏感,则根据他所讲的故事留言:生活是一首歌,成长的过程中会遇到很多事,学会很多东西。在批阅过程中,发现有学生对京剧有着从儿童时期开始的深深的眷恋,文字呈现出国粹之芳菲,则引导他深入探讨中国优秀传统文化的继承和发展,观察古今变迁。有不少学生对家乡的私塾感兴趣,做了细致的观察,并查找了历史资料,可以在课堂教学中联系现代教育体制,传递与每个同学切身相关的教育理念。因城乡私塾在开化民风方面扮演重要的角色,[②]借此案例可以帮助学生更深刻地体会中国近现代教育制度的变化、某些社会现象的变化等,

教师可以在某种程度上提供建议,提出合理的修改意见,鼓励学生换一个角度思考问题,但是,实际操作还是要看学生自己的用心程度。教师的引导和例证比较重要,但学生的自我培养、锻炼,是教师替代不了的。教师多引导,多注意细节,是学生自我提升的良好前提。相比较而言,文学功底比较好的同学,普遍有着丰富的情感,呈现出来的文章味道更多姿多彩。学生的重视程度确实因人而异,也的确存在有的同学的作业写得通篇不知所云的情况。有的同学写成了旅游日记,通过合理引导,鼓励学生超越"登泰山有感",着重理解古人的精神世界及其与今人的相似之处。有的同学变身旅游大使,推介家乡,虽然比较诚实,但表达过于直白,事无巨细,这种情况就要向他指出,并没有达到他所说的令人

---

① 张艳梅《文化伦理视阈下的中国现当代小说研究》,北京:中国社会科学出版社,2012年版,第172~173页。
② 张钟月《清代以来鸭绿江流域移民研究(1644—1931)》,济南:山东人民出版社,2017年版,第138页。

神往的效果,要详略得当,突出印象最深刻的地方,从中感受到社会主义制度的优越性。大部分同学都能从教学过程中认识到乡土记忆是独一无二的、无可替代的,从而更加珍惜和铭记这段历史。

三、巧用心思,打造《纲要》课教学特色

开展"乡土记忆与文化传承"主题教学活动,用心打造《纲要》课教学特色,主要表现在以下几方面:

一是有助于学生更主动地关注身边的历史,愿意自己走出课堂,从现场寻找历史的遗存和文化的记忆。有的同学以故城旧事为题,以饱满的热情阐述自己的认知和多方面的感受,能够打动人,也给其他同学留下了深刻的印象。从学生熟悉的现场中寻找那些反映"天下之史、国家之史、地方之史、人物之史"的乡土文化资源[①],从个体与集体记忆中探求关于乡土意识的共同社会文化记忆,用以激发学生的爱国之心、富强之志、强国之梦,达到《纲要》课程的思想教育功能。

二是在推行此种教学模式的过程中,教师尽可能地做到与学生互动,做到有针对性,注重引导作用,把握教学的原则,拓宽学生视野。鼓励同学以中国传统文化,以自己的家乡、村镇的变化为主题,帮助其展开今昔对比,并珍惜当下。历史上,多元化的民间信仰在经济不发达时期往往具有重要的意义。[②] 这种信仰甚至对科学家思维模式、行为规范甚至其科技成就的取得都有积极意义。[③] 因此,这种教学模式改革有助于有他们对家乡遗留下来的风俗进行理解,并一定程度上注意到传统文化与现代科学技术之间存在良性互动的可能性。有的同学则表达了强烈的生态环保意识,则鼓励他多联系现实生活中的问题,并引以为鉴。

三是在教学实践中,要多花心思,鼓励表达方式的多样化,诗歌、散文不限,力求虚实结合、入情入理,方能达到理想的教学效果。鼓励学生大胆开启思维,通过对历史合理的想象,深刻地理解历史事件和历史人物,提高学生对课程的兴趣。有的同学在观察场景的过程中,自然而然地抒发情感,语言真挚而细腻,有进一步挖掘历史和展现自我的潜质,鼓励他长期积累,终有成效。

四是通过以"乡土记忆"为主要内容的主题教学,循循善诱,加深学生对身边现实问题背后的理论思考,增强其对传统文化与马克思主义理论的认同。有的同学远离故乡,怀念故土。通过合理引导,使其在感慨中发现历史规律,明确社会进步的方向和时代发展的大趋势,树立正确的世界观、人生观、价值观。

总之,"乡土记忆与文化传承"主题教学的开展,承典塑新,带给师生心灵的洗涤,共同收获真挚的情感,努力实现理论课堂进行中与结束后都让学生"真心喜爱、终身受益、毕生难忘"的教学效果。

---

① 刘芹《王树楠史学研究》,天津:天津人民出版社,2012年版,第313页。
② 张钟月《清代以来鸭绿江流域移民研究(1644—1931)》,济南:山东人民出版社,2017年版,第185~186页。
③ 刘芳《道教与唐代科技》,北京:中国社会科学出版社,2016年版,第138页。

后 记

为增强思想政治理论课的价值引领作用,把马克思主义中国化的最新理论成果及时融入思政课,用发展着的马克思主义理论武装青年学生的头脑,山东理工大学马克思主义学院注重教育教学改革,尝试以"乡土记忆与文化传承"为主题,进行主题式教学实践。

我们组建了主题教学改革与实践团队,设计了主题教学方案。2017年上半年团队在1846名学生中进行了"乡土记忆与文化传承"主题教学活动。主题教学贯穿课堂教学,同时鼓励学生利用节假日对首批列入山东省"乡村记忆"工程文化遗产名单的村镇或自己家乡进行观察,以调研报告、散文、随笔等形式记录下来,以阐明一个道理、传递一种情感、改变某种行为。本书是主题教学中形成的学生和老师的优秀成果。

除编者外,张钟月、刘芳等老师作为团队成员,全程参与了主题教学活动,推选并修改学生的教学成果,王莹女士参与了本书的审阅与校对工作,中国海洋大学出版社的编辑为本书的出版付出了艰辛的劳动,在此一并表示感谢。

由于编者水平所限,尽管付出了很大努力,错误和不妥之处仍然在所难免,恳请各位同仁和青年学子批评指正。

编者
2017 年 12 月 10 日